Rainer Maria Schröder

Felix Faber – Übers Meer und durch die Wildnis

In Liebe
meiner Frau Helga gewidmet,
die so zahlreiche Abenteuer zur See und im Sattel,
in der Wüste und im Dschungel mit mir bestanden hat
und meine Träume teilt.

Foto von Leane Hasberg

Rainer Maria Schröder,
Jahrgang 1951, lebt nach vielseitigen Studien und Tätigkeiten in mehreren Berufen seit 1977 als freischaffender Schriftsteller in Deutschland und Amerika. Seine großen Reisen haben ihn in viele Teile der Welt geführt. Dank seiner mitreißenden Abenteuerromane ist er einer der erfolgreichsten deutschsprachigen Jugendbuchautoren.

Rainer Maria Schröder

Felix Faber
Übers Meer und durch die Wildnis

Arena

Das Böse gehört zum Drama
der menschlichen Freiheit.
Es ist der Preis der Freiheit.

Rüdiger Safranski

Nur wer Menschlichkeit besitzt,
beherrscht Liebe und Hass.

Konfuzius

In neuer Rechtschreibung

1. Auflage 1998

Einbandgestaltung: Klaus Steffens
Gesamtherstellung: Westermann Druck Zwickau GmbH
ISBN 3-401-04756-6

Im Gefängnis
zu Melbourne
in der britischen Kronkolonie
Victoria, Australia,
12. März
im Jahre des Herrn 1855

Die wahrhaftigen Aufzeichnungen
des Felix Faber,
aus freien Stücken
und von ihm selbst eigenhändig verfasst
und am obigen Orte
zu Papier gebracht

Jahre der Verbannung
oder
Wie ich verkrüppelt ins Rheinische zurückkehrte, die Hoffnung nicht aufgab und allen Hindernissen zum Trotz meine Rückkehr nach China plante

Welch beklemmende Alpträume die letzte Nacht doch wieder für mich barg!

Die dröhnenden Hammerschläge der Zimmerleute, die den ganzen Tag lang unten im Gefängnishof in der sengenden Sonne des australischen Spätsommers den neuen Galgen errichtet hatten, folgten mir in den Schlaf. Und als der Henker mich im Traum aufs Schafott führte und mir den rauen Hanfstrick um den Hals legte, da verwandelte sich das dumpfe Schlagen der Zimmermannshämmer in den rasenden, anschwellenden Trommelwirbel eines Hinrichtungskommandos. Im fahlen Licht des Morgengrauens wurde noch einmal das Todesurteil verlesen. Dann straffte sich der Strick. Ich versuchte mich aufzubäumen und wollte meine Todesangst hinausschreien. Doch die Schlinge, die sich um meine Kehle zusammenzog, raubte mir den Atem und erstickte meine verzweifelten Schreie. Die Falltür klappte unter mir auf, ich stürzte in den tödlichen Abgrund – und wachte im selben Moment aus dem entsetzlichen Traum auf, am ganzen Leib zitternd, schweißnass und mit wild schlagendem Herzen.

An Schlaf ist nicht mehr zu denken, auch wenn das erste Licht des neuen Tages noch viele Stunden fern ist. So greife ich denn wieder zu Papier und Feder, um die gewissenhafte Aufzeichnung meines bewegten und wahrlich nicht immer rühmlichen Lebens fortzusetzen. So wie das helle Licht der beiden Kerzen, die ich entzündet habe, in meiner kargen Kerkerzelle die tiefe Finsternis der Nacht vertrieben hat, so wird das Schreiben mich ablenken und mir helfen die Beklemmung abzuwerfen, die nach dem Alptraum auf meiner Seele liegt.

Außerdem drängt die Zeit. Zwar werde ich erst in einigen Wochen vor Gericht stehen, da die hiesige Justiz noch vollauf damit beschäftigt ist, den Männern der Eureka-Rebellion von Ballarat den Prozess zu machen. Aber die Wochen bis dahin werde ich auch brauchen, denn es gibt noch so vieles aus meinem Leben zu Papier zu bringen, nämlich all jene abenteuerlichen und schicksalhaften Begebenheiten, die mir in den Jahren seit meiner Flucht aus der brennenden Stadt Canton widerfahren sind.

Und es gilt so vieles zu erklären, insbesondere wie es dazu kommen konnte, dass man mich des heimtückischen Mordes an dem Missionar Pater Johann-Baptist Wetzlaff beschuldigt und ich wohl dort unten im staubigen Hof am Galgen enden werde, wenn es meinem Verteidiger, dem jungen Cecil Lansbury, und mir nicht gelingt meine Unschuld zu beweisen.

*

Bevor ich mich jedoch in ebenso sinnloser wie trüber Grübelei verliere, zurück zu jenen Wochen des Jahres 1841, als an Chinas Küste der Opiumkrieg zwischen England und dem Reich der Mitte mit aller Macht entbrannte – während ich, ein Junge von fünfzehneinhalb Jahren, mit meinem sauertöpfischen burischen Vormund Hermanus Groneveld an Bord des holländischen Handelsschiffes *Jan van Riebeek* weilte und voll ohnmächtiger Verzweiflung mit ansehen musste, wie der schnelle Dreimaster mich jeden Tag immer weiter von meinen chinesischen Freunden davontrug.

»Du wirst dein Leben lang eine steife Schulter behalten und deinen linken Arm nie wieder richtig gebrauchen können. Nun ja, so lernst du jetzt vielleicht, dass alles seinen Preis hat!« Das waren Gronevelds mitleidlose Worte, als ich an Bord der *Jan van Riebeek* aus meiner fünftägigen Bewusstlosigkeit erwachte. Es war der einzige Krankenbesuch, den er mir zuteil werden ließ.

So schwer die Schussverletzungen an Schulter und Arm auch waren, die ich mir auf der Flucht aus Canton in der Nacht des britischen Angriffs zugezogen hatte, so waren diese körperlichen Schmerzen doch nichts im Vergleich zu den seelischen Qualen, die ich empfand. Denn vor allem quälte mich die Trennung von Pao, meinem treuen Freund, und seinem Halbonkel, dem Kräuterheiler und weisen Mann Liang Sen. Ja, ich vermisste sogar das kindliche Geplapper der kleinen Chia Fen, die Liang Sen vor knapp fünf Jahren als Säugling auf der Türschwelle seines Hofhauses gefunden, bei sich aufgenommen und wie ein Kind von eigenem Fleisch und Blut aufgezogen hatte. Sie waren zusammen mit dem alten Diener Cao Feng zu meiner Familie geworden und ich hatte glückliche Jahre bei ihnen in Canton verbracht – bis dann der Krieg ausgebrochen und Hermanus Groneveld meiner wieder habhaft geworden war.

Der kantige, unnachsichtige Bure, den mein Vater noch kurz vor seinem Tod auf der Überfahrt von Calcutta nach Canton zu meinem Vormund bestimmt hatte, wollte sich seiner Verantwortung für mich ein für allemal entledigen. Zweimal hatte ich ihn brüskiert, indem ich mich seiner gestrengen Vormundschaft einfach entzogen hatte: das erste Mal, als ich mich im Flussdelta des Pearl River dem Opiumhändler Frederick Osborne und dem fränkischen Missionar Pater Johann-Baptist Wetzlaff angeschlossen und mich zu ihnen an Bord des chinesischen Schmugglerschiffes geschlichen hatte. Und das zweite Mal in Canton, jener Stadt, die für *fangui*, für die europäischen »weißen Teufel« eigentlich tabu ist, als ich bei meinen chinesischen Freunden in der Altstadt untergetaucht war.

Das alles konnte er mir nicht verzeihen und deshalb drängte es ihn, mich endlich loszuwerden. Es lag jedoch nicht in seiner Natur, mich einfach meine eigenen Wege gehen zu lassen. Mit meinem damals noch jugendlichen Alter hatte das nichts zu tun. Eher damit, dass er nun mal ein pedantisch rechtschaffener Mann war, der es sich nicht nehmen lassen wollte, mich persönlich nach Mainz zu bringen. Denn dort wohnte Tante Hildegard, die ältere Schwester meines Vaters, die mittlerweile einen verwitweten Kutschenbauer namens August Sassenbach geheiratet hatte. Dass sie bereit waren mich bei sich aufzunehmen hing natürlich nicht unwesentlich mit der ansehnlichen Summe Geldes zusammen, die mir mein Vater hinterlassen und die Groneveld ihnen nun zur treuhänderischen Verwaltung übergeben wollte, wie er ihnen schon brieflich mitgeteilt hatte.

In den langen Wochen der Überfahrt graute mir immer mehr vor dem Tag, an dem ich in Mainz der Obhut meiner Tante und meines Onkels übergeben würde. Die Wunden an Schulter und Arm heilten gut, dank der Fürsorge des wortkargen, aber fähigen Schiffsarztes Willem Dyckhoof. Gleichzeitig jedoch wuchs in mir eine Einsamkeit, die es mit der schier grenzenlosen Weite der blauen See aufnehmen konnte, wie ich damals meinte.

»Du wirst ausreichend Zeit und Gelegenheit haben, um in dich zu gehen, dein Gewissen zu erforschen und dich der angemessenen Scham und Reue für dein charakterloses, schändliches Verhalten zu stellen«, drohte mir Groneveld mit unversöhnlicher Härte an, als ich das erste Mal aus eigener Kraft an Deck gelangte und mich gleich ihm gegenübersah. »Nichts wird dich davon abhalten, dafür werde ich Sorge tragen, Felix Faber!«

Und das tat Groneveld, und zwar so gewissenhaft, wie er auch alles andere anging. Er schnitt mich von jeder Gesellschaft an Bord ab. Mir war es nicht erlaubt, die Mahlzeiten in der Messe einzunehmen, sondern ich musste allein in meiner Kabine essen. Auch hatte er, wohl mit Billigung oder gar Unterstützung des Captains, der Mannschaft eingebläut mich nicht zu beachten und jedes Gespräch mit mir zu meiden. Und außer Groneveld, seiner ihm frisch angetrauten Frau Mareike, die nur wortlose Verachtung für mich übrig hatte, und mir befanden sich keine weiteren Passagiere an Bord, denen ich mich in meiner seelischen Not hätte anschließen können.

Von der Mannschaft kamen alle Gronevelds Wünschen nach, die er ihnen mit klingender Münze schmackhaft gemacht hatte, wie ich später erfuhr. Alle bis auf den Ersten Offizier, einen bedächtigen, aber warmherzigen Mann namens Cornelius Witteboom. Er allein ignorierte Gronevelds Anweisungen, wie er sich auch von Captain Johannes Rykloff nicht vorschreiben ließ, mit wem er in seiner freien Zeit an Bord ein Wort wechseln durfte und mit wem nicht.

Schon damals war ich der Faszination der Seefahrt erlegen. Und obwohl Groneveld doch nichts unversucht ließ, um mir die Überfahrt auf der *Jan van Riebeeck* zu vergällen und das Schiff für mich zu einem schwimmenden Kerker zu machen, so schlug mein Herz doch jedes Mal höher und sang mit dem straff gespannten sirrenden Rigg, wenn ich an Deck kam, zu den windgeblähten Segeln hochschaute und sah, wie kraftvoll der Kauffahrer durch die See schnitt, die von Horizont zu Horizont reichte und deren unfassbare Weite etwas sehr Tröstliches besaß, ja eine Ahnung der Ewigkeit in mir weckte. Um jedoch möglichst selten meinem Vormund und seiner Frau zu begegnen, verbrachte ich viel Zeit bei Nacht an Deck.

In einer dieser Nächte sprach mich Cornelius Witteboom an, als ich gedankenverloren zu den glitzernden Sternen aufschaute und dabei meine schmerzende Schulter rieb. Er trat neben mich, ohne dass ich es bemerkte. Erst als er mich ansprach, wurde mir bewusst, dass ich nicht länger allein an der Reling stand.

»So groß sich der Mensch mit all seinem Wissen und seinen Errungenschaften auch vorkommt – so klein wird er doch im Angesicht des Unbegreiflichen und Ewigen«, sagte er versonnen, als hätte er meine Gedanken erraten, denn etwas Ähnliches, was jedoch mehr vages Gefühl als klarer Gedanke war, beschäftigte mich in diesem Moment.

Überrascht fuhr ich herum und sah, wer da an meine Seite getreten war – und das Schweigegebot mir gegenüber so unbekümmert brach. Der Erste Offizier hatte noch nicht einmal seine Stimme gesenkt, damit ihn der Rudergänger, der nicht weit von uns das Schiff auf Kurs hielt, nicht hören konnte.

Ich war so verblüfft, dass ich ihn nur wortlos anblickte.

»Wie geht es deinem Arm und deiner Schulter, Junge?«, fragte er dann. »Mijnheer Dyckhoof macht ja nicht viel Worte, aber was ihm gelegentlich in der Messe von den Lippen kommt, lässt vermuten, dass die Wunden zufrieden stellend heilen.«

»Im Angesicht des Ewigen sind meine Verletzungen sicher nicht der Rede wert – auch nicht nach Maßgabe von Mijnheer Groneveld«, antwortete ich sarkastisch. »Sind Sie sich überhaupt im Klaren darüber, dass Sie den Bann verletzen, den mein hochherziger Vormund über mich ausgesprochen hat? Passen Sie auf, dass Sie sich nicht eine Zurechtweisung von ihm und Captain Rykloff einhandeln. Wer weiß, vielleicht sind Sie morgen ja die längste Zeit Erster Offizier an Bord der *Jan van Riebeeck* gewesen!«

Cornelius Witteboom, ein kräftig gebauter Mann Ende dreißig mit einem von Wind und Wetter gegerbten Gesicht, nahm mir meinen Sarkasmus nicht übel, sondern lachte belustigt auf. Als er mir antwortete, lag jedoch unüberhörbarer Ernst in seiner Stimme: »Mach dir mal darüber keine Sorgen, Felix. So weit reichend die Machtbefugnisse eines Captains auch sind, so haben sie doch auch ihre Grenzen, zumal an

Bord eines Handelsschiffes. Mit wem ich in meiner Freiwache die Zeit verbringe, gehört jedenfalls nicht zu den Dingen, über die ein Captain Befehle erteilen kann – schon gar nicht seinem Ersten Offizier. Er mag Empfehlungen geben. Ob ich diese jedoch befolgen will oder nicht, ist ganz in mein Ermessen gestellt.« Er machte eine kleine Pause. »Aber wenn dir nicht nach Gesellschaft zu Mute ist, überlasse ich dich gerne wieder deinen Gedanken.«

Zu verlegen, um ihm ins Gesicht zu blicken, biss ich mir auf die Lippen, schüttelte stumm den Kopf und brachte schließlich wenigstens noch ein klägliches »Nein . . . so meinte ich das nicht . . .« heraus.

Er nickte und wandte seinen Blick wieder auf das funkelnde Sternenmeer über uns. »Verstehst du was von Astronomie?«

Ich räusperte mich, um meine belegte Stimme zu klären. »Ein wenig. Aber nicht genug, um mich am Nachthimmel zurechtzufinden.«

»Möchtest du es lernen?«

»Ja, gern.«

»Dann wollen wir doch gleich mal damit beginnen, deinen Blick für die wunderbare Welt der Himmelskörper zu schärfen«, sagte Cornelius Witteboom und begann mir einige der Sternzeichen zu erklären.

Witteboom besaß nicht nur Geduld, sondern auch das großartige Talent sogar ausgesprochen komplizierte Zusammenhänge interessant und verständlich zu machen. Ich lernte in den folgenden Wochen ungeheuer viel von ihm. Nicht dass er mir nun täglich stundenlang Unterricht erteilt hätte. Manchmal vergingen sogar mehrere Tage, ohne dass es zwischen uns zu viel mehr als nur einem flüchtigen Gespräch kam. Aber er fand doch Gefallen an meiner Wissbegier und meiner Lernfreude, die auch vor großen Hindernissen nicht in die Knie ging. In meinem Gepäck befanden sich, wie ich zu meiner großen Erleichterung festgestellt hatte, auch einige meiner chinesischen Lehrbücher. Dass ich diese in meiner vielen freien Zeit verbissen studierte, um nicht zu vergessen, was ich in den Jahren bei Pao und Liang Sen in Canton gelernt hatte, und um mich jetzt schon auf den Tag meiner Rückkehr nach China vorzubereiten, beeindruckte ihn sichtlich.

Später, als wir schon durch das Arabische Meer kreuzten, wies er mich auch anhand eigener nautischer Karten, die er in meiner Kabine ausrollte, in die hohe Kunst der Navigation ein. Wie ein Schwamm saugte ich alles auf, was er mir erklärte. Wissen hatte ich, im Gegensatz zu den meisten meines Alters, schon immer als Tor zur Welt begriffen. Und je mehr man wusste, desto mehr Türen hatte man zur Auswahl, durch die man gehen und seine Träume in die Tat umsetzen konnte.

Fünf Tage nachdem wir das Kap der Guten Hoffnung umrundet hatten und nun an der Westküste Afrikas nach Norden segelten, drückte mir Cornelius Witteboom eines Mittags seinen Sextanten in die Hand und fragte herausfordernd: »Na, traust du dir zu die Sonne zu schießen und mir zu sagen auf welchem Längen- und Breitengrad wir uns befinden?«

»Klar!«, rief ich und freute mich ein solch kostbares Instrument selbst in der Hand halten und damit die »Sonne schießen« zu dürfen. Ich traute es mir auch zu. Wie man die Schiffsposition mittels Sonnenstandsmessung und Uhrzeit ermittelt, hatte er mir ja schon mehrfach in der Theorie erklärt und ich hatte nichts davon vergessen. Guten Mutes nahm ich deshalb den Sextanten in die Hand, visierte mit diesem Winkelmessgerät die Sonne an, las die Gradzahl ab und nahm die Zeit. Als ich dann aber in der Kabine die Berechnungen ausführte und das Ergebnis in der Karte eintragen wollte, stieg mir das Blut heiß ins Gesicht.

»Da muss ich doch irgendetwas falsch gemacht haben«, räumte ich kleinlaut ein, nachdem ich noch zweimal nachgerechnet hatte, ohne jedoch zu einem anderen Ergebnis zu kommen.

Er lachte schallend auf. »Ja, denn deiner Positionsbestimmung nach müsste die *Jan van Riebeeck* jetzt irgendwo im arktischen Packeis festsitzen.«

Mein zweiter Versuch befreite die *Jan van Riebeeck* aus dem Packeis und brachte den Kauffahrer wenigstens schon mal in die Mitte des südlichen Atlantik. Doch bis ich so gut mit dem Sextanten umgehen konnte, dass meine Messungen und Berechnungen am Schluss auch wirklich unsere exakte Position ergaben, verging noch viel Zeit.

»Aus dir könnte eines Tages mal ein ganz tüchtiger Maat werden«, lobte er mich, als wir schon europäische Gewässer erreicht hatten und es nun nicht mehr weit bis zu unserem Zielhafen Rotterdam war. »Nur . . .« Er stockte.

Ich wusste, was er hatte sagen wollen, denn mir war sein Blick auf meinen linken Arm, mit dem ich gerade mal mit Mühe und Not den Sextanten halten konnte, nicht entgangen. »Nur wird man mich mit einem kaputten linken Arm nicht mal als Schiffsjunge auf einem Hafenkutter anheuern«, sagte ich bitter.

Er wich meinem Blick nicht aus. »So ist es, Felix. Wer zur See fahren will, muss von robuster Konstitution sein und er braucht zwei kräftige Hände – eine Hand für sich und die andere für das Schiff. Mit einem halb lahmen Arm hast du keine Chance, nicht einmal für eine Heuer in der Kombüse. Und je früher du dich damit abfindest, desto besser wird es für dich sein.«

»Ich habe nicht die Absicht mich mit irgendetwas abzufinden – und damit schon gar nicht!«, erwiderte ich trotzig.

Witteboom bedachte mich mit einem mitleidvollen Blick. »Dann werden dir schwere, bittere Zeiten bevorstehen, Felix«, prophezeite er mir.

Schwere, bittere Zeiten warteten in der Tat auf mich. Aber sie hatten weniger mit meiner körperlichen Behinderung zu tun als vielmehr mit Tante Hildegard und ihrem Mann August Sassenbach.

*

Groneveld machte sich noch am Tag unserer Ankunft in Rotterdam mit mir auf den Weg nach Mainz. Er legte große Eile an den Tag und ließ es sich einiges kosten, um mich so schnell wie möglich zu meiner Verwandtschaft zu bringen. In der Zeit, die wir nun notgedrungen die Gegenwart des anderen ertragen mussten, redete er nur das Allernötigste mit mir und behandelte mich ansonsten wie Luft. Aus den Augen ließ er mich allerdings nicht, wusste er doch zu gut, wozu ich fähig war – zumindest damals, als ich noch all meine Gliedmaßen unbehindert gebrauchen konnte und gar keinen Gedanken daran verschwendete, was für ein hohes Gut meine Gesundheit doch eigentlich darstellte. Man weiß derlei eben immer erst richtig zu schätzen, wenn man es verloren hat.

Tante Hildegard hatte ich das letzte Mal vor elf Jahren gesehen. Eine große Veränderung konnte ich an ihr jedoch nicht feststellen, als ich sie an einem heißen Sommertag in Mainz wieder sah. Sie war nur um einiges fülliger, als ich sie in Erinnerung gehabt hatte, und ihr Haar war mittlerweile vollends ergraut. Sie hieß mich in ihrem schmalbrüstigen Haus, das sie mit der fünfköpfigen Familie ihrer Schwägerin teilte und das am Ende einer schäbigen Sackgasse lag, nicht gerade mit herzerwärmender Freude willkommen. Ihre Miene und ihr Ton waren jedoch um einiges sanfter als die Begrüßung des Kutschenbauers August Sassenbach, den sie erst vor wenigen Jahren geheiratet hatte.

»So, du bist also der Bursche, dem es an der gebotenen Dankbarkeit gegenüber seinem Vormund sowie an Gehorsam und Disziplin mangelt!«, sagte er schroff, als Groneveld mich über die Türschwelle ins Haus stieß.

Der Mann meiner Tante hätte auf den ersten Blick gut als Bruder von Groneveld durchgehen können, besaß er doch dieselbe große, kantige Statur und einen ähnlich breiten Backenbart. Anders als Groneveld hatte August Sassenbach jedoch eine völlige Glatze sowie ein stark gerötetes Gesicht, das von vielen kleinen geplatzten Äderchen unter der Haut gezeichnet war.

Ich sah ihn nur stumm an – vermutlich mit unverhohlener Auflehnung im Blick.

Denn mein Onkel schob grimmig das Kinn vor und sagte: »Nun, das wird hier bei uns anders, worauf du dich verlassen kannst – zumindest was Disziplin und Gehorsam betrifft!« Er gab mir unvermittelt einen kräftigen Schlag in den Nacken, sodass ich unwillkürlich ein, zwei Schritte vorwärts stolperte, und sagte nicht weniger bestimmend zu Tante Hildegard: »Zeig ihm seine Kammer und dann soll er sich gleich hinten im Hof beim Abladen der Fuhre Holz nützlich machen, damit er von der ersten Minute an weiß, dass er bei uns dem Herrgott nicht die Zeit stehlen kann!« Und zu meinem bisherigen Vormund gewandt, fuhr er mit freundlicher Stimme fort: »Würden Sie mir bitte in die gute Stube folgen, mein Herr? Wir haben ja noch einige Dinge zu besprechen und sicherlich auch gewisse Papiere zu unterzeichnen, wenn ich Ihre brieflichen Ausführungen richtig verstanden habe.« Erwartungsvoll zog er die buschigen Augenbrauen hoch.

»Gewiss, Mijnheer Sassenbach«, bestätigte Groneveld nüchtern. »Es verhält sich alles so, wie ich es Ihnen in meinen Schreiben dargelegt habe.«

Mein Onkel warf meiner Tante einen schnellen Seitenblick zu, strahlte über das massige Gesicht und verschwand mit Groneveld in der guten Stube.

Das Erbe, das mein Vater mir hinterlassen hatte und das nun in angeblich »treuhänderische Verwaltung« meines Onkels überging, musste recht beachtlich gewesen sein. Denn schon wenige Wochen später erwarb August Sassenbach ein ansehnliches Haus, zu dem auch ein großer Hof und ein geräumiger Werkstattschuppen gehörte. Der Mann, der bis dahin seinen Lebensunterhalt durch allerlei Reparaturarbeiten in einem kleinen, schäbigen Schuppen verdient und mit meiner Tante ein dementsprechend ärmliches Leben gefristet hatte, eröffnete nun eine richtige Manufaktur zum Bau stattlicher Kutschen – mit dem Geld, versteht sich, das er eigentlich für mich treuhänderisch verwalten sollte. Er stellte drei Gesellen und einen Lehrburschen ein, ließ zwei moderne dampfgetriebene Maschinen aufstellen und rauchte nicht mehr die billigen Stumpen, sondern gute Zigarren wie ein richtiger Herr. Doch dass er sein Handwerk als Kutschenbauer beherrschte und hart zu arbeiten verstand, das musste ich ihm, wenn auch widerwillig, zugestehen.

In dem neuen Haus, das er mit meinem Erbe bezahlt oder zumindest angezahlt hatte, wies Sassenbach, wie ich meinen Onkel nannte, mir die schäbigste Dachkammer zu. Und anders als versprochen, erhielt ich in seinem Betrieb auch keine ordentliche Ausbildung, sondern stand in der Hackordnung sogar noch unter dem pickelgesichtigen Lehrjungen Vinzenz Koop. Handlangerdienste und Drecksarbeiten, die keiner machen wollte, wurden mir aufgehalst. Ich war das Mädchen für alles und musste springen, wenn jemand pfiff. Gehorchte ich nicht auf der Stelle, handelte ich mir umgehend einen schmerzhaften Schlag mit einer Latte oder einem Ledergurt ein. Sogar Vinzenz Koop, das Ekel, durfte mich ungestraft triezen.

Tante Hildegard, bei der sich gelegentlich wenigstens noch das schlechte Gewissen rührte, weil sie und ihr Mann ihren plötzlichen Wohlstand nicht eigenem Verdienst, sondern meinem Erbe verdankten, setzte sich mehrfach für mich ein, doch ohne großen Nachdruck und letztlich ohne Erfolg.

»Er ist ein halber Krüppel und für anständig mannhafte Arbeit nicht zu gebrauchen! Er soll froh sein, dass er ein Dach über dem Kopf, einen Platz bei Tisch und etwas Sinnvolles zu tun hat!«, beschied Sassenbach seine Frau. »Und von jetzt an will ich zu diesem Thema nichts mehr hören, Weib!«

Tante Hildegard verdrückte ein paar Tränen. »Ach, wenn ihr doch bloß besser miteinander auskommen würdet!«, seufzte sie. »Aber ich kann es August ja noch nicht einmal übel nehmen, Felix. Denn du machst es ihm wirklich nicht leicht, dir den Vater zu ersetzen.«

Ich verkniff mir die spitze Bemerkung, dass ich nicht darum gebeten hatte, nach Mainz gebracht und unter seine Vormundschaft gestellt zu werden. Pao, Chia Fen und Liang Sen waren zu meiner Familie geworden, und das waren die einzigen Menschen, nach denen mein Herz sich sehnte. Die einstige Heimat war mir längst zur Fremde geworden – und mit ihr die Menschen, denen ich mich als Kind verbunden gefühlt hatte. »Ich mache es *ihm* nicht leicht?«, fragte ich sarkastisch.

»Ja, und manchmal nicht nur ihm!«, platzte es ärgerlich aus ihr heraus. »Man weiß nie, woran man an dir ist. Du redest kaum, schließt mit den anderen jungen Burschen keine Freundschaft und vertrödelst Stunden mit diesen obskuren, fremdländischen Büchern, die voll lächerlicher Kritzeleien sind und bestimmt keinen guten Einfluss auf dich haben können! Du bist einfach so . . . so schrecklich anders als alle anderen Jungen.«

Ich war in der Tat anders als Vinzenz und die anderen Jungen, die in unserem Viertel oder sonst wo in Mainz wohnten. Dies lag gewiss daran, dass ich den überwiegenden Teil meines bisherigen Lebens in fernen Ländern verbracht hatte. Erst mehr als acht rastlose Jahre mit meinem Vater, der als Repräsentant eines niederländischen Handelshauses mit mir zuerst nach Rotterdam, anschließend nach Madagaskar und später nach Kapstadt gezogen war. Und dann, nach seinem Tod auf der Überfahrt nach Canton, waren die Jahre in China gefolgt.

Wer wie ich in frühester Jugend weit in der Welt herumgekommen war, wie konnte der in seinem Denken, Träumen und wohl auch in seinem Handeln viel Ähnlichkeit mit anderen jungen Leuten besitzen, die noch nie aus ihrem Dorf oder ihrer Heimatstadt herausgekommen waren? Wer noch nie mit Opiumhändlern, chinesischen Schmugglern, gnadenlosen Flusspiraten, Bergbanditen, kaiserlichen Soldaten, Giftmischern sowie mit weisen Männern von der Art eines Liang Sen zu tun gehabt hatte, wie konnte der auch nur im Ansatz verstehen, was mich bewegte?

In den ersten Wochen hatte ich mehrfach versucht meiner Tante und Sassenbach sowie Vinzenz und den drei Gesellen ein klein wenig von der Welt ferner Länder zu erzählen, die mir so vertraut geworden war wie ihnen Mainz. Ich kam mit meinen Geschichten jedoch nie sehr weit, sondern wurde meist schon nach wenigen Sätzen unterbrochen und unwirsch der Aufschneiderei, ja der Lüge bezichtigt. Meine Beteuerungen, alles wirklich so erlebt und gesehen zu haben, stießen auf verschlossene Ohren. Besonders Sassenbach fuhr mir stets schnell über den Mund und drohte mir Prügel an, falls ich nicht aufhörte mich mit gottlosen Lügenmärchen wichtig machen zu wollen. Und das bereitete meinen Versuchen, von mir und meinen Erlebnissen zu berichten, ein rasches Ende.

Oh ja, ich war ohne jeden Zweifel anders und diese offenkundige Andersartigkeit, die mich meine Umgebung immer stärker spüren ließ, je länger ich bei meiner Tante und Sassenbach lebte, war bald das Einzige, was mir geblieben war, um den Glauben an mich selbst, an eine bessere Zukunft und vor allem an eine Rückkehr nach Canton nicht zu verlieren.

*

Vermutlich wäre ich meinen neuen Pflegeeltern schon in den ersten Wochen davongelaufen, wenn ich mir eine gute Chance ausgerechnet hätte mich auf eigene Faust durchschlagen zu können. Meine schwere Behinderung sowie das Erbe meines Vaters ließen ein geduldiges Warten auf einen besseren Zeitpunkt jedoch ratsamer erscheinen.

Nicht nur Groneveld, sondern auch Witteboom hatte die Kraftlosigkeit meines halb steifen linken Armes für unabänderlich gehalten. Ich jedoch war fest entschlossen ihnen und mir zu beweisen, dass sie Unrecht hatten und dass ich das scheinbar Unmögliche schaffen konnte. Im Rückblick betrachtet, blieb mir wohl auch gar keine andere Wahl. Denn hätte ich meine Behinderung, die doch recht erheblich war und mir eine düstere Zukunft zu garantieren schien, damals als mein unabänderliches Schicksal betrachtet, dann hätte ich damit all meinen Träumen und Plänen den Todesstoß versetzt. Und es waren ja gerade diese Träume und Pläne, die mir die Kraft und den Durchhaltewillen gaben das Leben unter der Knute des Kutschenbauers sowie den Spott von Vinzenz und die Drangsale der Gesellen zu ertragen. Ohne sie wäre ich der Verzweiflung anheim gefallen und hätte Gott weiß was getan. So jedoch hatte ich ein Ziel, an das ich mich geradezu besessen klammerte.

Ich wollte meinen linken Arm eines Tages wieder so gebrauchen können wie meinen gesunden rechten. Und ich wusste, dass mir das nur unter sehr großen und vor allem schmerzhaften Anstrengungen gelingen würde. Ich musste mich buchstäblich quälen und lernen dem glühenden Schmerz nicht nachzugeben, sondern mit ihm zu leben.

»Der Schmerz ist der Vorbote der Besserung! Er ist die

Mauer, die ich durchbrechen muss!«, redete ich mir selbst zu, wenn mir bei meinen stundenlangen Übungen vor Qual die Tränen über das Gesicht liefen. Und wenn ich glaubte nicht mehr zu können, dann zwang ich mich mir und meinem Arm noch eine letzte Übung abzuringen.

Der kleine Flaschenzug, den ich mir selbst baute und in meiner Dachkammer an den Deckenbalken hängte, wurde zum wichtigsten Instrument meiner täglichen Selbstmarterung. An das hintere Seilende hängte ich einen alten Jutebeutel, während ich an das vordere Ende einen handlangen Stock als Griff befestigte. Zu Anfang legte ich in den Jutebeutel nur drei kleine Steine, die zusammen bestimmt nicht mehr als zwei, drei Pfund wogen. Und dennoch gelang es mir nicht, dieses lächerliche Gewicht vom Bretterboden zu heben, als ich mit links das Griffstück packte und am Seil zog. Ein gutes halbes Dutzend Mal setzte ich von neuem an – jedes Mal mit demselben vernichtenden Ergebnis, dass sich der Jutebeutel mit den Steinen kaum vom Boden rührte.

Mir brach der Schweiß aus – vor Anstrengung, aber auch vor aufsteigender Angst mich vielleicht doch maßlos überschätzt und in eine Wahnidee verrannt zu haben.

Hätte ich an diesem Tag dem glühenden Schmerz und der Versuchung nachgegeben, mein Scheitern einzusehen und mich nicht weiter sinnloser Quälerei auszusetzen, so wäre mein Leben ohne jeden Zweifel in völlig anderen Bahnen verlaufen. In Bahnen, die ich mir sogar hier in der Gefängniszelle und im Angesicht des drohenden Galgens nicht weiter vorstellen möchte. Zu deutlich haben sich in meinem Gedächtnis die Bilder von verkrüppelten Männern, Frauen und Kindern eingeprägt, die überall auf der Welt wegen ihrer körperlichen Behinderung wie menschlicher Abfall behandelt und zu den erniedrigendsten Arbeiten gezwungen werden.

Dem Allmächtigen sei Lob und Dank, dass mein Wille an jenem Tag und auch später stärker war als alles andere, was mich immer wieder zum Aufgeben zu verleiten suchte. Und so biss ich die Zähne zusammen und zwang mich wieder und wieder, den Stock zu greifen und am Flaschenzug zu ziehen. Als es mir dann endlich gelang, den Jutebeutel eine Handbreit vom Boden zu heben, da hatte ich das Gefühl den größten Sieg meines Lebens errungen zu haben. Denn es gibt nun mal keinen mächtigeren Gegner als die Schwächen und tiefen Abgründe des eigenen Ich.

Aber wie eine Lerche allein noch keinen Sommer macht, ist auch ein Sieg noch längst kein gewonnener Krieg. Mein erbittert geführter Kampf gegen den Schmerz und die Widerwilligkeit meines linken Armes, auch nur ein wenig an Kraft und Gelenkigkeit zu gewinnen, dauerte über zweieinhalb Jahre. Meine Zähigkeit und Unerbittlichkeit gegen mich selbst zahlte sich jedoch aus. Wenn sich die Fortschritte auch nur quälend langsam einstellten, so waren sie doch buchstäblich mit Händen zu greifen. Der alte Jutebeutel wurde mit jedem Vierteljahr, später sogar mit jedem Monat ein wenig schwerer. Ein faustgroßer Stein nach dem anderen gesellte sich zu den Gewichten, mit denen ich meinen linken Arm trainierte.

Als ich sah, dass ich mich den Schmerzen und Mühen nicht vergeblich aussetzte, sondern allmählich Kraft und Beweglichkeit in meinem linken Arm zurückgewann, da wurde das Training zur Besessenheit. Abends quälte ich mich, bis mir der Schweiß in Strömen über den Körper floss. Und morgens sprang ich schon lange vor Sonnenaufgang von meiner harten Pritsche auf, um mindestens eine Stunde Zeit für meine Übungen am Flaschenzug zu haben, den ich deshalb stets gut geölt hielt.

Aber auch wenn die Rollen gequietscht hätten, wäre wohl niemand zu mir hinaufgestiegen, um zu sehen, was ich da bloß tat. Meiner schwergewichtigen und kurzatmigen Tante setzte die steile Stiege zu meiner Dachkammer viel zu sehr zu, als dass sie sich diesen Aufstieg je zugemutet hätte. Und Sassenbach interessierte sich grundsätzlich nicht für das, was ich in meiner freien Zeit machte, solange ich nur in der Werkstatt spurte und ihm bei Tisch zu den Mahlzeiten keine Widerrede gab. Auch als er später sah, dass ich die Kontrolle über meinen linken Arm immer mehr zurückgewann, fragte er weder nach den Ursachen für diese doch nicht gerade alltägliche Besserung, noch teilte er mir verantwortungsvollere Arbeiten in der Werkstatt zu.

Vielleicht hätte ich in den Jahren, die ich in Mainz verbrachte, doch mit dem einen oder anderem aus unserem Viertel Freundschaft schließen können, wenn ich mich gleich zu Anfang um einen solchen Anschluss bemüht hätte. Doch die wenige Zeit, die mir vor und nach der Arbeit im Betrieb meines Onkels blieb, war völlig ausgefüllt mit meinem körperlichen Training und dem Studium meiner chinesischen Lehrbücher.

Oft war dies jedoch auch eine sehr qualvolle Einsamkeit, insbesondere als ich die Faszination und Anziehungskraft des anderen Geschlechtes entdeckte und mich in Agnes, die Tochter des Druckereigehilfen Matthias Meller, verliebte und aus Liebeskummer manche Nacht nicht schlafen konnte. Das

Mädchen mit den kastanienbraunen Haaren wohnte mit ihrer Familie am oberen Ende der Straße, und wann immer ich einen Blick von ihr erhaschte, begann mein Herz zu rasen und mein Mund auszutrocknen. Wie sehnte ich mich danach, ihr nahe zu sein und zu wissen, dass ihr Lächeln mir galt. Was hätte ich dafür gegeben, nur ihre Hand halten oder über ihr Gesicht streichen zu dürfen! In tausend mutigen Stunden nahm ich mir vor nun endlich all meine Courage zusammenzunehmen und sie bei der nächsten Begegnung anzusprechen. Doch ebenso oft verließ mich der Mut, wenn der Moment gekommen war. Jedes Mal wurde ich mir meiner Behinderung nachdrücklich bewusst und erinnerte mich jäh daran, dass Vinzenz und andere mich einen Krüppel nannten. Nichts fürchtete ich mehr, als auch von ihr mitleidig angeblickt und zurückgewiesen zu werden. Und so senkte ich dann jedes Mal meinen hochroten Kopf und ließ die Gelegenheit ungenutzt verstreichen. Ich weinte eine halbe Nacht vor Kummer, als ich ein Dreivierteljahr später erfuhr, dass sie sich mit dem zweitältesten Sohn eines Fuhrmanns verlobt hatte und ihn im Frühjahr heiraten würde.

Ich lebte wahrhaftig in meiner eigenen einsamen Welt. Deshalb bekam ich auch sehr wenig von dem wachsenden Unmut in der Bevölkerung mit, der sich in jenen Jahren in den deutschen Landen auszubreiten begann, besonders in den großbürgerlichen Kreisen und an den Universitäten. Dort wurde nämlich immer lauter die Forderung nach Begrenzung der Fürstenmacht gestellt und nach mehr Rechten für den Bürger. Verlangt wurden vor allem eine von der Verfassung garantierte und auch geschützte Pressefreiheit, Lehrfreiheit, Versammlungsfreiheit und die Gleichberechtigung aller Konfessionen. Die Machtgelüste der Potentaten, ihre Willkür und Raffgier sowie die Verfolgung mutiger Bürger, die öffentlich die Unterdrückung des Volkes durch die Monarchen, insbesondere durch die zahllosen Spitzel von Fürst Metternichs Geheimpolizei, anprangerten – all das entfachte landauf, landab im Bürgertum eine Feuer der Unzufriedenheit, das nur wenige Jahre später, nämlich 1848, in Deutschland zu der Feuersbrunst einer blutigen Revolution führte. Einer Revolution des Volkes, die wiederum ein Jahr später im Kugelhagel des Militärs und der Standgerichte ihr Ende fand – so wurde mir erzählt. Denn zu jener Zeit lagen schon mehrere Ozeane zwischen mir und meiner einstigen Heimat.

Vier Jahre vor dem Ausbruch der Revolution mit ihren ersten Barrikadenkämpfen in Freiburg machten aufständische Weber im Schlesischen auf ihre Not aufmerksam und entging der preußische König nur knapp einem Attentat. In jenem Sommer des Jahres 1844 verließ ich Mainz als junger Mann von achtzehn Jahren und nahm mein Leben in die eigene Hand.

Schon Wochen vorher bemerkte ich, dass sich irgendetwas Unheilvolles zusammenbraute. Sassenbach hatte dem Alkohol schon immer gern und überaus kräftig zugesprochen, aber stets seine Grenzen gekannt und vor allem niemals seine Arbeit darunter leiden lassen. Nun aber betrank er sich fast jeden zweiten Abend und erschien manchmal erst spät am Morgen im Betrieb, verkatert und unausstehlicher denn je. Seine Herrschsucht, der Tante Hildegard mit ihrem vergleichsweise sanften Wesen nie viel in den Weg gestellt hatte, traf bei ihr nun plötzlich auf gereizten Widerspruch und schrille Vorhaltungen.

Da Sassenbach und Tante Hildegard in meiner Gegenwart nicht offen über das sprachen, was hinter all dem Streit und der zunehmend giftigen Atmosphäre zwischen ihnen stand, tappte ich anfangs über den Grund dieser Veränderungen im Dunkel. Doch da war etwas, wofür ich keine Erklärung benötigte, weil ich es bei ihnen beiden spürte, ja fast zu riechen meinte, so wie ein Hund eine Witterung aufzunehmen vermag: nämlich Angst.

Doch Angst wovor?, fragte ich mich.

An einem heißen Sonntagnachmittag kam ich schließlich durch einen Zufall der Antwort auf die Spur. Ich hatte mich in die Werkstatt geschlichen, um heimlich ein neues Seil für meinen kleinen Flaschenzug zu holen. Nach dreijährigem unermüdlichen Gebrauch war das alte schon reichlich durchgescheuert und ich fürchtete, dass das Seil jederzeit reißen und den Sack mit seinem Gewicht von sicherlich fünfzig Pfund in Steinen auf die Bodenbretter krachen lassen könnte.

Die Werkstatt lag im Dämmerlicht, das durch die Ritzen in den Bretterwänden drang. Ich glaubte mich allein, wollte schon hinter der halb fertigen Kutsche für den Tuchhändler Justus Keppel hervortreten und zur Kammer hinübergehen, wo Sassenbach allerlei Werkzeug, Ledergurte und auch Seile aufbewahrte, als die kleine Tür im linken Flügel des hohen Tores aufgerissen wurde und ich die zornige Stimme meines Vormundes vernahm.

»Du mit deinen ewigen Fragen! Ich muss nachdenken! Also lass mich gefälligst in Ruhe!«, rief er barsch über die Schulter zurück und knallte die Tür wütend hinter sich zu.

Ich roch seinen Zigarrenrauch und überlegte, was ich tun sollte, während er wie ein eingesperrtes Raubtier vor dem

Tor auf und ab tigerte. Die Tür zum Hinterhof, durch die ich gekommen war, musste vom Tor aus genau in seinem Blickfeld liegen. Ich konnte nur hoffen, dass er nicht um die Kutsche herumkam. Aber wenn er in sein kleines Büro wollte, dann würde er unweigerlich an meinem Versteck . . .

Bevor ich meinen Gedanken beenden konnte, schwang die Tür im Torflügel erneut auf und Tante Hildegard erschien. »Ich denke nicht daran, dich in Ruhe zu lassen!«, schrie sie mit erregter, zitternder Stimme. »Schon seit Tagen hältst du mich mit Ausflüchten hin. Ich will endlich wissen, woran ich bin. Ich will die Wahrheit wissen, August!«

Sassenbach fuhr herum. »So, du willst die Wahrheit wissen, ja?«, stieß er höhnisch hervor, als könne er ihre Forderung nicht ernst nehmen.

Tante Hildegards Figur straffte sich, als wollte sie sich für das Kommende wappnen. »Ja, denn diese Ungewissheit ertrage ich nicht länger! Was immer auch geschehen ist, ich will es endlich wissen. Und ich will es hier und jetzt von dir hören – nicht durch den Klatsch unserer Nachbarn oder von sonst wem!«

»Also gut, dann sollst du es erfahren. Hoffentlich kannst du die Wahrheit besser ertragen als die Ungewissheit.« Sassenbach spuckte einen Tabakkrümel auf die Erde.

»Nun sag schon, was mit Baron von Scherkenbeck ist!«, drängte Tante Hildegard und rang die Hände.

»Sie haben ihn gefasst, kurz vor der Grenze! Der Lump hatte sich als Kutscher verkleidet. Nun ja, das passte, denn er ist so wenig ein Baron wie ich oder einer meiner Gesellen! Und sein Name ist auch nicht von Scherkenbeck, sondern Hannes Brunn, Schauspieler von Beruf und aus dem Augsburgischen, wo er auch einen Berg von Schulden hinterlassen haben soll.«

»Ein Hochstapler?«

»Ja«, antwortete Sassenbach knapp.

Tante Hildegard riss entsetzt die Augen auf, gab einen erstickten Laut von sich und schlug die Hände vor den Mund. »Und was . . . was ist mit dem vielen Geld? Ich meine . . . sie haben doch bestimmt noch einen großen Teil davon bei ihm sicherstellen können, nicht wahr?« In ihrer Stimme lag ein beschwörender, flehender Ton.

»Nein, das Geld ist hin. Unwiderruflich verloren. Bis auf ein paar lumpige Heller hat er alles mit seinen Kumpanen durchgebracht. Versoffen, verhurt und verspielt, was weiß ich!«, fuhr Sassenbach unbeherrscht auf. »So, nun kennst du die Wahrheit. Hoffentlich ist dir jetzt besser!«

»Ja, aber . . . was . . . was soll denn jetzt bloß werden?«, fragte Tante Hildegard mit bebender, fast versagender Stimme.

»Eine dümmere Frage hättest du wirklich nicht stellen können! Aber dass so etwas von dir kommt, hätte ich mir ja denken können!«, blaffte er sie an und wollte an ihr vorbei zur Tür.

»August!« Tante Hildegard hielt ihn am Arm fest. »Bitte rede mit mir. Du tust ja so, als ginge dich das alles nichts mehr an. Mein Gott, wir müssen doch jetzt . . .«

Wütend riss Sassenbach sich los. »Da gibt es nichts mehr zu reden«, schnitt er ihr aufgebracht das Wort ab. »Das Geld ist weg und basta. Alles andere kann sich jeder Schwachkopf an den Fingern einer Hand abzählen. Rechne es dir also selbst aus. Und jetzt genug davon!« Damit stürmte er aus der Werkstatt.

Tante Hildegard folgte ihm ins Freie auf den Vorplatz und

rief ihm mit flehentlicher, tränenerstickter Stimme nach sich doch um Himmels willen mit ihr zu beraten, was nun zu geschehen habe. Sassenbach kehrte jedoch weder zu ihr zurück, noch gab er ihr eine Antwort. Wie ein gereizter Stier beim Angriff stürmte er mit gesenktem Kopf die Straße hinunter und verschwand in der nächstbesten Schankstube, um dort seine ohnmächtige Wut über die eigene sträfliche Dummheit und seinen Zorn auf eine ungerechte Welt in einem Strom von Branntwein zu ertränken.

Mit einer schlimmen Ahnung folgte ich Tante Hildegard wenige Minuten später ins Haus. Ich fand sie in der Küche am Tisch sitzend, den Kopf in beide Hände gestützt und von einem Weinkrampf geschüttelt.

Noch heute steigt mir das Blut vor Beschämung heiß ins Gesicht, wenn ich daran denke, dass ich damals nicht das geringste Mitleid mit meiner Tante empfand. Ich dachte nur an mich und das Unrecht, das mir zugefügt wurde.

Ohne mich mit Vorreden aufzuhalten, kam ich sofort zur Sache. »Was habt ihr mit diesem Hochstapler zu tun, der sich als Baron von Scherkenbeck ausgegeben hat?«, fragte ich herausfordernd. »Und um welches Geld, das dieser Kerl durchgebracht hat, geht es?«

Tante Hildegard fuhr erschrocken zusammen und blickte mich mit tränenüberströmtem Gesicht an. »Woher . . . weißt du denn . . .?«

Ungeduldig und zornig, wie ich war, ließ ich ihr keine Zeit ihre Frage zu beenden. »Ich war in der Werkstatt und habe alles mit angehört!«, antwortete ich barsch, kreuzte die Arme vor der Brust und funkelte sie an. »Es war mein Geld, das dieser Hochstapler durchgebracht hat, nicht wahr? Zumindest das, was von meinem Erbe noch übrig war, nachdem ihr das Haus und die Werkstatt davon bezahlt hattet!«

Tante Hildegard wich meinem Blick aus und nickte. »Ja, aber August ... er hat es nur gut gemeint. Bei allem, was man ihm vielleicht vorwerfen mag, er wollte ... das Geld für dich vermehren, das musst du mir glauben! Und nur weil ...«

»Natürlich, der großherzige August Sassenbach hat vom ersten Tag an stets einzig und allein mein Wohl im Auge gehabt! Sicher hat er darüber so manch schlaflose Nacht verbracht. Ich bin wirklich zu Tränen gerührt über diese Fürsorge«, erwiderte ich höhnisch. »Und weil ihm so viel an mir liegt, hat er mich all die Jahre wie den letzten Dreck behandelt!«

Sie zuckte zusammen, als hätte ich sie geohrfeigt, ging auf meine Anklage aber nicht ein, sondern fuhr unbeirrt fort: »... da unterbreitete ihm der Baron diese Offerte mit der Minenbeteiligung. Sie war einfach zu verlockend, und wie hätte er auch wissen können, dass dieser Mann, der ein so vornehmes Auftreten besaß und zudem noch die besten Referenzen und Gutachten vorweisen konnte ... Ich meine, er hat den neuen Landauer doch auf der Stelle bezahlt und ... Wer wäre da auf den Gedanken gekommen, dass er ein unredliches Spiel betrieb und ...« Sie stockte und schüttelte den Kopf, als könnte sie die schreckliche Wahrheit noch immer nicht glauben. »Wie hätte man da ahnen können, dass dieser Mann ein gerissener, gewissenloser Betrüger ist?«

»Vielleicht hätte dein August mal seinen gesunden Menschenverstand gebrauchen sollen. Diese Offerte klang einfach zu verlockend, um wahr zu sein!«, hielt ich ihr aufbrausend vor. »Um was für eine Mine ging es dabei überhaupt?«

»Um eine ertragreiche Silbermine im Bergischen Land.«

»Die wohl nur auf dem Papier und in den gefälschten Referenzen und Gutachten existiert hat, nicht wahr?«

Tante Hildegard schluckte heftig, bevor sie nickte und mit tränenerstickter Stimme antwortete: »Dieser Verbrecher hat uns auf das Schändlichste getäuscht. Alles, was er gesagt und versprochen hat, war Lüge, nichts als schamlose Lüge! Jetzt sind wir ruiniert. Nun werden wir alles verlieren, das Haus, die Werkstatt – alles! Oh mein Gott, wenn August doch nur auf mich gehört und nicht auch noch diese zusätzlichen Schuldscheine unterzeichnet hätte!« Sie brach wieder in Tränen aus, sank am Tisch in sich zusammen und barg ihr Gesicht in ihren Händen.

Soll ich lügen und behaupten, dass mir die Vorstellung, meine Tante und Sassenbach wieder zurück in die Armut oder zumindest doch in relative Mittellosigkeit hinunterstürzen zu sehen, nicht grimmige Genugtuung bereitet hätte? Nein, mir sträubt sich die Feder bei dem Gedanken mich von der hässlichen Sünde der Häme nachträglich reinwaschen zu wollen. Und es ist eine Versündigung, am Unglück anderer Gefallen und Befriedigung zu finden.

Damals fand ich jedoch, dass ihnen ganz recht geschah. Sie hatten sich auf Kosten meines Erbes, das sie doch nur treuhänderisch verwalten sollten, ein schönes Leben gemacht, ohne mich daran teilhaben zu lassen und ohne anzuerkennen, wem sie all das zu verdanken hatten. Nun erhielten sie dafür ihre gerechte Strafe. Vor allen Dingen gönnte ich Sassenbach die Schande, die sein unweigerlicher Abstieg vom selbstständigen Kutschenbauer mit eigenen Handwerkern zurück in die Schicht eines schlecht bezahlten Angestellten oder Hinterhofhandwerkers zwangsläufig mit sich bringen würde.

»Das geschieht ihm recht, dem August Sassenbach! Das kommt davon, wenn man zu hoch hinauswill. Er hat geglaubt etwas Besseres zu sein und sich schon wie ein feiner Herr aufgeführt. Jetzt kommt er zu uns zurückgekrochen!«, würde es voller Schadenfreude heißen. »Hochmut kommt vor dem Fall!«

Einen Augenblick stand ich schweigend in der Tür und weidete mich an diesem Gedanken. Aber dann kam mir ernüchternd zu Bewusstsein, dass mir meine hämische Schadenfreude außer einem flüchtigen Gefühl der Genugtuung selbst nichts brachte, jedenfalls nichts Handfestes, was mir weiterhelfen konnte. Das Geld, von dem ich bei meiner Volljährigkeit zumindest noch einen Teil zu erhalten gehofft hatte, war unwiderruflich dahin. Ich war nun selbst ein Habenichts. Dass ich mich der Knute meines Vormundes all die Jahre mit zusammengebissenen Zähnen gebeugt und das oftmals fast übermächtige Verlangen, einfach fortzulaufen und mein Glück auf eigene Faust zu suchen, immer wieder unterdrückt hatte, es hatte mir nichts gebracht! Ich hatte kostbare Jahre verschenkt.

Kalte Wut wallte in mir auf. Ich stürmte in die gute Stube und riss die Schubladen der schweren Kommode aus dunklem Rosenholz auf, in der Tante Hildegard das Tafelsilber aufbewahrte. Ich leerte die Laden auf dem Boden aus, ohne mich darum zu kümmern, ob dabei ein Teil verkratzt wurde.

Das laute Poltern der Schubladen, die ich einfach auf den Kopf stellte und dann hinter mich warf, sowie das Klirren des Tafelsilbers drang natürlich bis in die Küche und Augenblicke später stand Tante Hildegard im Zimmer und rief mit ängstlich verstörter Stimme: »Felix! Bist du noch bei Sinnen? Um Gottes willen, was tust du da?«

»Ich nehme mir den lächerlich geringen Teil von meinem Erbe, der noch übrig geblieben ist, bevor hier alles unter den Hammer kommt und zwangsversteigert wird!«

»Das kannst du nicht tun!«, stieß sie bestürzt hervor.

Ich sprang auf. »Warum nicht? Habt ihr das Silber denn nicht auch von dem Geld gekauft, das mein Vater mir hinterlassen hatte und das ihr treuhänderisch für mich verwalten solltet?«, schrie ich sie fast an. »Das Haus, die Werkstatt, die Maschinen – all das und vieles mehr habt ihr doch mit meinem Geld bezahlt. Und du willst mir jetzt verweigern, dass ich wenigstens das Tafelsilber an mich nehme? Du wagst es wirklich, mir diese Unverschämtheit ins Gesicht zu sagen, nachdem ihr, du und dein sauberer Gatte, mein Erbe durchgebracht habt?«

Erschrocken wich sie einen Schritt vor mir zurück, als fürchtete sie, ich könnte sie jeden Moment schlagen wollen.

Die Angst in ihren Augen beschämte mich und dämpfte meinen Ausbruch. »Nun sag schon!«, bedrängte ich sie erregt, »von welchem Geld habt ihr euch das schöne Haus, die Werkstatt, die neuen Möbel und das Silber denn leisten können? Etwa von dem kargen Lohn, den dein Mann mit seiner schäbigen Reparaturwerkstatt verdient hat? Mein Gott, mach dich doch nicht lächerlich! Mir habt ihr nie Sand in die Augen streuen können. Sassenbach hat doch nur die Vormundschaft übernommen, weil er dann über mein Erbe verfügen konnte. Ohne das hättet ihr mich nie ins Haus genommen. Bring doch endlich den Mut und den Anstand auf das zuzugeben!«

Schuldbewusst senkte sie den Blick. »Du hättest später alles auf Heller und Pfennig ausgezahlt bekommen«, beteuerte sie mit schwacher Stimme. »August wollte das Geld nur vermehren, damit wir alle sorglos davon leben könnten . . .«

»Nun, das mit dem Vermehren hat er ja ganz wunderbar hingekriegt!«, höhnte ich, holte aus der Küche einen großen geflochtenen Korb, legte das Silber hinein und deckte es mit einer Leinendecke zu.

»Wo willst du damit hin?«

»Natürlich zum Pfandleiher.«

»Am Tag des Herrn hat hier kein Pfandleiher in der Stadt seinen Laden geöffnet«, wandte meine Tante ein.

»Simon Söderkind wohnt über seinem Laden und er wird nichts dagegen haben, an einem Sonntag in seinen Privaträumen ein gutes Geschäft zu machen«, erwiderte ich. »Und du wirst mir jetzt einen Brief an ihn schreiben, dass es mit dem Versetzen des Tafelsilbers seine Ordnung hat und ich berechtigt bin nach Gutdünken über das Geld zu verfügen!«

»Ich soll einen Brief . . .?«

»Ja, oder willst du es auch noch auf dein Gewissen nehmen, dass dein Mann mich nicht nur um mein Erbe gebracht hat, sondern mich auch noch des Diebstahls bezichtigt und mich einsperren lässt?«

Ich brauchte ihr nicht erst damit zu drohen, zum Magistrat zu gehen und Sassenbach der Veruntreuung meines väterlichen Erbes anzuklagen. Tante Hildegard wusste, dass sie mir diesen Gefallen schuldig war. Es war das Geringste, was sie für mich tun konnte.

»Ja, nimm nur das Silber. Und ich schreibe dir auch den Brief«, sagte sie kleinlaut, wandte sich um und ging kraftlosen Schrittes aus dem Zimmer.

Ich brauchte nicht lange, um meine wenigen Sachen zu

packen und zu einem Bündel zusammenzuschnüren. Viel war es nicht, was ich mein eigen nennen konnte. Das Kostbarste waren die chinesischen Lehrbücher, obschon sie nach jahrelangem Studium längst zerfleddert waren und mir nichts mehr beizubringen vermochten. Als ich die Treppe herunterkam, wartete Tante Hildegard schon mit dem Brief in der Hand auf mich.

Ich überflog das halbe Dutzend Zeilen, das sie mit ihrer gestochen scharfen Handschrift auf den steifen Bogen geschrieben hatte, steckte den Brief ein, warf mir meinen Kleidersack über die linke Schulter und nahm mit rechts den schweren Korb mit dem Tafelsilber auf.

»Gottes Segen, mein Junge«, flüsterte Tante Hildegard, während ihr die Tränen über das Gesicht liefen. Heute bin ich sicher, dass es sie an diesem Tag sehr reute, was sie und ihr Mann getan hatten. »Mögest du dein Glück finden, wohin es dich auch immer verschlagen mag. Und denke nicht allzu schlecht von uns.«

Ich ging ohne ein Wort des Abschieds.

Das Holländerfloß
oder
Wie ich der zweifachen Wirkung einer Flasche Branntwein erlag, zum Bettler der Landstraße wurde und in Rotterdam zu meiner ersten Heuer kam

Das Tafelsilber brachte mir beim Pfandleiher Simon Söderkind zwar nicht gerade ein Vermögen ein, doch ein schöner Batzen Geld kam schon zusammen, als er mich nach langem Klagen und Jammern, wie schlecht die Geschäfte in letzter Zeit doch gingen, endlich auszahlte. Jedenfalls hatte ich mehr klingende Gold- und Silberstücke in meiner Börse, als ich die nächsten zehn, zwölf Monate auch bei großzügigem Umgang mit dem Geld für Unterkunft und Verpflegung ausgeben konnte. Und bis das Geld verbraucht wäre, so nahm ich voll Vertrauen in die Zukunft an, würde ich schon längst wieder in China sein. Für eine Passage nach Canton, und zwar als zahlender Kabinenpassagier, dem man an Bord mit dem gebührenden Respekt begegnen würde, reichte es doppelt und dreifach!

Auf dem Weg hinunter zum Fluss zu den Anlegestellen der Rheinschiffe hörte ich zufällig von dem großen Holländerfloß, das in Mainz-Kastel am Ufer vertäut lag und am nächsten Morgen seine Fahrt flussabwärts fortsetzen würde. In gut zweieinhalb Wochen sollte es in Dordrecht vor Rotterdam das Ende seiner langen Reise erreicht haben.

Das schien mir ein deutlicher Wink des Schicksals zu sein, hatte ich doch schon vor langer Zeit beschlossen zunächst nach Rotterdam zu reisen, wenn der Tag gekommen war, an dem ich Mainz endlich den Rücken kehren konnte. Im Hafen dort, dem holländischen Tor zur Welt, wollte ich mich um eine Passage nach Canton bemühen. Obwohl die Jahre, die ich mit meinem Vater in Rotterdam verbracht hatte, zu meiner frühesten Jugend zählten und ich nur wenige Erinnerungen an diese bedeutende europäische Hafenstadt bewahrt hatte, brachte ich Rotterdam doch entschieden mehr heimatliche Gefühle entgegen als Mainz, Köln oder irgendeinem anderen deutschen Ort. Zudem war mir die holländische Sprache so geläufig wie meine eigene Muttersprache und das Englische, das ich in Kapstadt gelernt hatte.

So machte ich mich denn schnurstracks auf den Weg zum weiter rheinabwärts gelegenen Floßplatz. Zwar standen mir andere und vor allem schnellere Verkehrsmittel als ein riesiger Haufen zusammengebundener Baumstämme zur Verfügung, um von Mainz nach Rotterdam zu gelangen. Doch das besondere Erlebnis einer Flussfahrt auf solch einem gewaltigen Holländerfloß schien mir die zweieinhalb Wochen Reisezeit allemal wert zu sein. Zudem habe ich mich nie für längere Fahrten mit der Eisenbahn oder gar der Postkutsche erwärmen können. Bei beiden wurde man stets über Gebühr geschüttelt und gerüttelt, sodass einem um die Vollständigkeit seiner Glieder angst und bange werden konnte. So unsinnig es auch klingen mag, aber mein Vertrauen galt schon immer mehr den Gewässern, wie gewaltig sie auch sein mochten, als den Straßen und Schienensträngen dieser Welt.

Zügigen Schrittes und im freudigen Bewusstsein meiner endlich zurückgewonnenen Freiheit ging ich über die Wiesenhänge, die das bunte Blütenkleid wilder Sommerblumen trugen. Ich kam schließlich um ein kleines Birkenwäldchen – und da lag es plötzlich vor meinen Augen. Mir stockte unwillkürlich der Atem, als ich das Holländerfloß zu Gesicht bekam. Noch nie im Leben hatte ich etwas Derartiges gesehen.

Was sich da unten entlang des Ufers erstreckte, hatte für mich im ersten Moment mehr Ähnlichkeit mit einer riesigen schwimmenden Insel aus Baumstämmen als mit dem, was man sich gemeinhin unter einem Floß, ja sogar unter einem großen Floß vorstellt. Der hölzerne Lindwurm wies nicht nur eine Länge von mehr als zweihundert Metern und eine Breite von gut fünfzig, sechzig Metern auf, sondern er trug auch mehr als ein Dutzend solide Hütten und lang gestreckte Schuppen, die alle den Eindruck sorgfältiger Zimmermannsarbeit machten. Über einem der Gebäude erhob sich sogar ein hoher Fahnenmast. Zudem türmten sich an vielen Stellen ganze Berge von Fracht auf: Schnittholz und Steinplatten sowie Kisten, Tonnen und Säcke. Was dort am Ufer vertäut lag und mit dem Land durch einen breiten Bohlensteg verbunden war, konnte man wahrhaftig ein schwimmendes Dorf nennen, das von gut und gern zweihundert Männern und auch einigen Frauen bewohnt wurde.

Ich begriff an diesem frühen Sommerabend, dass sich ein rechtes Holländerfloß zu einem gewöhnlichen Floß so verhält wie ein stolzer Dreimaster zu einem Nachen, der gerade mal zum Überqueren eines Dorfteiches taugt.

Wenig später ging ich an Bord des Holländerfloßes, wurde von einem so genannten Ankerknecht nach meinen Wünschen gefragt und von einem anderen Besatzungsmitglied in die äußerst komfortable Wohnhütte des Floßherrn Jacobus Jonker geführt. Der Floßherr, ein Respekt einflößender Mann mit der kräftigen Statur eines Preisboxers und dem scharfen Profil eines Raubvogels, erwies sich als überraschend umgänglicher, freundlicher Mann.

»Meine Besatzung ist zwar mit 185 Mann und zehn Weiberröcken vollständig. Aber du machst den Eindruck eines kräftigen jungen Mannes, der anzupacken weiß«, sagte er im irrigen Glauben, ich wolle anheuern. »Und Lutger, mein Floßmeister, ist für jeden Gehilfen dankbar, den ich mehr auf die Heuerliste setze, wo doch jetzt die gefährliche Gebirgsstrecke vor uns liegt und man nie weiß, wie viele Hände man wirklich braucht, um in sicheren Gewässern zu bleiben. Denn kein Jahr gleicht dem vorherigen. Der Fluss ändert ständig seinen Lauf, und sein Verhalten ist so unberechenbar wie die Grillen einer launischen Frau.«

Er holte ein dickes, in Schweinsleder gebundenes Buch hervor, klappte es auf und hielt mir eine Schreibfeder hin. »Hier, schreib deinen Namen ins Buch oder mach dein Zeichen, ganz wie du kannst, und ich zahl dir in Dordrecht volle zehn Gulden aus. Und was Kost und Logis auf meinem Floß angeht, so hat noch nie jemand daran etwas zu bemängeln gehabt – noch nicht einmal die ärgsten Schandmäuler unter dem Gesindel, das man leider auch bei gewissenhaftester Anmusterung nie ganz aus einer so großen Mannschaft herauszuhalten vermag.«

»Danke für das freundliche Angebot, Mijnheer Jonker«,

antwortete ich mit einem kaum merklichen stolzen Lächeln. »Aber ich möchte nicht anmustern, sondern für Schlafstelle, Kost und Logis durchaus bezahlen.«

Überrascht sah er mich an. »Du willst die Fahrt als zahlender Passagier machen?«

»Ja, das ist meine Absicht, Mijnheer.« Ich zog meinen prall gefüllten Geldbeutel hervor und ließ ihn zur Bekräftigung meiner Worte auf den Tisch zwischen uns poltern. »Oder nehmen Sie etwa keine zahlenden Passagiere mit an Bord?«

Für einen kurzen Moment sah er mich nachdenklich, ja fast misstrauisch an. Dann zuckte er die Achseln und sagte: »Wenn du lieber Geld ausgeben als verdienen willst, soll mir das auch recht sein. Aber ich habe nur noch eine kleine Kammer frei, die sich nicht in den regulären Unterkünften befindet, sondern von einem der Vorratsschuppen abgetrennt ist und somit für sich allein liegt.«

»Die soll mir recht sein, Mijnheer, solange sie nur über eine ordentliche Bettstelle verfügt.«

»Das tut sie«, versicherte er. »Sie hat sogar ein kleines Fenster sowie eine stabile Kleiderkiste, in der man sein Hab und Gut einschließen kann. Und das ist bei einer so großen und bunt gemischten Mannschaft jedem anzuraten.«

»Das ist alles, was ich brauche.«

Wir handelten im Handumdrehen einen Preis aus, mit dem wir beide zufrieden sein konnten. Doch als er dann einen seiner Männer rief, damit dieser mir zeigte, in welcher der langen Hütten meine Kammer lag, da hatte ich den Eindruck, dass der Floßherr bei meinem Eintreten besser von mir gedacht hatte als nun bei meinem Weggehen.

Es ärgerte mich, dass Jacobus Jonker mich wohl nun für

einen Faulpelz hielt. Aber hatte ich nach allem, was ich die letzten drei Jahre bei Sassenbach tagtäglich an Drecksarbeit zu ertragen gehabt hatte, denn nicht das Recht es mir eine Weile gut gehen zu lassen und dafür ein paar Taler auszugeben? Musste ich mir deshalb wirklich Gewissensbisse machen und mich wie ein Tagedieb fühlen?

Meine Barschaft wird früh genug aufgebraucht sein. Dann wartet harte Arbeit auf mich. Doch diese Floßfahrt und die Passage nach Canton, das will ich mir gönnen – und zwar ohne Gewissensbisse!, sagte ich mir schließlich und gab fortan nichts mehr darum, was der Floßherr oder sonst wer von mir denken mochte.

*

Die Fahrt rheinabwärts auf dem Holländerfloß, von dem nebenbei bemerkt vier Fünftel seiner gewaltigen Masse gar nicht zu sehen waren, weil sie unter Wasser lag, wurde für mich zu einem unvergesslichen Erlebnis. Ich genoss die zweieinhalb Wochen in vollen Zügen, zumal das Wetter uns Tag für Tag mit einem strahlend blauen Himmel und angenehmen Sommertemperaturen verwöhnte. Meine Kammer war zwar eng und die Schlafstatt mit dem Strohsack bot nicht eben die Bequemlichkeit, die ich mir gewünscht hätte. Aber dafür hielt das Essen, was der Floßherr versprochen hatte. Es wurde üppig und schmackhaft aufgetafelt, und zwar nicht nur für die wenigen zahlenden Passagiere, sondern auch für die Mannschaft. Und mit dem Ausschank von Dünnbier bei den Mahlzeiten zeigte sich Jacobus Jonker nicht weniger großzügig.

Ich wurde in diesen Tagen nicht müde die Geschicklichkeit der Mannschaft zu bewundern. Es sah so leicht aus, wie die Männer unter der Führung des Steuermannes und des Floßmeisters diesen zweihundert Meter langen Lindwurm aus dicken Tannen- und Fichtenstämmen durch die zahllosen Windungen manövrierten, die der Rhein auf seinem Lauf für jeden Schiffer bereithält. Ich wusste jedoch, dass diese Meisterschaft in der komplizierten Handhabung der Streichen, Kopfständer, Knie und Hundanker, mit denen ein Holländerfloß gelenkt wurde und je nach Bedarf zu einem Bogen oder gar zu einem S verrenkt werden konnte, dass diese Kunst das Ergebnis langjähriger Übung und Erfahrung war. Ohne eine gut aufeinander eingespielte Mannschaft war ein solches Holländerfloß, das ja ein ungeheures Vermögen in Form von mehreren Hunderttausend Kubikmetern Holz darstellte, dem Untergang geweiht – und der Floßherr dem finanziellen Ruin.

Meine ganz besondere Bewunderung galt jedoch dem Steuermann, einem rotschopfigen Hünen namens Victor, der offensichtlich jede Sandbank, jede Untiefe, jede Klippe, jeden Strudel und jede noch so kleine Veränderung im Strom kannte und im Schlaf benennen konnte. Die Verantwortung, die auf seinen Schultern lag, war ungeheuer.

Es gab so viel zu schauen und zu beobachten: die beeindruckende Arbeit der fast zweihundert Kopf starken Mannschaft, das immer gleiche selbstherrliche Auftreten korrupter Zollinspektoren und ihrer Gehilfen, die mehr an das Füllen ihrer eigenen Tasche dachten denn an das vorschriftsmäßige Eintreiben der Zölle, die gemächlich vorbeiziehende Landschaft mit ihren vielfältigen Gesichtern, die Schiffe und Boote, die uns in beiden Richtungen passierten, sowie das bunte

Treiben, das fast zu allen Tageszeiten zwischen den Hütten herrschte. Vor allem abends, wenn das Floß sicher am Ufer vertäut lag und überall große Lagerfeuer loderten, konnte man als ahnungsloser Betrachter leicht den Eindruck gewinnen, die ganze Mannschaft bestünde aus einem Heer von Vaganten, fahrendem Volk, das aus allen Himmelsrichtungen zusammengeströmt war, um sich auf diesem Floß zu versammeln. Denn an Gauklern und Zauberkünstlern, Artisten und Musikanten, Geschichtenerzählern und Glücksspielern mangelte es an Bord des Holländerfloßes nicht, wenn man sah, womit sich die Leute vergnügten und die Zeit vertrieben.

Die Gesellschaft meiner acht Mitreisenden, unter ihnen eine vierköpfige Familie mit zwei erwachsenen Söhnen, erwies sich als ebenso angenehm wie unverbindlich. Man verbrachte die Mahlzeiten zusammen, wobei sich die Unterhaltung fast ausschließlich auf freundliche Oberflächlichkeiten wie das Wetter, den Fortgang der Reise, das Leben auf dem Floß sowie die jeweiligen landschaftlichen Besonderheiten beschränkte. Begegnete man sich an Deck, so ging man gemeinsam vielleicht ein, zwei Spazierrunden miteinander unter höflichem Geplauder, ohne jemals die Grenzen unverbindlicher und schicklicher Konversation zu gefährden, um dann nach einer Weile wieder seiner eigenen Wege zu gehen.

Eine Reise von unvergesslicher Geruhsamkeit und voller angenehmer Eindrücke, so hätte ich die Fahrt mit dem Holländerfloß zweifellos für alle Zukunft in meiner Erinnerung behalten, wenn – ja, wenn mir die bittere Erfahrung der vorletzten Nacht erspart geblieben wäre.

*

Im Lauf der Reise hatte ich es mir zur Gewohnheit gemacht, vor dem Schlafengehen stets noch einen nächtlichen Rundgang zu machen. Manchmal blieb ich dabei an Bord des Floßes. Oft aber spazierte ich auch ein Stück am Ufer entlang, genoss den Anblick des Stromes, dessen dunkle Fluten hier und da das Licht der Sterne einfingen, und hing meinen Gedanken nach, die meist in südliche Breiten gingen, nach Canton zu meinen chinesischen Freunden, die ich bald wieder zu sehen hoffte. Ich fragte mich, wie es ihnen in den vergangenen dreieinhalb Jahren wohl ergangen sein mochte.

China hatte den Opiumkrieg gegen England verloren und sich im August 1842 im Vertrag von Nanking allen Forderungen der Briten beugen müssen. Canton war nun nicht länger die einzige Hafenstadt, in der Europäer chinesischen Boden betreten und mit dem Reich der Mitte Handel treiben, sprich ihr verfluchtes Opium verkaufen und im Gegenzug Tee, Seidenstoffe und andere chinesische Erzeugnisse auf ihre Schiffe laden durften. Der Kaiser in Peking hatte den siegreichen *fangui* auch noch die Hafenstädte Shanghai, Amoy, Foochow und Ningpo öffnen, 21 Millionen Dollar Entschädigung zahlen und die vor der Küste von Canton liegende Felseninsel Hong Kong überlassen müssen. Bestimmt war durch diesen nationalen Gesichtsverlust bei vielen Chinesen auch der Hass auf die *fangui* gewachsen. Inständig hoffte ich, dass Liang Sen und seine Familie nicht darunter hatten leiden müssen, dass sie einen dieser »weißen Teufel« bei sich aufgenommen und so lange in ihrem Haus beherbergt hatten. Ob sie wohl wieder in ihr Hofhaus in der verwinkelten *Longcang Jie*, was so viel heißt wie »Die Straße, wo sich der Drache versteckt hält«, hatten zurückkehren können? Nichts wünschte ich mir mehr als sie in Kürze dort alle bei bester Gesundheit wieder zu sehen!

In jener verhängnisvollen Nacht, zweieinhalb Tagesreisen vor Dordrecht, beschäftigten mich wieder einmal diese Gedanken, als ich weit nach Mitternacht von meinem nächtlichen Landgang auf das Holländerfloß zurückkehrte. Die Lagerfeuer, wie auch die Lampen in den Unterkünften, waren mittlerweile erloschen. Bis auf meine Wenigkeit und die beiden Wachen, die müden Schrittes ihren Dienst entlang der Ankertaue taten, hatten sich Mannschaft und Reisende offenbar längst zu Bett begeben.

Wie trügerisch dieser Eindruck war, erfuhr ich Augenblicke später, als ich die Brettertür zu meiner Schlafkammer öffnete – und erschrak. Ich *roch* plötzlich, dass ich nicht allein war. Jemand lauerte vor mir in der Dunkelheit des kleinen Raumes! Mir drang der unangenehm scharfe Geruch in die Nase, welcher Kleidungsstücken entströmt, die sich wochenlang mit Dreck und Körperausdünstungen aller Art voll gesogen haben.

Ich fuhr zurück – und stieß dabei gegen einen der beiden Männer, die mir aufgelauert hatten: einer in meiner Kammer, der andere im tiefen Schlagschatten des Schuppens. Bevor ich einen Schrei ausstoßen konnte, legte sich von hinten ein Arm wie ein Schraubstock um meine Kehle und drückte mir brutal die Luft ab. Gleichzeitig spürte ich so etwas wie einen schmerzhaften Nadelstich, als sich eine Messerspitze durch mein Hemd bohrte und mir die Haut über den Rippenbögen aufritzte.

»Wenn du auch nur einen Ton von dir gibst, stech ich dich ab wie 'n Schwein auf der Schlachtbank!«, zischte mir eine raue, kratzige Stimme ins Ohr. »Los, rein in die gute Stube!« Der Mann schob mich vor sich her in meine Schlafkammer.

Ich stolperte vorwärts, zu Tode erschrocken und mit akuter Atemnot kämpfend.

»Du hast uns verdammt lange warten lassen, Bürschchen. Das war nicht nett«, flüsterte der Mann mit den stinkenden Kleidern. Ich hörte, wie er an mir vorbeihuschte und schnell die Tür hinter seinem Komplizen verriegelte. Dabei murmelte er ungnädig: »Hättest dein Geld besser in der Truhe aufbewahrt, denn das Schloss war so leicht zu knacken wie 'ne Hafendirne. Dann hättest du uns das beschissene Warten und dir all die lästigen Umstände jetzt erspart. Das kommt davon, wenn man zu misstrauisch ist und sich von seinem Zaster nicht trennen will.«

»Quatsch nicht so viel! Die Augenbinde!«, befahl Kratzstimme, der mich noch immer im Schwitzkasten hielt und mir kaum Luft zum Atmen ließ. Dem Gefühl nach hatte ich es mit einem breitschultrigen Mann zu tun, der mich um gut einen Kopf überragte und dessen Unterarm mir fast den Kehlkopf zerquetschte.

»Schon zur Hand, Kumpel«, antwortete Stinkemann, tastete mit seinen Dreckshänden über mein Gesicht und band mir im nächsten Moment ein Tuch vor die Augen, das mir bis über die Nase reichte. »So, das hätten wir. Ich mach uns jetzt Licht.«

»Aber halt die Flamme so klein wie möglich, verstanden?«, ermahnte ihn Kratzstimme, der bei diesem Überfall zweifellos das Kommando führte.

»Die Kammer hat doch bloß 'ne schmale Fensterluke und vor der hängt noch so 'n Gardinenlappen«, entgegnete Stinkemann unbesorgt.

»Tu, was ich dir sage! Und bind ihm auch gleich die Hände zusammen!«, herrschte ihn Kratzstimme gedämpft an. »Ich will nicht wegen einer saublöden Nachlässigkeit am Galgen hängen, ist das klar?«

Stinkemann knurrte verdrossen etwas vor sich hin, während er sich an der Lampe zu schaffen machte. Ich hörte, wie der Glaszylinder wieder hinunter in seine metallene Fassung glitt, und registrierte einen schwachen Lichtschimmer sowie den Geruch von Petroleum. Augenblicke später fesselte der Kerl mit der ekelhaft stinkenden Kleidung meine Hände. »So, bestens verschnürt!«

Nun näherte sich der Mund von Kratzstimme wieder meinem rechten Ohr. »Du hörst mir jetzt verdammt gut zu, wenn dir an deinem Leben was liegt, Kleiner. Ob du bloß mit 'nem Schrecken und 'ner leeren Geldbörse davonkommst oder wie 'n aufgeschlitzter Karpfen endest, das hängt ganz von dir ab. Gleich nehme ich meinen Arm weg. Wenn du vernünftig bist und leben willst, versuchst du erst gar keine Dummheiten, sondern tust genau das, was ich dir jetzt sage – nämlich: Rühr dich nicht von der Stelle und halte das Maul! Wenn du aber so närrisch bist zu glauben es mit uns aufnehmen zu können, dann schneide ich dich in Streifen, bevor du auch nur einen lausigen Furz lassen kannst. Haben wir uns verstanden?«

Was gab es da groß zu verstehen? Meine Situation ließ wahrlich keinen Raum für falsche Hoffnungen. Meine Schlafkammer lag fern von den anderen. Wer sollte mir zu Hilfe kommen, auch wenn ich so einfältig wäre, um Hilfe zu schreien? Und wer wäre mit verbundenen Augen und gefesselten Händen auf die Idee gekommen es mit zwei skrupellosen Gesellen aufzunehmen, die mir jeden Moment die Kehle durchschneiden konnten?

Ich versuchte ihnen zu verstehen zu geben, dass ich keinen

Widerstand leisten und allen Befehlen gehorchen wollte. Sie waren hinter meinem Geld her, und so beachtlich meine Barschaft für meine Verhältnisse auch sein mochte, so wollte ich dafür doch nicht mein Leben aufs Spiel setzen. Also röchelte ich etwas, von dem ich hoffte, dass sie es richtig deuteten.

Kratzstimme gab ein leises, höhnisches Lachen von sich. »Ah ja, ich vergaß, dir wird langsam die Luft knapp.« Er löste seinen Würgegriff, und während ich keuchend und mit schmerzender Kehle nach Atem rang, packte er mich an der Schulter. »Mach es dir auf deiner Pritsche bequem. Da plaudert es sich besser, so von Mann zu Mann.«

Stinkemann kicherte.

»Und jetzt raus mit der Sprache, wo hast du deinen Zaster versteckt, Bursche?«, fragte Kratzstimme. »Und versuch besser erst gar keine krummen Spielchen mit uns. Wir wissen, dass du mit ’ner hübsch prall gefüllten Geldbörse an Bord gekommen bist. Mein Kumpel hat durchs Fenster gelugt, als du dem Floßherrn harte Gulden auf den Tisch gezählt hast, ohne dass dein Geldbeutel danach allzu sehr unter Auszehrung gelitten hätte. Also heraus damit. Ich zähle bis drei. Wenn du bei drei nicht das Maul aufgemacht und das Versteck ausgespuckt hast, bleibt dir noch nicht mal Zeit für ’n letztes Ave Maria!«

Inzwischen hatte ich meine Stimme wieder gefunden. »Das Geld steckt im Leinengürtel unter meiner Kleidung«, gestand ich ohne Umschweife und wünschte, ich hätte nicht vor dem Floßherrn mit meinem prallen Geldbeutel geprotzt und so die Aufmerksamkeit der beiden Ganoven erregt. Für dieses Wenn und Hätte war es jedoch gute zwei Wochen zu spät. Die

Männer wussten, dass ich eine Menge Geld mit an Bord gebracht hatte. Ich würde es nicht vor ihnen retten können.

Kratzstimme riss mir das Hemd aus der Hose, wobei auch der primitive Geldgürtel ein Stück mit hochrutschte. Er packte den zwei Finger breiten Leinenstreifen, in dem ich den Rest meines väterlichen Erbes versteckt hatte, zerrte ihn mir von den Hüften, schob die Messerklinge zwischen Haut und Geldgürtel und durchtrennte ihn mit einem ungeduldigen Schnitt. Mehrere Geldstücke fielen heraus und landeten mit hellem Klirren neben mir auf der Pritsche.

»Der Teufel soll mich holen, sogar Goldstücke sind darunter! Ich hab's doch im Urin gehabt, dass der Bursche für ein fettes Sümmchen gut ist!«, stieß Stinkemann freudig hervor. »Na dann, bringen wir es hinter uns!«

Wollte mich dieses räudige Verbrecherpack vielleicht doch nicht mit dem Leben davonkommen lassen? Mir fuhr ein eisiger Schreck in die Glieder und die Gedanken jagten sich fieberhaft hinter meiner Stirn. Ich hatte keine große Chance mich mit gefesselten Händen erfolgreich gegen zwei mit Messern bewaffnete Männer zur Wehr zu setzen. Aber einfach sitzen bleiben und mich tatenlos abstechen lassen wollte ich auch nicht! Man hatte mir die Hände nicht auf den Rücken, sondern vorn zusammengebunden. Deshalb konnte ich mir sicherlich die Augenbinde mit einem Ruck vom Kopf reißen. Und wenn es mir gelang, blitzschnell aufzuspringen, einen der beiden mit einem wuchtigen Rammstoß beider Fäuste niederzustoßen und unter lautem Gebrüll . . .

»Nein, kein Blut! Wir haben sein Geld, sein Leben kann er behalten. Also lass dein verdammtes Messer stecken und geh mir aus dem Weg!«, erwiderte Kratzstimme scharf, als ich gerade aufspringen wollte. »Wir machen es wie immer. Also gib schon die Flasche her.«

»Wie du meinst«, brummte Stinkemann.

Ich hatte Mühe ein Zittern unsäglicher Erleichterung zu unterdrücken.

Im nächsten Moment hielt mir Kratzstimme eine Flasche an die Lippen. »Los, trink, Kleiner! Ein kräftiger Schluck beruhigt ganz ungemein. Diese Runde geht auf uns! Und du wirst uns doch nicht beleidigen wollen, indem du unsere Einladung ablehnst, oder?«

Ruckartig drehte ich den Kopf zur Seite, weg von der Flasche. »Ihr habt mir euer Wort gegeben mich am Leben zu lassen, wenn ich euch sage, wo ich mein Geld versteckt habe!«, protestierte ich. »Das habe ich getan. Also warum lasst ihr mich nicht gefesselt in meiner Kammer und macht, dass ihr verschwindet?«

»Das tun wir ja auch. Aber wir sind nun mal nicht sonderlich scharf darauf, dass du sogleich Krach schlägst, kaum dass wir dir eine gute Nacht gewünscht und uns verzogen haben«, spottete Kratzstimme. »Deshalb wirst du dir jetzt kräftig einen zur Brust nehmen – und morgen mit einem prächtigen Kater erwachen. Es sei denn . . .« Er machte eine kurze Pause, und als er mit eisiger Stimme fortfuhr, lag die Klinge seines Messers plötzlich auf meiner Kehle. »Es sei denn, du ziehst es vor, dein eigenes Blut zu saufen. Du hast die Wahl, Bursche. Blut oder Branntwein? Also, was von beidem soll es sein?« Erneut drückte er mir die Flasche an die Lippen.

Mir blieb in meiner Ohnmacht keine andere Wahl als den billigen scharfen Fusel, den sie mir eintrichterten, widerstandslos zu schlucken. Sie zwangen mich die ganze Flasche zu leeren und mir war, als könnte ich schon die Wirkung spüren, noch bevor der letzte Tropfen Branntwein durch meine Kehle geflossen war. Ich rechnete fest damit, dass mein Magen jeden Moment mit Übelkeit gegen diese Menge starken Alkohols reagieren und mich zum Erbrechen bringen würde.

»So eine Flasche kann, in der Hand eines beherzten Mannes, sogar leer noch eine betäubende Wirkung haben«, sagte Kratzstimme voller Häme. »Schöne Träume, Kleiner!«

Bevor ich noch reagieren konnte, presste er mir eine Hand vor den Mund und schlug mir die Flasche über den Kopf. Ich hörte noch meinen erstickten Aufschrei, der für einen Moment in meinem Schädel nachhallte. Dann sackte ich auf der Pritsche zusammen und verlor das Bewusstsein.

*

Als ich aus meiner Betäubung erwachte, wusste ich eine ganze Weile lang weder, was mir widerfahren war, noch wo ich mich befand. Für Gedanken, geschweige denn für scharfsinnige Beobachtungen und logische Folgerungen, schien es in meinem von Schmerzen erfüllten Kopf keinen Platz mehr zu geben. Mir war vielmehr, als wollte er jeden Moment unter den brachialen Hammerschlägen bersten, die ohne Unterlass von innen gegen Stirn und Schädeldecke krachten.

Mühsam und unter Stöhnen richtete ich mich schließlich ein wenig auf und stellte mit der Begriffsstutzigkeit eines Schwachsinnigen fest, dass ich bis zur Hüfte im Wasser lag, umgeben von hohem Schilf, und dass mir sterbenselend zu Mute war. Diesem ersten und halbwegs klaren Gedankengang folgte ein übermächtiger Brechreiz. Ich krümmte mich im seichten Uferwasser und erbrach, was ich noch in mir hatte – und das schien überwiegend bittere Gallenflüssigkeit zu sein. Dass mein Magen nicht mehr viel hergab, deutete darauf hin, dass ich mich schon mal übergeben haben musste – wohl in einem derart volltrunkenen Zustand, dass davon nicht der geringste Schimmer einer Erinnerung in meinem Gedächtnis haften geblieben war. Zu dieser komplizierten Überlegung war ich jedoch erst viel später fähig.

Die Erinnerung an den nächtlichen Raubüberfall und daran, was die beiden Flößer in meiner Schlafkammer mit mir angestellt hatten, setzte ähnlich abrupt ein wie der Brechreiz Augenblicke vorher. Dass es zum Zeitpunkt des Überfalls tiefste Nacht gewesen war, während ich und das Schilf um mich herum in hellem Sonnenschein lagen, für diesen Gedanken und die Schlussfolgerung, dass ich demnach mindestens sechs, sieben Stunden bewusstlos gewesen war, bedurfte es, bei dem wüsten Pochen in meinem Schädel, großer Anstrengung.

Kurz gesagt, ich brauchte an diesem Morgen entsetzlich lange, um aus dem Schilfgürtel an Land zu kriechen, mich im Gras aufzusetzen und mir über meine Lage einigermaßen klar zu werden. Das einsame Uferstück, an dem ich wieder zu mir gekommen war, zeigte keinerlei Merkmale, die mir vertraut waren. Ich wusste nicht zu sagen, ob die beiden Verbrecher mich flussabwärts oder stromaufwärts vom Ankerplatz des Holländerfloßes, von dem zu dieser späten Morgenstunde natürlich weit und breit nichts mehr zu sehen war, abgeladen hatten. Gar nichts wusste ich über die Stunden, die seit dem Überfall vergangen waren. Ich konnte mich bloß in nutzlosen

Vermutungen ergehen, wann und wie dieses Gesindel mich von Bord geschleppt und im Schutz der Nacht in den Schilfgürtel geworfen hatte.

Die Sonne stand schon hoch am Himmel, als ich endlich die Kraft fand auf die Beine zu kommen und mich auf die Suche nach dem nächsten Dorf zu machen. Dieser Marsch wurde zu einer ordentlichen Tortur, litt ich doch ganz entsetzlich unter den Folgen des Branntweines, der meinen Körper vergiftet hatte und sich nun mit einem fürchterlichen Kater sowie peinigenden Gliederschmerzen rächte.

Die Erleichterung, die ich eine gute Stunde später beim Anblick der ersten Häuser empfand, verwandelte sich schnell in Groll und Sorge um meine Haut, als einige nicht eben milde gestimmte Dorfbewohner mich heranwanken sahen, in zerrissener und nach Alkohol und Erbrochenem stinkender Kleidung, und mir unverzüglich eine anständige Tracht Prügel androhten, wenn ich mich nicht schleunigst davonmachte und aus ihrem Sprengel verschwand.

»Trunkenbold!«

»Verkommenes Subjekt!«

»Gottloser Säufer!«

Diese und noch bedeutend hässlichere Beschimpfungen riefen sie mir nach, während einige Kinder sich einen Spaß daraus machten, mich zur Zielscheibe eines Hagels kleiner, aber nichtsdestotrotz schmerzhafter Steine zu machen.

Das Dorf, das mich für einen trunksüchtigen Landstreicher gehalten und wie einen Aussätzigen vertrieben hatte, lag oberhalb des letzten nächtlichen Ankerplatzes. So viel verriet mir einer der Zurufe, der den Namen der Ansiedlung enthielt. Stinkemann und Kratzstimme hatten mich also mit einem der zahlreichen Ruderboote, die zum Manövrieren des Holländerfloßes vonnöten waren, ein Stück flussaufwärts gebracht und dort an einer einsamen Stelle im Schilf abgeladen.

Als ich auf einen klaren Bachlauf stieß, folgte ich ihm in ein Waldstück. Dort entkleidete ich mich bis auf die Haut und wusch mich von Kopf bis Fuß. Anschließend reinigte ich gründlich meine Kleider, um sie vom Dreck und insbesondere vom Gestank des billigen Fusels zu befreien, der sich im Stoff festgesetzt hatte. Das Wasser, das ich mit dem brennenden Nachdurst des unmäßigen Zechers trank, erbrach ich zwar wenig später. Aber dennoch fühlte ich mich danach ein klein wenig besser, was bei meinem Zustand, der nur als katastrophal bezeichnet werden konnte, jedoch nicht viel besagte.

Schließlich zog ich mich wieder an. Tropfnass, aber zumindest sauber hingen die Kleider an mir. Mit kraftlosen Gliedern, bohrenden Kopfschmerzen und saurem Magen nahm ich die staubige Landstraße unter meine Schuhsohlen.

Was muss ich an diesem Tag doch für eine jämmerliche Gestalt abgegeben haben! Die Furcht und das Misstrauen, das ich ungewollt in den Menschen weckte, die mir auf meinem Marsch begegneten, sowie das abfällige Urteil, das sie auf Grund meines Aussehens über mich fällten, dies gehört zu meinen bittersten Erfahrungen. Wie schnell der Mensch sich doch im Angesicht eines Fremden, der nicht nach seinen Maßstäben gekleidet und zudem noch mittellos ist, von dunklen Ängsten und tief sitzenden Vorurteilen leiten lässt!

Ich hätte den Tag und die folgende Nacht zweifellos mit leerem Magen verbracht oder wäre gezwungen gewesen mich des Diebstahls schuldig zu machen, um meinen nagenden Hunger zu stillen. Denn wie man als Landstreicher erfolgreich beim Landvolk bettelt, muss gelernt sein, wie ich am eigenen Leib erfuhr. Statt einer milden Gabe handelte ich mir überall nur Drohungen und üble Beschimpfungen ein. Und niemand wollte mir Arbeit für einen Tag oder zwei geben.

Einzig die beiden jungen Zimmerleute, auf die ich am Mittag traf, hörten mich an, schenkten meiner Geschichte Glauben und zeigten ein gutes Herz. Sie hatten es sich im Schatten einer stattlichen Linde bequem gemacht und ließen mich an ihrer deftigen Brotzeit teilhaben. Dabei erfuhr ich, dass sie erst vor wenigen Monaten ihre Gesellenprüfung hinter sich gebracht hatten und nun zu den traditionellen Wanderjahren ihrer Zunft aufgebrochen waren, um Erfahrungen zu sammeln und Selbstständigkeit fern der Heimat zu lernen.

»Und was willst du jetzt gegen die Räuber unternehmen, Felix Faber?«, fragte mich der eine mit vollem Mund. »Wirst du versuchen wieder auf das Floß zu kommen?«

Ich hatte Zeit gehabt mir darüber Gedanken zu machen und schüttelte den Kopf. »Zu Fuß kann ich es nie einholen. Ich müsste dem Floß schon mit der Kutsche nach, aber wie soll ich das mit leeren Taschen anstellen? Und selbst wenn ich das Floß noch einholen könnte, was würde es mir nutzen? Ich habe doch nichts in der Hand, was mir helfen könnte die beiden Räuber in der Menge der Flößer ausfindig zu machen. Sogar ihre Stimmen könnte ich nicht wieder erkennen, weil die Kerle nur gedämpft und bestimmt mit verstellter Stimme mit mir geredet haben. Und was den Burschen mit den stinkenden Kleidern angeht, so hilft das auch nicht weiter. Denn viele Flößer nehmen es mit der Sauberkeit nicht so genau.«

»Richtig, das hilft alles nicht weiter«, sagte der andere und gähnte schläfrig, während er sich gesättigt gegen den Baumstamm lehnte und die Arme hinter dem Kopf verschränkte. »Wenn du keinen Namen und auch sonst nichts über die Kerle weißt, die dir so übel mitgespielt haben, hast du schlechte Karten.«

Sein Freund rülpste herzhaft und nickte. »Ja, denn bei einer Floßmannschaft von fast zweihundert Männern wirst du diese beiden Gauner wohl kaum herausfinden, geschweige denn sie ihrer Tat überführen.« Er warf mir einen mitleidvollen Blick zu. »Die Mühe und die Enttäuschung kannst du dir sparen. Du handelst dir vielleicht bloß noch Ärger mit dem Floßherrn ein, wenn du wilde Anschuldigungen gegen seine Mannschaft erhebst, ohne sie beweisen zu können.«

Zu dieser niederschmetternden Schlussfolgerung war ich auch schon gekommen. Stinkemann und Kratzstimme hatten den Überfall bestens durchdacht. Deshalb konnte ich auch davon ausgehen, dass sie meine wenigen Habseligkeiten, die ich in der Kleidertruhe aufbewahrt hatte, an sich genommen und in den Fluss geworfen hatten. Damit es nämlich so aussah, als hätte ich das Floß bei Nacht und aus freien Stücken verlassen.

Nein, es hatte wirklich keinen Sinn dem Holländerfloß nacheilen zu wollen und sich an irgendeine vage Hoffnung zu klammern. Ich würde in meiner Schlafkammer von meinen Sachen nichts mehr vorfinden und ebenso wenig würde ich aus der zweihundertköpfigen Mannschaft die beiden Männer benennen können, die mich ausgeraubt hatten. Damit musste ich mich abfinden. Mir blieb nur die ohnmächtige Wut, dass dieses Gesindel ungestraft davonkam – und dass ich mich durch meine eigene Dummheit um den letzten Rest meines väterlichen Erbes gebracht hatte. Ich war nicht viel klüger als Sassenbach gewesen und diese Erkenntnis versetzte mir einen tiefen Stich.

»Sei froh, dass du noch am Leben bist«, versuchte mich einer der Zimmerleute zu trösten. »Sie hätten dir auch da am Flussufer die Kehle durchschneiden können.«

Ich nickte wortlos, doch ich empfand keine Dankbarkeit, dass ich noch am Leben war, sondern nur große Enttäuschung und Niedergeschlagenheit.

Als sich unsere Wege eine knappe Stunde später trennten, da steckten sie mir in ihrer Barmherzigkeit noch einige Kreuzer zu, für die ich mir am Abend in einem kleinen Gasthof wenigstens eine dünne Suppe und ein Nachtlager im Stroh der Scheune kaufen konnte.

Ich brauchte vier lange Tage, um endlich nach Rotterdam zu gelangen, wobei ich den überwiegenden Teil des Weges zu Fuß zurücklegte. Nur zweimal in diesen Tagen hatte ich das Glück meine müden Füße für eine Weile auf dem Kutschbock eines Wagens ausruhen zu können. Das erste Mal erbarmte sich meiner eine Bäuerin, die ich frühmorgens an einer Weggabelung traf und nach dem Weg nach Rotterdam fragte. Sie nahm mich bis zum Nachbardorf mit, wo Markttag war und sie Einkäufe zu erledigen hatte. Und das zweite Mal hatte ich Glück bei einer Gruppe fröhlicher Schausteller, die mich mit ihren bunt angemalten Kastenwagen eingeholt hatten. Wie sehr bedauerte ich es, dass ihr Ziel leider nicht Rotterdam, sondern das Städtchen Sliedrecht war, das noch eine gute Tagesreise vor der Hafenstadt lag.

Mein einziger ständiger Begleiter in diesen Tagen war der

Hunger. Wo immer es mir möglich war, bot ich zwar meine Arbeitskraft für eine Mahlzeit oder einen Kanten Brot an. Aber nur in einigen wenigen Fällen gingen Gastwirte oder Bauern darauf ein. Die meisten Wirte wiesen mir grob die Tür und von mehr als einem Hof wurde ich wie ein streunender Hund vertrieben, der die Tollwut bringen konnte. So schlug ich mich in diesen Tagen mehr schlecht als recht durch, indem ich nachts notgedrungen von den Feldern und aus Obsthainen entlang des Weges stahl.

Als ich schließlich die Außenbezirke von Rotterdam erreichte, senkte sich schon die abendliche Dämmerung über das holländische Küstenland. Das Wissen, es endlich geschafft zu haben, und die feste Zuversicht, im Hafen zweifellos rasch Arbeit oder eine Heuer zu bekommen, ließen mich meine Müdigkeit vergessen und beschleunigten noch einmal meine Schritte.

Nebelschleier stiegen aus den Küstenniederungen auf und trieben in die Stadt. Das prächtige Sommerwetter war schon am frühen Mittag in eine unfreundliche Gewitterstimmung bei fallenden Temperaturen umgeschlagen. Auf der letzten Etappe meines Marsches war ich mehreren heftigen Regenschauern mit böigen Winden ausgesetzt gewesen. Kein Zweifel, hier an der rauen Nordseeküste kündigte sich schon der nahende Herbst an. Der Wind wartete nur darauf, das sich allmählich färbende Laub von den Bäumen zu reißen und in alle Himmelsrichtungen zu wehen.

Ich hatte es eilig, hinunter zum Hafen zu kommen, und dabei trieb mich nicht allein der Hunger. Ich konnte es nicht erwarten, nach drei Jahren »Verbannung« in Mainz stolze Dreimaster und Klipper zu sehen und den ganz eigenen

Geruch des Meeres einzuatmen, den auch der übelste Hafengestank niemals ganz zu überlagern vermag.

Es war schon dunkel, als zwischen den vordersten hohen Lagerhäusern, Kontoreien, Tavernen und Seemannsunterkünften endlich die ersten Kais und das vertraute Gewirr von Schiffsmasten vor mir auftauchten. Die zahllosen Landungsbrücken ragten wie die Zähne eines in Stücke gerissenen Kammes mit vielen unterschiedlich langen Zinken in das nachtschwarze Hafenbecken hinaus. Schiffe jeder Größe und aus vieler Herren Länder lagen an den Anlegestellen vertäut. Überall brannten Laternen und Schiffslichter mit gelblichem Schein, ohne jedoch allzu viel gegen die Dunkelheit und die Nebelschleier ausrichten zu können, die sich in der Takelage der Schiffe zu verfangen schienen.

Zu dieser frühen Nachtstunde ging es auf den Kais und in den umliegenden Straßenzügen des Hafenviertels noch ausgesprochen betriebsam zu. Hier wurde ein Schiff entladen, dort nahm ein anderes neue Fracht an Bord. In das Knarren von Masten und Takelagen mischten sich die Rufe der Schauerleute, der Lärm mehrerer Dampfmaschinen und das Quietschen schlecht geölter Flaschenzüge. Matrosen, Kaufleute, Laufburschen, Dienstboten und Passagiere verschiedenster Nationen bevölkerten zusammen mit Bettlern, Zuhältern und anderem lichtscheuen Gesindel Straßen und Anlegestellen. Handkarren, Fuhrwerke und Kutschen ratterten über die schweren Holzbohlen der Kais und das wellige Kopfsteinpflaster vor den hell erleuchteten Läden der diversen Schiffsausrüster, reger Handelshäuser und Versicherungsbüros. Betrieb herrschte ebenfalls vor den Tavernen, Absteigen und Freudenhäusern, die zusammen die vorderste Front des Hafenviertels zu den Kais hin bildeten. In den dahinter liegenden Straßenzügen, die sowohl durch breite Querstraßen als auch durch schmalbrüstige Gassen miteinander verbunden waren, ging es nicht viel weniger geschäftig zu. Besonders in den Schankstuben herrschte jetzt Hochbetrieb.

Eine Weile trieb ich mich auf den Überseekais herum. Ich hielt Ausschau nach einem Schiff, das mir durch Namen, Flagge oder Besatzungsmitglieder verriet, dass es auf der Chinaroute fuhr oder wenigstens doch aus Batavia kam. Dabei atmete ich die salzige Meeresluft tief ein. Da ich jedoch den ganzen Tag nicht mehr als eine Hand voll Beeren und ein Stück rohen Kohls zu mir genommen hatte, erinnerte mich mein leerer, grollender Magen schon bald daran, dass es im Augenblick wichtigere Dinge zu tun gab – nämlich dass es allerhöchste Zeit wurde, irgendwo eine anständige Mahlzeit aufzutreiben!

Meine Hoffnung, in den Tavernen der Seeleute mehr Glück zu haben als in den Gasthäusern und auf den Bauernhöfen entlang der Landstraße, erfüllte sich nicht. Die Wirte duldeten keine Bettelei in ihren Schankstuben und auf mein Angebot, dafür auch jede Arbeit zu verrichten, erhielt ich immer wieder dieselbe Antwort: »Bei mir gibt's keine Arbeit, für die ich einen Handlanger bräuchte. Hättest du'n Weiberrock an und 'n Mieder mit hübsch was drin, sähe die Sache schon anders aus. Aber so nicht. Such dir 'ne anständige Arbeit oder Heuer, damit du wie ein rechtschaffener Christenmensch für das bezahlen kannst, was du dir vorsetzen lassen willst! Und jetzt verschwinde gefälligst oder ich mach dir Beine!«

Es war zum Haare-Ausreißen. Ich wollte ja eine anständige Arbeit annehmen und auf einem der Schiffe anheuern, die hier im Hafen lagen und in nächster Zeit auf große Fahrt gingen.

Aber bis ich die richtige Heuer gefunden hatte, konnten viele Stunden oder sogar Tage darüber vergehen. Als Landratte, die keinerlei seglerische Erfahrungen vorweisen konnte, würde ich es schwer haben, das richtige Schiff zu finden. Aber wenn einen der Hunger quält, dann ist es mit der Geduld nicht weit her und man macht allzu leicht einen Fehler, den man später bitterlich bereut. Und das wollte ich vermeiden.

Ich weiß nicht mehr zu sagen, wie viele Tavernen ich insgesamt aufgesucht hatte, um zu einer Mahlzeit zu kommen. Ein gutes Dutzend dürfte es bestimmt gewesen sein. Und mit jeder wurde der Hunger ärger. Der schwere Duft von brutzelndem Fett, gebratenen Kartoffeln, Bohnen, Fisch und Fleisch ließ mir das Wasser im Mund zusammenlaufen und brachte mich an die Grenze meiner Selbstbeherrschung.

Als ich wieder einmal mein Sprüchlein aufgesagt und eine unfreundliche Abfuhr vom Wirt erhalten hatte, fiel mein Blick auf den Tisch zu meiner Linken. Dort saß ein Gast, seiner Kleidung nach offensichtlich ein gut situierter Kaufmann, über einen Teller gebeugt, der mit Kartoffeln, Sauerkraut und einem langen Stück knusprig gebratener Schweinerippen förmlich überladen war. Dieses Stück Schweinerippe, das gut zweimal so lang wie meine Hand war, sprang mir mehr als alles andere ins Auge. Mein Magen zog sich krampfhaft zusammen und ich wollte schon danach greifen und mein Heil in der Flucht suchen, als sich mir eine Pranke von einer Hand auf meine Schulter legte. Erschrocken, als wäre ich beim Diebstahl ertappt worden, fuhr ich herum.

»Lass mal, Smut!«, rief der bullige Mann, der plötzlich hinter mir stand und mich nun zu seinen Zechbrüdern am Tresen hinüberzog. »Er kann von mir was kriegen.«

»Willst du ihm vielleicht 'nen Teller dicke Graupen spendieren, Koepgen?«, fragte der dickbäuchige Wirt spöttisch. »Dann musst du so krank sein wie 'n Aal in saurer Sahne!«

»Man wird doch noch mal barmherzig sein dürfen. Ist ja nicht jeder solch ein raffgieriger Halsabschneider wie du, Smut«, antwortete Koepgen mit einem breiten Grinsen, was Gelächter unter den am biernassen Tresen stehenden Männern hervorrief.

»Na, das wird ja was geben, wenn Koepgen plötzlich sein weiches Herz für einen Dahergelaufenen entdeckt!«, erwiderte der Tavernenwirt namens Smut gelassen und kehrte hinter den Tresen zurück.

»Lass mich nur machen, alter Panscher. Und nun gib mir mal den Kanten Brot, den du da drüben liegen hast!«, forderte Koepgen ihn auf und wedelte ungeduldig mit der Hand.

»Der kommt aber auf deine Rechnung!«, betonte der Schankwirt. »Ich hab nichts zu verschenken!«

»Sicher, schreib's nur auf. Ich will doch nicht, dass du wegen mir ins Armenhaus musst!«, höhnte Koepgen, was wieder Gelächter unter seinen Zechgenossen hervorrief, und nahm den Kanten Brot entgegen.

Koepgen, der seine Hand die ganze Zeit auf meiner Schulter gelassen hatte, wandte sich nun mir zu. »So, du schiebst also fürchterlichen Kohldampf und bist bereit dich für so einen ordentlichen Kanten Brot zwischen den Zähnen tüchtig anzustrengen, habe ich das recht verstanden?«

Voller Hoffnung, nun gleich meinen Hunger endlich stillen zu können, nickte ich nachdrücklich. »Ja, Mijnheer. Ich scheue keine Arbeit!«, versicherte ich eilfertig.

»Gut, dann streng dich an!« Er ließ den Brotkanten auf den

dreckigen Dielenboden fallen, wo sich Sägespäne mit allem möglichen Dreck vermischt hatten.

Ich dachte, ihm sei der Kanten aus der Hand gefallen. Deshalb bückte mich schnell, um das Brot aufzuheben.

Doch Koepgen kam mir zuvor. Er stieß den Kanten mit dem Schuh mehrere Schritte von mir weg und hielt mich gleichzeitig am Arm fest. »So läuft das nicht, Hungerleider. Mit einem lausigen Bückling gebe ich mich nicht zufrieden. Du wirst dich schon ein bisschen mehr anstrengen müssen, wenn du das Stück Brot haben willst.«

Mit einer unangenehmen Ahnung sah ich ihn an. »Anstrengen wobei?«

»Na, beim Aufheben natürlich, *Jong!* Und zwar mit dem Mund – auf den Knien rutschend und mit den Händen auf dem Rücken. Denn mit den Händen kann doch jeder Schwachkopf so 'nen Kanten Brot grabschen. Und du willst uns für eine gute Mahlzeit doch was bieten, oder? Also dann zeig uns mal, wie gelenkig du bist.«

Zustimmendes Gejohle erhob sich unter den Männern an der Theke, während ich ihn erst ungläubig und dann mit heiß werdendem Gesicht anblickte. Ich sollte wie ein Hund vor ihnen über den dreckigen Boden kriechen und das Brot mit dem Mund aufheben, damit sie sich an meiner Demütigung erheitern konnten!

»Na los, entscheide dich, Kerl! Bist du immer noch so scharf auf den Kanten Brot oder ist dir auf einmal der Hunger vergangen?«, fragte Koepgen mit beißendem Spott. »Bist wohl zu stolz, was? Na, dann weißt du auch nicht, was Hunger ist!«

Am liebsten hätte ich ihm das unverschämte Grinsen aus dem Gesicht geprügelt, ihn in den Dreck zu unseren Füßen geworfen und auf ihn hinabgespuckt. Aber allein schon der Gedanke, diesen Klotz von einem Schauermann mit bloßen Fäusten angreifen zu wollen, war lächerlich. Zudem war da immer noch der nagende Hunger in meinen Eingeweiden.

Und dieser Hunger war längst stärker als Stolz und Selbstachtung. Deshalb unterdrückte ich meine Wut und stieß mühsam beherrscht hervor: »Wenn es das ist, was ich tun muss, um den Kanten Brot zu bekommen, dann sollen Sie und Ihre Freunde Ihren Spaß haben!«

Ein korpulenter, gedrungener Mann mit einem grauen Haarzopf und in einen derben flaschengrünen Rock gekleidet warf kopfschüttelnd eine Münze auf die Theke. »Nicht ein Funken Anstand im Leib – weder der eine noch der andere« murmelte er missbilligend und verließ die Taverne.

Und ich ging vor Koepgen und seinen Zechbrüdern auf die Knie, um mir den Kanten Brot zu verdienen. Sie machten es mir nicht leicht. Als ich das Brot mit meinen Zähnen endlich zu packen bekam, erhielt ich von hinten einen letzten Tritt, der mich der Länge nach in den Dreck warf.

So schnell ich konnte und ohne einem der johlenden Männer ins Gesicht zu schauen, sprang ich auf, presste das Brot mit beiden Händen vor die Brust und stürzte aus der Schankstube. Ich lief ein ganzes Stück die Straße hinunter, wischte den Kanten dabei an meiner Kleidung ab und biss noch im Laufen voller Heißhunger in das Brot. Doch schon nach den ersten Bissen blieb ich in einer dunklen Toreinfahrt stehen und mir liefen die Tränen vor Zorn und vor brennender Scham wegen meiner Selbsterniedrigung über das Gesicht. Das Brot, das schnell aufgezehrt war, bekam einen bitteren, salzigen Beigeschmack.

Niedergeschlagen und mit einem Gefühl der Verlorenheit ging ich schließlich weiter, hinunter zu den Kais. Eine Gruppe volltrunkener, laut grölender Seeleute zog an mir vorbei. Als ich um die nächste Straßenecke kam, bemerkte ich vor mir den Mann mit dem dunkelgrünen Rock und dem grauen Haarzopf, der vor wenigen Minuten in der Schankstube Koepgens anstößiges Spiel mit mir ebenso verurteilt hatte wie meine Bereitschaft darauf einzugehen. Er stand vor einem Stapel leerer Lattenkisten und war damit beschäftigt, seine Pfeife in Brand zu setzen. Ich hörte ihn leise vor sich hin fluchen, weil der frische Wind, der vom Hafen herüberwehte, ihm jedes Mal das Zündholz ausblies.

Aus der entgegengesetzten Richtung näherte sich uns eine burgunderrote Kutsche, die mit vergoldeten Leisten verziert war und von einem Vierergespann prächtiger Grauschimmel gezogen wurde. Wer immer in dem herrschaftlichen Wagen saß, musste es sehr eilig haben, denn der livrierte Kutscher trieb die Pferde zu großer Schnelligkeit an.

Die Straße war breit genug für die Kutsche und Passanten zu beiden Seiten. In dem Moment jedoch, als sich das stattliche Gefährt dem Mann mit dem grauen Haarzopf näherte, der sich auf seiner Seite in Sicherheit wähnte, tauchte rechts aus der dunklen Toreinfahrt eines Lagerhauses ein mit Tonnen hoch beladenes Fuhrwerk auf, das unbeirrt auf die Straße einbog.

Der livrierte Kutscher stieß einen gellenden Schrei aus, dem ein lästerlicher Fluch folgte, während er die Peitsche knallen ließ und sein Gespann geistesgegenwärtig nach rechts zog, um nicht mit dem Fuhrwerk zu kollidieren.

»Aufgepasst . . .! Zur Seite!«, schrie ich warnend, als ich sah, dass die Kutsche nun genau auf den Mann mit dem grauen

Haarzopf zuraste. Jeden Moment konnte er unter die Hufe der Pferde oder die Räder der Kutsche geraten.

Der Mann wandte den Kopf und begriff nun, in welcher Gefahr er schwebte. Er ließ seine Pfeife fallen, sprang zur Seite und stürzte dabei zwischen die leeren Lattenkisten, die sich dort an der Backsteinwand drei Reihen tief bis auf Schulterhöhe auftürmten. Der Stapel stürzte unter lautem Bersten von Holz in sich zusammen. Einige Kisten flogen zur Seite, rutschten über das Kopfsteinpflaster und gerieten unter die Räder der Kutsche, die keine Armeslänge von den Beinen des am Boden liegenden Mannes entfernt vorbeiratterten – begleitet von wütenden Beschimpfungen, mit denen der livrierte Kutscher den jungen Mann auf dem Bock des Fuhrwerkes im Vorbeifahren bedachte. Mir war, als schlug er auch mit der Peitsche nach ihm.

Sicher bin ich mir jedoch nicht, denn meine Aufmerksamkeit war mehr auf den Mann mit dem Zopf gerichtet, der noch immer am Boden lag und sich unter Stöhnen und Fluchen von den nach Fisch stinkenden Lattenkisten befreite, die ihn bedeckten.

Weder die Kutsche noch das Fuhrwerk hielt an. Keiner der beiden Kutscher gab einen Deut darum, ob sich der Mann dort Verletzungen zugezogen hatte. So kümmerte ich mich um ihn, zumindest hatte ich diese Absicht.

»Haben Sie sich etwas getan? Soll ich Ihnen aufhelfen? Kommen Sie, geben Sie mir Ihre Hand!«

Der Grauzopf dachte jedoch nicht daran, meine dargebotene Hand zu ergreifen. Er starrte mit verkniffenem Gesicht zu mir hoch und schnaubte abfällig, als er mich wieder erkannte. »Mich braucht keiner aus dem Dreck zu hieven – und jemand wie du schon gar nicht! Ich komm noch gut mit eigener Kraft frei!«, zischte er und rappelte sich hoch. Er klopfte seinen Rock ab, stieß mit dem Schuh wütend gegen die Scherben seiner Tonpfeife, murmelte noch etwas Geringschätziges in meine Richtung und setzte dann seinen Weg fort.

Die Zurückweisung meiner Hilfe wurmte mich fast noch mehr als das, was Koepgen und seine Saufkumpane mit mir gemacht hatten. Voller Groll sah ich ihm nach. Was wusste dieser wohl beleibte Grauzopf denn schon, wie es war, wenn man tagelang unter Hunger litt und bei dem verlockenden Geruch in den Schankstuben fast verrückt wurde? Er hatte sich den Bauch in der Taverne sicherlich mit einem deftigen Essen und einer ordentlichen Menge Bier oder Branntwein gefüllt! Da war es leicht, geringschätzig auf jemanden wie mich herabzusehen und von mangelndem Anstand zu reden.

In meiner Wut trat ich so heftig gegen eine der zersplitterten Lattenkisten, dass ein Eckstück davon über die halbe Straße flog. Ich wollte schon weitergehen, als ich etwas auf dem Boden liegen sah, das mich stutzen ließ. Ich schaute näher hin – und tatsächlich, zwischen den zersplitterten Latten zu meinen Füßen lag ein kleiner Beutel aus edlem Gobelinstoff.

Ich bückte mich, hob ihn auf und stellte mit klopfendem Herzen fest, dass es sich um einen Geldbeutel handelte. Grauzopf musste ihn bei seinem Sturz verloren haben. Ich wog den Beutel in der Hand und fragte mich aufgeregt, wie viel Geld er wohl enthalten mochte. Dem Gewicht nach musste es ein ordentlicher Batzen sein, denn es war nicht anzunehmen, dass eine so kostbar gearbeitete Börse nur lumpige Kreuzer enthielt.

»Endlich ist mir einmal das Glück hold!«, entfuhr es mir unwillkürlich und ich wollte die Geldbörse schon einstecken, als sich mein Gewissen regte. Ich wehrte mich tapfer dagegen. Doch sosehr ich mir auch einzureden versuchte, dass der alte Grauzopf den Verlust seines Geldbeutels als Strafe für seine Überheblichkeit mehr als verdient hatte, es ließ mein Gewissen doch nicht kapitulieren.

Wenn ich das Geld heimlich einsteckte, war ich nicht viel besser als ein Dieb. Dann hatte der Grauzopf mit seiner Meinung über mich noch nachträglich Recht bekommen. Weil es mir dann tatsächlich an Anstand und Ehrgefühl fehlte. Aber stand mir andererseits denn nicht ein Finderlohn zu? Und vielleicht konnte er den Verlust ja leicht verschmerzen, während mir mit dem Geld ungemein geholfen sein würde. Hatte ich nach dem Pech der letzten Jahre nicht endlich ein wenig Glück verdient?

Während ich noch heftig mit mir im Widerstreit lag, was ich bloß tun sollte, folgte ich dem Grauzopf wie unter einem inneren Zwang. Zumindest sollte ich wissen, wo ich ihn finden konnte, falls ich mich entschließen würde die Geldbörse zurückzugeben, sagte ich mir.

Wenig später ging der Mann zu einem der kürzeren Kais hinunter und steuerte zielstrebig auf die Gangway eines Toppsegelschoners zu, der den Namen *Maria Christina* trug.

Der Grauzopf stand schon an Deck des Schoners, als er sich umdrehte und mich am Fuß der Gangway bemerkte. Grimmig in Ton und Miene, rief er zu mir hinunter: »Was willst du, Bursche? Warum schleichst du hinter mir her? Hast du vielleicht geglaubt, du hättest dir eine Belohnung verdient? Auf die kannst du bei mir lange warten! Such dir besser Arbeit. Es ist eine Schande, dass ein junger, kräftiger Bursche wie du bettelnd durch die Tavernen zieht und sich für nichts zu schade ist, um den Leuten das Geld aus der Tasche zu locken!«

Bis zu diesem Moment war ich noch unschlüssig gewesen, was ich mit dem Geldbeutel anfangen sollte. Aber die gemeine Unterstellung, ich wolle auf Kosten anderer mein Leben fristen, gab nun den entscheidenden Ausschlag. Ich fühlte mich zu sehr in meiner Ehre gekränkt, als dass ich die Börse noch hätte behalten können.

»Ich will von Ihnen keine Belohnung. Woher sollten Sie sie auch nehmen, wo Sie Ihre Geldbörse doch zwischen den Kisten verloren und dort liegen gelassen haben?«, rief ich nicht weniger bissig zurück, trat zwei Schritte auf die Gangway und warf ihm wütend seinen Geldbeutel zu. »Hier, behalten Sie Ihr Geld, Sie alter Klugscheißer!«

Ich genoss seinen verdutzten Gesichtsausdruck, als er seine Börse auffing und mich wortlos mit aufgeklapptem Mund anblickte, als wüsste er nun nicht mehr, was er sagen und denken sollte. Mit einem wunderbaren Gefühl der Genugtuung wandte ich mich um und wollte zurück auf den Kai.

»Warte!«, rief er mir da zu. »Ich täusche mich zwar selten in Menschen, aber ich glaube, ich muss mich bei dir ernsthaft entschuldigen!«

Zögernd blieb ich stehen und drehte mich um.

Er verzog das Gesicht zu einer schuldbewussten Grimasse. »Ich schätze, ich bin wirklich ein Klugscheißer gewesen und habe dir Unrecht getan.«

»Keine Sorge, Sie befinden sich in bester Gesellschaft«, erwiderte ich sarkastisch.

»Es tut mir Leid – wirklich. Man sollte wohl nicht so schnell mit seinem Urteil bei der Hand sein«, räumte er bedauernd ein. »Lass es mich wieder gutmachen, Junge. Was ist, hast du noch immer Hunger?«

»So entsetzlichen Hunger wie vorhin habe ich nicht mehr, aber gegen etwas Schmackhaftes und gegen einen Schluck zu trinken hätte ich dennoch nichts einzuwenden«, gab ich ehrlich zu.

»Das lässt sich machen. Also komm schon an Bord!«, forderte er mich auf, und als ich an Deck trat, fragte er: »Wie heißt du?«

»Felix Faber.«

»Willkommen an Bord der *Maria Christina*, Felix Faber. Ich bin Marik, Willem Marik, Captain und Eigner dieses schmucken Schoners in einer Person«, stellte er sich vor.

Wir stiegen den Niedergang hinunter und Marik führte mich in die Messe. Er rief nach Isbrand, dem hageren Schiffskoch, und trug ihm auf rasch in der Kombüse etwas Deftiges für mich herzurichten. »Und spute dich gefälligst. Ich habe eine Schuld zu begleichen, die kein Getrödel verträgt!«

Er bot mir Port und Branntwein an, doch ich zog einen Krug Apfelzider vor, fürchtete ich doch, dass der Alkohol mich nach so vielen Tagen karger Ernährung schon nach einem Schluck umhauen würde. Ich löschte meinen Durst und erzählte ihm, was mir in letzter Zeit widerfahren war.

»Das erklärt so einiges«, meinte er.

Das Essen, das Isbrand mir wenig später auftischte, war zwar stellenweise angebrannt, schmeckte mir aber dennoch ganz ausgezeichnet. Als ich den Teller mit einem letzten Stück Brot blank geputzt hatte, fragte Willem Marik nach meinen Plänen.

»Nun, ich wüsste kein Schiff, das derzeit in Rotterdam vor Anker liegt und nach Indien oder China segelt«, sagte er, nachdem ich ihm erzählt hatte, dass ich zurück nach Canton wollte. »Zudem sieht es für Landratten, die eine Heuer suchen, im Moment gar nicht gut aus. Zu viele arme Schlucker kehren nach den Missernten der letzten Jahre und wegen der politischen Lage ihren Dörfern und Städten den Rücken, um nach Übersee auszuwandern. Die meisten wollen ihre Passage als Deckshand abarbeiten.«

»Ich bin nicht wählerisch«, sagte ich nicht ohne Hintergedanken.

Marik lächelte. »Das trifft sich gut. Ich biete dir nämlich an auf der *Maria Christina* anzuheuern. Südlicher als Madeira wirst du mit mir zwar nicht kommen, aber du kannst bei mir das Handwerk des Seemanns lernen. Du bist eine ehrliche Haut und machst einen aufgeweckten Eindruck. Wenn wir den Golf von Biskaya hinter uns haben, hast du alles gelernt, was du können musst, um deine Heuer wert zu sein.«

»Wohin segelt die *Maria Christina?«,* wollte ich wissen.

»Wir haben Fracht für Lissabon geladen.«

»Gut, ich werde es mir überlegen.«

»Viel Zeit zum Überlegen bleibt dir aber nicht, denn wir laufen schon um Mitternacht mit der Tide aus.«

Ich dachte kurz nach und kam zu dem Schluss, dass es unter den gegebenen Umständen klüger war, sein Angebot anzunehmen als auf den großen Glückstreffer zu hoffen. »Gut, dann zählt die Mannschaft der *Maria Christina von nun an eine Deckshand mehr, Captain Marik.«*

Er streckte mir die Hand hin und ich schlug ein.

So kam ich in Rotterdam zu meiner ersten Heuer.

Wanderjahre auf See
oder
Wie ich auf Madeira einen einstigen Gönner wieder traf, dem Goldrausch von Kalifornien widerstand und mit der Topaz endlich nach Canton gelangte

Niemand soll mir erzählen, dass des Lebens verschlungene Wege nicht eines der wundersamsten Dinge unserer Existenz sind! Wer dem Schöpfer Respekt und Anbetung zollt, so wie ich es für meinen Teil tue, der weiß im Rückblick auf das eigene Leben von manch schicksalhafter Fügung zu berichten. Andere, die an eine gottlose und damit sinnentleerte Welt glauben und die menschliche Existenz für die bedeutungslose Zufälligkeit einer völlig gleichgültigen Natur halten, können immerhin noch auf eine Kette erstaunlicher Zufälle verweisen, wenn sie ihr Leben vor ihrem geistigen Auge passieren lassen.

Eine dieser schicksalhaften Fügungen meines Lebens ereignete sich auf der portugiesischen Insel Madeira, die gute dreihundert Seemeilen westlich von Afrikas Küste aus der tiefblauen See des Atlantischen Ozeans aufragt.

Im Frühjahr 1845 lief die *Maria Christina* bei herrlich sonnigem Wetter in den Hafen von Funchal ein, um hier eine

Ladung des berühmten einheimischen Dessertweins sowie einige Kisten edler Stoffballen an Bord zu nehmen. Denn die Weißstickerei von Madeira, diese auf Batist und Leinen kunstvoll ausgeführten Handarbeiten mit ihren geometrischen und stilisierten Pflanzenmustern, erfreuen sich in Europa genauso großer Beliebtheit wie der schwere goldbraune Wein, der hier gekeltert wird und den Namen dieser Insel in alle Welt getragen hat.

Wir kamen von Bristol und hatten eine recht stürmische Überfahrt hinter uns. Wie überhaupt die letzten sechs, sieben Monate meiner Lehrzeit auf dem Toppsegelschoner von Captain Willem Marik mir überwiegend schwere See und eine nicht enden wollende Serie heftiger Stürme beschert hatten – und zwar nicht allein im Golf von Biskaya, dessen unfreundliches Wetter ja schon sprichwörtlich ist. Ich hatte in dieser Zeit wahrlich oft genug Gelegenheit gehabt beim Aufentern in die Takelage zum Reffen der Segel in sturmgepeitschten Gewässern meine Tauglichkeit als Seemann unter Beweis zu stellen.

Deshalb empfand ich es als einen Segen, endlich wieder in südlichen Breiten unter der Grenzenlosigkeit eines fast wolkenlos sonnigen Himmels zu kreuzen, warmen Wind auf dem Gesicht zu spüren und die See in tiefblauem Azur schimmern zu sehen. Und als wir uns Madeira näherten, das von einer zerklüfteten Kliffküste und hohen Bergzügen beherrscht wird, drang uns schon von weitem der einzigartige Geruch seiner ausgedehnten Lorbeerwälder, sowie der Duft exotischer Blumen und Gewächse entgegen, die der Insel einen zauberhaften Charakter verleihen.

Gleich am ersten Abend unseres Aufenthaltes bedrängten mich einige Männer von der *Maria Christina*, mit denen ich mich im Lauf der Monate ein wenig angefreundet hatte, mich ihnen anzuschließen und einen Streifzug durch die einschlägigen Tavernen des Hafenviertels zu unternehmen. Wider besseres Wissen ließ ich mich überreden und zog mit ihnen, verlor jedoch schon bald die Freude an diesem primitiven Vergnügen meiner Kameraden. Gegen ein paar Gläser, zumal wenn es sich um kühles und würziges Bier handelt, habe ich nie etwas einzuwenden gehabt. Da mir aber nicht viel an Branntwein, Schnaps und anderen hochprozentigen Getränken liegt – schon gar nicht, wenn sie im Übermaß genossen werden, das Bewusstsein trüben und die Rauflust wecken –, wurde mir die Gesellschaft meiner Schiffskameraden bald zu lärmend und enthemmt. Ich wusste nur zu gut, wozu einige der Männer fähig waren, wenn sie sich dem Zustand der Volltrunkenheit näherten. Und so ergriff ich die nächste Gelegenheit beim Schopf, mich unauffällig von der Gruppe abzusetzen, solange es noch friedlich zuging.

Die Dunkelheit war gerade erst hereingebrochen und die meisten Läden hatten noch geöffnet. Als mein Blick in einer der verwinkelten Gassen auf ein kunstvoll gemaltes Schild fiel, das auf eine Buchhandlung in einem Hinterhof verwies und dem Interessierten Romane, Lyrik, Reiseberichte sowie wissenschaftliche Abhandlungen, Logarithmentafeln, nautische Almanache und seemännische Handbücher in einem Dutzend Sprachen verhieß, da beschloss ich auf der Stelle diesem Geschäft einen Besuch abzustatten, fehlte es mir doch schon seit längerem an interessanter Lektüre für die viele Zeit meiner Freiwachen. Zudem hoffte ich, dort ein verständliches Lehrbuch über astronomische Navigation erstehen zu können.

So folgte ich dem Hinweisschild, durchquerte einen Innenhof, in dem ein Wandspringbrunnen plätscherte und dunkelrote, blühende Bougainvilleasträucher einen schweren Duft verströmten, und betrat den Buchladen, der mehrere Räume eines typisch südländischen Wohnhauses mit seinen Schätzen füllte. Die Buchregale aus honigfarbenem Holz, das im warmen Licht von einem halben Dutzend Lampen glänzte, reichten bis unter die stuckverzierten Decken und waren in der Tat mit Büchern aus aller Herren Länder gefüllt. Mein Herz frohlockte bei diesem Anblick. Captain Marik hatte mir meine Halbjahresheuer ausbezahlt und damit verfügte ich endlich über die nötigen finanziellen Mittel, um mir den Luxus einiger herrlich in Leder gebundener Bücher zu leisten. Anders als meine Kameraden wollte ich meine Heuer lieber für Dinge anlegen, die länger als für die Zeitspanne eines Rausches Freude und Gewinn brachten. Obwohl ich hier der Ehrlichkeit halber schon anmerken möchte, dass auch ich wahrlich nicht frei von Lastern war, hatte ich in jenen ersten Jahren zur See doch eine Schwäche für ein aufregendes Pokerspiel in mir entdeckt.

Auch meine Unschuld hatte ich übrigens inzwischen verloren, und zwar an meinem neunzehnten Geburtstag in einem einschlägigen Haus in Lissabon, in das mich meine Schiffskameraden führten. Es war ein sehr ernüchterndes Erlebnis. Vielleicht lag es an der Natur meines Wesens, dass ich mich hinterher vor mir selbst schämte. Aber so war es und ich gestehe freimütig, dass mich in den späteren Jahren meiner Jugend nicht etwa bewundernswerte Selbstzucht und moralische Stärke davon abgehalten haben, derartige Häuser regelmäßig aufzusuchen, sondern schlichtweg die Angst vor den schrecklichen Krankheiten, die man sich dort zuziehen kann, sowie die abstoßenden und entwürdigenden Umstände dieser so genannten Liebesdienste und der Selbstekel, der einem nach solchen Besuchen lange nachhängt.

Entwürdigend war auch die Art, wie ich eine Zeit lang dem Glücksspiel verfiel. Das Kartenspiel nahm nämlich in der Zeit, die ich an Bord der *Maria Christina* verbrachte, mehr und mehr die Form einer Sucht an. Es begann ganz harmlos damit, dass ich Ablenkung von meinen melancholischen Gedanken suchte. Denn nach den ersten Monaten beschlich mich das bedrückende Gefühl vielleicht nie über dieses Stadium der eintönigen Küstenschifffahrt hinaus und damit auch nie wieder nach Canton zu kommen. Ich durchlebte damals eine innere Krise und zweifelte am Sinn meines Handelns, ja meines ganzen Lebens. Und so flüchtete ich immer mehr in das Glücksspiel, das mir eine rauschhafte Erregung verschaffte. Der Teufelskreis der Sucht packte mich. Gewann ich, wollte ich mehr von diesem euphorischen Gefühl. Verlor ich, fieberte ich meiner nächsten Chance entgegen.

Wer weiß, wie tief ich gesunken wäre, wenn Isbrand mir nicht auf erschreckend dramatische Weise vor Augen geführt hätte, wie tief diese Sucht schon ihre Krallen in mich geschlagen hatte.

Ich hatte mal wieder die Heuer von zwei Monaten verspielt und besaß nichts mehr, was ich setzen konnte, um im Spiel zu bleiben, wollte jedoch nicht aufgeben. Zu viel Geld lag auf dem Tisch und ich war sicher, ein unschlagbares Blatt gegen Isbrand in der Hand zu halten.

Da sagte der Schiffskoch spöttisch: »Kredit kommt nicht in Frage. Heute geht es um zu viel Geld. Du musst schon was

Besonderes setzen, wenn du im Spiel bleiben und mich zum Aufdecken zwingen willst!«

»Sag mir, was ich setzen soll«, forderte ich ihn auf.

Isbrand sah mich einen Augenblick nachdenklich an. »Deinen linken Zeigefinger!«, verlangte er dann.

Alles grölte am Tisch.

»Feigling!«, rief jemand.

Jeder ging davon aus, dass ich nun die Karten hinschmeißen und Isbrand den fetten Pott überlassen würde. Doch ich dachte nicht daran. »Abgemacht!«, rief ich.

Es schien, als erstarben nicht nur die Stimmen der Seeleute, sondern auch alle anderen Geräusche an Bord der *Maria Christina*. Ich hatte meinen linken Zeigefinger gesetzt!

»Wenn du verlierst, schneidest du ihn dir selbst ab!«, verlangte Isbrand, zog sein Messer und rammte es in das Holz des Tisches neben den dort aufgehäuften Münzen. »Gib dein Ehrenwort.«

Mir brach der Schweiß aus, doch ich nickte. »Ehrenwort!«, stieß ich hervor.

»Dann lass sehen, du verdammter Narr!«, rief der Schiffskoch und knallte sein Blatt auf den Tisch. Es klang wie ein Pistolenschuss.

Ein unterdrückter Aufschrei kam wie aus einem Mund von den umstehenden Männern.

Mir wurde fast schlecht, als ich Isbrands Karten sah. Mein Blatt war ausgezeichnet, doch er hatte die höchste nur mögliche Kombination. Ich hatte verloren!

»Dein Finger!«, verlangte der Schiffskoch mit verkniffener Miene. »An die Tischkante und ab mit den ersten beiden Gliedern!«

Ich hatte mein Wort gegeben – und ich musste es halten, wenn ich nicht zum Ausgestoßenen werden wollte. Meine Hand zitterte, als ich das Messer aus dem Holz zog.

Isbrand wartete, bis ich die Klinge hinter dem Gelenk angesetzt hatte. Dann sprang er plötzlich auf, entriss mir das Messer und versetzte mir einen wuchtigen Faustschlag ins Gesicht, der mich rücklings von der Bank schleuderte. »Du verdammter Idiot, hast du vielleicht geglaubt, ich sehe dir zu, wie du dir einen Finger abhackst?«, schrie er mich an, während ich mit blutender Nase und dröhnendem Schädel zu ihm aufblickte. »Wie kann man so verrückt sein, sich sogar zu verstümmeln, bloß um im Spiel zu bleiben? Du bist krank, Felix . . .! Karten sind Gift für dich . . .! Als Spieler bist du für mich gestorben! Und das ist ein Gefallen, den ich dir tue!«

Dieses erschreckende Erlebnis rüttelte mich auf. Ich erkannte meine gefährliche Schwäche und gestand sie ehrlich vor mir selbst ein. Es fiel mir schwer, sie jedes Mal erfolgreich zu bekämpfen, wenn die Versuchung mich packte. Aber wann immer das Spielfieber meine Vernunft zu ersticken drohte, reichte ein Blick auf meine Hand, um mich zu ernüchtern. Es ist nicht beschämend, zu stolpern und zu stürzen. Das widerfährt jedem von uns im Leben, und zwar mehr als einmal, weil jeder Mensch voller Schwächen ist. Doch sich nicht aufzurappeln, sich aufzugeben und im Dreck liegen zu bleiben, das ist schmählich.

Aber zurück zu jenem Abend auf Madeira, als ich die Räume der Hinterhofbuchhandlung betrat.

Ich fand keine Zeit mich in dieser erstaunlich reichhaltig sortierten Buchhandlung umzusehen, in der sich zu dieser Abendstunde noch mehr als ein halbes Dutzend Kunden aufhielt. Denn der schnurrbärtige Buchhändler, der als Sohn eines britischen Kaufmannes und einer einheimischen Fischerstochter zur Zeit der letzten britischen Besetzung von 1807 bis 1814 zur Welt gekommen war und Charles Craven hieß, wie ich später erfuhr, stand zufällig ganz in der Nähe der Tür. Der schmalbrüstige Buchhändler, der zu schwarzen Tuchhosen ein weißes Hemd mit steifem weißem Kragen und darüber eine taubengraue Weste trug, wandte sich mir bei meinem Eintreten sogleich zu und fragte mich, womit er mir denn dienen könne.

Kaum hatte ich ihm meine Wünsche genannt, als eine ebenso überraschte wie amüsierte Stimme hinter mir sagte: »Der Teufel soll mich doch holen, wenn das nicht der junge Felix Faber ist! Sag, verschlägt es dich vielleicht immer noch dann und wann ins arktische Packeis?«

Die Stimme erkannte ich sofort wieder. Wie elektrisiert fuhr ich herum. Vor mir stand kein anderer als Cornelius Witteboom, der Erste Offizier der *Jan van Riebeek!*

Mir fiel regelrecht die Kinnlade herunter. Mein Gesicht muss sehr verdutzt gewirkt haben, denn Witteboom lachte schallend. »Keine Sorge, mein Jong. Dir ist kein holländischer Geist vor den Bugspriet gesegelt. Ich bin es wirklich, Cornelius Witteboom. Und nun mach mal den Mund wieder zu, sonst verwechselt das noch jemand mit einer Frachtluke und wirft da was rein!«, zog er mich auf.

Ich erwiderte das Lachen. »Mijnheer Witteboom! Ich kann es kaum glauben. Also, dass ich Sie einmal wieder sehen würde, und dann auch noch hier auf Madeira, das hätte ich mir wirklich niemals träumen lassen!«, sprudelte es aus mir hervor, während ich sofort daran dachte, dass die *Jan van*

Riebeek ja auf der Canton-Route segelte. »Wenn das nicht etwas ganz Besonderes zu bedeuten hat.«

»Zumindest hat die Tatsache, dass ich hier auf dich treffe, zu bedeuten, dass du mir bestimmt einiges zu erzählen hast«, sagte er leutselig, rief dem Buchhändler zu, dass er morgen wiederkommen werde, und führte mich in eine Weinstube, die zwei Gassen weiter im kühlen Kellergewölbe eines Eckhauses lag.

Er lud mich zu einem Glas Roten ein und hörte mit aufrichtigem Interesse zu, als ich ihm berichtete, was mir in den Jahren widerfahren war, seit ich mit Hermanus Groneveld in Rotterdam von Bord der *Jan van Riebeek* gegangen war.

»Du sagst, du kannst deinen linken Arm wieder ganz anständig gebrauchen?«, fragte er skeptisch, als ich meinen Bericht beendet hatte, und bedeutete dem Wirt, unsere Gläser noch einmal zu füllen.

»Mein linker Arm ist so gut wie neu. Hätte mich Captain Marik denn sonst angeheuert?«, fragte ich stolz zurück.

»Du wirst schon recht ordentlich damit zurechtkommen, wenn du eine Heuer gefunden hast«, antwortete er diplomatisch. Offenbar war er noch längst nicht überzeugt, dass es sich mit meinem Arm auch wirklich so verhielt, wie ich behauptet hatte.

»Aber jetzt müssen Sie erzählen, Mijnheer. Führt auf der *Jan van Riebeek* immer noch Captain Rykloff das Kommando? Nehmen Sie hier in Madeira frischen Proviant an Bord? Geht es zurück nach Canton? Und könnten Sie nicht vielleicht ein gutes Wort beim Captain für mich einlegen, damit er mich auf die Heuerliste setzt? Mir ist jede Arbeit und jede Heuer recht.«

Witteboom zog Pfeife und Tabaksbeutel hervor. »Johannes Rykloff ist noch immer Captain auf der *Jan van Riebeek*, aber ein gutes Wort kann ich bei ihm für dich nicht einlegen, weil ich nicht länger Erster Offizier auf seinem Schiff bin.«

Damit rückte Canton wieder in weite Ferne und die Enttäuschung stand mir wohl deutlich im Gesicht geschrieben.

»Aber unter Umständen kann ich ein Wort beim Captain der *Rosebud* für dich einlegen«, fuhr Witteboom fort, während er mit der ihm eigenen Bedächtigkeit seine Pfeife stopfte.

»Die *Rosebud?* Und was ist das für ein Schiff?«

»Eine schnittige Brigg mit einer tüchtigen Mannschaft, die für einen englischen Reeder zwischen Lancaster, Westafrika und den Westindischen Inseln segelt«, erklärte Witteboom.

Das klang schon um einiges besser als die Handelsrouten, auf der die *Maria Christina* segelte. Ich erinnerte mich jetzt, bei unserem Einlaufen in den Hafen eine Brigg vor Anker liegen gesehen und die ansprechenden Linien des Schiffes sowie sein makelloses Rigg bewundert zu haben. »Und wie ist der Captain? Kann man mit ihm auskommen oder ist er ein arger Leuteschinder?«, wollte ich wissen.

Witteboom riss ein Zündholz an und setzte die Pfeife paffend in Brand. »Hart wie Ebenholz, wenn es um Zucht und Ordnung an Bord geht, aber auch so gerecht wie Salomon, so habe ich den Bootsmann über ihn reden gehört, und das scheint mir eine recht treffende Einschätzung dieses Mannes zu sein, wenn mir auch der Vergleich mit dem biblischen Weisen doch allzu weit hergeholt erscheint.«

»Und wie heißt er?«

»Cornelius Witteboom.«

Ich verschluckte mich fast am Rotwein und hustete, dass

mir die Tränen in die Augen schossen. »Heiliger Strohsack, *Sie* sind Captain dieser Brigg?«

Er nickte mit einem vergnügten Lächeln und umgab sich mit würzigen Rauchwolken. »Ich habe das Kommando auf der *Rosebud* schon vor gut dreieinhalb Jahren übernommen. Das war damals meine letzte Fahrt mit Captain Rykloff.«

»Und Sie bieten mir wirklich auf Ihrem Schiff eine Heuer an?«, hakte ich nun nach.

»Ja, sofern du deinen linken Arm wirklich wieder so gut gebrauchen kannst, wie du vorhin behauptet hast«, schränkte er nüchtern ein.

»Ich gebe Ihnen mein Ehrenwort, Captain!«

»Gib mir lieber deine linke Hand und beweise es mir!«, forderte er mich auf, setzte seinen linken Ellbogen auf die Tischplatte und nahm die Haltung zum Armdrücken ein. »Wenn du meinem Druck zehn Sekunden standhalten kannst, biete ich dir eine Koje im Vorschiff der *Rosebud* an! Drücke ich dich nieder, trennen sich unsere Wege hier und heute wieder.«

»Und was ist, wenn ich *Sie* niederzwinge, Captain?«, fragte ich herausfordernd.

Er lachte spöttisch auf und packte meine Hand. »Dann mache ich aus dir wirklich einen tüchtigen Maat, ja vielleicht sogar meinen nächsten Dritten Offizier, Felix!«, sagte er unbedacht und rief den Wirt zu uns an den Tisch, damit er das Kommando gab und laut bis zehn zählte.

Der rauschbärtige Wirt war noch nicht einmal bis acht gekommen, als Captain Witteboom sich schon mit vor Anstrengung verzerrtem Gesicht geschlagen geben musste und sein linker Unterarm auf die Tischplatte krachte.

Ungläubig und wortlos über diese Niederlage, die er nie für möglich gehalten hätte, sah er mich einen Augenblick an. Wie er später gestand, versuchte er sich in diesem Moment des Schweigens ein Bild von der jahrelangen Selbstüberwindung und Schinderei zu machen, die vonnöten gewesen war, um mit meinem linken Arm wieder zu solcher Stärke zu gelangen. Wusste er doch nur zu gut, mit welchen Verletzungen ich damals an Bord der *Jan van Riebeek* gekommen war.

Schließlich schüttelte er den Kopf und sagte auf seine trockene, gradlinige Art: »Du bist wirklich gut beraten dir bei Charles Craven wie geplant das Lehrbuch über astronomische Navigation zu kaufen . . .! Und kauf auch gleich noch einen Satz Logarithmentafeln sowie ein halbes Dutzend Kladden, du wirst sie nötig haben!«

*

Hätte mir das Schicksal oder der Zufall, wie es mancher lieber hört, damals auf Madeira nicht Cornelius Witteboom über den Weg geführt, so hätte ich mich wohl schon glücklich schätzen können, wenn ich nach dreijähriger Lehrzeit auf der *Maria Christina* zum Vorschiffmatrosen mit entsprechend geringer Heuer aufgestiegen wäre, und so manches in meinem Leben hätte zweifellos einen anderen Verlauf genommen.

Bei allem Zutrauen in meine Fähigkeiten und meinen Willen erscheint es mir doch höchst unwahrscheinlich, dass es mir auch ohne die tatkräftige Unterstützung von Captain Witteboom möglich gewesen wäre, jemals etwas anderes aus mir zu machen als einen Matrosen, der *vor* dem Mast zur See fährt. Mein starkes Interesse am geschriebenen Wort, an der chinesischen Kultur und fremden Sprachen hätte mich nur zu einem jener spleenigen Matrosen gemacht, von denen es viele Sorten im Logis vor dem Mast gibt. Auf jedem Schiff kann man Männer finden, die etwas ganz anderes, sozusagen »Größeres« in sich gehabt hätten als sich von Bootsmann und Captain schinden zu lassen.

Nein, es ist nicht anzunehmen, dass ich die nautische Navigation und alles, was dazugehört, auch nur annähernd so methodisch und von der Pike auf erlernt hätte, wie es mir Witteboom nun beibrachte. Vielleicht hätte ich aus eigener Kraft noch die schon recht hohen Hürden mangelnden Wissens bezwungen. Aber an der tiefen Kluft, die nun mal auf allen Schiffen zwischen der gewöhnlichen Mannschaft vor dem Mast und den wenigen Männern in der Offiziersmesse achtern klafft, wäre ich wohl gescheitert. Denn auf Einhaltung der Klassenunterschiede wird auf See genauso scharf, ja vielleicht sogar noch schärfer geachtet wie an Land.

Witteboom machte mich zu seinem Protegé. Warum er sein Herz für mich entdeckte und es sich zum ehrgeizigen Ziel setzte, mich zu einem fähigen Seeoffizier auszubilden, blieb mir für lange Zeit ein Rätsel. Und erst als sich unsere Wege in San Francisco trennten, sollte ich erfahren, welchem persönlichen Umstand ich das Glück verdankte, dass er sich meiner angenommen hatte.

Wittebooms Protegé zu sein bedeutete jedoch nicht, dass mir ein leichtes Leben auf der *Rosebud* beschieden gewesen wäre. Das genaue Gegenteil war vielmehr der Fall. Er stellte an mich und die Arbeit, die ich als Seemann zu leisten hatte, dieselben hohen Ansprüche wie an jeden anderen seiner Mannschaft. Und was das betraf, hatte Shelby, der mit Narben übersäte walisische Bootsmann, den Nagel auf den Kopf getroffen: Witteboom war hart wie Ebenholz! Er ließ einem nicht die geringste Schludrigkeit durchgehen. Auf der *Rosebud* herrschte eine beinahe so strenge Zucht wie auf einem Kriegsschiff. Dennoch ließ keiner von den Matrosen etwas auf den »Alten« oder »Dutch«, wie sie ihn auch mit Spitznamen unter sich nannten, kommen. Denn Witteboom gehörte zu jenen äußerst seltenen Exemplaren von Captains, die ihrer Crew weder mit zügellosem Jähzorn noch mit Selbstherrlichkeit und tyrannischen Schikanen das Leben schwer machen. Er war schlichtweg ein ausgeglichener Mann, der nur die See und sein Schiff liebte, was eine streng väterliche Fürsorge für seine Mannschaft einschloss.

Er zeigte jedoch große Geduld und Hingabe, wenn er mich nach meiner regulären Arbeit zu sich rief, um mir Unterricht in Astronomie, Navigation, allgemeiner Seekunde und Schiffsführung zu erteilen. Es bereitete ihm sichtlich Freude, sein umfangreiches Wissen wie eine Schatzkammer für mich zu öffnen. Und er erwartete von mir, dass ich mich daraus mit unstillbarer Wissbegier, aber auch mit Umsicht bediente.

»Wissen ist Macht, Nichtwissen ist Ohnmacht – und Ohnmacht führt leider oft zu unberechenbaren Reaktionen und diese dann nicht selten zu Katastrophen«, sagte er einmal und ich fühlte mich an Liang Sen erinnert, der zu diesem Thema wohl einen Spruch aus dem *Tao te King* des alten chinesischen Philosophen Laotse benutzt hätte. »Wer jedoch in seinem Leben wie auf seinem Schiff in kritischen Situationen die Kontrolle bewahren will, braucht sehr viel Macht – und zwar in Form von einem möglichst umfangreichen Wissen über Wetter, Wind, Gewässer und Schiffseigenschaften sowie über die Stärken und Schwächen eines jeden einzelnen Mannes, der unter seinem Kommando steht.«

Von Philosophie, besonders von östlicher, hielt Witteboom dagegen nicht allzu viel. Doch als Lehrer in allen Fächern der Seefahrtskunde konnte ich mir keinen besseren wünschen. Deshalb verschob ich auch mein Vorhaben, so schnell wie möglich nach Canton zurückzukehren, und folgte ihm sogar anderthalb Jahre später auf die *Galatea*, einen prächtigen Bostoner Klipper, der auf der Route in den Pazifik und nach Kalifornien eingesetzt war und wohl auch heute noch auf dieser Route segelt. Denn ich wusste, dass sich mir diese großartige Chance, es auf Grund seines intensiven Unterrichtes eines Tages zum Offizier und später vielleicht sogar zu einem eigenen Kommando zu bringen, wohl nie wieder bieten würde. Sosehr ich mich auch danach sehnte, meine Freunde wieder zu sehen, konnte und wollte ich dafür jedoch nicht aufgeben, was Witteboom mir bot – nämlich eine Zukunft zur See, die mich aus dem engen, klammen Logis des Vorschiffes mit seinen begrenzten Möglichkeiten des Aufstiegs befreite. Und dass ich die Tür zu dieser Zukunft schon weit aufgestoßen hatte, kam mir mit überwältigender Klarheit zu Bewusstsein, als ich auf der *Galatea* meinen Namen in die Heuerliste einschrieb – und zwar in jene Reihe, die dem Zweiten Maat, was an Land der Position eines Unteroffiziers entspricht, vorbehalten ist.

Die *Galatea* war ein wunderbares Schiff, ein schneller Klipper mit den atemberaubend eleganten Linien eines rassigen Rennpferdes aus einer edlen Zucht. Jedem Seemann, dem dieser Viermaster auf See oder im Hafen begegnete, schlug bei einem solchen Anblick das Herz höher. Es war ein Privileg, auf diesem Schiff zur See zu fahren.

In den Jahren, die ich auf der *Galatea* unter Witteboom Dienst tat, zählten die manchmal wochenlangen Kämpfe bei der Umrundung des gefürchteten Kap Hoorns zu den herausragendsten Erlebnissen und seemännischen Erfahrungen. Denn mehr als ein gutes Dutzend Mal machte ich mit dem Klipper diese raue Passage um das sturmgepeitschte Kap.

Im Frühsommer des Jahres 1848, wenige Monate vor meinem zweiundzwanzigsten Geburtstag, liefen wir wieder einmal in die Bucht von San Francisco ein, die zweifellos zu den landschaftlich schönsten Naturhäfen der Welt zählt, und erkannten die Stadt an der fernen Pazifikküste Amerikas kaum wieder. Wenige Monate zuvor hatte man hoch oben in einem Seitental des Sacramento Valley Gold gefunden, und wo noch bis vor kurzem nur ein paar Dutzend Farmarbeiter für den Großgrundbesitzer John Sutter gearbeitet hatten, wühlten nun schon über viertausend goldhungrige Digger nach dem gelben Metall.

Und es wurden mit jedem Tag mehr. Die Kunde von den reichen Goldvorkommen in den Wasserläufen und Hügeln Kaliforniens ging so schnell um die Welt wie Schiffe unter Vollzeug segeln, Pferde galoppieren, Eisenbahnen über Schienenstränge rattern und Telegrafen morsen können. Von allen Kontinenten strömten Männer und Frauen aus allen gesellschaftlichen Schichten nach Amerika, um in den Seitentälern des Sacramento ihr Glück zu machen.

In jenem Sommer ahnte keiner auf der *Galatea*, dass dieser Zustrom, den wir in diesen Wochen in San Francisco erlebten, nichts war im Vergleich zu dem, was noch kommen sollte. Was wir im Frühsommer 48 beobachteten, war nur das schwache Rinnsal von Tropfwasser, das ein vereister Fluss zu Beginn des

Frühlings abgibt, der noch nicht ahnen lässt, welch reißende Fluten schon bald flussabwärts schießen werden, wenn erst einmal das Tauwetter Schnee und Eis geschmolzen hat.

Auf der Fahrt nach Kalifornien hatte ich den Entschluss gefasst, dass dies mein letzter Törn mit der *Galatea* sein sollte. Ich hatte mir ausgerechnet, in San Francisco, dem Tor zum pazifischen und asiatischen Raum, auf einem Schiff anheuern zu können, das nach China segelte. Doch ich hatte nicht mit dem Goldfieber gerechnet, dem nur wenige widerstehen können, die damit in Berührung kommen.

»Und wann gedenkst du dein Bündel zu packen und dich dem Strom der Glücksritter anzuschließen?«, fragte Witteboom mich, nicht ohne Bitterkeit in der Stimme, als schon fast die Hälfte unserer Mannschaft von Bord desertiert war, noch bevor wir unsere Fracht gelöscht hatten.

»Darauf können Sie lange warten, Captain«, antwortete ich, mir meiner überaus sicher, was den Goldrausch betraf. »Zum einen glaube ich nicht daran, dass es hier so leicht ist, im Handumdrehen ein reicher Mann zu werden – zumal im Hafen auch ganz andere, bittere Geschichten über die Goldgräberei kursieren . . .«

»Nur wollen die wenigsten davon etwas hören«, brummte Witteboom kummervoll. »Jeder sieht sich schon als Krösus!«

»Zum anderen sage ich mir«, fuhr ich fort, »dass diese Goldfelder, wenn es sie denn wirklich gibt, von den vielen tausend Goldsuchern schon längst geplündert sind, bevor ich auch nur Schaufel und Waschpfanne geschultert und mich auf den Weg in die Berge gemacht habe.«

»Dann kann ich also auf dich zählen, Felix?«, vergewisserte er sich.

»Ja, das können Sie, Captain«, versicherte ich – und damit war der Plan hier das Schiff zu wechseln und nach China zu segeln wieder für unbestimmte Zeit vom Tisch.

Nach nur einer Woche Liegezeit hatten sich drei Viertel der Mannschaft trotz bestehender Heuerverträge davongemacht und waren dem Lockruf des Goldes gefolgt. Wie hätte ich Witteboom in dieser prekären Situation im Stich lassen können? Nach allem, was er für mich getan hatte, wäre das ehrlos, ja schändlichster Verrat gewesen, nicht nur an ihm, sondern auch an allem, was mir hoch und heilig ist. Ihm seine jahrelange Förderung auf so undankbare Art zu vergelten, das hätte ich mir nie verzeihen können. Und so harrte ich auf der *Galatea* aus.

Das mit dem Goldrausch wird sich schon bald legen, tröstete ich mich. Sowie sich die Zeiten beruhigt haben und es wieder genug Männer gibt, die eine gute Heuer und ein noch besseres Schiff unter einem Captain wie Witteboom zu schätzen wissen, nehme ich den nächsten Kauffahrer nach China.

In spätestens einem halben, höchstens einem Dreivierteljahr würde ich auf dem Weg nach Canton sein, so glaubte ich damals. In Wirklichkeit blieb ich noch über vier Jahre auf der *Galatea*. Denn der Goldrausch fiel nicht wie ein Kartenhaus beim ersten Windstoß in sich zusammen, sondern das Fieber griff auf immer mehr Menschen über. Scheinbar unaufhaltsam wie ein Buschbrand breitete es sich aus. Hunderttausende aus aller Herren Länder setzten alles daran, um nach Kalifornien zu gelangen, koste es, was es wolle. Vor keinem noch so hohen Risiko für Leib und Leben schreckten sie zurück, um ihr Ziel zu Wasser oder zu Land zu erreichen. Und niemand hat die Menschen gezählt, die mit Sicherheit in die Tausende, wenn nicht gar in die Zehntausende gehen, die bei diesem wahnwitzigen Wettlauf zu den kalifornischen Goldfeldern ihr Leben gelassen haben.

Schiffe wie die *Galatea*, die Fracht und Passagiere von der amerikanischen Ostküste auf der Kap-Hoorn-Route nach San Francisco brachten, konnten sich vor Angeboten kaum mehr retten. Den Reedereien wurden die Kontore eingerannt. Die Preise für Fracht und Passage kletterten in astronomische Höhen, ohne jedoch den Bedarf auch nur annähernd decken zu können.

Schiffe, die Kurs auf San Francisco nahmen, wurden nämlich schnell rar, was jedoch nur auf den ersten Blick paradox erscheint. Denn das Risiko, das der Eigner einging, wenn er sein Schiff an die Westküste schickte, überstieg häufig die sagenhaften Gewinne, die mit diesem scheinbar goldenen Geschäft einzufahren waren. Sobald ein Schiff in San Francisco eintraf, desertierte fast regelmäßig ein so großer Teil der Mannschaft, dass das Schiff förmlich gelähmt und dazu verdammt war, über viele Monate, manchmal sogar über Jahre hinweg dort in der Bucht vor Anker liegen zu bleiben und Muscheln am Rumpf anzusetzen – zusammen mit Dutzenden anderen Schiffen, die den ständig wachsenden »Schiffsfriedhof« bildeten, wie Spötter die tief gestaffelten Reihen mannschaftsloser Schiffe nannten, für die San Francisco zur Falle geworden war.

Die *Galatea* musste bei ihrer Ankunft in San Francisco zwar auch jedes Mal einen gefährlichen Schwund von Seeleuten hinnehmen, die desertierten, kaum dass der Anker gefallen und das letzte Tau belegt war. Aber da ein Bostonklipper wie die *Galatea* auf jeden Seemann, der Heuer sucht, und solche gibt es in jedem Hafen zu jeder Zeit, eine geradezu magische Anziehungskraft ausübt und Captain Witteboom zu Recht einen ausgezeichneten Ruf genoss, gelang es immer wieder, genug Seeleute für die Rückreise nach New York, Boston oder New Orleans zu gewinnen. Manchmal waren wir aber auch gezwungen gefährlich viele Landratten in unserer Mannschaft aufzunehmen, um der *Galatea* das traurige Schicksal des Schiffsfriedhofs in der Bucht von San Francisco zu ersparen.

Jahr um Jahr hielt ich Witteboom und seinem Reeder in dieser schweren Zeit die Treue. Denn bei jeder Fahrt stand das Schicksal der *Galatea* auf des Messers Schneide. Witteboom belohnte mich für meine Loyalität, indem er im Winter 1849/50 all seinen Einfluss geltend machte, damit ich in Boston meine Offiziersprüfung ablegen konnte. Die Examen für dieses bedeutende seemännische Befähigungszeugnis hätten kaum schwerer sein können. Man prüfte mich auf Herz und Nieren. Jetzt erwies sich, welch einen exzellenten Lehrer ich all die Jahre in Witteboom gehabt hatte, bestand ich doch die Prüfungen mit fliegenden Fahnen – und kehrte mit stolz geschwellter Brust als frisch gebackener Dritter Offizier auf die *Galatea* zurück. Als Jansen, unser Zweiter, ein Dreivierteljahr später in Boston abmusterte, weil er zu heiraten und eine Stelle im örtlichen Kontor der Reederei anzunehmen gedachte, rückte ich in seine Position auf.

Der Goldrausch hielt an und mit ihm der Strom der Menschen, die nicht schnell genug in das Tal am Sacramento sowie in die Berge der Sierra Nevada kommen konnten. Doch dann, im Winter 1851, setzte endlich eine spürbare Besserung für die Situation der Schiffseigner ein. Zwar ließ der

Zustrom der Glücksritter nach Kalifornien immer noch nicht nach. Doch das leicht zu gewinnende Oberflächengold hatten die Digger, die mittlerweile zu Hunderttausenden die Täler und Berge bevölkerten, längst zum größten Teil ausgewaschen. Wer nun fündig werden wollte, musste immer häufiger Stollen graben und diese immer tiefer treiben. Und auf jeden Glücklichen, der dabei auf reiche Goldvorkommen oder gar auf eine Bonanza, eine Goldader stieß, kam eine immer größere Anzahl Digger, deren Grabungen nichts als Schweiß und Entbehrungen einbrachten. Mit dem wachsenden Aufwand an Material und schweren Maschinen wie Winden, Pumpen und Steinmühlen, die nun nötig wurden, wuchs auch die Zahl derer, die den Goldfeldern enttäuscht den Rücken kehrten, weil sie nach jahrelangem erfolglosem Schürfen die Hoffnung auf einen reichen Fund verloren hatten und das kostspielige Leben in den Goldgräbercamps nicht länger bezahlen konnten.

Außerdem gab es auf einmal nicht mehr nur den Goldrausch von Kalifornien, sondern im Sommer 1851 hatte man auch in Australien, im Hinterland von Melbourne, Gold gefunden. Nun gesellten sich Namen wie Bendigo und Ballarat zu den schon bekannten kalifornischen Goldgräbercamps. Zwar lösten die Goldfunde in Australien keinen ganz so heftigen Ansturm von Glücksrittern aus aller Welt aus, wie ihn der Goldrausch von Kalifornien bewirkt hatte, aber es zog doch viele Tausende nun in dieses sonnendurchglühte Land unter dem Kreuz des Südens.

Als ich im Frühjahr 1852 im Hafen von San Francisco die *Topaz*, eine stolze britische Bark, vor Anker liegen sah und bei meinem ersten Landgang hörte, dass das Schiff im Chinahandel eingesetzt war und unter anderem dringend einen Ersten und Zweiten Offizier suchte, da gab es für mich kein Halten mehr. Umgehend begab ich mich an Bord der Bark, um mit Captain MacClay über die freie Stelle des Zweiten in seiner Mannschaft zu reden. Er hätte mich am liebsten nicht mehr vom Schiff gelassen.

Über sechs Jahre war ich nun unter Wittebooms Kommando gesegelt, erst auf der *Rosebud* und dann auf der *Galatea*. In diesen Jahren hatte er mir beigebracht, was ein Lehrer einem in diesen seemännischen Fächern an Theorie und Praxis nur vermitteln kann. Darauf musste ich nun mit eigenständigen Erfahrungen aufbauen, um es eines Tages zu wahrem Können zu bringen. Ich war fast sechsundzwanzig Jahre alt und es war in mehr als einer Hinsicht an der Zeit, mich von meinem ebenso strengen wie großherzigen Gönner und Lehrer zu trennen und meiner eigenen Wege zu gehen.

Witteboom kannte mich zu gut und besaß zudem ein viel zu feines Gespür für solche Dinge, als dass er nicht gewusst hätte, dass unsere gemeinsame Zeit nun vorbei war. Auch er hatte von der *Topaz* und den Schwierigkeiten gehört, mit denen Elliot MacClay, der Captain und Eigner der *Topaz* in einer Person war, zu kämpfen hatte.

Ich suchte Witteboom sofort in seiner Kajüte auf, sowie ich von meinem Landgang an Bord der *Galatea* zurückgekehrt war. Er wartete schon auf mich, wie die beiden Gläser und die Karaffe Portwein bewiesen, die er bereitgestellt hatte.

»Setz dich, Felix«, forderte er mich auf, griff zur Karaffe und füllte die Gläser. Und noch bevor ich auf die *Topaz* zu sprechen kommen und ihm meine Absicht mitteilen konnte Zweiter Offizier auf der britischen Bark zu werden, fragte er auch schon: »Nun, stehst du schon auf der Heuerliste von Captain MacClay?«

Ich errötete, hatte ich doch wirklich bereits die Feder zur Unterschrift in der Hand gehabt. Es war mir äußerst schwer gefallen, dem Drängen von Captain MacClay nicht nachzugeben. »Nein, ich wollte zuerst mit Ihnen reden.«

Witteboom lächelte verhalten. »Was in Anbetracht der Jahre, die du nun schon darauf wartest, zurück nach China zu kommen, eine überaus beachtliche Leistung ist«, sagte er anerkennend, prostete mir zu und nahm einen Schluck Port. »Aber natürlich wirst du dir diese Chance nicht entgehen lassen.«

»Ich wollte erst mit Ihnen reden und sehen, ob Sie für mich auch schnell genug Ersatz . . .«

»Du wirst auf der *Topaz* anheuern – und zwar ohne Wenn und Aber!«, schnitt er mir bestimmt das Wort ab. »Zum Teufel mit dem Ersatz für dich! Der wird sich schon finden. Ich kann und will dich nicht länger auf der *Galatea* halten.« Er machte eine kurze Pause und fügte dann mit leichtem Spott hinzu: »Es ist an der Zeit, dass der junge Seeadler das Nest verlässt und sich allein den rauen Winden des Lebens stellt.«

Er zwinkerte mir dabei zu, doch mir drängte sich der Verdacht auf, dass er hinter dieser Grimasse die sentimentale Anwandlung vor mir verbergen wollte, die ich in seiner Stimme und seinen Augen zu entdecken glaubte.

»Es wird noch etwas Zeit vergehen«, sagte ich, »bis Captain MacClay seine Mannschaft komplett genug hat, um auslaufen zu können. Die *Topaz* ist eben nicht die *Galatea*.«

Er nahm das Kompliment mit einem leichten Nicken entgegen. »Nach welchen Befähigungszeugnissen hat er gefragt?«, wollte er wissen.

»Als ich ihm sagte, ich käme von der *Galatea*, war von Zeugnissen keine Rede mehr. Man kennt Sie und Ihr Schiff, Captain Witteboom.«

Ein warmes Lächeln breitete sich auf Wittebooms Gesicht aus. »Ich wusste gar nicht, wie gut du dich auf die Kunst verstehst sich selbst zu loben, indem man andere auf einen hohen Sockel hebt«, spottete er gutmütig.

Aber sein großes Ansehen war nun mal eine Tatsache und das wusste Witteboom natürlich genauso gut wie ich, auch wenn er das so offen nicht hören wollte, weil es seiner zurückhaltenden Art widersprach. Wer seit Jahren auf der *Galatea* segelte, der hatte keine Schwierigkeiten auf einem anderen Schiff eine Heuer zu finden – ganz gleich, was er an offiziellen Befähigungszeugnissen vorweisen konnte oder nicht.

»Du hättest dich nicht mit dem Posten des Zweiten zufrieden geben sollen«, war das Einzige, was Witteboom auszusetzen hatte. »Du bist längst reif einem Captain als Erster zur Seite zu stehen.«

»Damit hat es keine Eile«, erwiderte ich. »Ich segle noch ganz gern eine Zeit lang in Lee von Captain und Erstem Offizier.«

Witteboom schob mir meine restliche Heuer zu, die er schon in einem Umschlag bereitliegen hatte. »So, und jetzt pack deine Sachen. Ich hasse nichts mehr als lange Abschiede!«

Mit gemischten Gefühlen begab ich mich in meine Kabine und räumte meine Sachen zusammen. Einerseits empfand ich Freude und Erleichterung nun endlich nach China zu kommen, andererseits ein schmerzliches Bedauern, weil ich mich von Witteboom und der herrlichen *Galatea* nun trennen musste. Ich spürte ganz deutlich, dass mein Anheuern auf der *Topaz* und die Rückkehr nach China eine tiefe Zäsur in meinem Leben darstellten – auch wenn ich noch nicht ahnen konnte, welch folgenschwere Ereignisse mich wenige Monate später mit der Kraft eines Taifuns aus meinem bisherigen Leben herausreißen und in einen verhängnisvollen Mahlstrom schleudern würden.

Witteboom stand schon an der Gangway, als ich eine knappe halbe Stunde später an Deck trat. Shelby, der walisische Bootsmann, der wie viele aus der Mannschaft dem Captain von der *Rosebud* auf die *Galatea* gefolgt war, kümmerte sich um mein Gepäck. Er beauftragte drei Matrosen meinen Seesack und meine Seekiste zur *Topaz* hinüberzubringen.

»Gottes Segen, Felix Faber. Du hast viel aus dir gemacht. Aber ich habe ja schon damals auf der *Jan van Riebeek* gespürt, dass du das Zeug dazu hast«, sagte Witteboom und umschloss in einer spontanen Anwandlung meine Hand mit beiden Händen.

Ich wollte schon antworten, dass ich ohne seine jahrelange intensive Förderung wohl kaum aus dem Vorschifflogis herausgekommen wäre, als er zu meiner großen Verblüffung wehmütig fortfuhr: »Wie oft hast du mich an meinen Sohn erinnert! Und wie oft habe ich mich gefragt, was aus ihm wohl geworden wäre, wenn auch er die Chance erhalten hätte zu zeigen, was in ihm steckte.«

Im ersten Moment war ich sprachlos vor Überraschung. Über sein Privatleben hatte er nie auch nur ein Wort verloren. Schon auf der *Jan van Riebeek* hatte er mir zu verstehen gegeben, dass dieses Thema tabu war.

»Ihr Sohn?«, fragte ich verwundert.

Witteboom nickte und ein schwaches Lächeln huschte für einen flüchtigen Augenblick über sein Gesicht. »Ja, mein Sohn Marthinus. Er wäre heute so alt wie du, Felix. Aber er ist schon mit sechs Jahren gestorben.« Er machte eine kurze Pause. »Ertrunken.«

Weil ich spürte, dass er nun darüber reden wollte, fragte ich: »Auf See?«

Er schüttelte den Kopf. »Nein, im Hafenbecken von Antwerpen, an einem kalten Januarmorgen . . . Marthinus konnte nicht schwimmen, und bevor ihm jemand zu Hilfe kommen konnte, war er in dem eisigen Wasser ertrunken. Die . . . die anderen Kinder, die ihn gehänselt haben und dafür verantwortlich waren, dass er am Kai ausgerutscht und ins Becken gestürzt ist, sind einfach weggelaufen.«

Ich schwieg und wartete, spürte ich doch, dass er mit seiner schrecklichen Geschichte noch nicht zu Ende war.

»Meine Frau Anna war die jüngste Tochter des Hafenmeisters. Sie war gerade siebzehn und ich nur ein Jahr älter, als wir heirateten. Marthinus kam zehn Monate später zur Welt – mit einer starken Missbildung seines linken Fußes«, eröffnete er mir. »Es war noch schwerer für Anna als für mich. Sie fühlte sich schuldig, was natürlich lächerlicher Unsinn war, denn solche Dinge passieren nun mal. Aber sie sah es anders. Und sie wollte auch keine weiteren Kinder mehr, weil sie Angst hatte, diese könnten vielleicht noch schlimmere Missbildungen haben. Mein Schwiegervater bot mir damals eine Stelle in der Hafenmeisterei an, doch ich lehnte ab. Ich brauchte die See, doch um mehr Zeit für meine Frau und meinen Sohn zu haben, gab ich die große Fahrt auf und heuerte auf einem Küstenschoner an.«

Er ließ seinen Blick über die weite Bucht von San Francisco schweifen. »Die Küstenfahrt lag mir nicht. Ich sehnte mich nach der offenen See, nach der großen Fahrt auf einem Vollschiff. Aber für Anna und meinen Jungen nahm ich das Opfer gern auf mich, denn als solches betrachtete ich es. Heute weiß ich, dass mein Opfer bei weitem nicht groß genug war. Ich hätte das Angebot meines Schwiegervaters annehmen sollen, dann wäre alles vielleicht anders gekommen.«

»Das glaube ich nicht«, warf ich sanft ein. »Vor einem Unglück ist niemand gefeit.«

Er seufzte und zuckte ratlos die Achseln. »Mag sein . . . wer weiß . . . Marthinus war ein helles Bürschchen, doch er litt sehr unter dem Spott der anderen Kinder, die ihn Klumpfuß nannten und ihn schnitten. Anna liebte ihn mit all der Kraft, zu der eine Mutter nur fähig ist. Und dann kam es zu jenem Sturz, der meinem Sohn den Tod brachte . . .« Er atmete tief durch, als kämpfte er um seine Fassung. »Meine Frau hat den Verlust nicht verwinden können. Sie starb keine drei Jahre später. Angeblich an einer Lungenentzündung, doch in Wirklichkeit an gebrochenem Herzen. Sie hatte einfach nicht mehr leben wollen und gab den Kampf gegen die Krankheit schon auf, als sie diese noch gut hätte besiegen können. Ich begrub sie und heuerte auf dem nächsten Ostindienfahrer an. Und als ich dann viele Jahre später an Bord der *Jan van Riebeek* dich traf, da war mir . . .« Er brach ab.

Ich sah, wie eine verlegene Röte sein Gesicht überzog, als wäre er sich plötzlich einer höchst peinlichen Verfehlung bewusst geworden. »Lassen wir die Vergangenheit ruhen, denn sie lässt sich nun mal nicht ungeschehen machen! Wir müssen im Hier und Jetzt leben, nirgendwo sonst!«, sagte er mit aufgesetzter Forschheit und schlug mir derb auf die Schulter. »Alles Gute, Felix. Und vielleicht findest du ja mal in einer Flaute Zeit zu Papier und Feder zu greifen und mich wissen zu lassen, wann du dein erstes Kommando übernommen hast.«

Ich kam nicht mehr dazu, viel zu sagen. Er hatte es jetzt sehr eilig, mich von Bord zu bekommen. Und er vereitelte meinen Versuch mich gebührend für das zu bedanken, was er für mich getan hatte.

»Sieh zu, dass du auf die *Topaz* kommst!«, fiel er mir sofort ins Wort. »Ich muss jetzt zurück an die Arbeit. Die elenden Frachtlisten erledigen sich leider nicht von selbst.« Damit wandte er sich abrupt um, stiefelte hastig über Deck und verschwand im Niedergang, ohne sich noch einmal umzublicken.

Dass er mir von der Tragödie seines Lebens erzählt hatte, die bisher vor jedem verschlossen gewesen war, empfand ich als ein letztes kostbares Geschenk. Ich war zutiefst bewegt und verstand, was in ihm vorging, und ich schwor mir in diesem Moment, nie den Kontakt zu ihm abbrechen zu lassen. Dann ging ich von Bord der *Galatea*.

*

Captain MacClay wollte so rasch wie möglich die Anker lichten, bevor noch mehr von seinen Männern desertierten. Da er anders als Cornelius Witteboom von wenig Skrupeln geplagt wurde, gelang es ihm schneller als von mir erwartet, seine Mannschaft wieder aufzustocken.

In Ermangelung von ausreichend Seeleuten, die freiwillig

bei ihm anmusterten, griff er nämlich zu jener brutalen Methode, der sich viele Captains weltweit bedienen, wenn sie dringend Matrosen brauchen: dem Shanghaien! Er bezahlte einer Gruppe von professionellen »Werbern« ein hohes Kopfgeld für jeden arbeitsfähigen Mann, den sie ihm an Bord brachten. Dass diese angeblich »angeworbenen« Männer ohne jede Ausnahme stets von Alkohol oder Drogen sinnlos betäubt an Bord gehievt wurden, darüber sah MacClay, wie jeder andere skrupellose Captain in Not, großzügig hinweg. Und wenn die Unglücklichen schließlich aus ihrem Rausch erwachten, befand sich das Schiff natürlich schon längst auf hoher See und ihr Schicksal war erst einmal besiegelt. Sie hatten auf einem Schiff, wo der Captain noch immer ein Herrgott auf Erden ist und über wahrhaft unbegrenzte Gewalt verfügt, gar keine andere Chance als das Handwerk des einfachen Seemanns so schnell wie möglich zu lernen und sich durchzubeißen, wenn sie nicht beim ersten Sturm aus der Takelage stürzen und mit zerschmetterten Gliedern an Deck oder rettungslos in der aufgepeitschten See landen wollten. Jedes Jammern und Klagen verschlimmerte ihr Schicksal bloß noch.

Die *Topaz* stach buchstäblich bei Nacht und Nebel mit sieben shanghaiten Männern an Bord in See. Nicht einer von ihnen war bis dahin zur See gefahren. Das Presskommando hatte uns zwei Buchhalter gebracht, einen Kutscher, einen Hotelboy, einen jungen Zeitungsreporter und zwei Schauspieler aus Chicago, die am selben Tag erst in San Francisco eingetroffen waren und sich auf die Goldsuche hatten begeben wollen. Unter der Knute des unerbittlichen Bootsmannes und des Ersten Offiziers, der ein ausgesprochenes Ekel war, lernten diese Landratten schnell, die Wanten trotz aller Angst aufzuentern und bei jedem neuen Segelmanöver ihr Leben hoch oben auf den schwankenden Rahen aufs Spiel zu setzen.

Weil ich meine Aufgaben vom ersten Tag an mit höchster Gewissenhaftigkeit erledigte und mich allen Anforderungen bestens gewachsen zeigte, kam ich mit Captain MacClay und sogar mit dem Ersten, den ich insgeheim wegen seiner Willkür und Menschenschinderei aus ganzem Herzen verachtete, einigermaßen gut aus. Aber was für eine andere Atmosphäre, verglichen mit dem Zusammenhalt auf der *Galatea*, doch auf diesem Schiff herrschte! Dass die *Topaz* ein guter Segler war, bedeutete da nur einen geringen Trost. Die Distanz zwischen den Seeleuten vor dem Mast und den Offizieren vom Achterschiff wurde strikter gewahrt als auf allen anderen Schiffen, auf denen ich gefahren bin. Wenn der Dritte, ein lebensfroher und gottlob vielseitig interessierter Bursche aus einem kleinen Fischerhafen im Norden von Maine, nicht gewesen wäre, wären mir die Monate an Bord der *Topaz* noch härter und einsamer vorgekommen. Schon nach einer Woche war ich froh, dass ich mich nur für eine Fahrt nach China verpflichtet und alles Weitere offen gelassen hatte. So konnte ich mir immer wieder sagen, dass diese erste Fahrt auf der *Topaz* zugleich auch meine letzte sein würde.

Unsere Fahrt ging leider nicht direkt nach Canton, sondern wir nahmen erst Kurs auf Hawaii, liefen danach die Samoa-Inseln an und nahmen Fracht in Manila an Bord, bevor wir endlich das Südchinesische Meer überquerten und auf Canton zusteuerten.

Und dann, an einem drückend heißen Morgen zu Beginn der schwülen, regenreichen Monsunzeit, tauchten die Küste und das verzweigte Flussdelta des Pearl River mit seinen unzähligen smaragdgrünen Inseln vor uns auf.

Fast auf den Monat genau elf Jahre nach meiner Flucht aus der brennenden Stadt kehrte ich in Chinas einstige Hochburg des Opiumhandels zurück!

Insel der tausend Laster
oder
Wie ich dem Monsun und zwei ungeschickten Latrinenkulis eine verheißungsvolle Spur verdankte, zum ersten Mal Hong Kong betrat und in einer zwielichtigen Spielhölle ein Wiedersehen ganz eigener Art erlebte

Wir segelten den Pearl River bis zum Tiefseehafen Whampoa, der eine knappe halbe Tagesreise unterhalb von Canton liegt, flussaufwärts. Dort ging die *Topaz* vor Anker, da ihr Tiefgang ein weiteres Vordringen nicht erlaubte.

Bis auf die Tatsache, dass der Handel mit Tee, Seide, Porzellan, Gewürzen und Opium besser denn je florierte und dass die europäischen Kaufleute sich seit den Verträgen von Nanking freier bewegen konnten, hatte sich in den Jahren seit dem Ausbruch des Opiumkrieges nicht viel verändert. Noch immer zog sich das Ritual der Zollabfertigung, das mehr ein Feilschen um die Höhe der Schmiergelder war, über viele Stunden hin, und die örtlichen Beamten, die Mandarine, waren noch immer genauso korrupt und bestechlich wie eh und je.

Mich hielt es keine Stunde länger als notwendig an Bord der *Topaz*. Sowie die Formalitäten abgewickelt waren, musterte ich ab und nahm die nächste Flussdschunke nach Canton. Wie sehr amüsierte ich mich über die Verblüffung des *mantale*, des chinesischen Schiffsführers, als er mich in seinem schrecklich holprigen Pidjin-Englisch ansprach – und ich ihm fließend auf Cantonesisch antwortete. Jetzt zeigte es sich, wie gut ich daran getan hatte, meine chinesischen Studien all die Jahre beständig fortzuführen.

Ich genoss die Flussfahrt, hatte ich doch das wunderbare Gefühl endlich nach Hause zu kommen. Alles war mir so vertraut – die üppig grüne Landschaft, die zu beiden Seiten an mir vorbeizog und nach einem heftigen Monsunschauer unter der heißen Sonne dampfte wie eine Waschküche; die kleinen Tempel mit ihren mehrstufigen rotgoldenen Pagodendächern, die in jedem noch so kleinen Dorf zu finden sind; die gemächlich dahintrottenden Wasserbüffel auf den Reisfeldern und die eigenartigen chinesischen Bootstypen, die uns auf dem Pearl River begegneten.

In meinem euphorischen Zustand vermittelten mir sogar das dreckige Deck der Dschunke und die verschlissenen, stockfleckigen Segel aus rostbraunem Stoff etwas Heimisches, weckten sie doch Erinnerungen an jene atemberaubenden Abenteuer, die ich mit dem Missionar und dem Opiumhändler auf dem Xi Jiang erlebt hatte. Ich musste unwillkürlich an meine erste Nacht auf dem Pearl River denken, als wir mit einem schnellen Krebs, dem Boot eines berüchtigten chinesischen Schmugglers, in das Labyrinth des Flussdeltas eingedrungen und von einer kaiserlichen Kriegsdschunke verfolgt und unter Beschuss genommen worden waren. Und damit hatten die abenteuerlichen Erlebnisse meines Chinaaufenthaltes erst begonnen! Was war mir danach nicht noch alles widerfahren! Es erschien mir wie gestern und doch lag dieser

Abschnitt meines Lebens nun schon ein gutes Jahrzehnt zurück.

Die Flussdschunke erreichte Canton am späten Nachmittag. In der Stadt lebten mittlerweile mehr als eine Million Menschen und die zumeist von Armut geprägten Vororte breiteten sich vor den mächtigen, jahrhundertealten Stadtmauern wie wild wuchernder Schimmelpilz aus.

Canton begrüßte mich mit jener bunten und lärmenden Geschäftigkeit, wie ich sie in meiner Erinnerung bewahrt hatte. Die Zerstörungen, die der Krieg angerichtet hatte, waren längst behoben. Am Hafen, aber auch in der Stadt stieß man nun überall auf neue Lagerhäuser, Kontore und andere Gebäude, wo ausländische Kaufleute ihre Geschäfte abwickelten oder aus anderen Gründen zusammentrafen. Und noch immer wurden die Fremden *fangui*, weiße Teufel, genannt.

Ich folgte der Empfehlung eines gepflegt gekleideten Händlers, den ich auf der Esplanade ansprach und nach einer seriösen Unterkunft fragte, und quartierte mich im *Hartford House* ein. Kaum hatte ich in diesem kleinen, aber gediegenen Hotel mein Gepäck in mein Zimmer gebracht, als ich mich auch schon auf den Weg in die Altstadt machte. Es drängte mich mit Macht, zum Haus von Liang Sen in der *Longcang Jie* zu kommen.

Eiligen Schrittes passierte ich am Hafen eines der gewaltigen Stadttore von Canton, die langen dunklen Tunneln gleichen und stets den Schrein einer chinesischen Gottheit bergen. Für die farbig lackierten, kunstvollen Schnitzarbeiten, die vielen brennenden Kerzen und das aromatische Räucherwerk hatte ich an diesem Tag jedoch kein Auge. Ich hastete achtlos durch die belebten Gassen und über die weitläufigen Plätze, vorbei an zahlreichen Pagoden und Parkanlagen, und drängte mich durch das Gewimmel aus Lasten tragenden Kulis, Straßenhändlern, Lotterieverkäufern, Mattenbindern, kahl geschorenen Mönchen, grell geschminkten Dirnen, Zahnreißern, Bettlern, Sänftenträgern, westlichen Seeleuten und anderem Volk.

Der Lärm wogte wie eine an- und abschwellende Brandung aus tausend Stimmen und Geräuschen hin und her. Und nicht weniger vielfältig war auch die Flut der Farben, die auf mich einstürzte. Und wie vertraut doch dieses ständige *»chop-chop!«* in meinen Ohren klang, das im Pidjin-Englisch »Schnell, schnell!« bedeutet und mit dem die Ausländer ihre Sänftenträger, Kulis oder Kutscher zu größerer Eile antreiben.

Der Weg durch Canton war mir so vertraut, dass ich ihn wohl auch im Dunkeln gefunden hätte. Mein Herz schlug schneller, als ich schließlich das alte Wohnviertel erreichte und in die verwinkelte Gasse einbog, »wo sich der Drache versteckt hält«, wie es der chinesische Name behauptete – obwohl bei der Mehrdeutigkeit der chinesischen Schriftzeichen *Longcang Jie* auch mit »Straße potenzieller Weisheit« übersetzt werden kann. In China ist kaum etwas wirklich so, wie es einem Fremden auf den ersten Blick erscheint . . .

Ich rannte nun förmlich und ich musste mich beherrschen nicht laut zu rufen: »Liang Sen! . . . Pao! . . . Chia Fen! . . . Ich bin zurückgekehrt! . . . Ich bin wieder da!« In meiner Brust drängte sich ein unbeschreiblicher Jubel zusammen, der nur darauf wartete, beim Anblick meiner Freunde aus mir herauszubrechen.

Als ich um die zweite, fast rechtwinklige Biegung kam und

erwartungsvoll auf das Haus auf der anderen Straßenseite blickte, da jedoch erstarb das überschäumende Glücksgefühl des Heimgekommenseins augenblicklich.

Das Anwesen von Liang Sen, wie ich es in Erinnerung hatte, war von einer mannshohen Mauer aus graubraunem Backstein umgeben, das Mauerwerk verunstaltet von zahllosen Rissen und höchst dringend einer grundlegenden Ausbesserung bedürftig. Die glockenförmigen Ziegeldächer des dahinter liegenden Hofhauses, die wie die grob geschuppten Rücken eines altersschwachen Drachen aussahen, waren genauso heruntergekommen wie die Backsteinmauer. Und die beiden Flügel des Tores, aus schweren dunklen Balken gearbeitet und mit rostigen Eisenbeschlägen versehen, hingen so schief in ihren Aufhängungen, dass sich nur die rechte Seite ohne Schwierigkeiten öffnen ließ.

So jedenfalls sah das Hofhaus von Liang Sen aus, das mir vertraut war und in dem ich gelebt hatte – und es hatte nicht die geringste Ähnlichkeit mit dem stattlichen Anwesen, dem ich mich nun gegenübersah. Ich erblickte vor mir nicht nur eine völlig neue Mauer, sondern dahinter auch die Umrisse einer prächtigen Residenz mit reichem Schnitzwerk an ihrem dreistufigen Dach. Eine Residenz, die erst vor wenigen Jahre gebaut worden war und ein Vermögen gekostet haben musste.

Und Liang Sen war ein armer Schlucker gewesen, was seine finanziellen Mittel betraf! Als kundiger Kräuterheiler hatte er sich mehr um die Genesung seiner Patienten gekümmert als um ein angemessenes Honorar für seine Dienste.

Eine dunkle Ahnung vertrieb in mir die jubilierende Freude, als ich auf das Tor aus gehämmertem Messingblech zuging, vor dem ein überaus fettleibiger Bursche Wache stand. Er trug eine beeindruckende Uniform in rot-schwarzen Farben und ein breites Schwert auf dem Rücken, das jeder kaiserlichen Leibgarde zur Ehre gereicht hätte. Ein sehr martialischer Aufzug für eine derart schwergewichtige Gestalt. Ich vermutete, dass dem armen Kerl, der auf mich den Eindruck eines Eunuchen machte, schon beim Versuch, das Schwert mit beiden Händen zu ziehen, der Schweiß ausbrechen und der Atem kurz werden würde.

Freundlich sprach ich den Torwächter in seiner Heimatsprache an und bat ihn um Auskunft, wer in diesem Haus wohnte.

Er stierte mich mehr träge als feindselig an, als er zurückfragte: »Was geht das einen *fangui* an?« Meine typische Seemannskluft verriet ihm wohl, dass ich niemand von Bedeutung war, dem er Respekt zollen musste.

Ich zog zwei Münzen aus meiner Rocktasche, die gut und gern dem Wochenlohn eines Torwärters wie ihm entsprachen, und ließ sie viel sagend in meiner Handfläche gegeneinander klirren. »Ich habe ein persönliches Interesse, denn ich suche den Kräuterheiler Chang Liang Sen und seine Familie. Natürlich bin ich bereit mich für Auskünfte erkenntlich zu zeigen, so wie ein ehrwürdiger Wächter deines Ranges es verdient hat«, schmeichelte ich ihm.

Nun kam Leben in seine schlaffen Gesichtszüge. Seine Augen blitzten auf und er fuhr sich unwillkürlich mit der Zunge über die Lippen. Ja, er nahm sogar so etwas wie Haltung an. »Meine Dienste sind sehr gefragt, Seemann! Sonst hätte mich mein Herr, der ein bedeutender Mann ist, nicht mit dem Schutz seines Hauses beauftragt!«, erklärte er gewichtig und warf sich dabei in die Brust.

Ich verstand und legte noch eine dritte Münze zu den beiden anderen. »Wer eine herausragende Position bekleidet, dem steht auch ein gebührender Lohn zu«, sagte ich und schmierte ihm damit reichlich Honig um den Mund.

Als er sah, dass ich interessiert genug war, um dafür mit harter Münze zu bezahlen, erwachte die Gier in ihm. »Ich bin nicht sicher, ob ich solcherlei Auskünfte, wie Ihr sie zu erfahren wünscht, mit der besonderen Vertrauensstellung, mit der mich mein Herr beehrt hat, vereinbaren kann«, heuchelte er, um den Preis noch höher zu treiben.

Da war er bei mir aber an den Falschen geraten. Ich kannte diese Spielchen und verstand mich auf die Tricks des Feilschens genauso gut wie er. Pao war mir darin ein ausgezeichneter Lehrmeister gewesen.

»Deine Bedenken und deine Standhaftigkeit ehren dich«, antwortete ich scheinbar verständnisvoll. »Dein Herr kann in der Tat stolz auf dich sein, dass du deine Pflichten so gewissenhaft wahrnimmst. Ich bedaure dich mit meinen Fragen belästigt und dir eine bescheidene Anerkennung für deine Freundlichkeit angeboten zu haben. Irgendein Nachbar, der nicht im Dienst eines so bedeutenden Mannes wie dein Herr steht, dürfte die angemessenere Adresse für meine Fragen sein, so harmlos sie auch sein mögen. Verzeih mir, dass ich dich mit meinen nichtigen Angelegenheiten belästigt habe.« Ich nickte ihm mit einem scheinbar entschuldigenden Lächeln zu und machte Anstalten die Münzen einzustecken und mich zu entfernen.

»Wartet, Fremder!«

Mit einem vorgetäuschten Ausdruck der Verwunderung drehte ich mich wieder zu ihm um. »Ja, kannst du mir vielleicht einen Rat geben, an wen ich mich wenden kann?«, fragte ich scheinheilig.

»Ich fürchte, man wird Ihnen als *fangui* hier überall die Tür weisen und auf Ihre Fragen mit tauben Ohren reagieren. Das möchte ich Ihnen ersparen«, sagte er hastig. »Und da es sich ja nur um eine harmlose Auskunft handelt, wie Sie gesagt haben, will ich Ihnen zu Diensten sein.« Er streckte die Hand nach dem Geld aus.

Ich übersah die Geste und erwiderte: »Ich weiß deine Freundlichkeit zu schätzen und der versprochene Lohn ist dir gewiss, sowie ich erfahren habe, was ich wissen möchte. Also sprich, wer bewohnt dieses Haus?«

Der Torwächter erzählte mir nun, dass Feng Loo Wang, ein reicher Tee- und Seidenhändler, die Ruine schon vor acht Jahren erstanden und umgehend den Bau dieser stattlichen Residenz in Auftrag gegeben hatte.

»Was für eine Ruine?«, wollte ich wissen, obwohl ich die Antwort schon ahnte. »Hier stand einst ein etwas heruntergekommenes, aber doch noch recht stabiles Hofhaus, das dem Kräuterheiler Chang Liang Sen gehörte und das sich unmöglich von selbst in eine Ruine verwandelt haben kann.«

»Es ist im Krieg mit den *hongmao yingjili* . . .«, damit waren die »rothaarigen Engländer« gemeint, ». . . schwer beschädigt worden, als Canton unter Beschuss lag und erobert wurde«, teilte mir der Wächter mit und mir war, als könnte ich einen schadenfrohen Unterton aus seiner Stimme heraushören. »Und dieser Chang Liang Sen war ein *han-chien* der übelsten Sorte!«

Han-chien bedeutet in buchstäblicher Übersetzung »chinesischer Übeltäter« und mit diesem verächtlichen Namen wurden im Zuge des verlorenen Opiumkrieges alle Einheimischen beschimpft, die mit den *fangui* gemeinsame Sache gemacht hatten oder dieser Zusammenarbeit zumindest verdächtigt wurden. Um in einen solchen Verdacht zu geraten, genügte es schon, dass ein Chinese eine ausländische Sprache beherrschte, mit den weißen Teufeln in Korrespondenz stand oder einfach nur Freunde unter ihnen besaß.

Liang Sen erfüllte gleich mehrere dieser lächerlichen »Tatbestände«, beherrschte er doch nicht nur ausgezeichnet Englisch und Latein, sondern er hatte auch noch einen *fangui* wie seinen eigenen Sohn in seinem Haus aufgenommen und ihn jahrelang beherbergt.

»Dieser Heilkundige soll in der Nacht, als die Schiffe der *hongmao yingjili* vor Canton auftauchten und ihre Kanonade begannen, mit seinen Komplizen zum Feind geflohen sein«, fuhr der Torwächter fort. »Daraufhin wurde das Haus geplündert und anschließend sogar von aufgebrachten Nachbarn niedergebrannt. Drei Jahre später hat dann mein Herr das Grundstück gekauft und seitdem wohnt er hier.«

»Gekauft von wem?«, fragte ich und hatte Mühe mir meinen wachsenden Zorn nicht anmerken zu lassen.

»Natürlich von der Stadtverwaltung, die den Grund und Boden dieses Verräters konfisziert hat!«

»Und du weißt nicht, was aus Liang Sen geworden ist? Denke gut nach. Vielleicht ist dir etwas über seinen Verbleib zu Ohren gekommen!«, drängte ich in ihn, drückte ihm die drei Münzen in die Hand und versprach ihm noch einmal so viel, wenn er mir dabei helfen konnte, Liang Sen zu finden.

Das Geld lockte natürlich ungemein und er gab sich erkennbar Mühe sich an einen nützlichen Hinweis zu erinnern, jedoch ohne Erfolg. Was ihn sichtlich wütend machte. »Bestimmt verrotten seine Gebeine schon irgendwo in einem Grab, das niemand kennt, und seine Ahnentafeln sind zu Staub zermahlen!«, sagte er abfällig. »Mehr als verdient hat er diese Schande, dieser ehrlose Verräter!«

Im ersten Moment war ich versucht ihm für diese bösartige Schmähung, die für einen Chinesen kaum schlimmer hätte ausfallen können, ins Gesicht zu schlagen. Ich riss mich jedoch zusammen und sagte mir, dass ich mich besser nicht mit ihm anlegte, wenn ich mir keinen Ärger mit den örtlichen Behörden einhandeln wollte. Der fettleibige Torwärter war nicht nur körperlich träge, sondern geistig offensichtlich genauso phlegmatisch und einfältig. Andernfalls hätte er längst gemerkt, dass mich das Schicksal von Liang Sen und seiner Familie persönlich stark beschäftigte. Jeder, der über ein wenig Cleverness verfügte, hätte sich für die versprochene Belohnung zumindest erboten in der Nachbarschaft Erkundigungen einzuholen. Nicht so der Torhüter von Feng Loo Wang, der nun wieder in seine mürrisch desinteressierte Haltung zurückfiel, mit der mir am Anfang begegnet war.

*

Das letzte Tageslicht verglomm über den westlichen Stadtvierteln von Canton, als ich meine Suche nach Liang Sen und Pao für diesen Tag abbrach und ins *Hartford House* in der Nähe des Hafens zurückkehrte.

Dort erfuhr ich zum ersten Mal nähere Einzelheiten über die großen Unruhen, die sich in den südlichen Provinzen ausbreiteten und immer mehr die Ausmaße einer großen kriegerischen Revolte annahmen, die schon Zehntausenden, wenn nicht sogar Hunderttausenden das Leben gekostet und noch mehr Menschen zu heimatlosen Flüchtlingen gemacht hatte.

»Krieg ist das zutreffende Wort, auch wenn wir immer nur vom Taiping-Aufstand sprechen«, erklärte Gregory Hartford, der Besitzer des Hotels, als ich mit ihm und zwei anderen Gästen, Vertretern von ausländischen Handelshäusern, bei einem Glas Brandy im vorderen Salon saß.

»›Höchster Friede‹?«, übersetzte ich den Begriff *tai-ping*. »Das scheint mir kaum das richtige Wort für eine blutige Revolte zu sein. Wer ist denn ihr Anführer?«

»Ein gewisser Hung Hsiu-Chüan«, antwortete einer der beiden Handelsvertreter, der sich Charles Barlow nannte. »Ein gescheiterter Examenskandidat für die Beamtenlaufbahn. Er ist durch die schweren Prüfungen gefallen.«

»Wer bei den Chinesen die Beamtenlaufbahn einschlagen will, muss sich jahrelang intensiv mit allem möglichen dummen Zeug herumschlagen«, warf Mister William Fielding, der andere Gast, ein recht aufgeblasener Wichtigtuer, geringschätzig ein. »Statt in wirklich nützlichen Fächern auf Herz und Nieren geprüft zu werden, müssen die Kandidaten bei diesen wochenlangen Examen in den Provinzhauptstädten eine wahre Meisterschaft in der Kalligrafie, in der Dichtkunst und in der Philosophie, insbesondere in der Lehre von diesen obskuren Chinesen namens Laotse und Konfuzius, nachweisen. Nur regelrechte Dichter haben bei den Prüfungen eine Chance, müssen sie doch aus dem Stand heraus zu einem beliebigen Stichwort neue Gedichte im Stil der großen chinesischen Meister schmieden können! Man stelle sich diesen ausgemachten Unsinn einmal vor! Und diese philosophierenden Reimeschmiede und pinselschwingenden Schönschreiber maßen sich dann an dieses gewaltige Reich regieren zu wollen. So etwas Lächerliches! Bei diesen dilettantischen Beamten und Politikern ist es dann natürlich kein Wunder, dass China in einem Sumpf von Korruption versinkt und langsam vor die Hunde geht. Nun ja, uns und dem Empire soll es nur recht sein, denn umso leichter werden wir mit diesen Schlitzaugen fertig!«

Ich vermochte dieser abfälligen Beurteilung nicht beizupflichten. Ganz im Gegenteil, ich hielt gerade diese hohen geistigen und künstlerischen Anforderungen an die Examenskandidaten, die sich unabhängig von ihrer gesellschaftlichen Herkunft und dem Vermögen ihrer Eltern zu diesen jährlichen Ausleseverfahren melden konnten, für eine bewundernswert fortschrittliche Einrichtung. Man stelle sich einmal vor, in England, dem Land der elitären Colleges, oder bei uns in Deutschland dürften sich Arbeiter- und Bauernsöhne gleichberechtigt mit allen anderen an derartigen Staatsprüfungen beteiligen und könnten bei bestandenem Examen ganz selbstverständlich damit rechnen, in den höheren Staatsdienst aufgenommen zu werden! Nur im Gefolge einer Revolution wäre so etwas möglich, ja vielleicht nicht einmal dann!

Ich kam jedoch nicht dazu, mich zu diesem Thema zu äußern. Denn nun ergriff Gregory Hartford wieder das Wort. »Wie auch immer, auf jeden Fall ist dieser Hung an den hohen Hürden jener Prüfungen gescheitert und dann so um 1847 mit der christlichen Glaubenslehre in Berührung gekommen. Es sollen die ins Chinesische übersetzten Schriften des amerikanischen Missionars Roberts gewesen sein, die ihn angeblich bekehrt haben. Das ist an sich ja recht löblich gewesen . . .«

»Ja, wenn der Bursche nicht auf einmal himmlische Visionen gehabt hätte«, sagte Charles Barlow mit leichtem Spott und genehmigte sich noch einen großzügig bemessenen Brandy aus der Karaffe.

William Fielding gab ein höhnisches Schnauben von sich. »Und was für welche! Er hält sich seitdem für den jüngeren Bruder von Christus, für Gottes chinesischen Sohn!«, empörte er sich. »Allein schon für diese Blasphemie müsste man ihn aufs Schafott schicken!«

»Das lässt sich aber schlecht mit dem christlichen Gebot der Nächstenliebe und Barmherzigkeit in Einklang bringen!« Diese Bemerkung hatte ich mir nicht verkneifen können.

»Ach was, so ein skrupelloser Bluthund hat nichts Besseres als den Strick verdient!«, behauptete Fielding grimmig.

»Ein Bluthund ist dieser Hung, der sich für den chinesischen Bruder unseres Heilands hält, in der Tat«, fuhr Gregory Hartford ruhig fort. »Erst begnügte er sich damit, zu predigen und die so genannte *Gesellschaft der Gottesverehrer* zu gründen, die bald von anderen Geheimgesellschaften unterstützt wurde. Als er schließlich eine stattliche Zahl von militanten Anhängern um sich geschart hatte, man spricht von dreißig- bis fünfzigtausend Mann, da rief er zum Umsturz auf und ging von der Provinz Guangxi aus zum Angriff vor. Gnadenlos ließ er jeden niederschlachten, der sich ihm in den Weg stellte. Seine Soldaten richteten ein Blutbad nach dem anderen an. Das war vor gut zwei Jahren. Mittlerweile soll seine Armee aus mehr als einer halben Million Soldaten bestehen. Die Überflutungen, Pestilenzen und Hungersnöte der letzten Jahre sowie seine schnellen militärischen Erfolge haben dazu geführt, dass sich ihm und seinen siegreichen Truppen nun Monat für Monat Zehntausende anschließen. Hungs himmlische Krieger stehen in ihrer Grausamkeit den blutrünstigen Soldaten des Kaisers in nichts nach und ein Ende der unvorstellbar schrecklichen Massaker, die sie anrichten, ist nicht abzusehen. Die südlichen Provinzen Guangxi, Hunan und sogar Teile von Guangdong und Fukien befinden sich schon in der Gewalt der Taiping-Rebellen. Und wenn ihr Vormarsch ungebrochen anhält, dann werden wohl auch in Canton bald die Banner dieses neuen Gottesstaates wehen. Denn Hung hat im letzten Jahr einen eigenen Staat ausgerufen, den er *tai-ping tien-kuo* nennt.«

»›Himmlisches Reich des allgemeinen Friedens‹«, übersetzte ich laut. »Ein Paradoxon, denn den Himmel auf Erden von Menschenhand geschaffen kann es nicht geben, wäre das doch die Rückkehr ins Paradies. Und dieses zu errichten ist uns Menschen nun mal nicht gegeben.«

Hartford nickte. »Richtig, doch dieser Hung hat da wohl ganz andere Vorstellungen, denn er hat sich praktischerweise gleich zum *tien-wang,* zum ›Himmelskönig‹ ausrufen lassen«, berichtete er sarkastisch.

Fielding machte eine ungehaltene Gebärde, als wollte er eine lästige Fliege vertreiben. »Dieser himmlische Hochstapler und Schlächter im christlichen Gewand wird sich schon schnell genug das eigene Grab schaufeln. Denn früher oder später wird sein ›Himmlisches Reich des allgemeinen Friedens‹ im Ansturm der kaiserlichen Truppen wie ein Kartenhaus zusammenfallen und in seinem eigenen Blut ersticken!«, prophezeite er.

»Man muss aber zugeben, dass die politische Form seines Reiches recht interessant und für die einfachen Leute, diese Millionen chinesischen Habenichtse, sicherlich sehr anziehend ist«, gab Barlow zu bedenken. »Bei den Taiping-Rebellen gibt es kein privates Eigentum. Alles ist Gemeingut. Männer und Frauen sind gleichberechtigt . . .«

»Gleichberechtigung für Männer und Frauen – so etwas Absurdes kann sich nur ein krankes Hirn ausdenken!«, rief Fielding, bei dem diese Vorstellung geradezu Ekel auslöste, wenn ich seine Miene richtig deutete. »Absolut grotesk!«

Die Diskussion drehte sich nun im Kreis und ich zog mich bald auf mein Zimmer zurück, um mich mit einem Brief an Witteboom von meinen trüben Gedanken abzulenken.

*

Am nächsten Morgen nahm ich schon in aller Frühe die Suche nach meinen chinesischen Freunden wieder auf. Ich beschränkte meine Erkundigungen jedoch nicht allein auf Canton, sondern begab mich auch nach Foshan und in jenes Dorf, aus dem Pao stammte. Doch obwohl ich volle fünf Wochen darauf verwandte, etwas über den Verbleib von Liang Sen, Pao und der kleinen Chia Fen zu erfahren, erhielt ich doch nicht den geringsten Hinweis, wohin es sie in den Wirren des Krieges verschlagen haben mochte.

In diesen Wochen sah ich viel Elend, vor allem auf dem Land, aber auch in den Städten. Die Natur hatte es in den letzten Jahren mit der Landbevölkerung nicht sehr gut gemeint. Auf Zeiten schrecklicher Dürre waren nicht weniger verhängnisvolle Überflutungen gefolgt, die Ernten und damit

Existenzen vernichtet hatten. Zudem hatten immer neue Epidemien hohen Tribut unter den Menschen gefordert. Und als wären diese natürlichen Schicksalsschläge nicht schon schwer genug zu ertragen gewesen, hatte die Taiping-Rebellion zu allem Übel noch ganze Landstriche verwüstet, mit ihren ungezählten Massakern eine unvorstellbare Blutspur kreuz und quer durch die Provinzen gezogen und Hunderttausende zu bettelarmen Flüchtlingen gemacht, die auf der Suche nach einer neuen Existenz verzweifelt durch das Land irrten.

Wie sollte ich meine Freunde in diesem gewaltigen Strom von Flüchtlingen wieder finden? Es konnte sie überallhin verschlagen haben.

Erschöpft und niedergedrückt, ja von großer Traurigkeit erfüllt, gab ich schließlich meine fieberhafte Suche in den Dörfern auf und kehrte nach Canton zurück. Mein Verstand sagte mir, dass ich mich wohl damit abfinden musste, vielleicht nie etwas über das Schicksal dieser drei Menschen zu erfahren, die mir so sehr ans Herz gewachsen waren, dass ich sie auch nach so vielen Jahren der Trennung immer noch als meine einzig wahre Familie betrachtete. Doch das andere Ich in mir, das von meinen Gefühlen beherrscht wurde, weigerte sich standhaft sich der Stimme der Vernunft unterzuordnen.

Ich klammerte mich an die letzte vage Hoffnung, dass ich vielleicht von Pater Johann-Baptist Wetzlaff oder von Frederick Osborne eine wichtige Information erhalten könnte. Pao kannte den Missionar und den Opiumhändler von den Wochen her, die wir gemeinsam auf der Flussdschunke von Hsi See Kai verbracht hatten. Und sogar seinem Onkel Liang Sen waren die beiden Männer bekannt, wenigstens vom Namen her. Daher baute ich meine Hoffnung darauf, dass sie möglicherweise Kontakt mit einem von ihnen aufgenommen hatten, um sich nach meinem Verbleib zu erkundigen.

Aber Pater Wetzlaff und Frederick Osborne schienen genauso vom Erdboden verschluckt zu sein wie Pao, Liang Sen und Chia Fen. Schon in den ersten Tagen meines Aufenthaltes in Canton hatte ich mich nach ihnen erkundigt, jedoch ohne Erfolg. Was natürlich in einer Stadt mit mehr als einer Million Einwohner nichts besagte. Selbst zwei *fangui* zu finden glich der Suche nach einer Stecknadel im Heuhaufen. Denn von den ausländischen Faktoreiangestellten, Kaufleuten und Missionaren, die vor dem Ausbruch des Opiumkrieges die Enklave vor den Mauern von Canton bevölkert hatten, waren nur die wenigsten bei Kriegsende wieder zurückgekehrt. Die meisten hatten Canton einer neuen Generation von Geschäftsleuten überlassen, und wer nicht in die Heimat zurückgekehrt war, hatte zumeist an anderen einträglichen Handelsorten an der chinesischen Küste seine Geschäfte wieder aufgenommen.

An den Namen Frederick Osborne erinnerte man sich zwar schon in einigen der dunklen Opiumhöhlen von Canton, aber keiner der Besitzer konnte oder wollte mir verraten, was aus ihm geworden war. Ich stieß auf eine Mauer des Schweigens, hinter der spürbar die Angst lauerte.

»Niemand legt sich ungestraft mit den Triaden an!«, war der einzige Hinweis, den ich einem der Chinesen gegen Geld entlocken konnte.

Das also stand hinter der Wand aus Angst und Schweigen – die gefürchteten Triaden! Der Opiumhändler, dem ich einst willig als Laufbursche gedient hatte, war demnach den ebenso mächtigen wie skrupellosen chinesischen Verbrecherbanden in die Quere geraten, die sich Mitte des 17. Jahrhunderts zu straff organisierten Geheimbünden zusammengeschlossen hatten, um nach dem Sturz der Ming-Dynastie gegen die neuen Mandschu-Kaiser zu konspirieren. Die politischen Ziele dieser Geheimbünde, die sich in Anspielung auf die chinesische Staatslehre von der Synthese aus der Dreiheit von Himmel, Erde und Menschen *Triaden* nannten, waren jedoch schon lange in Vergessenheit geraten und von rein verbrecherischen Geschäftsinteressen ersetzt worden.

Osbornes Schicksal blieb für mich also weiterhin in Dunkelheit gehüllt. Was jedoch den unkonventionellen Missionar aus dem Fränkischen betraf, der mich damals an Bord der *Hindostan* noch stärker als der Opiumhändler fasziniert hatte, so war mir, dem Himmel sei Dank, mehr Erfolg beschieden.

Der reine Zufall führte mich eines Nachmittags in eine Gasse der westlichen Neustadt. Dass ich gerade in diese Gasse einbog, verdanke ich einem Paar ungeschickter Latrinenreiniger, die vor mir in der vom Monsunregen aufgeweichten und von tiefen Furchen durchzogenen Straße ins Stolpern gerieten. Der Vordermann stürzte in den Dreck und riss die Tonne, die an ihrem doppelten Joch aus dicken Bambusstangen hing, mit sich zu Boden. Der Deckel flog auf und der stinkende Inhalt der Tonne ergoss sich in einer ekelhaften Flut über die Straße.

So schlammbeschmutzt meine Stiefel auch waren, so hatte ich doch nicht die Absicht durch diese tiefen Pfützen aus Fäkalien zu stapfen. Deshalb kehrte ich die paar Schritte bis zur letzten Straßenkreuzung zurück und bog nach rechts ab, um den Häuserblock zu umgehen, auf der den beiden Kulis ihr buchstäblich zum Himmel stinkendes Malheur passiert war.

Und da entdeckte ich plötzlich am Ende der Gasse über dem offen stehenden Eingang eines schmalbrüstigen Hauses mit brüchiger Fassade ein ovales Schild, das die Aufschrift *South China Missionary Society* trug. Wind und Wetter hatten die einst weiße Farbe ausgewaschen und in ein schmutziges Grau verwandelt.

Vielleicht kennt man dort den Namen Pater Johann-Baptist Wetzlaff!, sagte ich mir und betrat kurz entschlossen das Haus. Ich folgte dem schmalen, dunklen Flur bis zu jener Tür auf der rechten Seite, aus der ich ein sehr unmelodisches Pfeifen vernahm.

Die Tür zu dem Zimmer stand so weit offen wie die Haustür. Ich blickte in einen schmucklosen Raum, dessen Einrichtung nur aus einem langen Tisch, ein paar alten Aktenschränken und einem schon arg mitgenommenen Sekretär bestand, über dem ein schlichtes Kruzifix hing. Auf dem langen Tisch, der quer zur Tür stand, stapelte sich ein gutes Dutzend Stöße aus dünnen Heften, bei denen es sich offensichtlich um religiöse Erbauungsschriften in chinesischer Sprache handelte. Ein junger, rotgesichtiger Mann, bekleidet mit einer Kutte aus leichtem schwarzem Kattun und gegürtet mit einem einfachen Hanfstrick, zählte jeweils fünfzig Stück ab, die er in festes Packpapier wickelte und dann mit Schnur zu einem Päckchen zusammenband.

Ich machte mich bemerkbar, indem ich an den Türrahmen klopfte. »Bitte entschuldigen Sie die Störung . . .«

Das Pfeifen, das mich ganz vage an ein Marienlied erinnerte, brach ab und der Mann sah mich mit freundlicher Überraschung an. »Der Herr segne Ihren Weg, der Sie wieder zu uns geführt hat, Bruder in Christo!«, begrüßte er mich, als wären wir gut miteinander bekannt. Sein schwerer Cockney-Akzent verriet, dass er aus den Arbeitervierteln von London stammte. »Ich freue mich Sie wieder zu sehen. Ich habe jeden Tag für Sie gebetet. Doch wenn Sie wegen der Beichte gekommen sind, muss ich Sie leider noch etwas vertrösten, bis . . .«

Er verwechselte mich wohl mit einem anderen. Deshalb fiel ich ihm schnell ins Wort. »Nein, das ist wohl ein Missverständnis. Mein Name ist Faber . . . Felix Faber«, stellte ich mich vor. »Und ich bin nur wegen einer Auskunft gekommen, die ich mir von Ihnen erhoffe.«

»Oh, verzeihen Sie mir! Da haben mir meine schlechten Augen mal wieder einen Streich gespielt. Ich sollte meine Brille besser nicht absetzen. Wenn das dumme Ding doch nur nicht so drücken würde. Aber wo kämen wir auch hin, wenn sich jeder seine eigenen Plagen aussuchen könnte, nicht wahr?«, sagte er mit einem Lachen und griff zu seiner Brille, die hinter ihm auf der Schreibplatte des Sekretärs lag. »Ich bin Bruder Patrick. Was kann ich für Sie tun, Mister Faber?«

»Ich suche einen Missionar, einen Pater aus dem Fränkischen namens Johann-Baptist Wetzlaff«, begann ich. »Er hat früher von hier aus missioniert . . .«

»Früher?«, fragte Bruder Patrick verdutzt.

»In der Zeit vor dem Krieg von 1840«, präzisierte ich.

Er lachte auf. »Der Herr hat Sie in der Tat des richtigen Weges geführt. Nirgendwo können Sie bessere Auskünfte über Pater Johann-Baptist erhalten als in einem Haus der *South China Missionary Society,* das ist so sicher wie das Amen in Gottes heiliger Mutter Kirche!«

Ich glaubte meinen Ohren kaum trauen zu dürfen, war dies doch die erste hoffnungsvolle Auskunft in mehr als fünf Wochen. »Sie kennen ihn?«, stieß ich aufgeregt hervor.

»Selbstverständlich, denn Pater Johann-Baptist ist der Gründer und Leiter der *South China Missionary Society!«*, eröffnete mir Bruder Patrick.

Vor lauter Verblüffung klappte mir der Mund auf und sprachlos hörte ich ihm zu, während er mir nun voller Stolz berichtete, dass Pater Wetzlaff diese Missionsgesellschaft für Südchina gleich nach Kriegsende gegründet und seitdem schon sechs Missionshäuser errichtet hatte.

»Die *South China Missionary Society* ist in allen fünf Hafenstädten vertreten, die China für den Handel geöffnet hat, sowie in der jungen Kronkolonie Hong Kong. Wir können es zwar noch lange nicht mit den großen Organisationen der Methodisten und Anglikaner wie etwa der *Church Missionary Society* oder der *London Missionary Society* aufnehmen, aber wir wachsen beständig und wir wissen, dass Gottes Segen auf unserer Arbeit ruht«, versicherte er mit strahlender Miene.

»Und wo finde ich Pater Johann-Baptist?«

»Natürlich in unserer Missionszentrale in Hong Kong. Von dort aus leitet er die einzelnen Häuser, die er auch regelmäßig aufsucht. Wir erwarten ihn übrigens schon nächsten Monat. Wenn Sie . . .«

»Nein, so lange kann ich nicht warten«, fiel ich ihm ins Wort und bat ihn um die Adresse in Hong Kong, die er mir bereitwillig auf einen kleinen Zettel schrieb.

»Gottes Segen, Seemann«, sagte er freundlich, während er mir den Zettel reichte. »Und wenn Sie unsere Arbeit zur Linderung der Armut und Rettung heidnischer Seelen mit einer Spende unterstützen wollen – dort drüben nehmen wir dankbar jede Spende in jeder Höhe entgegen.« Dabei deutete er auf eine blecherne Sammelbüchse, die neben der Tür auf einem Sims stand.

Die gute Nachricht von Bruder Patrick war mir unvergleichlich mehr wert, als ich mit den Geldstücken, die ich nun in die Sammelbüchse fallen ließ, ausdrücken konnte. Heute wünsche ich, ich hätte mich nicht mit diesen fünf, sechs lausigen Sixpence- und Shillingmünzen begnügt, sondern mehr Großzügigkeit gezeigt und einige handfeste Pfundnoten hineingesteckt. Wie kleingeistig und engherzig man doch oft ist!

»Der Allmächtige wird es Ihnen vergelten!«, bedankte sich Bruder Patrick dennoch erfreut über meinen Obolus.

Ich bedankte mich ebenfalls und hatte es nun eilig, zurück zum *Hartford House* zu kommen und mein Gepäck zu holen, wollte ich doch so schnell wie möglich nach Hong Kong übersetzen. Wäre mir jetzt der Weg auf der Straße von übel riechenden Fäkalienpfützen versperrt gewesen, hätte ich bestimmt keinen Umweg eingeschlagen, sondern wäre vermutlich achtlos durch sie hinweggestiefelt.

Keine halbe Stunde später stand ich mit meinen Sachen am Hafen und ging an Bord der ersten segelbereiten Dschunke, deren *mantale* mir Hong Kong als Ziel nannte.

Von freudiger Ungeduld erfüllt, beobachtete ich, wie die sandbraunen gerippten Segel am Mast in den Himmel stiegen, sich mit Wind füllten und die Dschunke auf den Pearl River hinaustrugen, wo die Strömung unsere Fahrt flussabwärts kräftig unterstützte. Der Wind stand günstig, sodass ich noch vor Einbruch der Dunkelheit in Hong Kong sein würde.

Ich hatte den Missionar wieder gefunden! Ein erstes hoffnungsvolles Licht in der bedrückenden Dunkelheit meiner wochenlangen Suche!

Während ich an der Reling stand und auf den Fluss hinausschaute, betete ich mit stummer Inbrunst darum, dass der Pater mir sagen konnte, wohin es meine Freunde in den Wirren des Krieges und der Taiping-Revolte verschlagen hatte.

*

Die tiefgrüne See glitzerte im Licht der frühen Abendsonne wie mit Goldstaub besprenkelt, als die cantonesische Dschunke die lang gestreckte Insel Lantau mit ihrem bergigen Panorama passierte und Kurs auf die westliche Fahrrinne nahm, die *Sulphur Channel* genannt wird. Schiffe mit größerem Tiefgang sind dagegen gut beraten die von gefährlichen Untiefen freie östliche Zufahrt durch die *Lei Yue Mun*-Passage zu wählen, wenn sie sicher in den Hafen von Hong Kong gelangen wollen.

Die junge britische Kronkolonie war mit weniger als fünfundzwanzig Quadratmeilen Fläche gerade mal halb so groß wie Lantau und nicht annähernd so dicht bewaldet wie die nahe große »Schwester«, zeigte jedoch ein ebenso hügeliges Profil, das vom eindrucksvollen, rund 1800 Fuß hohen Victoria Peak beherrscht wird.

Ich war auf ein vertrautes Bild gefasst gewesen, hatte ich die Insel Hong Kong in jenen Novembertagen des Jahres 1838 doch mehr als einmal aus der Nähe zu Gesicht bekommen – nämlich als die *Hindostan* zwei Tage und zwei Nächte in diesem herrlich grünblauen Tropengewässer auf und ab gekreuzt war und auf die Botschaft der chinesischen Schmuggler gewartet hatte, mit denen Frederick Osborne gemeinsame Sache gemacht hatte. Und ich erinnerte mich noch gut daran, was der Opiumhändler damals über die Insel gesagt hatte, auf der es nur ein paar armselige Fischerdörfer gegeben hatte.

»Die Buchten von Hong Kong bieten ausgezeichnete Ankerplätze und erfreuen sich daher bei Schmugglern und Piraten, was oftmals ein und dasselbe ist, größter Beliebtheit. Das wäre ein trefflicher Ort für eine Handelsniederlassung.«

Nun war dieses Hong Kong tatsächlich eine Handelsniederlassung geworden – und was für eine! Ich vermochte kaum zu glauben, was sich meinen Augen darbot, als wir uns dem Hafen von Victoria näherten, hinter dem die Hügel mehrere Reihen tief wie felsige Spitzen aufragten.

Im Januar 1841 wurde hier zum ersten Mal die britische Flagge gehisst und zwei Jahre später, am 26. Juni 1843, erhob Königin Victoria die Insel zur britischen Kronkolonie, nachdem mit dem Vertrag von Nanking 1842 die Annexion auch von China anerkannt worden war. Wobei »anerkannt« wohl nur eine sehr sarkastische Umschreibung für die Unterschrift unter einen Vertrag sein kann, den der Sieger dem Verlierer mit harter Faust diktiert hat.

Auf meinen Fahrten zur See hatte ich hier und da in den Häfen Informationen über Hong Kong aufgeschnappt und wusste daher, dass den Engländern die Insel als Militärstützpunkt für ihre Kriegsmarine wichtig war, um China auch weiterhin in Schach halten zu können. Auch hatte ich davon gehört, dass viele im Chinahandel tätige Kaufleute es vorgezogen hatten, ihre Kontore und Lagerhäuser lieber im unmittelbaren Schutz von britischen Kriegsschiffen und kasernierten Soldaten zu errichten als sich in chinesischen Hafenstädten wie Canton, Amoy oder Ningpo zu engagieren. Viele hatten nämlich nicht vergessen, dass ihre Handelsniederlassungen auf dem chinesischen Festland stets der Willkür und Korruption der örtlichen Mandarine ausgesetzt gewesen waren und dass man ihre Faktoreien bei Kriegsausbruch mit Billigung der örtlichen Herrscher geplündert und dann in Brand gesetzt hatte. Von der einstigen Händlerenklave mit ihren dreizehn Faktoreien und ihren Nebengebäuden waren nur noch ausgebrannte Ruinen übrig geblieben.

All dies war mir bekannt gewesen und so hatte ich mir diese neue britische Kronkolonie als eine in ihren Ausmaßen eher unbedeutende Niederlassung ausgemalt. Da die Entwicklung neuer Kolonien erfahrungsgemäß immer eine überaus langwierige und von vielen Rückschlägen begleitete Angelegenheit ist, stellte ich mir Hong Kong als einen kleinen, beschaulichen Handelsposten vor, der von starker militärischer Präsenz dominiert wird.

Oh, welch eine Überraschung ich doch an diesem frühen Abend erlebte, als ich Hong Kong nach vierzehn Jahren zum ersten Mal wieder sah!

Von wegen kleiner, beschaulicher Handelsposten mit militärischer Präsenz!

Zuerst einmal setzte mich dieses Meer von Masten in Erstaunen, die zu britischen Kriegsschiffen, Walfängern und Kauffahrern aus Europa, Amerika und Australien gehörten sowie zu einem Gewimmel einheimischer Boote wie Dschunken, Lorchas und Sampans. Dazwischen machte ich sogar die Schornsteine von einigen Dampfschiffen aus. *Peninsular &*

Oriental Steam Navigation Company las ich am Heck eines Dampfers, als wir in die Bucht einliefen. Und jenseits dieses Waldes aus Masten, Rahen, Spieren, Takelage, Schornsteinen und chinesischen Drachensegeln erblickte ich zu meiner noch größeren Verblüffung richtige Dockanlagen mit einer Vielzahl von Lagerhallen, Schuppen und anderen Gebäuden, von denen nicht wenige aus solidem Mauerwerk errichtet waren. Und was für ein geschäftiges Leben auf den Piers und in den Docks herrschte! Meine Augen wussten gar nicht, worauf sich ihre Aufmerksamkeit zuerst richten sollte. War das dort drüben auf der Hügelkuppe nicht eine Garnison, und zwar eine recht stattliche?

Kaum hatte ich diese erste gewaltige Überraschung halbwegs verdaut, als mir bewusst wurde, dass der Hafenkomplex in eine lang gestreckte Siedlung, nein: eine richtige Stadt überging, in der, wie ich bald erfahren sollte, schon über dreißigtausend Europäer und Chinesen lebten, wobei Letztere jedoch gut zwei Drittel der Bewohner ausmachten. Ich entdeckte die Türme einer Kathedrale, mit Kanonen bestückte Befestigungsanlagen sowie die beeindruckenden Steinfassaden prächtiger Gebäude, in denen, wie ich richtig vermutete, wohl die oberen Ränge der kolonialen Verwaltung residierten und ihre Büros hatten.

Victoria, so heißt nicht nur der höchste Berg dieser Insel, sondern auch die Hafenstadt, erstreckte sich wenige Jahre nach ihrer Gründung nicht nur über eine Länge von schon sage und schreibe vier Meilen entlang der Nordküste, sondern erklomm inzwischen auch schon die ersten Hügelketten landeinwärts.

Jetzt verstand ich, warum Pater Wetzlaff ausgerechnet

Hong Kong als Sitz für die Zentrale seiner Missionsgesellschaft ausgewählt hatte. So jung diese britische Kronkolonie auch noch sein mochte, so bestand doch jetzt schon kein Zweifel daran, dass sich hier ein neues bedeutendes Handelszentrum entwickelte – und zwar mit atemberaubender Geschwindigkeit.

Die Dschunke ging an der Canton Pier längsseits und sofort war ich umringt von langzöpfigen chinesischen Kulis, die in abgehacktem Pidjin-Englisch auf mich einredeten, um sich meines Gepäckes annehmen zu dürfen. Ich bestimmte drei junge, barfüßige Burschen mit hageren Gesichtern, die wie die meisten ihrer Landsleute in weite, schwarze Hosen und genauso locker sitzende Jacken aus ausgewaschener blauer Baumwolle gekleidet waren. Auf dem Kopf trugen sie den typisch kegelspitzen, breitkrempigen Hut aus geflochtenem Bambus. Zwei von ihnen hängten sich meine Seekiste an ihr *ta'am,* ihr stabiles Bambusjoch, während der dritte meinen Seesack auf die Schulter nahm. Und ohne dass ich sie auch nur mit einem Wort oder einer Geste dazu aufgefordert hätte, fielen sie augenblicklich mit ihrer nicht eben leichten Last in einen Laufschritt, kaum dass ich ihnen gesagt hatte, wohin sie mich und mein Gepäck bringen sollten.

Ich musste mich eines zügigen Schrittes befleißigen, damit sie mir nicht davonliefen. Denn alle Zurufe meinerseits, dass derlei Eile nicht vonnöten sei, trafen bei ihnen auf taube Ohren. Zwar hielten sie kurz im Laufschritt inne, nahmen ihn aber Sekunden später schon wieder auf. Dass europäische wie chinesische Aufseher sie überall mit einem ständigen *»chop-chop!«* zu rücksichtsloser Eile antreiben, war ihnen trotz ihrer Jugend offenbar schon längst so sehr in Fleisch und Blut übergegangen, dass ihnen der Laufschritt zur zweiten Natur geworden war.

Die Kulis führten mich auf die Queen's Road, eine breite Straße, die gleich hinter den Hafenanlagen parallel zur Küste verläuft und als Hauptstraße Victoria auf vier Meilen Länge von Ost nach West durchschneidet. Der Verkehr an Kutschen, Einspännern und Fuhrwerken aller Art sowie an Reitern war beachtlich. Und dazwischen bevölkerten in Lumpen gekleidete Lastenträger, englische Soldaten in ihren leuchtend roten Uniformen, gut gekleidete Geschäftsleute, chinesische Händler, Seeleute und anderes Volk die Queen's Road und die davon abzweigenden Nebenstraßen.

Dieses bunte Treiben erschien mir zusammen mit den Gebäuden, die zum Großteil chinesische Baukunst verrieten und nicht selten kunstvoll aus Bambus konstruiert waren, zuerst wie ein verkleinertes Canton – jedoch mit stark britischer Prägung. Der Union Jack, die Kriegsschiffe in den *Royal Navy Dockyards* am Ende der Harcourt Road und die Rotröcke, die hier stationierten englischen Soldaten, ließen nicht den geringsten Zweifel daran aufkommen, wer auf dieser Insel Hong Kong den Ton angab und wessen Gesetze Geltung hatten. Die Bevölkerung mochte überwiegend chinesisch sein, doch die oberste Autorität hatte hier weder ein Mandarin noch der junge Kaiser von China, sondern der britische Gouverneur und vor allem Ihre Majestät Königin Victoria.

Ich kam an einem recht einladenden Hotel mit überdachten Veranden vorbei, einem Theater, mehreren gut sortierten Geschäften sowie allerlei Werkstätten und einer Anzahl ansehnlicher Wohnhäuser. Dann öffnete sich vor mir ein großer Platz, auf dem es bunt und lärmend zuging. Wir hatten den

Central Market erreicht, zumeist nur schlicht und ergreifend Bazar genannt, der überwiegend chinesischen Geschäftsleuten vorbehalten ist.

Hier verließen wir die breite Küstenstraße und drangen in ein Gewirr von Nebenstraßen und Gassen ein, und ich stellte bald fest, dass wir uns nun merklich mit jedem Schritt von den respektablen Vierteln von Victoria entfernten. Billige Absteigen, zwielichtige Tavernen, Opiumhöhlen, Spielhallen, schummrige Teehäuser mit blutjungen Sing Girls und andere ähnlich sündige Etablissements beherrschten immer mehr die Szene.

Und dann geschah es!

Noch bevor wir hinter einer schäbigen Seemannsabsteige namens *Journey's End* an der Straßenecke nach rechts abgebogen waren, hörte ich die wohl bekannte Stimme von Pater Johann-Baptist Wetzlaff: »Nicht leeren Worten schenken wir Glauben und wir lassen uns weder von plötzlichen Aufwallungen des Herzens hinreißen noch von trügerischer Rede einlullen . . .«

Eine Gruppe Männer, bei denen es sich überwiegend um Matrosen und Soldaten handelte, versperrte wenige Schritte hinter der Ecke die Gasse. Und einer der angeheiterten Männer rief dem Missionar nun spöttisch zu: »Du sprichst mir aus dem Herzen, Pfaffe! Statt von frommen Reden lassen wir uns lieber von was ganz anderem einlullen, nicht wahr, Männer?«

»Aye, am liebsten von Lee Wongs flotten Lotustöchtern, solange von der Heuer noch was übrig ist!«, grölte ein schon stark angeheiterter Seemann, was bei den anderen ausgelassenes Gelächter hervorrief.

Der Missionar stand vor einem lang gestreckten Haus aus Bambus und Wellblech auf einem kleinen gemauerten Podest. Seine mittelgroße und immer noch kräftige Gestalt steckte in einer schwarzen Ordenskutte. Ein hölzernes Kruzifix und ein ebenso schlichter Rosenkranz hingen von seinem Gürtel, der wie bei Bruder Patrick aus einem einfachen Strick bestand. Links neben dem Missionar führte eine breite Tür, über der ein großes Schild mit der Aufschrift *South China Missionary Society* angebracht war, ins Haus.

Dieser bessere Schuppen aus Bambus, Bastmatten, Brettern und Wellblech im Lasterviertel von Hong Kong war also die »Zentrale«, von der Bruder Patrick gesprochen hatte!

Pater Johann-Baptist, der zu diesem Zeitpunkt Mitte vierzig sein mochte, hatte sich in den vergangenen zwölf Jahren äußerlich nur wenig verändert. Sein gut geschnittenes Gesicht zeigte zwar hier und da ein paar neue tiefe Linien, die sich in seine Züge gegraben hatten und auf Zeiten bitterer Erfahrungen hindeuteten, und in sein dunkles Haar hatten sich hier und da einige graue Strähnen eingeschlichen. Aber es strahlte noch immer jenen unerschütterlichen Optimismus aus, der mich schon bei meiner ersten Begegnung mit ihm an Bord der *Hindostan* sofort für ihn eingenommen hatte. Und wenn man in seine warmen, lebhaften Augen schaute, musste man einfach Vertrauen zu ihm haben – sofern man nicht gerade betrunken war wie die Gruppe, die mir und meinen Kulis den Weg versperrte.

Während ich nun meinen Trägern bedeutete mein Gepäck an der Straßenecke abzusetzen und sie auszahlte, fuhr der Missionar, der sich durch die Zwischenrufe nicht aus dem Konzept bringen ließ, unbeeindruckt fort: »Worte göttlicher

Kraft sind es, denen wir den Glauben nicht verweigern dürfen, ihr Männer! Es ist die Knechtschaft der Sünde, die uns Menschen gefangen hält. Darum betet, dass der Allmächtige dieses alte Joch von uns nimmt und uns die neue Freiheit schenkt, die durch unseren Herrn Jesus Christ in die Welt gekommen ist.«

»Sag mir lieber, wie ich der elenden Knute meines verfluchten Unteroffiziers entkomme, du römischer Papistenknecht!«, rief einer der Soldaten. »Wenn der Dreckskerl so weitermacht, dreh ich ihm noch mal die Kehle um oder ersäufe ihn wie eine räudige Ratte in der Latrine!«

Schallendes Gelächter erhob sich unter seinen Kameraden.

»Das ist nicht die Lösung. Geht vielmehr beherzt gegen die Unzucht, die Schamlosigkeit, die bösen Begierden und die Habsucht an!«, antwortete der Missionar mit ruhigem Ernst. »Legt Zorn, Wut und Bosheit ab. Auch Lästerungen und Zoten sollen nicht mehr über eure Lippen kommen. Belügt einander nicht. Ihr seid von Gott geliebt, jeder von euch, ihr seid seine auserwählten Heiligen . . .«

»Hast du das gehört, Jason? Sogar du alter Furzknochen bist ’n auserwählter Heiliger!«, johlte jemand in der Gruppe.

»Dann bin ich der nächste Papst!«, johlte ein anderer.

Der Missionar verlor die Ruhe nicht. »Ertragt euch gegenseitig und vergebt einander, wenn einer dem anderen etwas vorzuwerfen hat. So wie der Herr euch vergeben hat . . .« Er stockte plötzlich, denn in diesem Moment war sein Blick auf mich gefallen. Ein verblüffter Ausdruck trat auf sein Gesicht, wich jedoch im nächsten Moment strahlender Freude. Und etwas hastig beendete er nun seine Straßenpredigt: ». . . so vergebt auch ihr! Vor allem aber liebt einander, denn die Liebe ist das Band, das alles zusammenhält und vollkommen macht. In eurem Herzen herrsche der Friede Christi!«

Damit sprang er vom Podest und eilte mir mit ausgestreckten Händen entgegen, ohne auf die Männer zu achten, die ihm mit spöttischen Zurufen Platz machten und dann ihren Weg fortsetzten. »Felix!«, rief er. »Was für eine Freude dich nach so vielen Jahren wieder zu sehen. Und dann ausgerechnet hier in Hong Kong! Wie oft habe ich mich nicht schon gefragt, wie es dir wohl ergangen ist und wo in der Welt du dich herumtreibst. Und nun stehst du vor mir. Lass dich umarmen, sofern es dir nicht zu peinlich ist.«

Ich lachte. »Überhaupt nicht, Pater.«

Er drückte mich herzlich an sich, packte mich dann an den Schultern, schob mich zurück, so weit es seine ausgestreckten Arme zuließen, und sah mich an. »Ich hatte einen aufgeweckten, abenteuerhungrigen Jungen in Erinnerung. Und nun stelle ich fest, dass aus dir ein stattlicher Mann geworden ist. Was wirst du mir nicht alles zu erzählen haben, eine ganze Menge, will ich meinen!«

»Sie doch bestimmt auch«, sagte ich und hätte ihn am liebsten sofort mit meinen Fragen nach Pao und Liang Sen überfallen. Aber das wäre sehr unhöflich gewesen. Deshalb beherrschte ich meine Ungeduld.

»Gewiss, doch komm erst einmal ins Haus. Die Kiste und der Seesack, sind das deine Sachen, ja?«, fragte er. »Gut, das schaffen wir schon zu zweit. Ich hoffe, du tust mir den Gefallen mein Gast zu sein, Felix? Mein Missionshaus kann es natürlich nicht mit dem Komfort eines Hotels aufnehmen, aber ich kann dir ein eigenes Zimmer mit einer bequemen Bettstelle anbieten. Und Nang Choy, mein Koch, versteht sich auf die Zubereitung äußerst schmackhafter Speisen. Du kannst bleiben, solange du möchtest.«

»Danke, ich bleibe gern ein paar Tage, Pater«, antwortete ich.

»Nicht Pater – *Bruder!*«, korrigierte er mich und zwinkerte mir zu. »Hast du denn vergessen, dass ich etwas gegen diese Respekt heischenden Anreden wie ›Pater‹ oder ›Hochwürden‹ habe? Brüder und Schwestern in Christi sollen wir einander sein, egal, welcher Herkunft wir sind, welche Ausbildung uns vergönnt war und welche gesellschaftliche Stellung uns zuerkannt wird. Zumal, wenn wir uns Christen nennen und uns zu Jesus Christus bekennen. Bruder Johann-Baptist also, Felix! Aber bitte mit der Betonung . . .«

». . . auf der zweiten Silbe von Jo-hann«, beendete ich den Satz für ihn.

Wir lachten beide.

»Wenigstens daran erinnerst du dich noch. Sehr gut! Das gibt Anlass zur Hoffnung«, sagte der Missionar vergnügt und lud sich nun beherzt den Seesack auf, während ich die Seekiste an beiden Ledergriffen packte und ins Haus schleppte.

Das Gebäude bestand aus einer jener genialen, schnell zu errichtenden und preiswerten Bambuskonstruktionen, in denen die Chinesen wahre Meister sind. Im Innern war das Haus durch verschiebbare Trennwände aus geflochtenen Bastmatten in fast anderthalb Dutzend Zimmer und Kammern unterteilt, von denen die meisten je nach Bedarf verkleinert oder vergrößert werden konnten. Der Raum, der dem Missionar als Kapelle diente, konnte so auf einfache Weise je nach der Anzahl der Gottesdienstbesucher im Handumdrehen bis auf das Dreifache seiner normalen Größe erweitert werden, sodass dann etwa hundertfünfzig Personen auf einfachen Holzbänken Platz fanden. Eine Zahl, die er schon mehrfach erreicht hatte, wie er mir stolz berichtete, um dann aber sogleich nüchtern hinzuzufügen, als schämte er sich dieser eitlen Anwandlung: »Natürlich ist dieses ›mehrfach‹ nur ein beschönigendes Wort für ›nicht oft genug‹, sodass eine Selbstbelobigung eigentlich nicht angebracht ist.«

Wir verfrachteten mein Gepäck in eine Kammer, die es mit den spartanischen Zellen eines jeden Klosters aufnehmen konnte, und begaben uns dann in einen kaum weniger sparsam eingerichteten Raum, wo jedoch wenigstens ein paar mit Kissen versehene Korbstühle um einen chinesischen Lacktisch zum Sitzen einluden.

»Mach es dir bequem!«, forderte mich der Missionar auf und zündete zwei Petroleumlampen an. »Ich sage nur dem guten Nang Choy Bescheid, dass wir einen Gast im Haus haben und er sich heute besondere Mühe geben soll.«

Er war schnell wieder zurück, setzte sich mir gegenüber in einen der knarrigen Sessel und bat mich ihm zu erzählen, wie es mir in all den Jahren ergangen sei, was mich nach Südchina zurückgeführt und ausgerechnet in diese Gasse verschlagen habe.

Weil ich meine Ungeduld kaum noch zügeln konnte, machte ich meine Geschichte so kurz, wie es mir möglich war. Ich berichtete knapp, wie Groneveld mich zurück nach Europa verschleppt und dass ich es in Mainz nicht allzu gut angetroffen hatte. »Nachdem sie mein väterliches Erbe verspekuliert hatten und ich meinen Arm wieder anständig bewegen konnte, habe ich dieser Welt Ade gesagt und bin zur See gegangen«, berichtete ich und erwähnte mit ein paar Sätzen, was ich in den darauf folgenden Jahren Cornelius Witteboom zu verdanken hatte. »Aber dann konnte ich endlich nach Canton segeln und die Suche nach meinen chinesischen Freunden aufnehmen, nach Pao und seinem Halbonkel Liang Sen sowie dessen Ziehtochter Chia Fen.«

»Dann hast du all die Jahre nichts von ihnen gehört?«, fragte er mitfühlend.

Ich schüttelte den Kopf. »Nein, ich habe überall in Canton und auf dem Land nach ihnen gesucht, wochenlang, jedoch ohne eine Spur von ihnen zu finden. Wissen Sie vielleicht, was aus ihnen geworden ist?«

»Tut mir Leid, Felix, aber über das Schicksal deiner chinesischen Freunde ist mir nichts bekannt. Ich war die Jahre viel unterwegs, um in den fünf offenen Hafenstädten neue Missionshäuser zu gründen, und die wenigste Zeit davon habe ich mich in Canton aufgehalten. Ich habe nämlich mit großer Demut einsehen müssen, dass Gott mich leider nicht geschaffen hat für das gefährliche Leben eines Missionars, der ins Innere China zieht und die Frohe Botschaft des Evangeliums in feindseliger Umgebung verkündet«, gab er offen zu. »Erinnerst du dich noch an jenen Nachmittag, als du mich am Xi Jiang in ein Dorf begleitet hast und die aufgebrachten Bauern uns in ihrer heidnischen Ahnungslosigkeit mit einem schrecklichen Steinhagel aus dem Dorf getrieben haben, bevor ich Gottes Botschaft in ihre Herzen säen konnte?«

Ich nickte. Die grässlichen Platzwunden am Kopf, die er sich bei dieser Beinahe-Steinigung zugezogen hatte, und sein blutüberströmtes Gesicht standen mir deutlich vor Augen.

»Nun, derlei Ungemach widerfuhr mir noch des Öfteren und nach dem für China verlorenen Krieg wurde es noch schlimmer. Ich . . . ja, ich ertrug meine Erfolglosigkeit immer weniger«, gestand er bedrückt ein, um im nächsten Moment jedoch mit neuer Lebhaftigkeit fortzufahren: »Mein Platz ist dort, wo ich gebraucht werde und wo ich etwas bewirken kann. Im Inland von China war mir das versagt. Doch dann führte mich der Herr auf den Weg meiner wahren Bestimmung und die liegt darin, ein Netz von Missionshäusern in den Hafenstädten aufzubauen, andere gottesgläubige Männer für die Mission zu gewinnen, sie anzuleiten, vermögende Geschäftsleute erfolgreich um Spenden anzugehen und nicht nur fromme Traktate zu verteilen und heidnische Seelen zu retten, sondern die Armut in diesen Hochburgen der Sündhaftigkeit zu bekämpfen. Und Victoria ist mehr als andere Hafenstädte verdorben, das kannst du mir glauben! Hong Kong ist eine Insel der tausend Laster. Und das Sündhafteste sind noch nicht einmal die anrüchigen Spelunken, Opiumhöhlen und Freudenhäuser, von denen es hier nur so wimmelt, sondern die erschreckende Gleichgültigkeit, mit der wir, die *fangui*, über die zum Himmel schreiende Not und Armut der Chinesen hinwegsehen, und die kaltherzige Berechnung, mit der fast jeder Weiße ihre Notlage zu seinen Gunsten ausnutzt. Die Geschäfte, die hier von den großen weißen *Taipanen* gemacht werden, die über die Handelshäuser *Jardine Matheson* und *Dent* herrschen . . .«

Er unterbrach sich, weil ihm nun bewusst wurde, dass ich ihm nur mit halbem Ohr zuhörte. Er sah, wie niedergeschlagen ich war, weil er mir nicht hatte helfen können. »Heilige Muttergottes, da rede ich in einem fort von mir und meinen Sorgen, während du dich mit ganz anderen Dingen herumquälst. Wie gedankenlos und wenig einfühlsam von mir. Entschuldige bitte, Felix.«

Ich verzog das Gesicht zu einer Grimasse und machte eine abwehrende Handbewegung. »Ist schon gut. Es ist ja nicht Ihre Schuld, dass Sie mir nicht weiterhelfen können. Ich komme schon darüber hinweg.«

Nang Choy, ein kleiner hinkender Mann mit einem von Pockennarben grässlich verunstalteten Gesicht, brachte uns frischen grünen Tee. Sein Anblick erschreckte mich zuerst und ich hatte Mühe es mir nicht anmerken zu lassen. Er erwies sich jedoch als treuer und sehr aufgeweckter Mann und zudem wirklich als der ausgezeichnete Koch, als den Pater Wetzlaff ihn angepriesen hatte. Später fand ich heraus, dass der Missionar Nang Choy, mit Geschwüren übersät und bis auf die Haut abgemagert, buchstäblich aus der Gosse aufgelesen und bei sich gesund gepflegt hatte.

Bruder Johann-Baptist wollte gerade zu seiner Teeschale greifen, als sein Gesicht aufleuchtete und er rief: »Vielleicht kann dir Frederick Osborne weiterhelfen. Er ist, wie du ja weißt, ein Mann mit vielseitigen Interessen und Beziehungen, von denen ich nur die wenigsten kenne, wie mir scheint – und dem Himmel sei dafür gedankt. Denn schon das wenige, das ich weiß, beunruhigt mich.«

Augenblicklich fuhr ich aus meiner bedrückten Stimmung auf. »Osborne ist hier auf der Insel?«, stieß ich aufgeregt hervor.

Der Missionar nickte. »Er hat auf dem Festland gewisse . . . nun ja, unerfreuliche Erfahrungen gemacht, die ihn dann letztes Jahr dazu bewogen haben, sich in den Schutz der Kronkolonie zu begeben.«

»Weshalb Schutz?«, fragte ich verwundert. »Und vor wem denn?«

»Über die genauen Hintergründe bin ich selbst nicht gut genug informiert, um dir darüber Auskunft geben zu können«, sagte der Missionar ausweichend. »Zudem halte ich es für angebrachter, wenn er es dir selbst erzählt, als dass ich mich in Halbwahrheiten und Mutmaßungen ergehe.«

»Und wo finde ich ihn?«

Er zögerte kurz. »Osborne hat es sich während der letzten Monate zur Gewohnheit gemacht, jeden Sonntagmorgen hier ins Missionshaus zu kommen, sofern er nicht gerade unter einem besonders heftigen Kater leidet ...«

»Wie bitte, Frederick Osborne, der alte Zyniker und Gottesleugner, kommt sonntags zu Ihnen zum Gottesdienst?«, entfuhr es mir. »Also, wenn Sie ihn dazu bekehrt haben, dann liegt Ihre Bestimmung ...«

Pater Johann-Baptist wehrte mit einem belustigten Auflachen ab. »Nein, dieses Wunder ist mir leider nicht gelungen. Und ich bezweifle auch, dass es mir jemals gelingen wird, obwohl ich niemals aufhören werde zu versuchen ihn von seinen gottlosen Überzeugungen abzubringen. Aber aus irgendeinem mir unerklärlichen Grund scheint ihm doch an meiner Gesellschaft gelegen zu sein. Auf jeden Fall besucht er mich regelmäßig sonntagmorgens, um sich mit mir zu streiten oder sich über die Kolonialpolitik Whitehalls auszulassen, die er für katastrophal kurzsichtig hält. Wenn der Gottesdienst beginnt, ist er aber schon wieder weg. Manchmal kommt er dann noch einmal am Abend wieder, um mit mir eine Partie Karten oder Schach zu spielen.« Er schüttelte versonnen den Kopf. »Ein wirklich seltsamer Mensch, den ich nun schon mehr als vierzehn Jahre kenne, ohne jedoch wirklich in sein Innerstes vorgedrungen zu sein. Manche Menschen bleiben einem lebenslang ein Buch mit sieben Siegeln.«

»Ja, Osborne war schon immer sehr eigen«, pflichtete ich ihm bei.

»Er wird sich bestimmt freuen, wenn er übermorgen kommt und dich bei mir antrifft. Ach was, aus dem Häuschen wird er sein, der alte Haudegen!«

»Bis Sonntag kann ich nicht warten, Bruder Johann-Baptist. Ich muss so schnell wie möglich mit ihm reden, am besten noch heute. Können Sie mir sagen, wo ich ihn finde?«

Er machte ein nachdenkliches Gesicht. »Leider nein. Früher hat er mal im *Victoria* gewohnt, aber da ist er ausgezogen. Ich glaube, es war ihm auf die Dauer zu teuer. Danach hat er häufig seine Adresse gewechselt, sofern man denn bei solchen ... na ja, Damenbekanntschaften überhaupt von Adresse sprechen kann. Aber so wie ich Osborne kenne, wird er zu dieser Abendstunde wohl eher in einer der unseligen Spielhallen anzutreffen sein, von denen es auf Hong Kong so viele gibt wie Ratten auf einem Ostindienfahrer!«

Die Höflichkeit gebot es mir, dass ich erst noch das Abendessen mit ihm einnahm, bevor ich mich aufmachte, um nach Osborne zu suchen. Ich ließ mir die Namen einiger einschlägiger Spielhallen nennen, wo ich ihn möglicherweise antreffen konnte, bat den Missionar meinen überstürzten Aufbruch zu entschuldigen und machte mich auf die Suche nach dem Opiumhändler, dessen willfähriger Laufbursche ich einst gewesen war.

*

Es ist schon grundsätzlich kein leichtes Unterfangen, in einer gewöhnlichen Hafenstadt, in der man sich nicht auskennt, jemanden zu finden. Die verwinkelten und teilweise namenlosen Gassen sowie die oftmals ineinander verschachtelten Hinterhöfe mit ihren Geschäften, Kleinbetrieben und Spelunken, die das Bild in den von Chinesen dominierten Stadtvierteln von Victoria bestimmen, stellen den Ortsunkundigen in Hong Kong jedoch noch vor zusätzliche Schwierigkeiten. Und wer den Gesuchten in einem Spielklub anzutreffen hofft, auf den wartet in der Hafenstadt unter dem Victoria Peak wahrlich eine Aufgabe von ganz besonderer Art. Denn überall dort, wo Chinesen in großer Zahl vertreten sind, trifft man auf Schritt und Tritt auf Spielhallen aller Art, ist doch die Leidenschaft für das Glücksspiel bei ihnen ausgeprägter als bei irgendeinem anderen Volk, das ich kenne.

Der Missionar war mir mit den wenigen Namen von Spielclubs, die er mir genannt hatte, keine allzu große Hilfe gewesen. Zwar liebte auch er gelegentlich eine gutes Kartenspiel, aber nur im Kreis von Freunden in privater Runde. Mit der dunklen Welt der Glücksspieler, die nach dem Spiel so süchtig sind, wie der Opiumraucher dem klebrigen Rauschgift aus der Mohnpflanze verfallen ist, hielt er es jedoch wie der Teufel mit dem Weihwasser: Er wusste von der Existenz dieser Welt, mied aber jeden Kontakt mit ihr.

Mir schien in dieser Nacht kein Erfolg beschieden zu sein. Nach über drei Stunden erfolglosen Suchens wollte ich schon zu Pater Johann-Baptist ins Missionshaus zurückkehren, als ich auf den *Black Dragon Club* stieß, der wie viele andere seiner Art in einem primitiven, schuppenähnlichen Gebäude aus

Bambus, Brettern und geflochtenen Bastmatten untergebracht war. Der Eingang, den zwei brusthohe chinesische Drachen aus schwarz lackiertem Holz flankierten, war vorgezogen und dem Stil eines alten Stadttores oder Tempels mit zwei kleinen Pagodendächern nachempfunden. In ihren Klauen hielten die schwarzen Drachen übergroße Würfel, Karten und Dominosteine und ließen somit keinen Zweifel, welchem Laster sich dieses Etablissement verschrieben hatte.

Das ist der Letzte für heute!, sagte ich mir und betrat Augenblicke später den Spielklub, dem man sogar bei der schlechten Beleuchtung auf den ersten Blick ansah, dass er nicht gerade zu den besseren seiner Art zählte.

Chinesische Lampions aus buntem Glas hingen von den armdicken Bambusrohren der Deckenkonstruktion und verbreiteten jenes gedämpfte Licht, das für derlei Spielhallen typisch ist. Den Spielern genügt es offenbar, wenn sie sehen können, was sich an ihrem Tisch abspielt. Der Rest der Welt kann oder soll für sie in Dunkelheit gehüllt bleiben.

Wie in den Rum- und Branntweintavernen unten am Hafen bedeckte auch hier eine schmutzige Schicht Sägemehl die nackten Bodenbretter. Zwischen den im Raum aufragenden Stützpfosten aus Bambus standen etwa vierzehn, fünfzehn Spieltische. Die zumeist lackierten Tischplatten ruhten auf den gespreizten Flügeln von schwarzen Drachen. Im hinteren Teil des Spielklubs gab es so etwas wie eine Bar, die wie der Eingang von zwei schwarzen Holzdrachen eingefasst wurde. Diese Fabelwesen bestanden jedoch aus gehämmertem Blech und hielten ihre weit aufgerissenen Schlünde fast senkrecht zur Decke gerichtet, damit die rußenden Flammen der darin versenkten schirmlosen Petroleumlampen ungehindert zwischen ihren scharfen Zähnen im Windzug hin und her züngeln konnten.

Wie in all den anderen Spelunken und Spielhallen, die ich in dieser heißen Monsunnacht schon aufgesucht hatte, schlug mir auch hier lautes Stimmengewirr entgegen. Das Grölen, Lachen, Fluchen und die nicht selten obszönen Zurufe an die jungen chinesischen Mädchen, die in schwarzen Seidenpyjamas die Bestellungen der Spieler an den Tischen aufnahmen und Getränke von der Bar brachten, erschienen mir schlimmer als alles andere, was ich in dieser Nacht schon zu sehen und zu hören bekommen hatte. Aber vielleicht lag das auch nur an der von Schweiß, Alkoholausdünstungen, schwerem Parfüm und Tabakschwaden gesättigten Luft, die zum Schneiden war und sich mir wie eine Bleiplatte auf die Brust legte. Ich glaubte im ersten Moment kaum atmen zu können, so schlecht war die Luft. Und der Schweiß, der einem in Hong Kong in dieser ungesunden Jahreszeit den ganzen Tag hindurch aus allen Poren bricht, rann mir nur so über Gesicht, Brust und Rücken.

Noch bevor ich mich eingehend umgesehen hatte, verriet mir schon das unverwechselbare Klappern und Klacken von hölzernen Dominosteinen, dass im *Black Dragon* wohl vorwiegend *Mah-Jongg*, eine westliche Abart des chinesischen »Sperlingsspiels« mit dominoähnlichen Steinen, gespielt wurde. Dabei trägt jeder der vier Spieler den Namen einer Himmelsrichtung. Wer als »Ostwind« in die Partie geht, verteilt die Steine und beginnt die Spielrunde, indem er einen für ihn ungünstigen Stein ablegt.

Ich war müde und ausgelaugt von dem Klima, das ich nicht mehr gewohnt war. Und es drängte mich, wieder so schnell wie möglich ins Freie zu kommen. Deshalb sah ich mich auch nur sehr hastig um. Das Publikum bestand überwiegend aus Weißen, obwohl ich auch einige Spieltische entdeckte, wo Chinesen zusammen mit *fangui* Mah-Jongg spielten.

Gerade wollte ich zum Ausgang, als eine wütende Stimme die allgemeine Geräuschkulisse übertönte. »Sie kennen wohl die Regel nicht, Mister! Vier Gruppen und Schlusspaar, damit habe ich gewonnen. Und wer als Ostwind gewinnt, gewinnt in doppelter Höhe!«

Ich blieb unwillkürlich stehen und blickte in die Richtung, aus der die laute Reibeisenstimme kam. Sie gehörte einem schwergewichtigen Mann mit dichtem, rotblondem Haar auf einem kantigen Schädel, der zusammen mit zwei anderen Weißen und einem älteren chinesischen Spieler an einem Tisch ganz rechts an der Wand saß.

Da liegt Streit in der Luft!, dachte ich und wollte mich schon wieder abwenden, denn lautstarke Auseinandersetzungen, ja sogar handfeste Prügeleien sind in diesen Spielhallen eher die Regel als die Ausnahme. Denn wo sich viel Alkohol und ein drückend schwüles Klima mit Geld, angespannten Spielernerven und der Wut eines Verlierers mischen, da entsteht eine äußerst explosive Atmosphäre.

»Ich habe nichts dagegen, wenn mir der Ostwind scharf ins Gesicht bläst und mich in einem fairen Spiel um mein Geld erleichtert«, erwiderte da der Mann, der mir den Rücken zukehrte und sich mit Zigarrenrauch umgab, mit schneidend scharfer Stimme. »Solange ihn nicht faule Winde begleiten!«

Ich fuhr zusammen. Mein Gott, das ist er! Das ist Frederick Osborne!, schoss es mir durch den Kopf. Das war eindeutig seine Stimme! Dieser arrogante, herablassende Ton, auf den er sich so gut verstand, schwang sogar jetzt, in dieser gefährlichen Situation, in seiner Stimme mit. Warum hatte ich ihn bloß nicht gleich erkannt? Wegen des recht schütteren Haares? Immerhin waren seit unserer letzten Begegnung fast elf Jahre vergangen, sodass Osborne nun schon die sechzig überschritten haben musste. Oder war ich unbewusst davon ausgegangen, dass er immer noch in einen makellosen, hellen Tropenanzug gekleidet sein würde, wie dies früher seine Art gewesen war? Wie auch immer, dieser Mann dort war ohne jeden Zweifel Frederick Osborne, auch wenn sich das Haar auf seinem Kopf stark gelichtet hatte und er einen dunklen Leinenanzug trug, der unter den Armen große Schweißflecken aufwies.

»Was wollen Sie damit sagen, Mann?«, brauste der bullige Rotschopf entrüstet auf, dessen schwerer Dialekt die irische Herkunft verriet. »Und ich rate Ihnen, sich jedes Wort verdammt gut zu überlegen!«

Osborne zeigte sich unbeeindruckt von der Drohung. »Was ich sagen will, ist, dass der Ostwind an diesem Tisch so stinkt wie der verwesende Kadaver einer Ratte – und zwar einer chinesischen Ratte!«, antwortete er, während ich auf den Tisch zuging. »Dieser einfältigen Krämerseele«, er deutete dabei mit der Zigarre in der Hand auf den hageren Mann an seiner rechten Seite, »könnt ihr vielleicht etwas vormachen, du und dieses einfältig grinsende Schlitzauge. Aber mir streut ihr keinen Sand in die Augen. Ich habe euer dreckiges Spiel durchschaut: Ihr steckt unter einer Decke!«

»Du bezichtigst mich des Falschspiels?«, schrie der Ire, sichtlich außer sich vor Wut.

»Ja, und ich kann es euch Dreckskerlen auch beweisen!«

Der Ire sprang so ungestüm auf, dass sein Stuhl umkippte und mehrere Schritte weit über den Boden rutschte. »Gar nichts wirst du beweisen, du aufgeblasener alter Sack! . . . Weil es nichts zu beweisen gibt!«, brüllte er ihn an und riss den Tisch mit einer heftigen Bewegung zur Seite und stürzte sich auf ihn.

Osborne sprang auf – und statt sein Heil in der Flucht zu suchen, wie man es von einem Mann seines Alters hätte erwarten dürfen, stieß er dem heranstürmenden Angreifer die brennende Zigarre ins Gesicht.

Das glühende Ende bohrte sich in die linke Wange des Iren, der einen gellenden Schmerzensschrei ausstieß, zurücktaumelte und sich die schmerzende Wange hielt. »Das wirst du bitter bereuen, du Hundesohn!«, brüllte er unbeherrscht. Seine rechte Hand fuhr in die Hosentasche und kam blitzschnell mit einem Messer wieder hervor, dessen Klinge nun aufklappte. »Ich schneide dich in Streifen und werf dich den Ratten am Kanal zum Fraß vor, du verdammter Krüppel! Wie ein Schwein steche ich dich ab!«

Ich sah, wie Osborne sich mit einem geistesgegenwärtigen Sprung in Sicherheit brachte, als der Ire mit dem Messer nach ihm stieß. Dabei zog er den Stuhl mit sich und riss ihn hoch, als hätte er vor ihn als Schild zu benutzen.

»Mach ihn fertig, Fitzroy!«, rief jemand dem Iren zu, dem Dialekt nach zu urteilen ein Landsmann. »Lass dir von dem alten Sack nichts gefallen!«

Die meisten anderen Spieler hatten ihr Spiel längst unterbrochen. Einige hatten ihre Tische schon verlassen und alles drängte nun auf die rechte Seite hinüber, wo der Kampf stattfand. Die Männer vor mir versperrten mir die Sicht und den Weg. Ich hörte Holz splittern und einen lästerlichen Fluch, während ich mich durch die Mauer aus dicht gedrängten, schwitzenden Männerleibern zu zwängen versuchte – was einigen übel aufstieß. Denn keiner wollte etwas verpassen.

Aber ich nahm keine Rücksicht, sondern bahnte mir hastig einen Weg durch die Menge, was nicht ohne rüde Rempelei abging, denn freiwillig wollte keiner Platz machen. Ein anderer hätte sich in dieser aufgeladenen Atmosphäre vermutlich umgehend Prügel eingehandelt. Aber meine kräftige Gestalt und meine Kleidung, die mich als Seemann auswies, entmutigten wohl so manchen, der einem weniger muskulösen Burschen diese Rempelei nicht hätte durchgehen lassen.

Als ich endlich die vorderste Reihe durchbrach, sah ich, dass es schlecht um Osborne stand. Er lag am Boden, umgeben von den Trümmern des Stuhls, und sein linker Unterarm ragte in einer unnatürlichen, grotesken Stellung von seinem Ellbogen ab. Über ihm stand der Ire.

Dieser Fitzroy hat ihm den Arm gebrochen!, fuhr es mir durch den Kopf und ich brauchte nicht erst lange zu überlegen, was ich nun tun sollte. Mein Blick fiel auf das Stuhlbein, das nur eine Armeslänge von mir entfernt zwischen einem guten Hundert Mah-Jongg-Steinen lag. Ich bückte mich danach und wollte mich schon auf den Iren stürzen, als mir bewusst wurde, dass der Ire sich ja gar nicht von der Stelle bewegte, sondern wie erstarrt dastand – und in die Mündung eines kurzläufigen Revolvers blickte, den Osborne auf ihn gerichtet hielt.

»Zuck auch nur mit einem Augenlid und du hast Durchzug im Schädel, du verdammter irischer Schweinehirte!«, warnte ihn Osborne und kam langsam auf die Beine. »Lass das Messer fallen, aber ein bisschen plötzlich.«

»Damit kommst du nicht durch, Mann!«, bellte der Ire heiser, öffnete jedoch die Hand und ließ das Messer in den Dreck fallen. »Nicht hier!« Die Unruhe, die nun unter den Schaulustigen entstand, und die wütenden Rufe, die sich eindeutig gegen Osborne wandten, schien ihm Recht geben zu wollen.

Osborne zeigte jedoch nicht die geringste Verunsicherung, sondern lachte höhnisch auf. Provozierend blickte er in die Runde. Sein markantes, scharf geschnittenes Gesicht mit der dünnen, sichelförmigen Narbe von der Stirn bis fast zum Kinn hinunter trug einen geringschätzigen Ausdruck.

»Mal sehen, wer alles zu den Glücklichen zählen möchte, denen ich eine Kugel zwischen die Rippen verpassen darf«, sagte er mit bissigem Spott. »Leider kann ich nur fünf den Gefallen tun, denn eine Kugel ist natürlich für dich reserviert, Fitzroy!«

Wie gebannt starrte ich auf Osborne, dessen linker Unterarm in einem entsetzlich spitzen Winkel von ihm abragte. Ich sagte mir, dass er doch wahnsinnige Schmerzen haben musste! Aber davon zeigte sich weder etwas auf seinem Gesicht noch in seiner Stimme. Es war mir unbegreiflich, dass ein Mann sich so unter Kontrolle haben und so eiskalt einer feindseligen Menge ins Auge blicken konnte, wie Osborne es jetzt tat. Ich registrierte blitzschnell, dass er noch immer die drahtige und aufrechte Haltung eines Offiziers besaß, der er einst auch wirklich gewesen war, hatte er doch viele Jahre in Indien gedient.

»Na, komm schon und heb das Messer auf, Felix!«, rief

Osborne mir zu. »Dies ist kein Ort, an dem ich länger als notwendig ausharren möchte. Das Publikum hier lässt doch sehr zu wünschen übrig. Also beeil dich!«

Ich war eine Sekunde lang perplex und konnte kaum glauben, dass Osborne mich angesprochen hatte. Völlig verdattert stand ich da und blickte ihn an. Osborne hatte mich nach so vielen Jahren sogar in dieser schummrigen Spielhalle mit einem Blick wieder erkannt.

»Felix, worauf wartest du?« Seine Stimme klang nun ungeduldig.

Ich löste mich aus dem Bann der Verblüffung, nahm das gesplitterte Stuhlbein rasch in die linke Hand, eilte zu ihm und hob das Messer des Iren vom Boden auf. So bewaffnet stellte ich mich an seine Seite.

»Halt mir den Rücken frei!«, befahl mir Osborne, ohne den Iren aus den Augen zu lassen, der ihn belauerte und nur auf einen Moment der Unachtsamkeit wartete. »Wer so dumm ist sich uns in den Weg zu stellen, dem verpasst du eine blutige Erinnerung. Los, lass uns gehen.«

Vorsichtig bewegten wir uns dem Ausgang entgegen, während wir uns gegenseitig Deckung gaben. Es flogen ein paar leere Flaschen und Gläser, begleitet von wüsten Beschimpfungen und Drohungen, und jemand warf sogar mit einem der blechernen Spucknäpfe nach uns, die überall neben den Spieltischen standen. Doch niemand versuchte ernsthaft unseren Rückzug zu vereiteln und sich uns zum Kampf zu stellen. Dafür war ich überaus dankbar, denn ich kannte Osborne und wusste, wozu er in solch einer Situation fähig gewesen wäre.

Ich war in Schweiß gebadet, als wir endlich auf der Straße

standen. Hemd und Hose klebten mir klatschnass am Leib, als hätte jemand einen Eimer Wasser über mir ausgegossen.

Wir machten, dass wir aus der Gasse und auf die nächste breitere Straße kamen.

»Ihr Arm!«, war das Erste, was ich zu ihm sagte. »Sie müssen so schnell wie möglich zu einem Arzt, damit er ihn richtet, bevor es zu spät ist!«

Osborne lachte. »Was es da zu richten gibt, das kann ich selbst viel besser«, sagte er, packte seinen linken Unterarm und zerrte ihn in seine normale Stellung zurück.

Mir drehte sich der Magen um. »Um Himmels willen, das können Sie doch nicht . . .« Ich brach ab, als mein Blick auf seine linke Hand fiel. Sie steckte in einem rehfarbenen Lederhandschuh, der vom Messer des Iren aufgeschlitzt war. Doch statt heller Haut kam unter dem Handschuh dunkles *Holz* zum Vorschein. Und nun wurde mir auch bewusst, dass Osborne gar nicht blutete.

»Wenn es nach mir ginge, hätte ich zwar lieber meinen Arm wieder, aber manchmal hat auch eine stabile Prothese ihre Vorteile«, meinte er spöttisch, während er auf seinen hölzernen Unterarm klopfte. Dann sah er mich an, schlug mir kameradschaftlich auf die Schulter und sagte mit leicht hochgezogenen Augenbrauen, als hätten wir uns nicht elf Jahre, sondern bloß vierzehn Tage nicht gesehen: »Schön, dass du dich mal wieder blicken lässt, Felix Faber!«

Der Menschenfischer
oder
Wie ich Osborne ins Netz ging, im Chinesenviertel nur knapp dem Tod entkam und endlich meine Freunde wieder fand

Kurze Zeit nach unserer Flucht aus dem zwielichtigen Spielsalon saßen Osborne und ich auf der Terrasse eines respektablen Teehauses auf der Queen's Road, gar nicht weit von der Canton Pier entfernt. Die Enttäuschung, dass auch Osborne mir keine Auskünfte über das Schicksal meiner chinesischen Freunde geben konnte, war groß, kam jedoch nicht ganz unerwartet. Tief in meinem Innern hatte ich all die Zeit schon gewusst, dass Pao und vor allem Liang Sen wohl mit Pater Wetzlaff Kontakt aufgenommen, sich jedoch nicht einmal in bitterster Not an einen Opiumhändler wie Osborne um Hilfe gewandt hätten.

Inzwischen sah auch ich Osbornes Geschäfte mit anderen Augen. Was ich in meiner Naivität als unreifer, ahnungsloser Junge und in meinem unbändigen Drang, aufregende Abenteuer zu erleben, mehr oder weniger gleichgültig hingenommen, ja zum Teil sogar bewundert hatte, verurteilte ich mittlerweile nicht weniger scharf als damals schon mein sauertöpfischer Vormund Groneveld und Liang Sen. Mit Rauschgift zu handeln und dadurch unsägliches Elend über die Menschen zu bringen stellte nun auch für mich eines der abscheulichsten Verbrechen dar, derer man sich schuldig machen kann.

Und dennoch stand ich nicht vom Tisch auf, als ich wusste, dass Osborne mir nichts über Pao und Liang Sen sagen konnte. So unverständlich es klingen mag, aber bei aller Gegensätzlichkeit verband uns noch immer das, was auf der *Hindostan* unsere damalige Freundschaft begründet und was wir dann auf dem Xi Jiang und später in Canton gemeinsam erlebt hatten.

Irgendwie tat er mir an diesem Abend auch Leid. Er sah mitgenommen aus. Die Haut seines Gesichtes, dessen markante Züge im Lauf der Jahre noch schärfere Konturen angenommen hatten, erinnerte mich an den gelblich fahlen Farbton eines ausgeblichenen Pergamentes. Und seine Kleidung, so gepflegt sie auf den ersten Blick auch aussah, war bestenfalls von zweitklassiger Qualität und ließ erkennen, dass er längst nicht mehr über jene beachtlichen finanziellen Mittel verfügte, die ihm einst aus dem Opiumhandel zugeflossen waren.

Wir schlürften Tee, tauschten Erinnerungen aus und erzählten einander, wie es uns in den letzten Jahren ergangen war. Dabei malte ein jeder von uns das Bild mit groben Strichen, wenn die Rede auf gewisse Dinge in unserer Vergangenheit kam, deren Details wir lieber für uns behalten wollten. Bei Osborne wurde das ganz besonders deutlich, als ich ihn fragte, wodurch er denn seinen Arm verloren habe.

Er lachte trocken auf. »Bei einem riskanten Geschäft, das mich nach einigen unglücklichen Investitionen ein für alle Mal sanieren sollte, aber bedauerlicherweise einen katastrophalen Ausgang nahm. Ich wäre vielleicht mit nur drei abgeschnittenen Fingern davongekommen, wenn ich nicht zu hoch gepokert hätte. Aber die verfluchten Chinks sind auf meinen Bluff nicht hereingefallen. Diese Schlächter hätten mir auch noch den rechten Arm abgehackt, wenn ich ihnen nicht verraten hätte, wo meine Opiumkisten versteckt waren.«

»Reden Sie von den Triaden?«, wollte ich wissen. »Sind Sie denen in die Quere gekommen?«

»Sozusagen«, antwortete er vage, um grimmig fortzufahren: »Aber diese Banden wie auch die *hongs,* die chinesischen Großkaufleute, sind längst Vasallen der großen weißen Taipane geworden. Die wirklichen Drahtzieher sind nämlich die Direktoren der beiden großen Handelshäuser *Jardine Matheson* und *Dent* und ihre Verbündeten, die sich mittlerweile schon wie die wirklichen Herren von Hong Kong und seinem Einflussgebiet aufspielen. Seit China den Krieg verloren hat und hier auf der Insel die britische Fahne weht, reißen diese Herrschaften wie nimmersatte Kraken alle lukrativen Geschäfte an sich – und zwar mit Unterstützung des hiesigen Gouverneurs, der doch nur eine Marionette ihrer Interessen ist, und des korrupten Politikerpacks in London. Und wehe dem, der es wagt, sich von diesem fetten Stück Speck auch eine Scheibe abschneiden zu wollen!«

»Aber sind die Handelshäuser *Jardine Matheson* und *Dent* denn nicht damals, als es in Canton noch die Enklave mit den dreizehn Faktoreien gab, erbitterte Konkurrenten gewesen?«

»Das sind sie immer noch. Aber wenn es darum geht, alle anderen vom Futtertrog fern zu halten, bilden diese verdammten Taipane eine geschlossene Front und schrecken vor nichts zurück! Das sind Raubtiere und Aasgeier in einem!«, erklärte er erbost. »Sie schicken ihre Opiumschiffe, die geradezu unter dem Schutz der britischen Kriegsmarine stehen, immer zusammen in die chinesischen Häfen, um sich das Geschäft zu teilen. Mittlerweile haben sie fast eine Monopolstellung erreicht. Und jeden unabhängigen Händler, der ihnen in die Suppe spucken will, nehmen sie zwischen ihre mächtigen Mühlsteine – oder beauftragen andere mit der Schmutzarbeit, während sie selbst sich wie vornehme Gentlemen gebärden und darauf bauen können, für ihre angeblich so großen Verdienste um das Empire bald in den Adelsstand erhoben zu werden!« Er spuckte verächtlich aus. »Aber ich lasse mir von ihnen den Schneid nicht abkaufen! Mit mir machen sie das nicht!«

»Das mit dem Arm tut mir ja Leid, aber . . .«, begann ich.

Seine Figur straffte sich. »Ach was!«, fuhr er mir sofort in die Rede. »Das ist nun mal der Preis dafür, wenn man alles auf eine Karte setzt und verliert. Kein Grund zum Jammern. Das nächste Mal geht es andersherum, dann wird die Rechnung beglichen – und zwar mit Zins und Zinseszins!«

»Wäre es nicht klüger . . .«

Wieder kam ich nicht dazu, meinen Satz zu beenden. »Reden wir nicht mehr davon!«, schnitt er mir das Wort ab. »Erzähl mir lieber, was du nun vorhast.«

Ich zuckte die Achseln. »Was soll ich schon groß vorhaben? Ich werde mir wohl früher oder später ein neues Schiff suchen. Jedoch eines, das auf Handelsrouten im Südchinesischen Meer segelt, sodass ich vielleicht zwischen den einzelnen Törns noch Gelegenheit finde, um weiterhin nach meinen Freunden suchen zu können.«

»Du hast wirklich ernsthaft vor dein Leben als Seemann zu vergeuden?«, fragte er ungläubig.

»Ich sehe es nicht als Vergeudung.«

»Ich bitte dich, Felix!« Er verdrehte gequält die Augen. »Willst du wirklich dein Leben lang den entsetzlichen Fraß ertragen, den irgendein elender Schiffskoch in seiner Kombüse zusammenkleistert, dich Jahr für Jahr mit den primitiven, einfältigen Geistern einer Schiffsbesatzung herumschlagen, dich in einer winzigen Kajüte mit einer harten Koje begnügen, ein fast so freudloses Liebesleben wie ein Mönch führen und zu alledem auch noch die größte Zeit des Jahres in vor Nässe klammen Sachen verbringen, gebeutelt von Regen, Sturm und anderen Unbilden auf See? Das kann doch unmöglich dein Ernst sein.«

»Einmal ganz davon abgesehen, dass Sie maßlos übertrieben haben, liebe ich nun mal dieses Leben auf See«, gestand ich.

»Dann wirst du immer ein armer Schlucker bleiben!«

»Auf Geld ist es mir nie angekommen.«

Er machte eine unwillige Geste. »Dummes Zeug! So etwas Einfältiges sagt man nur, wenn man jung ist und noch nicht viel vom Leben kennt. Außerdem ist es eine Schande, wenn sich jemand mit deinen Anlagen damit zufrieden gibt, bestenfalls eines Tages ein Schiff kommandieren zu können. In dir steckt das Zeug ganz andere Ziele zu erreichen.«

»Als da wären?«

Osborne bedachte mich mit einem feinen Lächeln. »Werde wieder mein Assistent, Felix. Nein, mein Partner! Ich kann dir nicht nur mehr beibringen, als du dir im Augenblick vorzustellen vermagst, sondern ich kann dich auch zu einem reichen Mann machen«, lockte er. »Ich habe nämlich große Pläne, die uns auf die Schnelle eine gewaltige Menge Geld einbringen können.«

»Wollen Sie sich etwa noch einmal mit den Triaden und den Mächtigen von *Jardine Matheson* und *Dent* anlegen?«, fragte ich besorgt. »So unvernünftig werden Sie doch wohl nicht sein, oder?«

Er bewahrte sein Lächeln, doch seine Augen verengten sich. »Du solltest mich besser kennen und mich daher nicht unterschätzen, Felix. Ich habe noch nie einen Fehler zweimal begangen, sondern stets daraus gelernt. Und noch etwas: Ich habe zwar dann und wann eine Schlacht verloren, aber niemals den Krieg. Du kannst sicher sein, dass es dein Schaden nicht sein wird, wenn du dich mir anschließt. Du hast mein Wort!«

»Danke für Ihr großzügiges Angebot«, erwiderte ich höflich, »aber mir steht der Sinn doch mehr nach einem friedlichen Leben.«

Ein unwilliger Ausdruck huschte über sein Gesicht. »Das mit dem Krieg war doch nur so eine Redewendung, Felix! Ich habe alles bestens im Griff.«

Ich sah das anders, schwieg jedoch.

»Du solltest mehr Vertrauen zu mir haben, mein Freund! So etwas wie das hier«, er klopfte auf seine Prothese, »wird nicht wieder vorkommen, so wahr ich Frederick Osborne heiße. Ich habe mich auf die veränderte Situation eingestellt und arbeite an einem genialen Unternehmen, über das ich im Augenblick zwar noch nicht im Detail reden möchte, das aber zweifellos ein grandioses Geschäft wird, das verspreche ich dir. Es ist eine todsichere Sache, wie eigentlich jedes Geschäft, das mit dem *pig trade* zu tun hat. Die Rate zwischen Einsatz und Gewinn..«

»*Pig trade?* Sie wollen sich im Schweinehandel engagieren?«, unterbrach ich ihn ungläubig.

Osborne lachte schallend. »Man merkt, dass du allzu lange auf der anderen Seite der Welt gelebt hast. Mit *pig trade* bezeichnet man hier den Handel mit arbeitswilligen Chinesen, die einen Arbeitskontrakt eingehen und nach Übersee verschifft werden.« Er bemerkte wohl meinen ungehaltenen Gesichtsausdruck, denn mit beschwichtigender Stimme fuhr er hastig fort: »Ich weiß, *pig trade* ist vielleicht eine etwas unschöne Bezeichnung für diesen Chinesenhandel, und ich weiß auch, dass du eine Schwäche für die Schlitzaugen hast. Aber die Bezeichnung ist keine Erfindung von mir. So wird dieser Handel nun mal genannt und niemand zwingt die Chinks ihre Heimat zu verlassen und sich anwerben zu lassen.«

Ich verabscheute es, wenn jemand abfällig von »Chinks« oder »Schlitzaugen« sprach, doch ich hielt es bei Osborne für nicht der Mühe wert, ihm deshalb Vorhaltungen zu machen. Das hatte ich früher schon mehr als einmal getan, ohne etwas erreicht zu haben. Er ließ sich in seiner arroganten Überzeugung, als Weißer und dann auch noch als Engländer jeder anderen Rasse haushoch überlegen zu sein, und in seinen Vorurteilen einfach nicht erschüttern. Und doch hätte ich, wie mir heute klar ist, jedes Mal widersprechen und ihn in die Schranken weisen müssen. Denn jeder Tropfen höhlt den Stein, und wer schweigt und zusieht, wo Unrecht geschieht, der macht sich mitschuldig.

»Zehntausende Chinesen aus Guangdong und Fukien sind

mittlerweile schon nach Amerika verschifft worden, das die Chinks *gam shan* nennen . . .«

»Was ›Goldener Berg‹ bedeutet«, übersetzte ich sofort.

Osborne nickte. »Oder sie sprechen von den *chiu chin shan,* ›Den alten Goldfeldern‹«, fuhr er fort. »Dort werden sie als billige Arbeitskräfte in den kalifornischen Zeltstädten der Digger und inzwischen auch beim Bau der transkontinentalen Eisenbahn eingesetzt. Neuerdings haben die Schlitzaugen die *tsin chin shan* entdeckt, nämlich die ›Die neuen Goldfelder‹ von Ballarat und Bendigo. Zu Tausenden wollen sie jetzt nach Australien, weil sie glauben, dass dort das Gold auf der Straße liegt und man sich bloß danach zu bücken braucht. Und seit auch noch die blutrünstigen Taiping-Rebellen die südlichen Provinzen heimsuchen und gnadenlos einen Landstrich nach dem anderen verwüsten, wollen noch mehr in das verheißene Land Australien.«

»Vielleicht habe ich meine Freunde deshalb nicht gefunden! Gut möglich, dass Liang Sen mit Pao und Chia Fen ausgewandert ist. Aber wo soll ich sie dann suchen? In Australien oder in Amerika?«

»Weder da noch dort, weil es so aussichtslos wäre wie die Suche nach einem kleinen Steinchen an einem meilenlangen Strand«, erwiderte Osborne. »Aber wenn sie wirklich ausgewandert sind, hätte ich gewisse Möglichkeiten, um herauszufinden, wohin sie gesegelt sind und mit wem sie einen Arbeitskontrakt geschlossen haben.«

»Natürlich! Ihre Namen müssen in den Passagierlisten der Schiffskontore stehen!«

Osborne lachte spöttisch auf. »Von wegen! Da wirst du als einzige Angabe bloß eine Zahl finden. Denn die Namen der

Chinamänner, die ein Captain nach San Francisco oder Melbourne bringt, interessieren ihn so wenig wie die Läuse seiner Seeleute. Die Kulis sind für ihn nur eine Art Fracht, die jedoch nicht nach Ballen, Kisten, Tonnen oder Säcken gezählt wird, sondern nach Köpfen – besser gesagt nach ›Schweineschwänzen‹ oder nach Zöpfen, wenn dir der allgemein gebräuchliche Ausdruck *pigtail* nicht behagt, wie ich deiner Miene entnehme. Die meisten Schreiber und Captains können mit chinesischen Namen sowieso nichts anfangen. Nein, wenn man Listen mit Namen, Herkunft und Zielhafen der Kulis sucht, muss man sich schon an die *compradores,* die chinesischen Agenten halten, die diesen schwungvollen *pig trade* organisieren, sowie die Vertreter der Geheimbünde, an die jeder der Kulis im Ankunftsland regelmäßig seinen Beitrag entrichten muss.«

»Danke für den Hinweis«, sagte ich und musste gähnen. »Es wird jetzt Zeit, dass ich mir eine Mütze voll Schlaf hole. Wir sehen uns ja bestimmt noch am Sonntag bei Pater Johann-Baptist.«

»Warte!«, hielt Osborne mich zurück. »Der Hinweis nützt dir gar nichts. Oder glaubst du vielleicht, die lassen dich in ihre Bücher schauen, nur weil du zufällig ihre Sprache sprichst? Wenn du Glück hast, wird man dir höflich die Tür weisen. Wenn du Pech hast, was viel wahrscheinlicher ist, wird man deinen Worten keinen Glauben schenken und dich für einen Spion halten und zu den Fischen schicken.«

Ich seufzte, denn ich musste ihm Recht geben. Mir dämmerte, dass ich wohl noch eine Menge zu lernen hatte.

Er lächelte, als hätte er meine Gedanken erraten. »Nein, mein Freund, das sind nicht die Kreise, mit denen du sonst verkehrst. An jene Information zu gelangen, die dich so brennend interessiert, überlässt du deshalb besser jemandem, der sich in dieser Gesellschaft auskennt und dort auf nützliche Beziehungen bauen kann.« Er machte eine kurze Pause, um seine Worte auf mich wirken zu lassen. »Zum Glück sitzt ein solcher Mann vor dir. Und ich bin auch gern bereit diese Aufgabe zu übernehmen und zu sehen, was ich für dich herausfinden kann.«

»Unter welcher Voraussetzung?«, fragte ich ahnungsvoll.

»Wie soll ich das verstehen, Felix?«, erwiderte er, jedoch mit einem Grinsen auf dem Gesicht, das sein scheinbares Unverständnis Lügen strafte.

»Nun, wie ich Sie kenne, erwarten Sie bestimmt eine Gegenleistung dafür«, sagte ich ihm offen ins Gesicht. »Denn Uneigennützigkeit und Mildtätigkeit gehörten doch noch nie zu Ihren ausgeprägten Charakterstärken.«

Sein Grinsen wurde noch um eine Spur breiter. »Du hast Recht, unter diesen Schwächen habe ich glücklicherweise nie zu leiden gehabt. Aber da ich dich noch nicht für ein vernünftiges Leben verloren geben will, mache ich dir ein Angebot unter Freuden: Ich werde sehen, was ich herausfinden kann, und du fällst erst einmal keine definitive Entscheidung, was mein Angebot betrifft sozusagen mein Juniorpartner zu werden. Die Suche nach den Namen deiner Freunde in den Büchern der chinesischen Agenten wird sicherlich einige Wochen in Anspruch nehmen. Du hast also Zeit genug, dir meine Offerte in aller Ruhe durch den Kopf gehen zu lassen, und später, wenn die Dinge bei mir weiter gediehen und spruchreif sind, reden wir noch einmal darüber. Einverstanden?« Er streckte mir seine gesunde Hand hin.

Ich wollte Pao und Liang Sen finden und sagte mir, dass ich mir ja nichts vergab, wenn ich mich auf diesen Handel mit ihm einließ. Ich würde mich natürlich auch später gegen seinen Vorschlag entscheiden, daran hegte ich nicht den geringsten Schimmer eines Zweifels. Aber dieses Risiko ging Osborne ja bewusst ein, sodass ich nicht das Gefühl zu haben brauchte ihn zu hintergehen. Deshalb zögerte ich nicht.

»Gut, einverstanden!«, sagte ich und schlug ein.

Und damit hatte Osborne mit der ihm eigenen Gerissenheit sein feines Netz nach mir ausgeworfen, ohne dass es mir damals bewusst wurde. Denn er war ein Menschenfischer, wenn auch nicht von jener Art, wie sie in der Bibel bei Matthäus, Markus und Lukas beschrieben wird.

*

Ich genoss noch für einige Tage die herzliche Gastfreundschaft von Pater Johann-Baptist. Osborne kam in dieser Zeit gleich zweimal ins Missionshaus. Und ich stellte überrascht fest, wie gut die beiden Männer, trotz ihrer fundamentalen Gegensätzlichkeit, die eigentlich gar nicht größer hätte sein können, miteinander auskamen. Osborne respektierte den Missionar und ließ sich von ihm Dinge sagen, die er wohl von keinem anderen hingenommen hätte. Sie waren wie Feuer und Wasser und dennoch war ihr Verhältnis durch eine mir unerklärliche hohe Verbundenheit gekennzeichnet.

»Warum das so ist? Nun, mit letzter Gewissheit kann ich das auch nicht beantworten«, sagte der Missionar versonnen, als ich ihn danach fragte. »Aber ich vermute mal, dass er mich deshalb so ernst nimmt, weil er spürt, nein weiß, dass ich für das, woran ich glaube, kompromisslos alles zu tun und zu geben bereit bin – mein Leben eingeschlossen. Und weil er weiß, dass ich niemals den Stab über ihn brechen und ihm meinen Beistand aufkündigen werde, ganz gleichgültig, wie sehr ich sein gottloses Denken und Handeln verurteile und welche Schandtaten er auch auf sein Gewissen laden mag.«

»Treue um jeden Preis?«, fragte ich ein wenig spöttisch.

»Ja, um der Barmherzigkeit und der Wahrhaftigkeit des Glaubens willen«, antwortete der Missionar ernst. »Deshalb lassen wir Priester sogar Schwerstverbrecher, die sich der abscheulichsten Taten schuldig gemacht haben, nicht allein und bleiben bis zur Stunde ihrer Hinrichtung an ihrer Seite. Aber diese Treue hat nichts mit Blindheit oder gar Mittäterschaft zu tun, sondern verlangt ganz im Gegenteil die Bereitschaft sich mit aller Kraft dem Elend, der Ungerechtigkeit und dem Bösen in dieser Welt entgegenzustellen.«

An diese Worte sollte ich später noch oft denken.

Osborne hatte mich bei seinem Besuch am Sonntagmorgen noch einmal vor allzu großen Hoffnungen gewarnt und mich daran erinnert, dass es viele Wochen dauern würde, bis er mit einiger Sicherheit sagen konnte, ob meine Freunde sich dem Heer der Kulis, das nach Kalifornien oder Australien zog, angeschlossen hatten.

Da es also außer Warten nichts für mich zu tun gab und Hong Kong mich abstieß, heuerte ich auf der *Skylark* als Erster Offizier an. Der schmucke Schoner segelte fast ausschließlich auf den kurzen Strecken zwischen Hong Kong und Macao sowie den chinesischen Häfen Canton, Amoy und Shanghai. Gelegentlich machten wir auch einen Abstecher nach Batavia oder zu den Philippinen, aber überwiegend pendelten wir zwischen der Kronkolonie und den für Europäern offenen südchinesischen Hafenstädten hin und her. Mir kam das sehr gelegen, bot es mir doch die Möglichkeit immer mal wieder ein paar Tage in Canton oder Hong Kong zu verbringen und dabei den Missionar und Osborne wieder zu sehen.

Eigentlich war die *Skylark* mein erstes eigenes Kommando. Denn Captain James Orville, dem der Schoner gehörte, zeigte sich selten an Deck und überließ mir ganz die Führung des Schiffes, nachdem er sich auf unserer ersten Fahrt davon überzeugt hatte, dass die *Skylark* bei mir in guten Händen lag. Er war schon ein alter, von der Malaria ausgezehrter Mann, der zudem die Gesellschaft von Büchern und die seiner beiden farbenprächtigen Papageien jeder anderen Gesellschaft vorzog.

Pater Johann-Baptist machte drei dieser Fahrten als Passagier mit. Das erste Mal setzte er mit uns nach Canton über. Ein andermal musste er dringend nach Amoy, weil es in dem dortigen Missionshaus zu einer Krise gekommen war. Und einmal nahmen wir ihn von Shanghai mit zurück nach Hong Kong.

Bei dieser Rückreise von Shanghai, wo er mehrere Wochen verbracht hatte, machte er einen sehr erschöpften Eindruck auf mich. Als der Abend endlich erträgliche Temperaturen brachte und wir uns in Lee den Wind ins Gesicht wehen ließen, fragte ich ihn, ob er sich mit so vielen Missionshäusern in so kurzer Zeit vielleicht etwas übernommen habe, da er sich nun in Arbeit und Sorgen förmlich aufreibe.

»Sicherlich bin ich manchmal so erschöpft, dass ich glaube

die nächste Krise und den nächsten Berg Arbeit nicht mehr schaffen zu können«, gestand er. »Aber es ist nicht meine Aufgabe, mich zu schonen, sondern mich ganz im Gegenteil zu verausgaben und alles einzusetzen, was mir der Schöpfer an Kraft für dieses Leben mitgegeben hat.«

»Na, ich weiß nicht, ob das wirklich so sein soll«, meinte ich skeptisch. »Ich denke, Sie könnten es wirklich etwas ruhiger angehen lassen.«

Der Missionar lächelte. »Mit unserem Leben verhält es sich wie mit einer Kerze, Felix.«

»Weil wir wie ein kleines, hilflos flackerndes Licht im ewigen Sturm der Welt sind?«, fragte ich.

Er schüttelte den Kopf. »Nein, weil eine Kerze Wärme und Licht spendet, und beides tut uns und unseren Mitmenschen gut. Das ist der Sinn, die Aufgabe einer Kerze. Aber Wärme und Licht gibt eine Kerze nur, wenn sie brennt und sich in ihrer Lebendigkeit somit selbst hergibt. Nur dann erfüllt sie den Sinn ihres Lebens und die Menschen freuen sich, dass es sie gibt«, erklärte er. »Eine Kerze kann noch so schön und groß sein, wenn sie im Karton liegt, bleibt sie zwar unversehrt, aber sie bleibt auch kalt und bringt nichts von den Segnungen in die Welt, die ihr zu Eigen sind. Wenn sie nicht brennt und die Dunkelheit mit ihrem Licht aufreißt, versäumt sie den wahren, tiefen Sinn ihrer Existenz, der in ihr wohnt.«

»Und so verhält es sich auch mit uns Menschen, nicht wahr? Darauf wollen Sie mit Ihrem Gleichnis doch hinaus?«

»In der Tat«, bestätigte Pater Johann-Baptist. »Auch wir können viel Wärme, Licht und Hoffnung ausstrahlen und die Welt damit reicher machen. Aber das geschieht nicht, wenn der Mensch für sich allein bleibt und nichts von sich abgeben, sondern alles für sich haben will. Dann ist er wie eine Kerze im Karton, zwar unversehrt, aber auch kalt. Dann ist er vergebens da, weil sich der Sinn seines Lebens nicht erfüllen kann. Nicht Festhalten und Raffen macht reich, sondern Verschenken dessen, was wir haben – und damit sind nicht nur materielle Dinge gemeint, sondern das, was unser ganzes Wesen ausmacht.«

»Und was macht unser Wesen aus?«

»Wir sollen unsere Freude, unsere Kraft, unsere Treue, unser Lachen und unsere Liebe verschenken, aber auch unsere Trauer, unsere Schmerzen und unsere Traurigkeit mit anderen teilen. Anders als eine Kerze wird der Mensch dadurch nicht ärmer. Nein, er schrumpft nicht zu einem menschlichen Kerzenstummel zusammen, sondern er gewinnt. Der Mensch wird seiner Bestimmung gerecht und selbst reicher, wenn er mehr zu verschenken als zu verlangen hat, wenn er weniger braucht, als er gibt. Er wird dann selbst innen heller. Und wenn du daran Zweifel hast, dann zünde in der Dunkelheit eine Kerze an und schau in die lebendige Flamme. Dann wirst du spüren, dass auch wir dazu geschaffen sind, das Licht in uns anzuzünden und weiterzugeben.«

Er machte eine kurze Pause und setzte dann hinzu: »Wir sind das Licht der Welt, Felix, so steht es in der Heiligen Schrift. Unser Leben ist vom Licht nicht zu trennen. Deshalb liebe ich ein Gebet, das in seiner Kürze doch alles beinhaltet, mehr als alle anderen. Es lautet: ›Lieber Gott, erhalte mir das Licht meiner Augen, das Licht meines Verstandes und das Licht meines Glaubens.‹ Damit beende ich jede Nacht meine Gebete.«

Eine Weile standen wir in versonnenem Schweigen an der

Reling. Das Wasser rauschte an der Bordwand entlang und Masten und Takelage ließen die vertrauten Geräusche hören, die ein Schiff bei gutem Wind umgeben.

»Ich würde zwar gern noch etwas bleiben, aber es wird Zeit, mich meinem Nachtgebet zu widmen. Sonst bringt mich die Müdigkeit nachher in Versuchung, es mit einem kurzen Vaterunser und meinem ›Licht-Gebet‹ gut sein zu lassen«, brach Pater Johann-Baptist schließlich das Schweigen. »Und das wäre schade, denn aus dem Gebet schöpfe ich die nötige Kraft und Zuversicht, um auch Aufgaben zu bewältigen, die ich mir sonst wohl nicht zutrauen würde.«

Das Gleichnis mit der Kerze wie auch seine Worte jetzt berührten mich eigenartig. Sie brachten tief in mir eine Saite zum Klingen, auf deren Klang ich viel zu selten gelauscht hatte, weil mein Sinnen und Trachten von tausend anderen drängenden, weltlichen Dingen beherrscht wurde.

»Ich wünschte, ich könnte das auch sagen. Aber leider bin ich nicht mit dem religiösen Talent gesegnet, das man wohl für solch ein Gebetsleben braucht,« entfuhr es mir unwillkürlich.

Er lachte belustigt auf und legte mir eine Hand auf die Schulter. »Beten hat nichts mit religiösem Talent zu tun, Felix. Beten ist keine Kunst, sondern ein schlichtes Handwerk.«

»Wie bitte? Ein Handwerk?«, wiederholte ich. »Das nehme ich Ihnen nicht ab.«

»Es verhält sich aber so«, versicherte er. »Beten ist ein Handwerk, das jeder durchschnittliche Mensch genauso gut erlernen kann wie lesen, schreiben oder das Kurshalten am Ruder eines Schiffes. Eine besondere angeborene Frömmigkeit ist jedenfalls keine Voraussetzung.«

»Was braucht man dann?«

»Zuerst einmal nur ein offenes Herz und das Vertrauen darauf, dass der Mensch nicht das Zufallsprodukt einer gleichgültigen Natur ist und dass die Welt mehr ist als die Summe ihrer sichtbaren und beweisbaren Dinge. Denn mit dem Erfassen der Schöpfung verhält es sich wie mit dem Menschen: Ich kann ihn von den besten Künstlern in all seinen äußeren Merkmalen bis ins kleinste Detail beschreiben lassen, ich kann von Ärzten und Wissenschaftlern alles über seine inneren Organe und ihre genauen Funktionen erfahren, ich kann ihn mir von Pathologen theoretisch bis in seine allerkleinsten Bestandteile zerlegen lassen – und doch wird mir die gigantische Summe all dieser Informationen nicht das Geringste über das *Wesen,* die wahre Natur des Menschen aussagen, weil diese nicht sichtbare und mit menschlichen Erkenntnismethoden nicht nachweisbare Seite der Schöpfung zum Geheimnis unseres Lebens gehört.«

»Mir mangelt es weder an dieser Einsicht noch an einem offenen Herz«, sagte ich. »Was ist es also, was mir fehlt? Ein flammendes Gefühl?«

»Nein, ganz im Gegenteil, zumal mir angesichts feuriger, leidenschaftlicher Beter meist nicht sehr wohl zu Mute ist. Denn diesen glühenden Eiferern fehlen oft genug die Keuschheit des Herzens und die Demut gegenüber den eigenen Mängeln, die sie so gern bei anderen sehen und vielleicht sogar noch mit Feuer und Schwert bekämpfen wollen«, sagte Pater Johann-Baptist. »Was man wirklich braucht, sind die drei trockenen Tugenden Regelmäßigkeit, Pünktlichkeit und Ausdauer. Und keine dieser drei Tugenden erfreut sich bei den Menschen allzu großer Beliebtheit, auch bei mir nicht, wie ich gestehen muss. Vieles an unserer alltäglich wiederkehrenden Arbeit ist oftmals langweilig, sodass man froh ist, wenn man sie hinter sich gebracht hat. Mit dem Beten ist es nicht viel anders.«

»Dass ich das einmal aus dem Mund eines Priesters hören würde, hätte ich mir nicht träumen lassen!«, staunte ich.

»Diese mehr als Jahrtausende alte monastische Wahrheit findest du schon in den Aufzeichnungen der frühen Wüstenmönche beschrieben! Wer sich auf den Weg des Gebetes begeben will, muss auch Durststrecken und Zeiten innerer Öde aushalten, wenn er zu den Leben spendenden Oasen gelangen will. Und dazu sind eben diese drei trockenen Tugenden erforderlich.«

»Mir ist, als hörte ich Witteboom reden – nur in einem anderen Zusammenhang!«

Der Missionar schmunzelte. »Jeder anhaltende Erfolg ist das Ergebnis harter Arbeit. Nur wenn man sich zu Regelmäßigkeit, Pünktlichkeit und Ausdauer zwingt, dann geht einem eines Tages die Arbeit auch gut von der Hand und man gelangt zu einem immer größeren handwerklichen Können, das einen befähigt etwas Besonderes zu leisten. So ist es auch mit dem Gebet, wenn man sich ihm regelmäßig, pünktlich und mit Ausdauer widmet: Langsam, aber beständig entflammt das Gebet das Herz und schlägt tiefe Wurzeln in dir, es erfüllt dich mit Kraft und du lernst den Willen Gottes zu erspüren.«

»Ich gebe zu, dass ich das Beten noch nie mit diesen drei trockenen Tugenden in Verbindung gebracht habe«, sagte ich.

»Aber er ist der einzige Weg, und wenn er oft auch zäh ist,

so sorgt doch das halbe Gebet von heute für das ganze von morgen«, versicherte er. »So wie der Moment des Ertrinkens wohl kaum der geeignete Zeitpunkt ist, um schwimmen zu lernen, so ist der Zeitpunkt der Not der denkbar ungünstigste, um Kraft aus dem Gebet schöpfen zu wollen. Denn wer erst in Zeiten der Not und Bedrängnis im Gebet Kraft und Hoffnung sucht, der wird in sich nur auf einen verwilderten steinigen Acker stoßen und die bittere Erfahrung machen, dass man den Boden erst mühsam aufbrechen, die Saat auswerfen und die zarten Sprösslinge im Schweiße seines Angesichtes hegen und pflegen muss, bevor man eine Ernte einfahren kann. Und damit soll es gut sein. Ich wünsche dir eine gute Nacht, Felix.«

Er begab sich unter Deck, während ich noch lange über seine Worte nachdachte. Nachlässigkeit und Bequemlichkeit hatten sich auch in mein Glaubensleben eingeschlichen, wie ich vor mir selbst zugeben musste. Für alles und jedes hatte ich Zeit gehabt, nicht jedoch für meinen Schöpfer. Die einst regelmäßigen Gebete meiner Jugend beim Aufstehen und vor dem Zubettgehen waren unter dem religiösen Desinteresse meines Vaters und der Scheinheiligkeit meiner Pflegeeltern in Mainz längst zu einem flüchtigen Bekreuzigen verkümmert. Und dabei gab es doch so viel, was mir unverdient geschenkt worden war und wofür ich in meinem Leben dankbar sein musste. Nun, ich war ja auch dankbar, wenn ich darüber nachdachte. Aber Dankbarkeit gehört ausgesprochen und an die entsprechende Adresse gerichtet.

In jener Nacht fasste ich den Entschluss mir den Rat mit den drei trockenen Tugenden Regelmäßigkeit, Pünktlichkeit und Ausdauer zu Herzen zu nehmen. Ich legte Hand an den verwilderten Acker in meinem Herzen und seitdem hege und pflege ich die zarten Sprösslinge, die inzwischen aus der Saat aufgegangen sind. Wie stark ihre Kraft ist angesichts dessen, was mich hier in Melbourne noch erwarten mag, werde ich wohl bald wissen.

*

Wochen vergingen und wurden zu Monaten, ohne dass Osborne oder ich auch nur einen Hinweis auf das Schicksal meiner Freunde zu Tage förderten.

Als ich Mitte November mit der *Skylark* von einer stürmischen Überfahrt von Shanghai nach Hong Kong zurückkehrte, rechnete ich schon nicht mehr damit, dass Osborne mit hoffnungsvollen Neuigkeiten auf mich warten könnte. Außerdem beschäftigten mich zu dieser Zeit ganz andere Sorgen, hatte Captain Orville mir doch die Aufgabe übertragen mich um die notwendigen Reparaturen an der *Skylark* zu kümmern. Und bei diesen Reparaturen ging es um mehr als nur um das routinemäßige Kalfatern undichter Planken oder das Abschaben der Muscheln, die sich am Rumpf festgesetzt hatten. Die *Skylark*, die in diesen Tagen ihrem Namen so gar keine Ehre mehr machte, weil sie mehr Ähnlichkeit mit einem grob gerupften Huhn als mit einer anmutigen Lerche besaß, kroch übel zugerichtet in den schützenden Hafen von Hong Kong.

Wir waren gut zweihundert Seemeilen südlich des Wendekreises von einem schweren Sturm überrascht worden, der fast die Stärke eines Taifuns angenommen und dem Schiff wie der Mannschaft alles abverlangt hatte. Wir waren gezwungen gewesen einen halben Tag und eine beängstigend lange Nacht unter Sturmbesegelung vor dem Wind zu laufen, um nicht von den Sturmböen zum Kentern gebracht und von den haushohen Brechern zermalmt zu werden. Als der Sturm uns endlich freigab, fanden wir uns nicht nur weitab von unserem eigentlichen Kurs wieder, nämlich mitten in der Straße von Luzon, sondern uns fehlte der Fockmast sowie die obere Hälfte des Besan. Zudem mussten wir die Lenzpumpen rund um die Uhr besetzt halten, um dem eindringenden Wasser Herr zu werden.

Wie schnell ich jedoch den Sturm und die *Skylark* vergaß, als ein chinesischer Bote an Bord kam, kaum dass wir an der Pier festgemacht hatten, und mir eine Nachricht von Osborne überbrachte. Auf dem Billett standen nur die folgenden wenigen Zeilen, aber sie ließen mich augenblicklich die Strapazen der letzten Tage vergessen:

> Habe von der Terrasse des *Victoria* aus verfolgt, wie du mit der *Skylark* in den Hafen gekrochen bist. Sieht übel aus, der Vogel. Hoffe, du hast nicht auch so viele Federn gelassen. Lade dich für acht Uhr zu steifen Drinks und annehmbarem Hotelessen ein. Habe gute Nachrichten. Das Dunkel lichtet sich. Übe dich schon mal in überschwänglichen Lobeshymnen!
>
> Gruß F. O.
>
> PS: Hast du jetzt nicht endlich die Nase voll von der einfältigen Seefahrt?

Es fiel mir schwer, nicht auf der Stelle von Bord zu stürmen und Osborne aufzusuchen. Glücklicherweise musste ich mich nur für drei Stunden in Geduld üben.

Gute zwanzig Minuten vor der verabredeten Zeit sprang ich

jedoch schon die Stufen zur Veranda des *Victoria* hoch, das unbestritten als die erste Adresse unter den Quartieren von Hong Kong gilt und auch dementsprechend teuer ist.

Osborne erwartete mich schon, diesmal in einen neuen hellen Tropenanzug aus erstklassigem Tuch gekleidet und eine dicke Zigarre im Mund. Er saß mit übergeschlagenen Beinen in einem der weich gepolsterten Korbsessel, die auf der Hotelveranda standen, neben sich ein Glas Brandy, und bleckte die Zähne zu einem breiten Grinsen, als er mich heranstürmen sah.

»Eine Glückssträhne im Spiel?«, fragte ich und machte eine Geste, die das *Victoria*, seine neue Garderobe und die edle Zigarre umschloss.

»Das auch, aber ich habe dir doch schon vor Monaten gesagt, dass ich dabei bin, ein großartiges Geschäft zu organisieren, das mich ein für alle Mal von Geldsorgen befreien wird. Die Früchte sind mittlerweile reif, sodass ich sie nur noch vom Baum zu pflücken brauche«, sagte er und wedelte mit der Zigarrenhand in Richtung des freien Korbsessels, der neben ihm stand. »Setz dich. Wir haben noch etwas Zeit, bevor wir uns zum Essen in den Speisesaal begeben. Ich mache mir Sorgen um dich, Felix. Du siehst reichlich mitgenommen aus. Kein Wunder bei dem ungesunden Leben, das du führst.«

»Ach was, mir geht es bestens. Ich habe die letzten Tage nur zu wenig Schlaf bekommen, das ist alles«, erwiderte ich, wohl wissend, was in Wirklichkeit hinter seiner angeblichen Sorge um mein Wohlbefinden stand. Er war fest entschlossen mich als Partner für seine bestenfalls zwielichtigen Geschäfte zu gewinnen. Und deshalb nahm er jede Gelegenheit wahr, um mir die Seefahrt madig zu machen und mich an seine Seite zu locken. »Aber jetzt erzählen Sie, was Sie herausgefunden haben!«

Genüsslich drehte er das feuchte Zigarrenende zwischen seinen Lippen, während er mich amüsiert ansah. »Mir wird es wohl ewig ein Rätsel bleiben, wieso dir so sehr an diesen Changs liegt.«

»Weil sie meine Freunde sind!«

Er zog die Augenbrauen hoch, als wollte er zynisch erwidern: »Aber es sind doch Chinks, Felix. Wie kann man mit denen befreundet sein?« Doch stattdessen sagte er spöttisch: »Nun ja, du hast, genau wie der törichte Wetzlaff, schon immer eine ausgeprägte, sentimentale Schwäche für die Schlitzaugen gehabt. Das liegt euch wohl im Blut.«

»Lassen Sie uns nicht wieder in eine hitzige Diskussion über angeblich minderwertige Völker geraten, die von der alles überragenden, edlen Rasse blutarmer Engländer zu Recht beherrscht werden! Sie sollten Verstand genug haben, um selbst die Einfältigkeit dieses Herrschaftsanspruches zu erkennen. Das britische Empire ist dem Reich der Mitte einzig in brutaler Waffengewalt überlegen, das ist alles. In den Augen der Chinesen sind wir *fangui* als Kulturvolk genauso sehr zu bedauern und so minderwertig, wie Sie es von den Chinesen sagen. Also sparen wir uns das. Und nun machen Sie es, verdammt noch mal, nicht so spannend. Rücken Sie schon heraus mit der Sprache!«, forderte ich ihn auf. »Was können Sie mir über meine Freunde berichten?«

»Ich muss schon sagen: Ein ganz schön hitziges Temperament, das da manchmal bei dir durchbricht. Wird nicht immer ein reines Vergnügen sein als einfacher Seemann unter einem

Ersten Offizier wie dir Dienst tun zu müssen«, stichelte Osborne. »Aber gut, genug der Plänkelei. Ich will dir sagen, was ich herausbekommen habe.«

Gespannt beugte ich mich vor, während er die Asche von seiner Zigarrenspitze schnippte.

»Ich bin vor ein paar Tagen endlich an einen der Aufseher eines Kuliagenten namens Ho Fuk Tong herangekommen, der drüben am West Point sein Durchgangslager hat und schon seit Jahren Kulis vermittelt. Wir sind uns in einem Spielklub begegnet und ich habe dem Aufseher den Gefallen getan ein paar Spiele zu verlieren. Keine Sorge, ich werde dir den Verlust schon nicht mit auf die Rechnung setzen. Auf jeden Fall hat er sich später die Geschichte von meinem angeblichen Neffen«, er grinste mich vergnügt an, »der verzweifelt alte Freunde aus Canton sucht, wohlwollend angehört. Als ich ihm die Namen nannte, konnte er damit sofort etwas anfangen. Und zwar erinnerte er sich deshalb ohne Schwierigkeiten an die drei Changs, weil sich darunter ein Mädchen befand, und das kommt sogar bei den Strömen von Kulis, die sich für die Arbeit in Übersee verpflichten, nicht allzu häufig vor.«

»Und wohin sind sie gesegelt?«, fragte ich aufgeregt.

»Das, mein Freund, erfahren wir erst morgen«, antwortete Osborne. »Denn an das Schiff und das Ziel der Reise konnte sich der Bursche leider nicht erinnern, dafür gehen einfach zu viele Kulis durch das Lager von Ho Fuk Tong, dessen Agentur die Leute sowohl nach Amerika als auch nach Australien verschifft. Mein Informant wusste nur, dass ihm die Namen ganz sicher erst vor kurzem zu Ohren gekommen sind, und ich denke, das ist schon mal eine Nachricht, die sich zu feiern lohnt, findest du nicht auch?«

»Ja, schon, aber wieso sind Sie sich so sicher, dass wir morgen erfahren werden, was der Vormann noch vor ein paar Tagen nicht gewusst hat?«

»Weil sein Boss, der mächtige Ho Fuk Tong, ein misstrauischer Hund ist, der seine Rechnungsbücher und Passagierlisten nicht aus der Hand gibt. Er ist seit einer Woche auf dem Festland, um in Sze Yap, den vier Distrikten, die an die hügeligen Ufer des West River grenzen, eine neue Anwerbungskampagne in Gang zu setzen. Morgen kommt er zurück und dann werden wir Gewissheit haben. Denn mein Mann hat mir versprochen mir die gewünschte Information durch einen Blick in die Listen zu beschaffen.«

Ich seufzte unwillkürlich.

Osborne spielte beleidigt. »Ist das alles, was ich dazu von dir zu hören bekomme? Ich reiße mir Arm und Bein aus, um dir diese gute Nachricht förmlich auf dem Silbertablett zu servieren, und du gibst daraufhin einen kläglichen Seufzer von dir!«, beklagte er sich. »Aber ich habe ja schon immer gewusst, dass es auf dieser Welt weder Dankbarkeit noch Gerechtigkeit gibt!«

Ich konnte mich eines Lachens nicht erwehren. Als ob Osborne jemals etwas auf Dankbarkeit oder Gerechtigkeit gegeben hätte! Er war immer ein berechnender, skrupelloser Egoist gewesen, der nie etwas ohne eigennützige Hintergedanken getan hatte. »Es tut mir Leid, Mister Osborne. Natürlich bin ich Ihnen dankbar, und zwar dankbarer als ich Ihnen sagen kann!«, versicherte ich und versuchte diese Dankbarkeit nun doch in möglichst viele Worte zu fassen. Er wollte die Lobeshymnen hören, das wusste ich, und er hatte sie auch verdient, wie ich mir sagte.

Er genoss diese Situation sichtlich und nutzte sie wenig später beim Abendessen weidlich aus, indem er mir von der goldenen Zukunft vorschwärmte, die mir an seiner Seite sicher sei. Ohne auf die genaue Natur der Geschäfte einzugehen, die ihm und mir Reichtum bescheren sollten, bearbeitete er mich einmal mehr der armseligen und viel zu riskanten Seefahrt Adieu zu sagen und sein Partner zu werden.

»Wenn alles nach Plan verläuft, werde ich schon in wenigen Tagen wieder ganz obenauf schwimmen!«, sagte er geheimnisvoll. »Und dann beginnt für mich das goldene Zeitalter, an dem auch du teilhaben kannst, wenn du willst.«

»Reden wir über Geschäfte mit Opium?«, erkundigte ich mich.

»Was hast du gegen Opium einzuwenden?«, fragte er gelassen zurück. »Opium ist eine Handelsware wie jede andere auch. Sie ist genauso legal wie Tabak, Sherry, Branntwein, Gin und Bier. Und wie niemand gezwungen wird sich ins Delirium zu saufen, so ist auch niemand gezwungen sich mit Opium zu ruinieren. Opium ist fester Bestandteil vieler Arzneien, denk doch nur ans Laudanum, das sich nicht nur bei den Frauen in England als stärkendes Nervenmittel so großer Beliebtheit erfreut. Ich bin ein Kaufmann, Felix, und ich biete nur das an, was die Leute haben wollen. Auf diesem simplen Prinzip basiert die Wirtschaft. Was die Kunden mit den Waren machen, die sie kaufen, geht mich nichts an und muss ich auch nicht verantworten. Oder trägt vielleicht der Eisenwarenhändler die Schuld, wenn jemand bei ihm eine Axt kauft und damit jemandem den Kopf einschlägt?«

Die Vergleiche hinkten kräftig, wie ich meinte. Doch ich war an diesem Abend allerbester Stimmung und nach der phantasielosen Schiffskost, die uns der Smutje auf der *Skylark* täglich vorsetzte, schmeckte mir das Essen, dem Osborne nur ein mäkeliges »Na ja, es ist akzeptabel!« zubilligte, ganz ausgezeichnet. Deshalb hörte ich mir Osbornes Lockreden auch geduldig an, ja, ich ließ mich in meiner Hochstimmung sogar zu der schäbigen Heuchelei hinreißen so zu tun, als würde ich sein Angebot inzwischen ernsthaft in Erwägung ziehen.

Osborne spürte offenbar, dass diese Ernsthaftigkeit nur freundlicher Schein war. Denn er brachte, raffiniert wie er war, schließlich eine verlockende Überlegung ins Spiel.

»Es ist genug für uns beide da, zumal wir uns ausgezeichnet ergänzen und daher unsere Gewinne mehr als verdoppeln können. Du brauchst dich auch nicht für dein halbes Leben zu verpflichten. Ein, zwei Jahre Partnerschaft mit mir sollten genügen, um dich zu einem vermögenden Mann zu machen. Und wenn du dann immer noch so versessen auf die Seefahrt bist, dann hast du in diesen Jahren genug Geld verdient, um dir ein eigenes Schiff leisten zu können – oder zumindest doch einen beachtlichen Anteil an einem, falls du auf ein besonders großes Schiff aus bist.«

Ein eigenes Schiff!

Diese Vorstellung, die mir in Anbetracht der bescheidenen Heuer selbst für Erste Offiziere bisher noch nie gekommen war, hatte etwas ungemein Aufregendes, Verlockendes an sich. War unter diesem Blickpunkt das Angebot, mit Osborne eine kurzzeitige Partnerschaft einzugehen, nicht einer ganz neuen, ernsthaften Prüfung wert?

Ja, Osborne hatte mich nun tatsächlich so weit, dass ich bereit war meine grundsätzliche Ablehnung aufzugeben und mich zumindest auf vorsichtige Gedankenspiele von der Art »Was wäre, wenn ich wirklich ein paar Jahre opfern und mit Osborne gemeinsame Sache machen würde?« einzulassen. Das Gift der Versuchung begann zu wirken, indem es wie ätzende Säure meine moralischen Überzeugungen anzufressen drohte.

Ich war noch ganz im Banne des Gedankens durch Osborne in kurzer Zeit an das Geld für ein eigenes Schiff zu kommen, als ein etwas dandyhaft gekleideter Mann um die dreißig auf einmal an unseren Tisch trat. Er warf mir einen flüchtigen, abschätzigen Blick zu. Wohl wegen meiner Kleidung, die zweifellos den Seemann in mir verriet, kam er offenbar zu dem Ergebnis, dass ich niemand von Bedeutung und daher zu ignorieren sei. Jedenfalls besaß er nicht einmal die Höflichkeit mich auch nur durch ein knappes Nicken zur Kenntnis zu nehmen. Auch während des folgenden Wortwechsels verhielt er sich so, als wäre ich überhaupt nicht anwesend.

»Ich habe Sie schon eine Ewigkeit nicht mehr im *Victoria* gesehen, Osborne«, sagte er scheinbar leutselig. »Ich hätte mich wohl in den billigen Absteigen hinter dem Bazar umschauen müssen, aber so drängend war mein Verlangen nach Ihrer Gesellschaft nun doch nicht. Wo haben Sie sich denn bloß die ganze Zeit herumgetrieben?«

»Dort, wo einem die Gesellschaft affektierter Wichtigtuer nicht den Appetit verdirbt und wo man zudem noch eine Menge Geld verdienen kann«, antwortete Osborne nicht eben freundlich.

Der Dandy lächelte auf ihn hinunter. »Oder auch verlieren, nehme ich an. Aber solange es nur Geld am Spieltisch ist und nicht Haut und Knochen unter einem scharfen Schwert, geht es ja noch«, spottete er mit demonstrativem Blick auf Osbornes Prothese und fragte dann: »Sagen Sie, stimmt es wirklich, was man sich neuerdings über Sie erzählt?«

»Man redet über mich? Ich wusste ja gar nicht, dass meine Person in Ihren Kreisen überhaupt von Interesse ist«, erwiderte Osborne sarkastisch und zu mir gewandt fuhr er fort: »Mister Julius Farnworth gehört zu jener kleinen Zahl höchst ehrenwerter Händler, die von *Jardine Matheson* und *Dent* persönlich die höheren Weihen erhalten haben und im ruhigen Windschatten der großen Taipane segeln. Aber nur wer Schlechtes im Sinn hat, würde sie deshalb für bessere Laufburschen oder gar Speichellecker dieser Herrschaften halten.«

»Das aus dem Mund eines dermaßen ambitionierten Mannes zu hören ist fast zu viel der Ehre, Osborne«, gab Farnworth nicht weniger spitz zurück. »Aber nur ruhig Blut. Ihr Tag kommt ja vielleicht noch, wenn auch gewiss nicht hier in Hong Kong, wo die Hürden für einen alten Mann wie Sie längst um einige Klafter zu hoch sind. Stimmt denn nun das Gerücht, das über Sie die Runde macht?«

»Was erzählt man sich denn so?«, fragte Osborne vorsichtig zurück und wirkte nun sehr wachsam.

»Ach, nur dass Sie die Nase von Hong Kong gestrichen voll haben, was man nach den vielen geschäftlichen Katastrophen, die Sie erlebt haben, auch sehr gut verstehen kann. Man muss eben aus einem ganz besonderen Holz geschnitzt sein, um hier nicht im Meer der gescheiterten Existenzen unterzugehen. Wobei mit Holz etwas anderes gemeint ist als das, was Sie da am linken Arm tragen«, antwortete Farnworth mit genüsslicher Häme. »Aber zurück zum Klatsch: Angeblich sitzen Sie schon auf gepackten Koffern, weil Sie am Freitag mit der *Sultana* nach Kalifornien segeln wollen. Sagen Sie, ist an dem Gerücht wirklich etwas dran oder sollten wir uns völlig grundlos auf Ihre Abreise freuen?«

Überrascht blickte ich Osborne an. Freitag war schon in vier Tagen. Wollte er wirklich nach Kalifornien? Mir gegenüber hatte er darüber noch nicht ein einziges Wort verloren, nicht einmal in einer vagen Andeutung.

Osborne tupfte sich mit der Serviette den Mund ab und ließ sich Zeit dabei, als wollte er sich gut überlegen, was er darauf antworten sollte. »So ein Unsinn, Farnworth«, erwiderte er lässig, vielleicht etwas zu lässig, um glaubwürdig zu wirken. »Was sollte ich schon in Kalifornien wollen, wo doch hier in Hong Kong so ausgezeichnete Geschäfte zu machen sind? Ich kann die Kronkolonie bestimmt nicht Ihnen und Ihresgleichen kampflos überlassen. Also vergessen Sie das dumme Gerede von Leuten, die offenbar nichts Besseres zu tun haben als sich in Missgunst zu üben und bei gewissen Hohlköpfen falsche Hoffnungen zu wecken. Und jetzt entschuldigen Sie uns bitte. Ich habe nicht viel für kaltes Essen übrig.«

Farnworth glaubte ihm kein Wort und grinste breit. »Na, dann grüßen Sie mir mal San Francisco, Osborne! Ich habe mir sagen lassen, dass die Amerikaner da drüben eine Schwäche für gescheiterte Existenzen haben. Sie werden also willkommen sein. Ich bin sicher, dass Sie es noch mal zu was bringen, Osborne. Ein kleiner Krämerladen sollte zumindest im Bereich des Möglichen liegen. Das Zeug dazu haben Sie, wirklich!«

Ich wäre an Osbornes Stelle schon längst aus meiner Haut gefahren und hätte dem unverschämten Kerl mit geballten

Fäusten die passende Antwort erteilt. Osborne hatte sich jedoch bewundernswert unter Kontrolle. Er reagierte auf die Beleidigungen und den ätzenden Spott mit einem ebenso gelangweilten wie geringschätzigen Blick. »Wird es nicht langsam Zeit für Sie, sich wieder bei Ihren Herren zurückzumelden?«, fragte er höhnisch. »Sie sollten sich wirklich sputen und Bericht erstatten. Ich bin überhaupt überrascht, dass man Ihnen so lange Ausgang gewährt hat. Sie müssen es in der Kunst untertänigster Folgsamkeit inzwischen zu einer wahren Meisterschaft gebracht haben. Ich bin sicher, Sie lachen brav über jeden Witz – auch über die, die Sie nicht verstehen und die auf Ihre Kosten gehen.« Er lächelte und machte eine ungeduldige Handbewegung. »Worauf warten Sie noch, Farnworth? Sie dürfen wegtreten. Die Audienz ist beendet. Trollen Sie sich wieder unter den Tisch Ihres Herrn und warten Sie auf gnädige Brosamen!«

Farnworths Lächeln gefror. »Sie tun wirklich gut daran, freiwillig aus Hong Kong zu verschwinden!«, fauchte er nun. »Denn sonst hätten Sie über kurz oder lang bedeutend mehr als nur den einen Arm verloren!« Abrupt wandte er sich um und ging weg.

»Was für ein aufgeblasener Speichellecker! Hält sich wahrhaftig für einen Geschäftsmann von Welt und ist in Wirklichkeit doch bloß ein lächerlicher Dandy, der das Geld seines Vaters durchbringt und nach der Pfeife der Taipane tanzt!«, sagte Osborne, und zwar laut genug, dass Farnworth es noch hören konnte. Dann fügte er mit bedeutend leiserer Stimme hinzu: »Mir jagt dieser dreckige Intrigant und Halsabschneider keine Angst ein, auch wenn er noch so eng mit den Burschen von *Jardine Matheson* und *Dent* im Bunde steht! Mit diesem verfluchten Schweinehund habe ich noch eine Rechnung zu begleichen. Er gehört nämlich mit zu den Leuten, denen ich das hier zu verdanken habe!« Er klopfte auf seine Armprothese.

»Sie wollen wirklich mit der *Sultana* nach Kalifornien?«, fragte ich gedämpft, als Farnworth aus dem Speisesaal gestürmt war und wir den nächsten Gang serviert bekamen.

»Ach was!«, raunte Osborne und funkelte mich vergnügt an. »Dieses Gerücht habe ich selbst in die Welt gesetzt – und zwar ganz bewusst. Es gehört mit zu meinem Plan. Und mein Plan geht auf! Sie schlucken den Köder, wie du gerade gehört hast.«

»Aber was versprechen Sie sich von derlei Gerüchten? Und wofür soll der Köder gut sein?«, fragte ich. »Wollen Sie mir nicht endlich verraten, was genau Sie vorhaben?«

»Du wirst es erfahren, wenn die Zeit dafür gekommen ist!«, beschied er mich. »Nun aber genug von Farnworth und diesem feinen Gesindel! Wir wollen heute feiern, Felix!«

*

Als Osborne nach dem Essen vorschlug noch eine »kleine Runde« durch die Spielhallen zu machen, konnte ich ihm nach dem, was er für mich getan hatte, schlecht einen Korb geben. So stürzte ich mich denn mit ihm in das zwielichtige Nachtleben von Hong Kong.

Ich müsste lügen, wenn ich sagen sollte, es hätte mir kein Vergnügen bereitet. Das alte Fieber, das mich immer dann packt, wenn ich Teil einer spannenden Pokerrunde bin, griff in dieser Nacht wieder nach mir. Leider – oder soll ich sagen:

zum Glück? – hielten sich Gewinn und Verlust bei mir die Waage. Als Osborne dann plötzlich die Lust verlor und zur Rückkehr ins Hotel drängte, wo er noch einen Brandy mit mir trinken wollte, löste ich mich jedenfalls nur widerwillig vom Spieltisch.

Wir waren auf unserem Streifzug durch die einschlägigen Lokale bis in den hinteren Teil des Chinesenviertels gelangt, sodass wir nun einen ordentlichen Fußmarsch vor uns hatten.

»Lass uns hier hinuntergehen, das ist eine Abkürzung«, sagte Osborne und bog mit mir in eine recht dunkle, schmale Gasse ein, die einen Hügel hinunterführte. Zu beiden Seiten wurde die Gasse von umzäunten Hinterhöfen mit primitiven Bretterverschlägen für Schweine, Hühner und anderes Getier gesäumt.

»Na, so ganz geheuer ist es hier aber nicht«, sagte ich mit einem unguten Gefühl, als wir den Lichtkreis der letzten Petroleumleuchten und Lampions verließen und in die Dunkelheit der sich hügelabwärts windenden Gasse eintauchten.

Osborne lachte mich aus. »Ich gehe immer hier entlang. Da wirst du es doch wohl nicht mit der Angst bekommen, oder?«

»Ach was, aber Hong Kong ist nun mal ein Sammelbecken für lichtscheues Gesindel«, erinnerte ich ihn. »Da ist man gut beraten bei Nacht vorsichtig zu sein und sich gut zu überlegen, welchen Weg man einschlägt.«

»Diesen Abschaum der Gosse findest du in jeder Hafenstadt. Hong Kong ist da nicht viel schlimmer als die Docks von London, Marseille, Rotterdam oder New York«, erwiderte Osborne gelassen. »Außerdem ist es hier schon viel besser geworden, seit die Taiping-Rebellen auf dem Festland wüten. Die Massaker haben nämlich eine neue, respektable Schicht von Chinesen nach Hong Kong gebracht, Leute mit Geld und ein wenig Bildung, die es sich leisten können, sich hier eine neue Existenz . . .«

Weiter kam er nicht, denn in diesem Moment sprangen uns von hinten zwei Männer an. Sie hatten im tiefschwarzen Schatten eines Schuppens gelauert, den wir gerade passiert hatten. Und bevor ich wusste, wie mir geschah, spürte ich eine Messerklinge an meiner Kehle.

»Ganz still sein – oder du haben *chop-chop* Kehle durch!«, warnte mich der Chinese, der hinter mir stand, auf Pidjin-Englisch und mit gedämpfter Stimme. Gleichzeitig packte er mit der linken Hand meine Haare und riss meinen Kopf in den Nacken. Ich taumelte zwei Schritte zurück, ohne dass sich jedoch das Messer von meiner Kehle hob. Immerhin geriet Osborne dadurch wieder in mein Blickfeld.

»Geld raus! *Chop-chop!«,* zischte der andere Chinese, der Osborne übernommen und ihm gleichfalls ein Messer an die Kehle gesetzt hatte. »Und die Uhr!«

»Könnt ihr alles haben!«, versicherte Osborne hastig. »Aber verliert nur nicht die Nerven. Wenn ihr einen von uns umlegt, dann hängt ihr!«

»Maul halten!«, fauchte ihn der Mann an.

»Ist ja schon in Ordnung«, sagte Osborne beruhigend und fasste langsam unter sein Jackett. »Hier ist meine Geldbörse.«

Ich hörte, wie der Chinese hinter mir seinem Komplizen leise auf Cantonesisch zurief: »Wir müssen ihnen die Kehle durchschneiden, sonst verraten sie uns!«

Ein Schauer durchfuhr mich, und während ich noch fieberhaft überlegte, was ich bloß tun konnte, um unser Leben zu retten, handelte Osborne.

Blitzschnell riss er seinen linken Arm mit der Prothese nach hinten und traf den Chinesen mit dem harten Holz kraftvoll an der Schläfe. Dieser schrie schmerzhaft auf und gab Osborne unwillkürlich frei.

Osborne tauchte unter der Messerhand des Mannes hinweg, wirbelte herum und hielt nun seinen kurzläufigen Revolver in der Hand.

»Ihr habt eure Chance gehabt. Jetzt wird nach meinen Spielregeln gespielt!«, stieß er grimmig hervor.

Der Chinese, der mich in Schach gehalten hatte, bekam es augenblicklich mit der Angst zu tun, denn er ließ mich sofort frei, schleuderte das Messer von sich und rief entsetzt: »War Irrtum, Mister! . . . Tun nie wieder!«

Ich sah nun, dass die Kerle, die uns überfallen hatten und uns in dieser Gasse mit durchgeschnittenen Kehlen liegen lassen wollten, zwei junge Burschen in abgerissenen Kleidern waren.

»Du hast Recht, ihr werdet nie wieder einen Überfall oder sonst ein Verbrechen begehen, verdammtes Chinesenpack!«, sagte Osborne mit verächtlicher Stimme und hob die Waffe. »Fahrt zur Hölle!«

»Nein, nicht!«, schrie ich.

Die scharfen Detonationen der beiden Schüsse, die Osborne in schneller Folge abgab, mischten sich in meinen Schrei. Die Kugeln töteten die beiden Chinesen auf der Stelle. Mit einem schauderhaft dumpfen Laut stürzten sie in den Dreck der finsteren Gasse.

»Mein Gott, warum haben Sie das getan?«, stieß ich fassungslos hervor.

»Weil dieser Abschaum der Gosse nichts anderes verdient

hat. Und meine Kugeln ersparen der Krone Strick und Henker!«, antwortete Osborne hart. »Oder hast du vielleicht nicht mitbekommen, was sie mit uns vorhatten? Sie wollten uns hier wie die Schweine abstechen!«

»Doch, aber . . .«, begann ich verstört.

»Vergiss dein Aber!«, schnitt er mir schroff das Wort ab. »Sie haben ihre gerechte Strafe erhalten, daran besteht für mich kein Zweifel. Und nun lass uns verschwinden. Weder habe ich Lust mich von einer Menge wütender Chinesen lynchen zu lassen, noch steht mir der Sinn danach, irgendeinem Konstabler lang und breit erklären zu müssen, dass ich in reiner Notwehr gehandelt habe.«

»Also, von Notwehr kann ja wohl kaum die Rede sein.«

»Es war Notwehr, du Narr!«, herrschte er mich an. »Und jetzt komm endlich!« Er zerrte mich von den Toten weg und wir rannten nun die Gasse hinunter.

Niemand folgte uns. Unbehelligt gelangten wir zum Hafen, wo Osborne mich in den *Farewell Whistler* zog, eine einigermaßen respektable Taverne.

Ich stand noch so unter dem Schock von Osbornes kaltblütiger Tat, dass ich nicht protestierte, als er auch für mich einen doppelten Brandy bestellte.

»Nun komm mal wieder aus deiner sentimentalen Traumwelt zurück!«, forderte er mich auf, als ich ihn nur wortlos anstarrte. »Vielleicht habe ich ein bisschen zu überstürzt gehandelt. Aber du wirst doch wohl zugeben müssen, dass wir es mit skrupellosen Mördern zu tun gehabt haben. Unser Tod war beschlossene Sache. Dafür wären sie aufs Schafott gekommen, oder etwa nicht?«

»Oh ja, sie wären ganz sicher dafür gehängt worden«,

räumte ich grimmig ein. »Aber die Todesstrafe hätte ein rechtmäßig eingesetztes Gericht über sie verhängt, so wie es das Gesetz vorsieht! Und das ist etwas ganz anderes als das, was Sie getan haben! Ein himmelweiter Unterschied ist das!«

Er zuckte unbeeindruckt die Achseln. »Ich denke, das ist reine Theorie, denn letztlich kommt es doch auf dasselbe hinaus, wie du sehr wohl weißt.«

»Nein, es ist eben nicht dasselbe!«, beharrte ich.

»Werde endlich erwachsen und mache die Augen auf, Felix! Die Welt ist nun mal eine Hölle, ein einziger Überlebenskampf, ob es dir nun passt oder nicht. Es gibt keine moralische Welt. Es gibt nur lächerliche Inseln von Moralität in einem endlosen Ozean von Selbstbehauptung und Kämpfen bis aufs Blut. Diese beiden Lumpen wollten uns unser Leben nehmen – und damit hatten sie ihr Leben verspielt, Schluss und Punkt! So einfach ist das. Alles andere ist sentimentales Gewäsch, mit dem sich die Schwächlinge vor den wahren Gesetzen der Natur schützen wollen. Aber das ist und bleibt nur Tünche, mein Freund. Und je eher du das einsiehst und dich danach richtest, desto besser wirst du mit den tausend Ungerechtigkeiten des Lebens fertig werden.«

Ich schüttelte nur den Kopf.

Osborne schob mir ein Glas zu. »Beharre meinetwegen auf deiner sentimentalen Meinung, wenn du nicht aus deiner Haut kannst. Aber vergiss nicht, dass wir jetzt an Stelle der beiden Verbrecher ausgeblutet im Dreck der Gasse liegen würden, wenn ich nicht alles auf eine Karte gesetzt hätte. Wir sind schon so gut wie tot gewesen, mein Freund. Und vermutlich hätten uns jetzt schon die Ratten angefressen. Doch wir leben! Also mach nicht so ein düsteres Gesicht, sondern freue dich, dass du noch wütend auf mich sein kannst! So, und jetzt wirst du mit mir darauf trinken, dass wir noch am Leben sind!« Er hob sein Glas, prostete mir zu und sagte dann, bevor er sein Glas mit einem Schluck leerte, mit einem spöttischen Augenzwinkern: »Und von nun an keine weiteren Vorwürfe. Vergiss nicht, dass ich dir das Leben gerettet habe. Du stehst jetzt tief in meiner Schuld, also benimm dich gefälligst auch so!«

Wortlos kippte ich den Branntwein hinunter, der heiß durch meine Kehle rann und ein noch größeres Feuer in meinem Magen entfachte. Der bittere, Übelkeit erregende Geschmack wollte jedoch nicht aus meinem Mund weichen. Das geschah erst, als ich noch zwei weitere doppelte Brandys in schneller Folge hinuntergestürzt hatte.

Grässliche Alpträume quälten mich in dieser Nacht. Ich sah Pao und Liang Sen in den Dreck der Gasse stürzen, jeder mit einem hässlich schwarzen Einschussloch in der Stirn.

*

Sosehr ich mich am Vormittag des folgenden Tages auch darum bemühte, mich ganz auf die notwendigen Reparaturarbeiten an Bord der *Skylark* zu konzentrieren, so wenig Erfolg war mir doch dabei beschieden. Immer wieder schweiften meine Gedanken von der Arbeit ab, gingen zu den schrecklichen Ereignissen der vergangenen Nacht zurück und beschäftigten sich mit der Frage, ob ich wohl wirklich an diesem Tag erfahren würde, wohin es meine chinesischen Freunde verschlagen hatte.

Würde sich diese Information, die mir so viel bedeutete,

tatsächlich in den Listen und Rechnungsbüchern des Agenten Ho Fuk Tong finden lassen?

Am frühen Nachmittag tauchte Osborne in einer offenen Kutsche mit Sonnendach auf der Pier auf, wo die arg ramponierte *Skylark* vertäut lag. Ich übertrug unserem Zweiten Offizier die Aufsicht über die Reparaturarbeiten und eilte die Gangway zu Osborne hinunter.

»Nun?«, fragte ich aufgeregt. »Stehen die Namen von Pao, Liang Sen und Chia Fen wirklich in den Passagierlisten von Ho Fuk Tong?«

»Klar und deutlich! Ich habe mich sogar mit meinen eigenen Augen davon überzeugen können.«

Ich gab einen Stoßseufzer der Erleichterung von mir. Endlich hatte ich eine brauchbare Spur gefunden, die mir sagen würde, wo genau ich nach meinen Freunden suchen musste. »Dem Himmel sei Dank! Und wohin sind sie gesegelt? Nach Amerika oder nach Australien?«

»Weder noch.«

Verständnislos sah ich ihn. »Ja, aber wenn sie doch in den Passagierlisten stehen . . .«

Osborne unterbrach mich mit einem breiten triumphierenden Lächeln. »Ihre Namen stehen auf der Liste der Kulis, die in drei Tagen mit der *Lagoda* nach Australien aufbrechen werden. Deine Freunde sind hier, Felix.«

»Sie sind hier in Hong Kong?«, stieß ich ungläubig hervor.

»Ja, drüben im Westen, wo Ho Fuk Tong sein Lager hat«, bestätigte er und fragte mit breitem, scheinheiligem Grinsen: »Was machen wir jetzt, Felix? Musst du wieder auf deine gerupfte Lerche zurück oder sollen wir uns das Vergnügen einer kleinen Spazierfahrt zu deinen Freunden gönnen?«

Pig trade
oder
Wie ich einen verhängnisvollen Handel einging und Erster Offizier auf einem Kulischiff wurde

Das Sammellager von Ho Fuk Tong lag am westlichen Rand von Victoria auf einer kleinen Anhöhe, eine gute halbe Meile hinter den letzten Lagerschuppen chinesischer Händler. Ein hoher Zaun aus Bambusrohr und Bastmatten umgab das Gelände und verwehrte von der staubigen Landstraße aus jeglichen Einblick in das Innere des Lagers. Man vermochte nur die mit Bastmatten gedeckten Dächer einiger Baracken auszumachen.

»Nicht sehr einladend«, sagte ich beklommen, als die Mietdroschke vor dem Tor des Lagers hielt. Der Wind trieb einen unangenehm scharfen Geruch zu uns herüber, der zweifellos von den Lagerlatrinen kam.

Zwei mit Schlagstöcken bewaffnete Chinesen bewachten den Eingang und schauten misstrauisch zu uns herüber. Weiße sah man hier offenbar weder häufig noch gern.

Osborne bestätigte meinen ersten Eindruck. »Bei diesem Kulihandel geht es immerhin um eine Menge Geld. Jeder Chink, den der Agent auf ein Schiff bringt, bedeutet einige Pfund Sterling Profit. Und jeder, dem es gelingt, sich aus dem Lager zu verdrücken, schmälert den Gewinn des Agenten.

Aber es sind nur wenige, die sich das trauen. Wenn ein Chink erst einmal sein Wort gegeben hat, dann hält er sein Versprechen auch, egal, was kommen mag. Darin sind sie unglaubliche Fatalisten. Treu und berechenbar wie die Lemminge! Ganz nach dem Sprichwort: ›Das Wort eines Chinamannes ist so gut wie eine schriftliche Garantie.‹«

Ich nickte. »Sie haben eben noch Ehre im Leib und stehen zu ihrem Wort.«

Er grinste spöttisch. »Ja, weil sie entsetzliche Angst haben ihr Gesicht zu verlieren und ihrer Familie und ihren verehrten Ahnen Schande zu bereiten. Nun, mir soll es recht sein, wenn sie an solch lächerlichen Quatsch wie den Ahnenkult und die Pflicht, um jeden Preis das ›Gesicht wahren zu müssen‹, glauben. Das macht es umso leichter, sie im Griff zu halten.«

Ärger wallte in mir auf. »Ich finde daran gar nichts Lustiges, Mister Osborne. Und was Sie für lächerlichen Quatsch halten, ist ein wichtiger Teil ihrer Kultur, für die ich größte Hochachtung hege!«

Lachend schlug er mir auf die Schulter. »Du bist wirklich unverbesserlich, Felix! Aber du wirst es schon noch lernen, dass ein butterweiches Herz in dieser Welt des Fressens und Gefressenwerdens ein schweres Handikap ist, von dem man sich am besten so radikal wie möglich befreit«, sagte er gönnerhaft und öffnete den Wagenschlag. »So, und jetzt will ich mal sehen, wo Lee Wong Cao, der feiste Aufseher, steckt. Er sollte uns eigentlich erwarten. Du bleibst erst einmal hier.«

Osborne ging zu den Wachen hinüber und sprach kurz mit ihnen. Dabei machte er eine herrische, ungeduldige Handbewegung in Richtung Tor. Daraufhin eilte einer der Wärter ins

Lager und kam Augenblicke später in Begleitung eines massigen Chinesen zurück.

Es war der Aufseher. Osborne wechselte ein paar Worte mit ihm und ich sah, dass er ihm Geld zusteckte. Dann winkte er mich zu sich. Ich sprang aus dem Wagen und musste an mich halten, um nicht wie ein eilfertiger Junge zu ihm zu laufen.

»Felix, das ist Lee Wong Cao, der die Oberaufsicht über das Lager von Ho Fuk Tong hat«, sagte Osborne. »Er wird dich zu deinen Freunden bringen. Ihr werdet euch bestimmt viel zu erzählen haben. Ich werde in der Zwischenzeit einige wichtige Arrangements treffen. In zwei Stunden hole ich dich wieder ab. Das dürfte für ein erstes Palaver reichen.«

»In Ordnung. Und danke, dass Sie das möglich gemacht haben, Mister Osborne!«

»Keine Ursache, Felix. Ich werde schon auf meine Kosten kommen«, sagte er mit einem spöttischen Lächeln und kehrte leise pfeifend zur Mietkutsche zurück.

Der übergewichtige Aufseher gab mir durch ein Grunzen und eine knappe Kopfbewegung zu verstehen, dass ich ihm folgen sollte. Wortlos führte er mich ins Lager, das von innen einen noch trostloseren Eindruck machte als von außen. Es gab bloß eine Hand voll Schatten spendender Bäume auf dem großen sandigen Platz, um den sich die sechs langen Bambusbaracken gruppierten. Es roch nach Kochfeuern, verfaulten Abfällen und den Latrinen, deren primitive Bretterverschläge sich an der Nordseite des Lagerzauns befanden.

Mein Blick fiel auf eine Art Unterstand aus sechs schweren Pfosten, die ein arg mitgenommenes Dach aus Bastmatten trugen, unter welchem große Wasserfässer aufgereiht standen. Vor dem daran angrenzenden Schuppen, der jedoch aus stabilen Brettern errichtet worden war, stand ein Fuhrwerk. Drei junge, kräftige Chinesen trugen die Fracht, die aus mehreren Dutzend Reissäcken bestand, in den Vorratsschuppen.

Im Lager hielten sich mehr als sechshundert Chinesen auf, die auf die Überfahrt nach *Mei-Erh-Pen*, wie sie für Melbourne sagen, warteten. Ein Großteil von ihnen hielt sich vor den Baracken und auf dem Platz auf, wo sie sich mit allerlei Dingen die endlose Zeit des Wartens vertrieben – weil die Enge im Innern der Wohnbaracken unerträglich war, wie ich später erfuhr. Einige besserten ihre Sachen aus, andere beschäftigten sich mit Schnitzarbeiten oder dem Flechten von Körben, Hüten und Schlafmatten, während wieder andere ruhelos hin und her gingen. Und überall sah man Männer in kleinen Gruppen im Kreis auf dem Boden hocken. Sie waren in Glücksspiele mit Würfeln, Karten, Dominosteinen und bunten Glasperlen vertieft.

Der Aufseher überquerte mit mir den Platz und hielt nun auf einen der Bäume zu, die zwischen den Baracken standen. Es war ein alter Maulbeerbaum, dessen Äste zum Teil schon keine Blätter mehr trugen.

Vor lauter Aufregung, weil ich in wenigen Augenblicken meinen chinesischen Freunden gegenüberstehen würde, von denen ich seit über elf Jahren weder etwas gesehen noch gehört hatte, bekam ich einen ganz trockenen Mund. Ich musste immer wieder schlucken.

»Da!«, knurrte der Aufseher, als wir noch zwei Dutzend Schritte vom Maulbeerbaum entfernt waren, und deutete auf die kleine Gruppe, die sich dort im Schatten aufhielt. »Chang Liang Sen, der Kräuterheiler, und sein Neffe Chia Pao!« Und ohne ein weiteres Wort drehte er sich um und kehrte zur Aufseherbaracke am Tor zurück.

Mir schlug das Herz wie verrückt, als ich auf den Maulbeerbaum zuging. Diese schlanke Gestalt, die mit wadenlangen weiten Hosen und einem ebenso weiten, jackenähnlichen Hemd aus schwarzer Baumwolle bekleidet war, den geflochtenen Zopf zu einem kunstvollen Knoten hochgesteckt trug und gerade die Bauchgegend eines kleinen, stämmigen Mannes abtastete, das war – ja, kein anderer als Liang Sen! Denn als er den Kopf etwas zur Seite wandte, sah ich sein Gesicht und den dichten Oberlippenbart, der ihm in breiten Flechten bis zum Kinn hinunterreichte. Nur war das Haar nicht mehr schwarz, wie ich es in Erinnerung hatte, sondern durch und durch silbergrau.

Und der sehnige Bursche mit den flinken Bewegungen, der sich nun über einen Bastkorb beugte und darin offensichtlich etwas suchte, konnte kein anderer als mein Blutsbruder Chang Chia Pao sein!

»Pao!«, rief ich, obwohl ich noch ein gutes Stück von ihnen entfernt war, und beschleunigte meine Schritte. Ich musste meiner Freude einfach Luft verschaffen. »Pao! . . . *See-bok!*«

Pao fuhr herum, sah mich keine zehn Schritte von ihm entfernt – und ließ den Korb fallen, der einen Teil seines Inhaltes über den Boden verstreute. Pao schenkte dem Durcheinander aus herauspurzelnden Stoffbeuteln und Lackdosen, die mit Heilkräutern, Salben und Tinkturen gefüllt waren, nicht die geringste Beachtung.

»Chia Wang?«, stieß er ungläubig hervor, den chinesischen Namen benutzend, den Liang Sen mir verliehen hatte und der »Hoffnung« bedeutet. Er machte ein, zwei zögernde Schritte auf mich zu und schüttelte dabei verstört den Kopf, als fürchtete er unter einer Halluzination zu leiden. »Chia Wang?«

Ich lachte ihn an. »Ja, du kannst deinen Augen ruhig trauen. Sie spielen dir keinen Streich, alter Decksjunge! Ich bin es wirklich, der *fangui* namens Felix Chia Wang!«

Sein Gesicht leuchtete auf wie die Sonne nach einem schweren Monsungewitter und er stürzte mir nun förmlich entgegen, das heißt, wir stürzten uns gegenseitig in die ausgebreiteten Arme. Vergessen waren der männliche Stolz und die uns beiden anerzogene Pflicht Gefühle nicht allzu deutlich und schon gar nicht in der Öffentlichkeit zu zeigen.

Wir flogen uns in die Arme – lachend und weinend zugleich. Ich packte ihn und wirbelte ihn wie eine Puppe herum, während wir in einem wilden Mischmasch aus Englisch und Chinesisch aufgeregt durcheinander redeten.

Liang Sen hatte seine Patienten mittlerweile weggeschickt. Er hatte Tränen der Rührung in den Augen, als ich Pao endlich freigab und seine Hände ergriff.

»*See-bok!*« Ich kann gar nicht beschreiben, wie sehr es mich innerlich aufwühlte, nach so vielen Jahren Liang Sen wieder mit dieser respektvollen Bezeichnung, die einem älteren weisen Mann zukommt, anreden zu können. Einen Augenblick standen wir schweigend da und sahen einander an.

»Chia Wang«, sagte er dann bewegt, drückte mich an seine Brust und sagte dann mit belegter Stimme: »Ich wusste, dass wir uns eines Tages wieder sehen würden, ich hatte jedoch auf günstigere Umstände gehofft. Aber *Glück und Unglück treten durch dasselbe Tor ein und Gewinn und Verlust sind Nachbarn. Fehlt es einem an vollkommener Klarheit, kann man beides nicht voneinander unterscheiden*. So lehrt es uns Laotse im *Tao te king*. Seien wir also klaren Sinnes und daher dankbar für die Gunst dieser Stunde, die unser Wiedersehen möglich gemacht hat!«

Ich strahlte ihn an und dachte: Ja, das ist Liang Sen, wie er leibt und lebt! Ein unbeschreibliches Gefühl der Wärme und Geborgenheit erfüllte mich. Mir war, als hätte ich die Mitte meines Lebens wieder gefunden.

Pao boxte mich in die Rippen und seine dunklen Augen funkelten vor übermäßiger Freude. »Ich kann es noch gar nicht glauben. Ich habe dich für tot gehalten. Deshalb habe ich es dir auch verziehen, dass wir nichts mehr von dir gehört haben. Aber nun kann ich diese Entschuldigung nicht mehr gelten lassen. Wo bist du bloß all die Jahre gewesen? Ich hoffe für dich, dass du mildernde Umstände vorbringen kannst, sonst sieht es böse für dich aus!«

»Willst du die Antwort in einem kurzen, alles erklärenden Satz oder erlaubst du mir auch zwei?«, neckte ich ihn.

Er lachte und antwortete: »Natürlich dürfen es auch zwei sein. Komm, setz dich. Ich hole noch einen Hocker und dann . . .« Er brach mitten im Satz ab, als sein Blick über meine Schulter ging. »Oh, ich glaube, da ist noch jemand, den du begrüßen möchtest. Obwohl du bestimmt einige Schwierigkeiten mit dem Wiedererkennen haben wirst.«

Ich drehte mich um und sah zwei, drei Schritte vor mir eine zierliche Gestalt, die genau wie Pao und Liang Sen in weite Hosen und eine formlose Chinesenjacke gekleidet war. Wäre ich nicht vorbereitet gewesen, hätte ich diese Gestalt auf den ersten Blick für einen Jungen gehalten.

»Chia Fen?«, fragte ich verblüfft.

Das Ziehkind von Liang Sen trat zu mir und nahm nun den kegelförmigen Strohhut mit der breiten Krempe vom Kopf. Sonnenlicht fiel auf ihr ovales Gesicht, das von anmutigen Zügen und großen jadegrünen Augen beherrscht wurde. Ihr glattes blauschwarzes Haar, das streng anlag und im Nacken von einer breiten Spange zusammengehalten wurde, bildete einen eindrucksvollen Kontrast zum Grün ihrer Augen.

»Mein Gott, dich hätte ich wirklich nicht wieder erkannt! Aber es sind ja auch mehr als elf Jahre her, seit ich dich das letzte Mal gesehen habe. Erinnerst du dich überhaupt noch an mich, Chia Fen?«, fragte ich und lächelte sie an. Dabei ging mir durch den Kopf, dass sie beim Ausbruch des Opiumkrieges fünf Jahre alt gewesen war und somit jetzt wenige Monate vor ihrem siebzehnten Geburtstag stand. Nach chinesischem Verständnis war sie demnach kein Mädchen mehr, sondern eine junge Frau, die alt genug war, um verheiratet zu werden.

Sie erwiderte mein Lächeln nicht, sondern sah mich mit prüfendem Blick an, als wüsste sie nicht, was sie von mir halten sollte. Dann deutete sie zu meiner Verblüffung so etwas wie eine Verbeugung an, wie es sich von einer jungen unverheirateten Frau gegenüber einer männlichen Respektsperson gehörte – allerdings war ich doch nicht irgendein Fremder, sondern ich zählte mich im weiteren Sinn zur Familie.

»Nur von den Geschichten her, die Pao manchmal von früher erzählt, Mister Faber«, antwortete sie höflich in gutem Englisch, aber irgendwie auch reserviert, und setzte wieder ihren Strohhut auf, der ihr Gesicht augenblicklich in Schatten hüllte.

Liang Sen lachte leise auf. »Zu Förmlichkeiten wie ›Mister

Faber‹ besteht nun wahrlich kein Anlass, Chia Fen. Er hat lange mit uns in Canton gewohnt, wie du weißt, und dich mehr als einmal auf seinem Schoß gehalten.«

»Felix ist kein *fangui*, sondern mein Blutsbruder, du dumme Gans!«, schalt Pao sie, aber er tat es mit einem Lachen. Dann wandte er sich zu mir und sagte entschuldigend: »Anders als es sich für ein wohlerzogenes chinesisches Mädchen gehört, hat Chia Fen in vielen Dingen ihren eigenen Kopf. Aber wie du sicher noch weißt, hat mein lieber Onkel seine ganz eigenen Ideen von guter Erziehung. So, und jetzt erzähl endlich!«

Ich setzte mich zu ihnen unter den Maulbeerbaum und berichtete, was mir seit unserer Trennung im Frühjahr 1841 an Gutem wie Schlechtem widerfahren war. Pao wollte alles ganz genau wissen und stellte immer neue Fragen. Liang Sen musste ihn schließlich zur Ordnung rufen, sonst wäre ich in den zwei Stunden nicht einmal bis zu meiner ersten Heuer unter Captain Willem Marik gekommen.

Chia Fen dagegen sagte nicht ein einziges Wort. Still und fast reglos saß sie an der Seite von Pao, hörte aufmerksam zu und ließ mich nicht aus den Augen. Ich fühlte mich unter ihrem Blick etwas unbehaglich und es schien mir, als versuchte sie das, was sie an eigenen Erinnerungen bewahrt hatte und was sie aus den Erzählungen Paos über mich wusste, mit der erwachsenen Person, die nun vor ihr saß, in Verbindung zu bringen. Gern hätte ich gewusst, was in ihrem Kopf vorging.

»Und nun seid ihr an der Reihe!«, forderte ich Pao und Liang Sen auf, nachdem ich fast eine geschlagene Stunde von meinem Leben erzählt hatte.

Pao überließ es seinem Onkel, von ihrer jahrelangen Odyssee als herumirrende Flüchtlinge zu erzählen. Aus dem Mund dieses weisen und bescheidenen Mannes, der die Geduld und Leidensfähigkeit eines Heiligen besaß, klang das, was sie an Elend und Bitterkeit erfahren hatten, sehr undramatisch. Als er berichtete, dass sie jahrelang von Dorf zu Dorf gezogen und überall ein paar Wochen geblieben waren, hörte sich das beinahe nach einem romantisch beschaulichen Wanderleben an.

Ich vermochte mir das wahre Bild ihres schweren Schicksals jedoch sehr deutlich auszumalen, denn ich hatte mit eigenen Augen gesehen, wie die Flüchtlinge lebten und wie schwer sie es hatten, fern der eigenen Heimat auch nur für ein paar Tage Arbeit als Handlanger zu finden. Zudem machte Pao dann und wann kurze, trockene Einwürfe, die den allgemein gehaltenen Formulierungen seines Onkels die scharfe Würze deutlicher Worte gegenüberstellte.

»Von wegen Entlohnung!«, knurrte er einmal, als Liang Sen davon sprach, dass es manchmal recht schwierig gewesen sei, für seine Dienste als Heilkundiger entsprechend entlohnt zu werden. »Tausendmal sind sie dir die Bezahlung schuldig geblieben. Wir haben betteln gelernt!«

»Dafür, dass die meisten Bauern selbst nichts hatten, sind sie großzügig gewesen«, erwiderte Liang Sen unbeirrt.

»Er hat sich jedenfalls nicht davon abhalten lassen, sie weiter zu behandeln«, sagte Pao grimmig zu mir. »Du weißt ja, wie er ist. Dass jede Arbeit ihren gerechten Lohn verdient, hat er schon in Canton nicht beherzigt.«

»Wer die Kunst des Heilens beherrscht, darf ihre Anwendung niemals von einer Entlohnung abhängig machen«, erklärte Liang Sen bestimmt. »Weißt du, was Konfuzius schon vor zweitausenddreihundert Jahren verkündet hat? *Menschlichkeit ist die Pflicht eines jeden Einzelnen. Menschlichkeit ist wichtiger für die Menschen als Feuer und Wasser.* Also was redest du da von gerechtem Lohn, Pao? Wird etwa ein Bauer, der sich auf seinem Stück Land krumm und krank schuftet, gerecht entlohnt? Oder der Kuli, der täglich um seine Schale Reise bangen muss?«

Pao verzog das Gesicht und warf in einer Geste der Resignation die Hände hoch. »Was soll man da noch erwidern, ohne sich wie ein herzloser, berechnender Lump vorzukommen, Felix?«, fragte er mich in scheinbarer Verzweiflung. »Aber du weißt es ja von früher, dass man bei solchen Auseinandersetzungen gegen *qing bebe*, meinen Lieblingsonkel, keine Chance hat. Ich kann ihm noch so oft mit dem gesunden Menschenverstand und der bitteren Realität eines leeren Geldbeutels kommen, mit Laotse und Konfuzius macht er aus allem eine Frage universaler Bedeutung und gewinnt damit natürlich jede Schlacht.«

Liang Sen lächelte nachsichtig. »*Wer große Talente besitzt, jedoch mit Hochmut und Geiz darüber verfügt, der ist keiner Beachtung würdig.* Auch das ist von Konfuzius – und ich bemühe mich nur, diese wahrhaftige Lehre zu beherzigen.«

Pao seufzte. »Ja, ich weiß. Und ich wette, sogar Felix kann sich noch gut an die Ermahnung erinnern, die du in solchen Fällen gern aus dem *Tao te king* von Laotse zitierst. Sie hat etwas mit Chia Fen gemeinsam«, sagte er verschmitzt und sah mich erwartungsvoll an, ob ich mich wohl noch erinnerte.

Fen ist das chinesische Wort für Jade und ich begriff sofort, worauf Pao anspielte. »*Darum tragen reife Menschen eine Hülle aus grobem Tuch über einem Kern aus kostbarer Jade*«, zitierte ich Laotse, ohne lange nachdenken zu müssen.

Liang Sen lächelte. »Es wärmt mein Herz, dass du so viel von dem, was ich dir in Canton über Laotse und Konfuzius beigebracht habe, in dir bewahrt hast, Chia Wang.«

»Es war eine wunderschöne Zeit, *See-bok*«, sagte ich wehmütig. »Und umso trauriger stimmt es mich, dass ich an eurem Unglück schuld bin. Denn hättet ihr mich nicht bei euch in der *Longcang Jie* aufgenommen, hättet ihr nicht alles verloren, was . . .«

»Rede nicht von Schuld, Chia Wang!«, unterbrach mich Liang Sen und zitierte wieder aus dem Buch des Laotse: »*Manche gewinnen, indem sie verlieren. Manche verlieren, indem sie gewinnen.* Und wir haben aneinander nur gewonnen. Also kein weiteres Wort darüber. *Durch Trauer um die Vergangenheit, durch Sehnsucht nach der Zukunft, dadurch verdorren die Toren wie ein abgeschnittenes grünes Rohr!* Sitzen wir uns nicht hier an diesem wunderschönen Tag gegenüber? Haben wir Anlass etwas anderes als Dankbarkeit zu empfinden?«

Pao nickte. »Ja, so sehe ich das auch, *qing bebe*«, sagte er mit Nachdruck.

Mein Blick ging unwillkürlich zu Chia Fen, doch sie äußerte sich weder durch Worte noch durch sonst eine Regung.

»Außerdem wird ja jetzt alles besser, da wir schon bald auf den Goldfeldern von Ballarat dafür sorgen können, dass wir nicht länger von der Hand in den Mund leben müssen«, fuhr Pao zuversichtlich fort.

Ich bemerkte, dass er seine Hand wie zur Beruhigung kurz auf Chia Fens Arm legte, als wüsste er um geheime Ängste und Befürchtungen seiner Kusine.

»Ihr habt mir noch gar nicht erzählt, wie ihr dazu gekommen seid, euch für die Arbeit auf den australischen Goldfeldern anwerben zu lassen«, hakte ich sofort nach.

Liang Sen nickte Pao zu und dieser antwortete: »Viel gibt es da nicht zu erzählen. Vor wenigen Wochen kamen wir in ein Dorf bei Chungshan, nordwestlich von Macao, wo sich gerade mehr als die Hälfte der Dorfbewohner hatte anwerben lassen und sich auf den Aufbruch vorbereitete. Wir hatten in den letzten Jahren schon oft darüber gesprochen, ob wir unser Glück nicht auch in Kalifornien oder Australien versuchen sollten. Ich war von Anfang an dafür, aber *qing bebe* zögerte eine endgültige Entscheidung immer wieder hinaus. Vor allem wegen Chia Fen.«

»Ich wäre auch schon früher mit euch nach *chiu chin shan* oder nach *tsin chin shan* gesegelt!«, sagte Chia Fen plötzlich und ihre Stimme hatte einen aufmüpfigen Klang. »An mir hat es nicht gelegen!«

»Du warst zu jung für solch eine Passage, Kind! Eigentlich hast du auch jetzt nichts auf einem Kulischiff und im Camp von Goldgräbern zu suchen. Ich hoffe wirklich, dass wir die richtige Entscheidung getroffen haben«, sagte Liang Sen besorgt. »Aber was sollten wir machen? Es gibt niemand, in dessen verantwortungsvoller Obhut wir Chia Fen hätten zurücklassen können.«

»Ich bin alt genug, um mit euch zu gehen!«, versicherte Chia Fen mit einem Anflug von Gereiztheit, als fühlte sie sich zu Unrecht angegriffen. »Ich bin kein kleines Kind mehr, das einer Amme bedarf!«

Pao machte eine besänftigende Geste. »Ist ja gut, Chia Fen. Bist du nun hier mit uns im Lager oder nicht? Also beherrsche gefälligst dein Temperament!«, rügte er sie und wandte sich dann wieder an mich: »In dem armseligen Dorf bei Chungshan gerieten wir nun in denselben Sog, der die dortigen Bewohner erfasst hatte. Es fiel uns nicht schwer, uns ebenfalls anwerben zu lassen. Wir haben wirklich schlimme Zeiten hinter uns und was haben wir schon zu verlieren? Deshalb haben wir unsere Arbeitskraft für zwei Jahre verkauft.«

»Ihr habt was?«, stieß ich betroffen hervor.

»Mach nicht so ein entsetztes Gesicht! Wir sind einen durchaus üblichen Vertrag eingegangen, der uns verpflichtet zwei Jahre lang fünf Tage in der Woche für jemanden in Ballarat zu arbeiten. Einer von Ho Fuk Tongs Männern wird uns bei unserem Eintreffen vor Ort eine Arbeitsstelle zuteilen«, erklärte Pao. »Wir haben aber auch die Möglichkeit unsere Schulden in wöchentlichen Raten von mindestens sieben Shilling abzuzahlen. Dafür müssen wir bloß auf unserem Claim, den wir an den beiden freien Tagen bearbeiten können, genug Goldstaub finden.«

»Das war die einzige Möglichkeit die Überfahrt und den Kauf von Vorräten zu finanzieren«, fügte Liang Sen hinzu. »Allein für die Passage nach Australien berechnet Ho Fuk Tong sechs Pfund Sterling pro Kopf. Dazu kommt die Verpflegung, für die jeder selbst zu sorgen hat, sowie ein Vorrat an Salben und Kräutern, die ich mit nach Australien nehmen muss.«

»Und wir hatten keinen einzigen Penny mehr in der Tasche!«, sagte Pao. »Wir können noch von Glück reden, dass uns Ho Fuk Tong Kredit eingeräumt hat. Denn gewöhnlich wird nur denjenigen Kredit gewährt, die man kennt und die im Heimatdorf Angehörige haben, die notfalls dafür geradestehen. Wir konnten keine von diesen Sicherheiten stellen. Deshalb müssen wir auch nicht sechs, wie die anderen, sondern siebeneinhalb Pfund pro Person für die Überfahrt bezahlen, aber das hat seine Richtigkeit. Jedes Risiko hat seinen Preis.«

»Wir haben in der Tat keinen Grund uns zu beklagen«, bestätigte Liang Sen gelassen. »Mit gesundem Arbeitseifer und ein wenig Glück sind wir schon bald wieder Herr über uns selbst.«

Dass meine Freunde sich wie gewöhnliche Kulis für zwei Jahre an irgendeinen fremden Arbeitgeber in Australien verkauft hatten, um ihre Überfahrt bezahlen und Vorräte einkaufen zu können, erschütterte mich. Der Gedanke, dass sie wie Leibeigene zu jeder beliebigen Arbeit abkommandiert werden konnten, war mir unerträglich. Ich konnte, nein ich durfte das auf keinen Fall zulassen.

»Das kommt gar nicht in Frage! Ich werde euch auslösen!«, erklärte ich spontan und mit Nachdruck. »Wie hoch sind eure Schulden bei Ho Fuk Tong?«

»Dreiundzwanzig Pfund Sterling und zehn Shilling«, antwortete Pao prompt.

»Oh!«, entfuhr es mir da. »Das ist beträchtlich mehr, als ich im Moment aufbringen kann.« Wie peinlich mir dieses Eingeständnis war!

Chia Fen hob den Kopf etwas und mir war, als nistete sich ein spöttischer Ausdruck in ihren Augen und Mundwinkeln ein. »*Lasst die Schlauköpfe am Handeln verzagen.* Ist das nicht auch von Laotse?«, fragte sie Liang Sen.

Dieser bedachte sie mit einem tadelnden Blick. »Ja, aber an derselben Stelle steht auch: *Lasst die Menschen stets ohne List und Begehren handeln.* Das mit der List solltest du dir zu Herzen nehmen, Chia Fen!«

»Ja, *See-bok*«, sagte sie und neigte scheinbar reumütig den Kopf. Der spöttische Zug auf ihren Lippen sprach jedoch eine andere Sprache.

Ich schalt mich einen Tölpel und hätte mich in diesem Moment links und rechts ohrfeigen können. Wie konnte ich nur ein so großspuriges Angebot aussprechen, ohne mir vorher die Mühe gemacht zu haben siebeneinhalb Pfund mal drei zu nehmen und das mit meinem Ersparten zu vergleichen. Da es für mich bisher keinen Grund gegeben hatte, ernsthaft zu sparen, war ich mit meiner Heuer immer großzügig umgegangen. Nicht dass ich verschwenderisch gewesen wäre. Aber ich hatte auch nicht versucht mein Geld zusammenzuhalten. Und so bestand meine derzeitige Barschaft aus gerade mal sechs Pfund Sterling und ein paar Shilling. Mehr als genug für einen allein stehenden Seeoffizier, der keine finanziellen Verpflichtungen zu erfüllen hat und an Bord freie Kost und Logis genießt. Aber noch nicht einmal genug, um auch nur einen meiner chinesischen Freunde auszulösen.

»Irgendwie bringe ich das Geld schon auf!«, versicherte ich mit hochrotem Kopf.

»Vergiss das Geld. Wir werden schon genug Gold finden, um unsere Schulden schnell zurückzahlen zu können«, meinte Pao zuversichtlich. »Sag uns lieber, ob du dich uns anschließt und mit uns nach Australien segelst. Oder werden sich unsere Wege in drei Tagen schon wieder trennen?«

Ich sah ihn verblüfft an, denn darüber hatte ich noch gar nicht nachgedacht. Aber was gab es da groß zu überlegen? Wohin es Pao und Liang Sen trieb, da gehörte auch ich hin –

und zwar an ihrer Seite. »Natürlich nicht!«, erklärte ich spontan.

Pao wollte es ganz genau wissen. »Heißt das, du kommst mit nach Ballarat?«

»Ja, das heißt es! Ich werde noch heute auf der *Lagoda* anheuern oder eine Passage als Kabinenpassagier buchen, falls der Captain keine Verwendung für mich in seiner Mannschaft hat«, versicherte ich. Ihr Schicksal war auch mein Schicksal. So einfach war das. Wir durften nicht wieder getrennt werden. Alles andere war nebensächlich.

Pao strahlte über das ganze Gesicht. »Jetzt kann nichts mehr schief gehen, *qing bebe!«,* sagte er überschwänglich. »Dass Felix mit uns nach Australien geht, ist ein gutes Omen. Wir werden jede Menge Gold finden!«

»Und was willst du mit dem vielen Gold machen?«, fragte Chia Fen spöttisch.

»Dich gut unter die Haube bringen, *qing bebe* ein hübsches Haus kaufen und mit Felix zusammen Eigner eines stolzen Küstenschoners werden!«, sprudelte es aus Pao hervor.

Chia Fen errötete.

»*Schätzt nicht schwer erschwingliche Güter und die Menschen werden nicht zu Dieben*«, mahnte ihn Liang Sen nachsichtig mit einem weisen Spruch aus dem *Tao te king*. »Die Goldfelder von Ballarat werden kaum auf uns Chinesen warten, damit wir sie von ihren Schätzen befreien. Vielmehr dürften wir wohl von Glück reden, wenn wir genug Goldstaub finden, um unsere Schulden zu begleichen und noch ein wenig Geld übrig zu behalten, damit wir uns später irgendwo eine neue Existenz aufbauen können. Das wäre schon Grund genug, um dem Schicksal dankbar zu sein.«

Der fette Lageraufseher stand auf einmal vor mir. »Zeit um!«, knurrte er verdrossen. »Kutsche vor Tor!«

Ich wollte erst nicht glauben, dass wirklich schon zwei Stunden vergangen sein sollten. Osborne musste es sich anders überlegt haben und früher als verabredet zurückgekommen sein! Aber ein Blick auf meine Taschenuhr ergab, dass ich mich sogar schon zweieinhalb Stunden im Lager aufhielt. So nahm ich denn widerwillig Abschied von meinen Freunden. Ich versicherte, ihnen umgehend mitzuteilen, welches Arrangement ich mit dem Captain der *Lagoda* getroffen hatte.

»Überstürze nichts, Chia Wang«, gab mir Liang Sen mit auf den Weg. »Denke an das Tao und seine Lehren. *Richtet das Augenmerk nicht aufs Begehren und das Menschenherz bleibt unbetört.* Die Kraft liegt im Anfang und in der Beständigkeit. *Ein Baum von mehreren Spannen Umfang erwächst aus einem zarten Sproß. Ein Turm von neun Stockwerken ersteht aus einem Haufen Erde. Eine Reise von tausend Meilen beginnt mit einem Schritt.* Deshalb versuche nicht, etwas zu erzwingen!«

»Ich werde mich bemühen den Rat zu beherzigen, *See-bok*«, versprach ich.

Chia Fen machte zum Abschied nur eine stumme, höfliche Verbeugung, als hätte sie mir nichts zu sagen und auch kein Interesse mich wieder zu sehen. Das schmerzte mich ein wenig.

Pao begleitete mich noch zum Tor. »Irgendwie habe ich das Gefühl, dass Chia Fen sich nicht gerade gefreut hat mich wieder zu sehen«, sagte ich zu ihm. »Kannst du mir das vielleicht erklären?«

»Chia Fen hat manchmal ihre . . . na ja, komischen Anwandlungen und Launen. Du darfst nichts drauf geben. Wer weiß denn schon, was in Frauen wirklich vorgeht?«, antwortete er ausweichend. »Was immer man auch macht, es ist das Falsche. Also zerbrich dir wegen ihr nicht den Kopf.«

»Sie wirft es mir vor, nicht wahr?«, fragte ich ahnungsvoll.

Pao tat, als verstünde er nicht. »Was soll sie dir denn vorwerfen, Felix?«

»Das weißt du so gut wie ich! Immerhin bin ich es gewesen, der ihre Amme daran gehindert hat, ihr die Fußknöchel mit einem Stein zu zertrümmern und ihr die Füße zu jenen winzigen ›Lotusblüten‹ zu binden, wie es bei euch noch immer üblich ist!«, sagte ich und dachte mit Schaudern an die grausame Prozedur, mit der seit tausend Jahren chinesischen Mädchen im Alter von drei, vier Jahren die Füße verkrüppelt werden, nur um sie in jahrelanger Quälerei einem abwegigen Schönheitsideal nahe zu bringen. Dass sie danach nur noch unsicher auf den Zehenspitzen tippeln konnten und bis an ihr Lebensende unter Schmerzen zu leiden hatten, nahm man in Kauf.

»Damit hast du Chia Fen schreckliche, lebenslange Schmerzen erspart«, erwiderte er, doch seine Antwort klang reichlich lahm.

»Aber gleichzeitig auch ihre Chancen vernichtet eine gute Partie zu machen. Denn gebundene Füße gelten bei euch als erotisch und geradezu als ein ›Muss‹ für jede chinesische Frau aus gutem Haus, um bei der Ehevermittlung als Braut überhaupt in Betracht gezogen zu werden. Nur die unteren Klassen weigern sich doch ihren Kindern die Füße brechen und binden zu lassen«, erinnerte ich ihn. »Und nun macht mich Chia Fen dafür verantwortlich, dass kein Mann aus gutem Haus sie jemals heiraten wird. So ist es doch, nicht wahr?«

Er zog eine Grimasse. »Ja, schon möglich«, gab er widerstrebend zu. »Aber nimm dir das nicht so zu Herzen! Chia Fen bleibt bestimmt nicht ohne Mann, denn sie ist ein hübsches Mädchen, was sie hier im Lager unter so vielen Männern aber möglichst zu verbergen sucht, wie wir es ihr geraten haben. Außerdem habe ich mich damals ja genau wie du gegen die Amme gestellt . . .«

»Aber erst, nachdem ich dich ordentlich bearbeitet und überredet hatte!«

»Und wennschon. Was hatten wir junge Burschen damals denn zu sagen? Gar nichts! Die endgültige Entscheidung lag doch bei *qing bebe*. Auch er wollte Chia Fen nicht dieser schrecklichen Prozedur aussetzen. Es war sein Wort, das sie davor bewahrt hat, verkrüppelt zu werden. Und das war auch gut so. Denn sonst hätte sie die schweren Jahre, in denen wir von Ort zu Ort gezogen sind, wohl kaum so gut durchgestanden. Sie hätte nicht laufen, geschweige denn hier und da Arbeiten auf dem Feld übernehmen können, was sie immer wieder mal tun musste, um etwas zu unserem Überleben beizutragen. Zu einem Wagen haben wir es nie gebracht. Nein, mit gebundenen Füßen hätte sie nicht einmal zwei Meilen am Tag trippeln können. Wir hätten sie irgendwo in einem Dorf zurücklassen müssen, und was dann aus ihr geworden wäre, kannst du dir bei der Not, die überall herrscht, wohl denken. Ihr Schicksal wäre bestenfalls das eines Sing Girls gewesen. Aber wahrscheinlicher ist, dass sie irgendwo in einem schäbigen Freudenhaus gelandet wäre.«

Ich machte dennoch ein betrübtes Gesicht. »Ich hoffe, sie

wird es mir nicht ewig nachtragen. Aber lassen wir das. Sag mir, wie es euch hier wirklich geht, Pao.«

Er warf mir einen bitteren Blick zu. »Ich . . . nein, wir alle sind froh, wenn es in drei Tagen endlich losgeht. Du kannst dir gar keine Vorstellung davon machen, wie eingepfercht wir in diesen verlausten Baracken leben müssen. In einer Gefängniszelle hätten wir bestimmt dreimal so viel Platz wie hier. Und das Essen ist ein grässlicher Fraß, den ein Bauer nicht einmal seinem Vieh vorwerfen würde«, beklagte er sich. »Aber das Schäbigste sind die Dreckskerle, die im Dienst von Ho Fuk Tong stehen und hier im Lager die gutgläubigen Bauern zum Glücksspiel verleiten und auf diese Weise immer tiefer in Schulden führen. Es ist eine Schande, ja geradezu verbrecherisch, was in diesen Lagern getrieben wird!«

Der Lageraufseher machte sich bemerkbar, indem er lautstark den Rotz aus seiner Nase hochzog und ihn neben mir auf den Boden spuckte. »Zeit um! . . . *Chop-chop!«*, brummte er ungeduldig und wies auf die Kutsche, die vor dem halb offenen Tor stand. Osborne saß auf der hinteren Sitzbank.

Pao bemerkte ihn und runzelte die Stirn. »Bist du wieder mit ihm zusammen?«, fragte er enttäuscht.

»Nein, aber Osborne hat mir geholfen euch zu finden«, sagte ich mit dem unangenehmen Gefühl mich verteidigen und Osborne in Schutz nehmen zu müssen.

Pao wandte der Kutsche den Rücken zu und ein glückliches Lächeln vertrieb den Schatten von seinem Gesicht. »Ich bin ja so froh, dass wir wieder zusammen sind, Chia Wang. Jetzt wird mir die Überfahrt bestimmt nur halb so schwer fallen. Ich kann es gar nicht erwarten, mit dir in Australien nach Gold zu schürfen. Sieh bloß zu, dass du irgendwie auf die *Lagoda* kommst!«

Ich versprach ihm nichts unversucht zu lassen.

*

»Na, hast du zwei angeregte Plauderstunden mit deinen chinesischen Freunden verbracht?«, begrüßte Osborne mich spöttisch, als ich zu ihm in den Wagen stieg.

»Zur *Lagoda* an der Australia Pier!«, rief ich dem Kutscher zu, kaum dass ich den Schlag hinter mir ins Schloss gezogen hatte, und ertappte mich dabei, dass auch ich ein ungeduldiges *»Chop-chop!«* hinzufügte.

»Zur *Lagoda?* Da komme ich gerade her«, sagte Osborne und fragte in gespielter Verwunderung: »Was willst du denn auf diesem Kulischiff? Musst du nicht auf die *Skylark* zurück?«

»Nein, ich kann jederzeit abmustern, das habe ich im Frühjahr mit Captain Orville ausgemacht. Ich habe mich entschlossen mit meinen Freunden nach Australien zu segeln und auf den Goldfeldern von Ballarat mein Glück zu versuchen. Aber was wollten denn Sie auf der *Lagoda?«*

«Das, was ich schon lange geplant habe, nämlich eine Passage nach Melbourne buchen.«

»Sie haben was?«, stieß ich ungläubig hervor.

»Ja, stell dir vor, ich habe eine Überfahrt nach Australien gebucht. Ist das nicht ein unglaublicher Zufall, mein lieber Felix?«, fragte er vergnügt. »Oder sollte ich lieber von einem eindeutigen Wink des Schicksals sprechen? Denn offenbar wollen es die geheimnisvollen Mächte, dass wir zusammenbleiben.«

»Was, um alles in der Welt, wollen Sie in Australien?«, fragte ich verständnislos. »Erzählen Sie mir bloß nicht, dass Sie sich in Ballarat oder Bendigo als Goldschürfer versuchen wollen!«

Osborne lachte. »Um Gottes willen, nein! Nicht einmal stockbetrunken käme ich auf den einfältigen Gedanken in der Erde wühlen und mein Glück einer elenden Waschpfanne anvertrauen zu wollen. Das wahre Gold findet man an solchen Orten nicht *in* der Erde, sondern *über* der Erde – nämlich in den wirklich lukrativen Geschäften mit dem Gold!«

»Sie meinen mit Opium!«

»Wo Chinesen sich zu vielen Tausenden zusammendrängen, da verwandelt sich Opium fast von selbst in Gold«, erwiderte Osborne zynisch. »Australien ist ein idealer Ort für uns, Felix. Für die großen Handelshäuser wie *Jardine Matheson* und *Dent*, die ganze Schiffsladungen umschlagen, ist der australische Markt noch zu unbedeutend, um sich dort zu engagieren. Auch die Geheimbünde haben in den Camps noch nicht annähernd die Macht, wie sie die Triaden auf dem chinesischen Festland ausüben. Deshalb bieten die Chinesenviertel der australischen Goldgräberstädte für einen unabhängigen Händler meines Kalibers die allerbesten Voraussetzungen sich im Handumdrehen eine goldene Nase zu verdienen. Du kannst deinen Anteil daran haben, Felix. Denk an das eigene Schiff, das du dir in zwei, drei Jahren verdient haben kannst!«

»Das verdiene ich mir lieber auf ehrliche Art!«

Er seufzte und sagte: »Schade, deine Kurzsichtigkeit ist wirklich zu bedauern. Aber vielleicht überlegst du es dir ja noch einmal, wenn wir uns demnächst in Ballarat wieder sehen.«

Ich stutzte. »Was heißt, wenn wir uns in Ballarat wieder sehen? Wir segeln auf demselben Schiff nach Melbourne!«

»So? Das bezweifle ich doch sehr. Denn die letzte freie Kabine habe ich gebucht und ich gehe jede Wette ein, dass Captain Scoffield dich nicht anheuern wird, weil seine Mannschaft nämlich komplett ist«, sagte Osborne fast genüßlich. »Es tut mir Leid, Felix, aber so, wie die Dinge stehen, wirst du nicht an Bord sein, wenn die *Lagoda* in drei Tagen ausläuft.«

Er klang ganz und gar nicht, als ob ihm das wirklich Leid täte. In mir wurde vielmehr der Verdacht wach, dass dies kein Zufall, sondern von ihm arrangiert war. »Das werden wir ja sehen!«, stieß ich ärgerlich hervor.

Wenig später erreichten wir die Australia Pier, wo die *Lagoda*, eine recht betagte Bark, vertäut lag. »Danke für Ihre Bemühungen«, murmelte ich und stieß den Schlag auf. »Sie brauchen nicht auf mich zu warten.«

»Oh, ich warte gern«, erwiderte Osborne mit einem feinen Lächeln und zog eine Zigarre hervor. »Es wird wohl nicht lange dauern, bis du wieder zurück bist.«

Wütend sprang ich aus der Kutsche und ging an Bord des britischen Schiffes, das seit Ausbruch des australischen Goldfiebers als Kulischiff zwischen Hong Kong und Melbourne segelte. Ich war entschlossen Osborne zu beweisen, dass ich auch ohne seine Hilfe an Bord sein würde, wenn die *Lagoda* in drei Tagen die Leinen loswarf.

Captain Kenneth Scoffield, ein stämmiger und grobschlächtiger Mann in den Fünfzigern mit einem dichten, verfilzten Bart, der ihm bis auf die Brust reichte, fertigte mich in weniger als drei Minuten auf dem Achterdeck ab.

»Alle Kabinen sind vergeben und meine Mannschaft ist

vollständig, Mister Faber«, teilte er mir knapp und wenig umgänglich mit.

»Ich bin bereit die Reise notfalls auch ohne Heuer oder als einfacher Seemann vor dem Mast zu machen!«, bot ich ihm an. »Irgendeine freie Koje werden Sie auf der *Lagoda* doch wohl für mich haben, Captain!«

Kenneth Scoffield bedachte mich mit einem Blick, als hätte ich ihn beleidigt. »Für wen halten Sie mich? Ich habe noch keinen anständigen Seemann um seine Heuer betrogen. Und das mit dem einfachen Seemann vor dem Mast ist ja wohl das Lächerlichste, was ich seit langem gehört habe!«, polterte er. »Ich habe genug Männer in meiner Crew, die Sie als den Ersten von der *Skylark* kennen. Es gäbe Aufruhr unter der Mannschaft, wenn ich einen wie Sie vor den Mast schicken würde. Sie würden irgendeine Schweinerei von mir dahinter vermuten. Und Unruhe unter der Mannschaft kann ich bei einer verdammten Ladung Chinks nicht gebrauchen! Also suchen Sie sich gefälligst ein anderes Schiff. Einen guten Tag, Mister Faber!« Damit ließ er mich stehen.

Ratlos und bedrückt ging ich von Bord. Als ich Osbornes selbstgefälliges Grinsen sah, stieg Groll in mir auf. Ich presste die Lippen zusammen und lief wütenden Schrittes an der wartenden Mietkutsche vorbei.

Osborne befahl dem Kutscher zu drehen und neben mir herzufahren. »Felix, was soll das? Du wirst doch mich nicht dafür verantwortlich machen wollen, dass Captain Scoffield weder eine Kabine für dich hat noch dich auf seine Heuerliste setzen will, oder?«

Ich gab ihm keine Antwort, sondern blickte mit grimmiger Miene stur geradeaus, während ich in blinder Eile über die

Pier stiefelte. Denn ich wusste wirklich nicht, was ich nun machen und wohin ich mich wenden sollte.

»Na, komm schon, Felix! Sei kein kindischer Trotzkopf und steig wieder ein!«

Ich ignorierte seine Aufforderung.

»Dieses trotzige Spielchen ist deiner doch gar nicht würdig, Felix. Außerdem ist es auch äußerst unvernünftig, wenn du deinen Groll über dein Pech nun auf mich abladen willst. Ja, es wäre nicht nur ungerecht, sondern ausgesprochen dumm. Denn ich bin der Einzige, der dafür sorgen kann, dass du doch noch mit der *Lagoda* nach Melbourne kommst.«

Unwillkürlich blieb ich stehen. »Ach nein, wollen Sie mir vielleicht Ihre Kabine überlassen?«, rief ich und funkelte ihn wütend an. Denn ich hegte nicht den geringsten Zweifel, dass er mir in voller Absicht die letzte Kabine auf der *Lagoda* vor der Nase weggeschnappt hatte.

»Nein, das habe ich nicht vor. Aber ich gebe dir mein Wort, dass ich dein Problem lösen werde – wenn du mir eine Chance dazu gibst!«

Zwischen Skepsis und Hoffnung hin- und hergerissen, sah ich ihn scharf an. »Ist das Ihr Ernst?«

Osborne hielt meinem eindringlichen Blick stand, ohne mit der Wimper zu zucken. »Bei allem, was mir heilig ist . . .«

»Ihnen ist doch überhaupt nichts heilig!«, unterbrach ich ihn.

Er lächelte. »Also gut, dann lass es mich anders sagen, nämlich in Form einer Wette: Wenn ich es nicht schaffe, dich an Bord der *Lagoda* zu bringen, schulde ich dir fünfhundert Pfund Sterling. Und du weißt, dass Spielschulden für mich Ehrenschulden sind.«

Ja, das wusste ich in der Tat. Deshalb war meine Überraschung auch wirklich groß. Fünfhundert Pfund Sterling! Das war ein Haufen Geld, den er wohl kaum riskierte, ohne sich seiner Sache völlig sicher zu sein. Ich wollte mich jedoch nicht zu früh freuen.

»Wetten haben es gewöhnlich so an sich, dass jeder der Beteiligten einen Einsatz leisten muss. Was haben Sie sich also vorgestellt, das ich dabei riskieren soll?«, fragte ich misstrauisch.

»Nichts weiter als ein wenig Vertrauen und guten Willen, Felix«, erwiderte Osborne mit einem entwaffnenden Lächeln und öffnete den Kutschenschlag. »Und ein Zeichen dieses guten Willens wäre es schon, wenn du mich nicht länger für dein Pech verantwortlich machen und wieder zu mir einsteigen würdest, damit wir in aller Ruhe und wie zwei zivilisierte Menschen alles Weitere bereden können.«

»Wie kommt es bloß, dass es Ihnen immer wieder gelingt, Ihren Willen durchzusetzen?«, fragte ich kopfschüttelnd und stieg zu ihm in die Kutsche.

»Weil ich mich unsentimental an die nackten Tatsachen des Lebens halte und bereit bin für alles einen fairen Preis zu zahlen.«

»Dann sagen Sie mir, welchen Preis Ihre Gefälligkeit hat mein Problem mit der *Lagoda* zu lösen?«, fragte ich erneut, während die Kutsche anruckte.

»Ich glaube, ich habe einen Narren an dir gefressen, Felix. Wir haben zusammen eine Menge erlebt und ich sehe zwischen uns mehr verbindende Gemeinsamkeiten, als du vielleicht wahrhaben willst. Nein, warte! Spar dir diesmal deinen Widerspruch und lass mich bitte ausreden!«, bat er, als er sah, dass ich ihm ins Wort fallen wollte. »Wir haben dem Tod mehr als einmal gemeinsam ins Auge geschaut, und das verbindet. Außerdem bist du ein aufgeweckter Bursche, mit dem man etwas anfangen kann. Lach nicht, aber wir sind einfach füreinander geschaffen. Ich kann viel für dich tun, und jemanden wie dich an meiner Seite zu haben, wenn ich mein Unternehmen in Australien aufbaue, wäre ein großer Gewinn für mich. Deshalb möchte ich gerne, dass du mein Partner wirst.«

»Aber ich habe kein Interesse an einer solchen Partnerschaft!«, entgegnete ich. »Mit Opium will ich nichts zu tun haben. Und wenn das der Preis ist . . .«

»Du wirst als mein Partner in Australien nichts mit Opium zu tun haben, das verspreche ich dir!«, fiel er mir schnell ins Wort. »Diese Sache kann ich allein meistern. Dich brauche ich für meine anderen Vorhaben und das werden völlig legale Geschäfte sein, die mit Opium nicht das Geringste zu tun haben.«

»Und welche wären das?«

Osborne vollführte mit der Zigarre in der Hand eine vage Bewegung und hinterließ einen Rauchkringel in der Luft. »Das kann ich erst vor Ort entscheiden. Aber sicher ist, dass ich mein Geld umgehend in respektable Unternehmungen zu investieren gedenke, und du sollst mir dabei helfen, diese aufzubauen.«

Unschlüssig nagte ich an meiner Unterlippe.

»Gib mir nur ein Jahr zur Probe, Felix! Ein Jahr des guten Willens und Einsatzes für meine respektablen Geschäfte ist alles, was ich von dir als Gegenleistung erwarte«, setzte er sofort nach. Er sprach mit einer Begeisterung und Eindringlichkeit, von der er zweifellos hoffte, dass sie wie die Funken eines lodernden Feuers auf mich überspringen würden. »Was ist für einen jungen Mann wie dich denn schon ein Jahr? Deine Freunde haben sich für zwei Jahre verpflichtet, wie ich von Lee Wong Cao erfahren habe – und zwar für zwei Jahre härtester Knochenarbeit! Den Kulis wird nichts geschenkt, das kannst du mir glauben. Du wirst deinen Freunden in der Position, die ich für dich vorgesehen habe, eine große Hilfe sein. Ich bin unter Umständen sogar bereit mit ihrem chinesischen Agenten in Australien zu reden und sie freizukaufen, wenn er damit einverstanden ist. Ja, notfalls werde ich ihm sogar mehr als die knapp vierundzwanzig Pfund Sterling, die sie schuldig sind, als Ablösesumme bieten.«

»Sie sind ja bestens unterrichtet.«

Osborne nahm meine Bemerkung als Kompliment und lächelte. »Ich bin immer bemüht umfassend informiert und den anderen mindestens zwei Schritt voraus zu sein. Das gehört nun mal dazu, wenn man gute Geschäfte machen will«, erwiderte er selbstbewusst. »So, nun kennst du mein Angebot. Ich appelliere nicht etwa an deine Ehre und daran, dass du mir etwas schuldig bist, weil ich dir gestern das Leben gerettet habe. Ich appelliere allein an deine Vernunft und daran, dass du eine günstige Gelegenheit beim Schopf zu packen weißt.«

»Ach, und das soll ich glauben?«, höhnte ich, denn ich war mir sicher, dass er mich ganz bewusst daran erinnert hatte, wem ich letzte Nacht meine Rettung aus höchster Todesgefahr zu verdanken hatte.

»Lege es aus, wie es dir beliebt, Felix, aber entscheide dich – und zwar jetzt!«, verlangte er. »Denn wenn du wirklich mit der *Lagoda* segeln willst, bleibt mir nicht mehr viel Zeit, um das zu arrangieren.«

Mir brach der Schweiß aus und ich wünschte, ich hätte mehr Zeit, um länger über das Für und Wider nachdenken zu können. »Wie wollen Sie das überhaupt bewerkstelligen?«, fragte ich, um eine kleine Bedenkzeit herauszuschinden.

»Das lass mal meine Sorge sein«, wehrte Osborne ab. »Sag mir lieber, wofür du dich entschieden hast. Ich will jetzt ein Ja oder Nein hören!«

Meine innere Zerrissenheit hätte kaum größer sein können. Einerseits wollte ich mit Osbornes Geschäften nichts zu tun haben, nicht einmal mit seinen geplanten respektablen Unternehmungen. Andererseits bot er mir aber nicht nur die Möglichkeit doch noch auf die *Lagoda* zu gelangen, sondern er stellte mir auch in Aussicht meine Freunde von ihrer zweijährigen »Leibeigenschaft« freizukaufen. Zudem stand ich schwer in seiner Schuld. Immerhin hatte er mir das Leben gerettet. Und wenn er nicht gewesen wäre, hätte ich Pao, Liang Sen und Chia Fen kaum wieder gefunden. Wie ich es auch drehte und wendete, jede Entscheidung würde mich mit Unbehagen erfüllen und einen bitteren Nachgeschmack haben.

Was hätte ich darum gegeben, mich erst einmal mit Pater Johann-Baptist bereden zu können. Doch der Missionar war vor einigen Tagen nach Amoy gereist, um dort nach dem Rechten zu sehen. Ich konnte auch von Liang Sen keinen Rat einholen. Osborne erlaubte mir keinen weiteren Aufschub. Meine Entscheidung musste hier und jetzt erfolgen.

Was ist schon ein Jahr?, wiederholte ich in Gedanken Osbornes Worte. Hatte ich in meinem Leben nicht schon ganz andere Opfer auf mich genommen? Und war die Freiheit meiner Freunde dieses Opfer nicht mehr als wert?

Daran hielt ich mich fest. Ich redete mir selbst ein, dass mir guten Gewissens gar keine andere Wahl blieb als das Angebot anzunehmen. Zumal Osborne mir ja versprochen hatte mich nur für wirklich respektable Aufgaben einzusetzen.

»Also gut!«, stieß ich schließlich gepresst hervor. »Aber nur für ein Jahr! Und vorausgesetzt, Sie tun wirklich alles, um meine Freunde freizukaufen!«

»Mein Ehrenwort gegen dein Ehrenwort?«

Ich nickte. »Wenn Sie zu Ihrem Teil der Abmachung stehen, stehe ich zu meinem. Sie haben mein Ehrenwort.«

Osbornes Gesicht leuchtete auf. In seiner Freude warf er die gerade erst angerauchte Zigarre in hohem Bogen ins Wasser des Hafenbeckens und schlug mir begeistert auf die Schulter. »Na endlich! Wunderbar, Felix! Wusste ich es doch, dass du zur Vernunft kommen würdest. Ich sage dir, du wirst es nicht bereuen. Wir beide werden ein perfektes, unschlagbares Gespann sein.«

Der bittere Nachgeschmack meiner Entscheidung stellte sich sofort ein, als ich wenig später allein mit mir und meinen Gedanken war. Aus dem einstigen unwissenden Laufburschen des Opiumhändlers war nun ein erwachsener Partner geworden, der nicht mehr die Entschuldigung jugendlicher Naivität für sich ins Felde führen konnte. Ich war ihm ins Netz gegangen und er zog es nun geschickt zu, sodass ich hilflos darin zappelte.

*

Meine Entscheidung stürzte mich in ein Wechselbad gegensätzlicher Gefühle und Stimmungen. So war es nicht verwunderlich, dass ich eine unruhige Nacht und einen noch rastloseren Tag verbrachte, während ich auf Nachricht von Osborne wartete.

Captain Orville hielt sich an sein Wort und machte mir keine Schwierigkeiten, als ich ihm mitteilte, dass ich mit dem nächsten Schiff nach Australien zu segeln gedachte. Großzügig erteilte er mir die Erlaubnis an Bord der *Skylark* zu bleiben, bis ich wusste, mit welchem Schiff ich nach Melbourne segeln würde.

Am Vormittag fuhr ich zum Sammellager hinaus, weil ich mit Pao und Liang Sen sprechen wollte, erhielt diesmal jedoch keinen Einlass. Der feiste Verwalter verwehrte mir den Zutritt. Er erwies sich sogar als unglaublich standhaft, als ich ihn mit Geld zu bestechen versuchte, was mich sehr aus der Fassung brachte.

»Hier kein Gasthaus!«, beschied mich Loo Wong Cao mürrisch. »Nicht kommen und gehen wie in Hafentaverne! . . . Bereiten Abreise vor. *Fangui* nur bringen Unruhe. Fremde im Lager hat Ho Fuk Tong verboten.«

Ich redete mit Engelszungen auf ihn ein und bot ihm schließlich ein halbes Pfund für eine halbe Stunde Besuchszeit, was ein geradezu idiotisch hohes Bestechungsgeld für solch eine kleine Gefälligkeit war.

Aber Loo Wong Cao wankte nicht eine Sekunde. »Du kommen nicht rein! Kehre zu deinesgleichen zurück, *fangui!*« Er spuckte geringschätzig in den Sand und knallte das Tor vor meiner Nase zu.

Die Standhaftigkeit des Lageraufsehers weckte Argwohn in mir. Dass Chinesen einen ausgeprägten Stolz besitzen und bedeutend mehr auf ihre Ehre geben, als wir Weißen ihnen gemeinhin zubilligen, hatte ich schon als Junge in Canton erfahren. Aber dass ein Mann wie Loo Wong Cao, dessen Bestechlichkeit Osborne schon zur Genüge bewiesen hatte, sich plötzlich auf Prinzipientreue besann und ein halbes Pfund Sterling, ohne mit der Wimper zu zucken, ausschlug, das machte keinen Sinn.

Es sei denn, Osborne steckte dahinter!

Dieser Verdacht befiel mich auf der Rückfahrt zum Hafen. Osborne plante alles von langer Hand. Sicher wusste er, dass mich heftige Gewissensbisse quälten, weil ich sein Angebot angenommen hatte. Und womöglich befürchtete er, ein Gespräch mit meinen chinesischen Freunden könnte mich dazu bringen, es mir noch einmal anders zu überlegen und in letzter Minute abzuspringen. Darum hatte er wohl dafür gesorgt, dass ich vor der Abreise keine Gelegenheit mehr erhielt mit meinen Freunden ein Gespräch zu führen.

Osborne traute ich mittlerweile alles zu, jeden schmutzigen Trick und Dreh, den sich ein Mensch nur ausdenken kann, um seine Interessen zu wahren. Er rechnete sich aus, was zu seinem Nachteil geschehen konnte, und baute dem vor. Dem anderen immer mindestens zwei Schritte voraus sein! War das nicht seine Devise? Er wollte auf Nummer sicher gehen, dass ich an unserer Abmachung festhielt.

Am Nachmittag erhielt ich eine schriftliche Nachricht von Osborne, die er mir wieder durch einen chinesischen Boten an Bord der *Skylark* schickte. Sie war noch kürzer und geheimnisvoller als die Zeilen auf seinem ersten Billett und lautete:

> Zeige dich heute Abend um 21 Uhr 30 auf der Veranda des *Victoria*. Spaziere scheinbar zufällig an unserem

Tisch vorbei und überlass alles Weitere mir. Verkneife dir Fragen und spiel das Spiel mit, das ich vorgebe!
Gruß F. O.

Auf die Minute genau um 21 Uhr 30 schritt ich die Stufen zur Hotelveranda hinauf. Voller Anspannung ging ich an den kleinen Gruppen bequemer Korbsessel vorbei, die zu dieser milden Abendstunde ausnahmslos besetzt waren. Gut gekleidete Männer, einige davon in Begleitung von Frauen in nicht weniger gepflegter Abendgarderobe, gaben sich dem Vergnügen hin hier ein gutes Hotelessen mit Brandy und Tabakgenuss abzuschließen, während die Frauen an ihrer Seite schicklich an ihrem Sherry nippten. Aus dem Speisesaal, dessen hohe Flügeltüren zur überdachten Terrasse hin offen standen, drang mit dem warmen Licht der funkelnden Kronleuchter auch das Stimmengewirr und Gelächter jener Gäste auf die Veranda hinaus, die sich dort zu einem späten Nachtessen eingefunden hatten.

Osborne bemerkte mich, bevor mein Blick ihn gefunden hatte. So brauchte ich meine Überraschung gar nicht vorzutäuschen, als ich plötzlich seine Stimme hörte. »Felix? In der Tat, du bist es!«, rief er erfreut.

Ich wandte mich nach links und sah Osborne in einem Korbsessel, der von einem der Stützbalken halb verdeckt war. Wer der Mann war, der bei ihm saß, konnte ich nicht erkennen, da er mir den Rücken zukehrte.

Osborne winkte mir zu. »Komm, leiste uns auf einen Drink Gesellschaft!«, lud er mich ein. »Wir haben noch gar keine Gelegenheit gehabt voneinander Abschied zu nehmen, mein Bester.«

Ich trat zu ihm – und sah an dem kleinen Terrassentisch niemand anderen als Captain Scoffield sitzen, mit einem von reichlich Alkohol sichtlich geröteten Gesicht.

Verblüfft sah er zu mir hoch. »Sie kennen sich?«, fragte er überrascht.

Osborne lachte. »Das kann man wohl sagen!« Und sofort begann er von den Abenteuern zu erzählen, die wir vor Jahren auf dem Xi Jiang gemeinsam erlebt hatten. Dabei sorgte er dafür, dass dem Captain immer wieder aus der Kristallkaraffe mit dem edlen Brandy nachgefüllt wurde, sowie dieser sein Glas geleert hatte. Der Captain ließ sich das nur allzu gern gefallen, wie seine Miene verriet. Denn alles ging auf Osbornes Rechnung.

Ich spielte diese Scharade mit, ohne auch nur den Schimmer einer Ahnung zu haben, was das eigentlich sollte. Was erhoffte sich Osborne davon, dass er Captain Scoffield so großzügig bewirtete? Der Mann machte auf mich nicht den Eindruck, als würde er sich umstimmen lassen, nur weil ihm ein gutes Essen und ein paar Drinks spendiert wurden. Zudem hatte Osborne unser Zusammentreffen ja als reinen Zufall inszeniert. Wie wollte er es also bewerkstelligen, dass Captain Scoffield mich doch noch auf der *Lagoda* mitnahm, ob nun als Passagier oder als Teil der Mannschaft?

Eine knappe halbe Stunde später wusste ich die Antwort.

»Was will denn Maggot hier?«, fragte Captain Scoffield plötzlich verdutzt und machte eine ungehaltene Miene.

»Maggot?« Osborne tat, als wundere er sich, dass jemand solch einen unappetitlichen Namen wie »Made« tragen konnte.

»Norman Woodward, mein Schiffskoch. Man hatte ihm

diesen Spitznamen ›Maggot‹ schon verpasst, bevor er bei mir anheuerte«, erklärte Captain Scoffield widerwillig. »Er ist nicht gerade der Liebling der Mannschaft, das will ich gern zugeben, aber Passagiere haben an Bord der *Lagoda* noch nie Grund zur Klage gehabt!«

»Made« – was für ein viel sagender Spitzname für einen Schiffskoch!, dachte ich.

Norman Woodward, ein hagerer Mann mit den herben Zügen eines Asketen und einem spiegelglatten Schädel, stürzte atemlos und sichtlich erregt zu uns an den Tisch.

»Captain . . .« Er rang nach Atem.

»Was ist, Woodward?«, fragte Captain Scoffield unleidlich. »Was haben Sie hier verloren? Droht die *Lagoda* zu sinken oder ist ein Feuer ausgebrochen?«

»Nein, Sir . . . und entschuldigen Sie, dass ich hier . . . einfach so hereinplatze, Captain«, stieß der Schiffskoch abgehackt hervor. »Aber ich habe heute Morgen zufällig mitbekommen, dass Sie sich hier mit Mister Osborne verabredet haben . . . und ich dachte, Sie würden es bestimmt umgehend wissen wollen . . . das mit Mister Young, Sir.«

»Kommen Sie schon zur Sache, Woodward!«, forderte Captain Scoffield ihn ungeduldig auf. »Was ist mit Mister Young?«

Der Schiffskoch schluckte und drehte seine Kappe nervös zwischen den Händen. »Sir, es hat da einen . . . einen hässlichen Vorfall gegeben . . .«

»Verdammt noch mal, seien Sie doch nicht so ein elender Umstandskrämer!«, blaffte der Captain ihn an. »Was ist passiert, Mann?«

»Mister Young soll versucht haben im *Tradewinds* einem Matrosen die Geldbörse zu stehlen!«

»Was soll er versucht haben?«, fragte Captain Scoffield ungläubig.

Woodward verzog das Gesicht zu einer entschuldigenden Grimasse, als fürchtete er für die schlechten Nachrichten, die er überbrachte, persönlich verantwortlich gemacht zu werden. »Aye, Captain, ein Taschendiebstahl, so heißt es. Mister Young hat die Anschuldigung jedoch empört zurückgewiesen und eine Entschuldigung verlangt. Darauf ist es in der Taverne mit den Matrosen, die zu einem amerikanischen Walfänger gehören, zu einer fürchterlichen Schlägerei gekommen. Dabei ist Mister Young übel zugerichtet worden. Sie haben ihm das linke Bein und einige Rippen gebrochen. Die Polizei hat ihn verarzten lassen und dann in eine Zelle gesperrt. Er soll am Montag vor den Richter kommen.«

»Verdammt!«, fluchte Captain Scoffield.

Mir schwante auf einmal Böses. »Wer ist Mister Young?«

»Jack Young ist mein Erster!«, knurrte der Captain.

Ich erblasste, als ich die Zusammenhänge erkannte, und blickte schockiert zu Osborne hinüber. Diesen brutalen Überfall auf den Ersten Offizier der *Lagoda* hatte er eingefädelt, um mich an Bord zu bekommen. Einmal mehr war ich entsetzt über die Skrupellosigkeit, zu der er fähig war.

Osborne schüttelte mit geheuchelter Bestürzung den Kopf. »Das ist ja eine äußerst unerfreuliche Geschichte«, sagte er. »Aber ich bin sicher, dass sich diese Sache mit dem Taschendiebstahl vor Gericht als völlig gegenstandslos erweisen wird. Der Richter wird schon wissen, was von der Aussage angetrunkener Amerikaner zu halten ist. Immerhin ist Mister Young der unbescholtene Erste Offizier eines britischen Handelsschiffes!«

»Selbstverständlich wird ihn der Richter von dieser lächerlichen Anklage freisprechen!«, pflichtete ihm Captain Scoffield erbost bei. »Aber darum wird sich mein hiesiger Schiffsagent kümmern müssen. Denn ich kann es mir nicht erlauben, bis Montag oder gar noch länger hier zu warten. Morgen nehme ich die sechshundertdreizehn Kulis an Bord. Und mit dieser Fracht im Zwischendeck bleibe ich nicht einen Tag länger als notwendig im Hafen liegen!«

Osborne nickte verständnisvoll. »Ja, jeder zusätzliche Tag Verpflegung für so viele Schlitzaugen schlägt bestimmt kräftig zu Buche und frisst empfindlich am Profit.«

»Außerdem hat es gar keinen Sinn, auf Young zu warten«, fügte der Captain hinzu. »In seinem Zustand kann er keinen Dienst tun. Mit einem gebrochenen Bein käme er nicht einmal bei ruhiger See den Niedergang hoch.«

»Dann werden Sie sich wohl oder übel nach einem neuen Ersten umsehen müssen«, meinte Osborne leichthin, schlug sich plötzlich auf den Schenkel und lachte auf. »Mein Gott, weit brauchen Sie ja gar nicht zu blicken, um einen guten Ersten zu finden. Wir haben doch einen bei uns am Tisch sitzen – Felix, pardon: Mister Faber! Ein äußerst tüchtiger Mann, wie ich vom Captain der *Skylark* gehört habe. Da soll mich doch der Teufel holen, wenn das nicht der kurioseste Zufall ist, den ich bisher erlebt habe!«

Ein verblüffter Ausdruck trat auf Captain Scoffields Gesicht. »In der Tat!« Er wandte sich mir zu. »Haben Sie schon eine neue Heuer gefunden oder sind Sie noch frei, Mister Faber?«

»Ich bin noch frei«, antwortete ich mit belegter Stimme.

»Himmel, du bist ja regelrecht blass geworden, Felix!«, stellte Osborne mit gespielter Verwunderung fest. »Diese

Geschichte ist dir offensichtlich stark an die Nieren gegangen. Sag, kennt ihr euch vielleicht, ich meine Jack Young und du?«

Mir war nicht nur das Blut aus dem Gesicht gewichen, sondern ich kämpfte auch gegen ein Gefühl der Übelkeit an. »Nein, wir kennen uns nicht. Ich bin nur angewidert von der abscheulichen Brutalität und Hinterhältigkeit, der Mister Young zum Opfer gefallen ist.«

Osborne zuckte unbeeindruckt die Achseln und wagte sogar mich anzulächeln. »Ja, die Welt ist durch und durch schlecht und keiner kann voraussagen, was einen hinter der nächsten Ecke erwartet. Das kann einen schon erschüttern. Aber wer weiß, vielleicht hat er sein Unglück ja herausgefordert? Außerdem: Die Macht des Lebens treibt den willenlosen, schwachen Menschen vor sich her wie der Wind ein welkes Laubblatt.«

Captain Scoffield bedachte Osborne mit einem irritierten Blick und sagte dann grimmig zu mir: »Also gut, dann betrachten Sie sich als angemustert und als mein neuer Erster, Mister Faber. Ich erwarte Sie morgen früh bei Sonnenaufgang an Bord meines Schiffes. Und jetzt entschuldigen Sie mich bitte! Ich will sehen, ob ich Mister Radcliff, meinen Schiffsagenten, noch im *Merchant's Club* antreffe, damit er sich um Young kümmert und ihn notfalls vor Gericht herauspaukt.« Er stemmte sich aus dem Korbsessel, dankte Osborne knapp für die Einladung und entfernte sich rasch mit dem asketischen Schiffskoch im Kielwasser.

Ich musste mich zusammenreißen, um Osborne nicht laut anzuschreien. »Sie Schwein!«, zischte ich leise, kaum dass wir allein am Tisch saßen. »Wie haben Sie bloß so etwas Abscheuliches tun können?«

Er hob nur leicht überrascht die Augenbrauen. »Was hast du, Felix? Captain Scoffield hat dich angeheuert. Du darfst die Reise sogar als Erster Offizier machen. Ich habe mein Versprechen somit gehalten und dafür verdiene ich wohl keinen Vorwurf, mein Bester!«, sagte er mit sanftem Tadel. »Das alles war gar nicht so leicht zu organisieren. Deshalb solltest du mir vielmehr Dankbarkeit und vielleicht sogar ein wenig Bewunderung zollen, weil ich es so schnell geschafft habe, dass du mit von der Partie bist, wenn wir am Samstagmorgen auslaufen.«

In ohnmächtiger Wut funkelte ich ihn an. »Sie haben dafür einen unschuldigen Mann krankenhausreif prügeln lassen! Das habe ich nicht gewollt! Unter diesen Umständen hätte ich mich niemals auf den Handel eingelassen!«

»Ach ja, ich vergaß die zarten Saiten deines Gewissens«, spottete er. »Nur komisch, dass dein Gewissen dich nicht davon abgehalten hat, die Früchte meines so abscheulichen Tuns zu ernten und Erster Offizier der *Lagoda* zu werden. Oder sollte ich deine empörten Proteste etwa überhört haben?«

Der Stich ging tief – und er traf mich zu Recht. Ich ekelte mich plötzlich vor mir selbst, weil ich der Versuchung nicht widerstanden hatte, obwohl ich doch wusste, welchem Verbrechen ich die Chance verdankte Erster Offizier auf der *Lagoda* zu werden und damit gemeinsam mit meinen Freunden die Reise nach Melbourne machen zu können.

»Das Wesen der Welt ist der Wille – und der Wille ist das Herz der Finsternis!«, erklärte Osborne. »Abgründe sind daher ganz alltäglich, mein Freund. Und wer das akzeptiert, den belohnt das Leben.«

Ich sah ihn verständnislos an. »Wie kann man bloß so etwas Zynisches und Gottloses glauben?«

Meine Erschütterung amüsierte ihn. »Du irrst, Felix. Ich bin gar nicht gottlos, wie du meinst. Ich habe es nur nicht so sehr mit dem Gott der Bibel, sondern ich halte es mehr mit den Göttern der alten Griechen. Die sind ganz nach meinem Geschmack, ihre Götterwelt spiegelt das Leben genau so wider, wie es auch für uns Menschen ist. Denn bei ihnen herrschen Gewalt, Mord, Blutschande und Machtkämpfe aller Art. – Sag, kennst du dich mit den Göttern der Antike aus?«

»Sparen Sie sich Ihren Hohn, Osborne!«

»Aber ich bitte dich, mir ist es ernst damit!«, beteuerte er vergnügt. »Lass mich dir ein paar Beispiele geben. Fangen wir bei Gaia, der Erde an, die von Eros geschwängert wird und Uranos, den Himmel gebiert. Dieser lässt sich mit seiner eigenen Mutter ein, womit wir schon den ersten Inzest haben, und zeugt mit ihr die Uraniden. Diese neue Göttergeneration entpuppt sich als einäugige Titanen, die der eigene Vater hasst wie die Pest. Er will sich seiner Kinder entledigen, aber seine Mutter und die Titanen drehen den Spieß um. Als Uranos es mal wieder mit seiner eigenen Mutter treiben will, kastriert ihn Kronos, einer seiner eigenen Söhne, mit einer Sichel und wirft die edlen Teile ins Meer . . .«

»Das reicht!«

»Aber jetzt geht es doch erst so richtig los, Felix! Denn dem Schaum, der sich nun im Meer bildet, entsteigt Aphrodite. Und Kronos zeugt nun mit seiner eigenen Schwester die dritte Göttergeneration, zu denen so schillernde Götterfiguren wie Hades, Poseidon und auch Zeus gehören«, fuhr Osborne ungerührt fort. »Kronos nun verschlingt seine eigenen

Kinder, weil ihm prophezeit wurde, dass er eines Tages von der Hand seines eigenen Sohnes sterben wird. Nur Zeus bleibt von dem kannibalischen Akt verschont und er zwingt schließlich seinen Vater die aufgefressenen Kinder wieder auszuspeien. Und jetzt entbrennt der blutige Kampf der Titanen.«

»Sie widern mich an, Osborne!«, stieß ich hervor, stand abrupt auf und ging davon.

»Warte, ich habe dir ja noch gar nicht von Pandora, diesem bildhübschen Miststück von einem Götterweib erzählt, der wir alle Plagen dieser Welt zu verdanken haben – zu denen übrigens auch die Hoffnung gehört, die dafür sorgt, dass die geplagten Menschen ihrem elenden Leben nicht freiwillig ein Ende setzen!«, rief er mir lachend nach. »Das ist eine meiner Lieblingsepisoden in der turbulenten Geschichte der antiken Götter!«

Ich reagierte nicht auf seinen Zuruf, sondern beeilte mich, dass ich von ihm wegkam. Auf was hatte ich mich bloß eingelassen, als ich Osborne mein Wort gegeben hatte? Wie hatte es bloß dazu kommen können?

Im Lichte dieses von Osborne arrangierten Überfalls auf den Ersten Offizier der *Lagoda* erhielt plötzlich auch manch scheinbarer Zufall der letzten Tage ein völlig neues, abstoßendes Gesicht. Ja, ich fragte mich sogar, ob Osborne womöglich auch den Überfall der beiden Chinesen in der Gasse arrangiert hatte. Diese Überlegungen erschütterten mich dermaßen, dass ich mich weigerte ihnen weiter nachzugehen.

Ich hatte schlichtweg Angst der Wahrheit ins Auge zu sehen.

Osbornes Rache
oder
Wie ich meine Freunde im Pferch verschwinden sah und an einem schändlichen Überfall teilnahm

Nicht erst heute wünschte ich, ich hätte in jener Nacht aufmerksamer der Stimme meines Gewissen gelauscht und die entsprechenden Konsequenzen gezogen, vielleicht wäre dann vieles anders verlaufen und manches Leben verschont geblieben.

Ja, es wäre geradezu meine Pflicht gewesen, Osborne die vereinbarte Zusammenarbeit wieder aufzukündigen. Hierbei hätte ich mir nicht einmal einen Wortbruch vorwerfen müssen. Mein Ehrenwort konnte mich doch nicht dazu verdammen, Komplize von Verbrechern zu werden. Im Gegenteil, meine Ehre und mein Wort, mich nur an respektablen Unternehmungen zu beteiligen, hätten es vielmehr von mir verlangt, die Vereinbarung mit Osborne umgehend für null und nichtig zu erklären und fortan jeden Kontakt mit ihm zu meiden.

Aber ich tat es nicht, denn dann hätte ich folgerichtig auch die Stellung des Ersten Offiziers auf der *Lagoda* ablehnen müssen und das wollte ich auf keinen Fall. Daher versteckte ich mich hinter der Fassade meines Ehrenwortes, das ich vorerst noch halten zu müssen glaubte. So schützte ich mich davor, mir eingestehen zu müssen, dass mein Gewissen und meine Empörung in einem krassen Widerspruch zu meinem Handeln standen. Ich beruhigte mich mit der Selbstlüge, dass mein Rücktritt das, was Mister Young widerfahren war, nicht rückgängig machen würde. So aber konnte ich wenigstens meinen Freunden und ihren Landsleuten auf der langen Passage nach Australien von Nutzen sein.

Der Mensch findet eben immer wieder tausend geschickte Ausreden, warum er dem Eigennutz, den er einfallsreich mit vielen wohlklingenden Begriffen verkleidet, nachgeben soll statt dem steinigen Weg des guten Gewissens und der Menschlichkeit treu zu bleiben. Ich machte da leider keine Ausnahme.

Am nächsten Morgen meldete ich mich bei Kenneth Scoffield auf der *Lagoda* zum Dienstantritt. Der bärbeißige Captain schenkte mir nur wenig von seiner Zeit.

»Sehen Sie zu, dass die Männer ihre verdammte Pflicht tun und die Chinks keinen Ärger machen, dann kommen wir bestens miteinander aus, Mister Faber!« Mit diesen knappen Worten überließ er mich der Gesellschaft von David Finton, der schon seit zwei Jahren unter Scoffield als Zweiter Offizier fuhr und ungefähr in meinem Alter war, und dem jungen Henry Sherwood, der erst vor sechs Monaten auf der Bark die Position des Dritten übernommen hatte.

Gottlob machten beide auf mich den Eindruck nicht nur fähiger, sondern auch umgänglicher Seeoffiziere. Ein Eindruck, der sich in den folgenden Wochen bestätigen sollte. Dass sie Mister Young keine Träne nachweinten, sondern geradezu erleichtert schienen einen neuen Ersten zu haben, half mir sehr meine Gewissensbisse zu verdrängen. Wie ich später erfuhr, soll Jack Young ein arrogantes Ekel gewesen sein und dementsprechend unbeliebt bei allen, ausgenommen bei Captain Scoffield.

Osborne besaß genug Fingerspitzengefühl, um mir nicht schon zu dieser frühen Morgenstunde unter die Augen zu treten. Er zeigte sich erst am späten Vormittag an Deck, als auf der Pier die erste Fracht »Schweineschwänze« eintraf, wie die meisten Seeleute des Kulischiffes die chinesischen Passagiere bezeichneten.

»Sechshundertdreizehn Kulis! Das ist ein neuer Rekord für die *Lagoda*. Wenn das mal bloß gut geht«, murmelte David Finton, der Zweite, neben mir mit nachdenklicher Miene, als die ersten Chinesen im Gänsemarsch auf der Pier auftauchten. Loo Wong Cao und seine Helfer führten sie in jeweils fünfzig bis sechzig Kopf starken Gruppen zum Schiff.

»Wie viele Chinesen nimmt sie denn gewöhnlich an Bord?«, wollte ich wissen.

»So um die fünfhundert – und das ist schon reichlich!«, antwortete Finton. »Die *Lagoda* ist ein 900-Tonnen-Schiff, sodass vierhundertfünfzig Zwischendeckpassagiere eigentlich das Maximum wären.«

»Also einer für jeweils zwei Tonnen Schiffsgewicht.«

Finton nickte. »Ja, und schon das sorgt für eine drangvolle Enge, die wohl bloß diese fatalistischen Chinesen ertragen können. Aber für sechshundertdreizehn Chinks ist die *Lagoda* ganz und gar nicht ausgelegt. Das wird verdammt eng, enger als in jedem Viehstall. Ich hoffe nur, dass uns trotz dieser Mammutfracht eine schnelle und ruhige Überfahrt vergönnt ist. Sonst steht uns allen eine böse Zeit bevor!«

»Die letzte Passage nach Melbourne haben wir in siebenundvierzig Tagen geschafft!«, warf der junge Sherwood stolz ein.

»Wir waren aber auch schon einmal doppelt so lang unterwegs. Doch das war vor Ihrer Zeit, Mister Sherwood«, sagte Finton trocken. »Am schlimmsten dran war übrigens die *Amelia,* ein 350-Tonnen-Schiff. Sie brauchte für die Strecke Hong Kong–Melbourne unglaubliche 254 Tage, stellen Sie sich das vor! Raten Sie mal, wie viele Kulis sie im Zwischendeck hatte.«

»Wohl erheblich mehr als die rund 170 Passagiere, die für ihre Größe angemessen gewesen wären«, mutmaßte ich.

Finton lachte kurz auf. »Es waren 270 Kulis an Bord, also ein gutes Hundert mehr, als für ein Schiff dieser Größe eigentlich statthaft ist. Siebzehn Chinks haben die Überfahrt nicht überlebt. Neun davon haben Selbstmord begangen. Und bei der Ankunft in Melbourne musste ein Dutzend unverzüglich ins Hospital gebracht werden, sonst wären die auch noch verreckt. Was muss das für eine Tortur gewesen sein! Möge uns etwas Ähnliches erspart bleiben.«

Zwar gebrauchte auch Finton die geringschätzige Bezeichnung »Chinks« für die Chinesen, aber er zeigte dennoch aufrichtige Besorgnis. Das Wohlergehen der Zwischendeckpassagiere war ihm alles andere als gleichgültig und das machte ihn mir sofort sympathisch.

»Vielleicht sollten wir mit dem Captain darüber reden und ihn daran erinnern, dass die *Lagoda* für höchstens 500 Passagiere im Zwischendeck ausgelegt ist«, sagte ich.

Finton bedachte mich mit einem spöttischen Blick. »Haben Sie schon mal versucht mit Ihrem Schädel eine Wand aus Granit zu durchbrechen?«, spottete er. »Nein, solch ein sinnloses

Gespräch führen Sie besser allein mit unserem Captain. Aber ich empfehle Ihnen, dass Sie vorher Ihre Sachen packen. Denn auf derlei kritische Anmerkungen reagiert er gewöhnlich mit einem cholerischen Anfall und dann ist er zu allem fähig.«

Der junge Sherwood nickte schweigend.

»Nein, eher segelt unser Captain ohne einen Ersten los, als dass er auch nur einen Kuli weniger an Bord nimmt«, bekräftigte Finton.

»Das kann ja eine interessante Reise werden«, sagte ich mit einem schiefen Grinsen.

»Sind Sie überhaupt schon unten im Pferch gewesen, Mister Faber?«, wollte Finton wissen.

Ich sah ihn verständnislos an. »Pferch?«

Er verzog das Gesicht. »So nennen wir die Kuliunterkünfte im Zwischendeck.«

»Nein.«

»Dann schlage ich vor, dass wir das am besten jetzt gleich hinter uns bringen, solange man sich da unten noch einigermaßen bewegen kann und Luft zum Atmen hat. In spätestens einer halben Stunde beginnt im Pferch das Gewimmel und dann kriegt mich keiner mehr dazu, zu den Kulis hinunterzusteigen!«

Ich kletterte mit Finton ins dunkle Zwischendeck hinab, das mich augenblicklich an die abscheulichen Frachträume von Sklavenschiffen erinnerte. Zwar hatte ich selbst noch nie eines zu Gesicht bekommen, jedoch Zeichnungen von der Raumaufteilung unter Deck gesehen. Und hier auf der *Lagoda* fehlten einzig die schweren Ketten und die dazugehörigen Hals- und Fußbänder aus Eisen.

Mir war, als legte sich mir ein schweres Gewicht auf die Brust. Ein Schauer durchlief mich und ich bekam eine Gänsehaut, als ich zwischen den eng stehenden Reihen außerordentlich schmaler Kojen entlangging. Jeweils vier Bettstellen, aus Brettern und rauen Balken grob zusammengezimmert, lagen übereinander. Die Zwischenräume betrugen nicht einmal drei Fuß, sodass man auf den Kojen nicht aufrecht sitzen konnte. Und die Gänge zwischen den einzelnen Stockbetten so wie den Reihen wiesen eine zu geringe Breite auf, als dass zwei Personen bequem nebeneinander Platz gefunden hätten. Die einzig freien Räume, die aber auch nicht mehr als fünf Schritte im Quadrat maßen, fanden sich unter den Frachtluken sowie an den Enden der Reihen. Dort gab es auch mehrere Bretterverschläge.

»Das sind die Latrinen«, erklärte Finton und deutete auf die Eimer, die hinter den primitiven Bretterabtrennungen standen und jetzt schon stanken. »Bei starkem Seegang braucht man fast artistische Fähigkeiten, um . . .«

Er führte den Satz nicht zu Ende, denn von oben kam plötzlich das Geräusch zahlloser Sandalen, die in einem beinahe rhythmischen Takt über das Deck klapperten.

»Die Chinks kommen! Nichts wie nach oben, Mister Faber, bevor Captain Scoffield merkt, dass wir zur Inspektion nicht an Deck sind!«, rief Finton.

Wir eilten zur ersten Frachtluke zurück, kletterten hastig die Leiter hoch und begaben uns zu Sherwood und Captain Scoffield, der mit einem kleinen Bambusstöckchen in der Hand an der Gangwaypforte stand. Unsere Abwesenheit hatte er sehr wohl registriert.

»Das wurde aber auch Zeit, meine Herren!«, knurrte er und sah uns missbilligend an.

»In Anbetracht der Tatsache, dass dies meine erste Fahrt

auf einem Kulischiff ist, habe ich Mister Finton gebeten mich durch die Unterkünfte im Zwischendeck zu führen, Sir«, erklärte ich. »Ich hielt es für meine Pflicht, mich mit den Gegebenheiten des Schiffes und den besonderen Umständen seiner menschlichen Fracht vertraut zu machen.«

»Dafür hätte ein Blick von oben in den Pferch genügt!«, hielt er mir gereizt vor. »Stimmt es, dass Sie fließend Cantonesisch sprechen, wie Mister Osborne behauptet?«

Ich bejahte die Frage.

»Gut, denn ich kann weder Ho Fuk Tong noch seinen Oberaufseher entdecken, der als Einziger von dem Gesindel einigermaßen gut Pidjin-Englisch spricht. Er treibt wohl unten auf der Pier die zweite Gruppe an«, sagte er missmutig. »Also sagen Sie den *pigtails*, sie sollen verdammt noch mal mit dem weibischen Schwatzen aufhören und sich gefälligst in Reihen von zehn Mann aufstellen!«

»Aye, aye, Sir!« Ich wandte mich der ersten Gruppe zu, die Loo Wong Cao an Bord geführt hatte, und forderte sie auf sich in Zehnerreihen aufzustellen.

Das war leichter gesagt als getan. Denn jeder der Chinesen trug sein Bambusjoch auf der Schulter, an dessen Enden je ein Bastkorb hing. Keiner der beiden Körbe durfte schwerer als fünfzig *catties* sein, was einem Gewicht von zweiundsechzig Pfund entspricht. Bambusjoch und Körbe, die ihr weniges Hab und Gut enthielten, waren das einzige Gepäck, das die Kulis mit an Bord bringen durften.

Es dauerte eine Weile, bis sich das anfängliche Durcheinander gelegt hatte, die Bambusstangen mit den Bastkörben parallel zueinander ausgerichtet waren und die Chinesen wie verlangt Zehnerreihen gebildet hatten.

Pao, Liang Sen und Chia Fen befanden sich nicht bei der ersten Gruppe. Und das war gut so, weil es mir ein wenig Zeit gab, mich wieder in den Griff zu bekommen. Denn es schockierte mich doch sehr, als Captain Scoffield nun die Reihen langsam abging und argwöhnisch wie ein Viehhändler, der fürchtet ein krankes Tier untergeschoben zu bekommen, jeden Einzelnen scharf taxierte. Und immer wieder blieb er vor einem dieser armen Kerle stehen, tippte mit seinem Bambusstöckchen unter das Kinn des Betreffenden und bedeutete ihm den Mund zu öffnen, die Zunge herauszustrecken und die Zähne zu blecken.

Es war eine demütigende, entwürdigende Prozedur, der die Chinesen sich unterziehen mussten – und die sie klaglos und mit ausdruckslosen Gesichtern über sich ergehen ließen.

Ich schämte mich für Captain Scoffield – und dass ich zu den Offizieren dieses Schiffes gehörte.

»Bei den verdammten Schlitzaugen muss man aufpassen wie ein Schießhund! Das Gesindel betrügt einen nach Strich und Faden!«, sagte Captain Scoffield zu mir, nachdem er an den Männern der ersten Gruppe nichts auszusetzen gehabt und Sherwood damit beauftragt hatte den Abstieg der ersten Gruppe ins Zwischendeck zu überwachen. »Es wäre nicht das erste Mal, dass mir einer dieser hinterhältigen chinesischen Agenten schwindsüchtige und fieberkranke Kulis unterzujubeln versucht!«

»Ja, in diesem Geschäft muss man wohl mit jeder Schlechtigkeit rechnen, die sich ein Mensch nur ausdenken kann«, sagte ich doppeldeutig.

Captain Scoffield runzelte die Stirn und warf mir einen scharfen, prüfenden Blick zu, als hätte er durchaus verstanden, auf wen meine Worte gemünzt waren. Aber weil er sich wohl nicht ganz sicher war, ließ er seinen Ärger an Sherwood ab, indem er ihm zubrüllte: »Zum Teufel noch mal, was dauert da so lange, Mister Sherwood? Sie sollen die Chinks nicht zu einer gemütlichen Teestunde begleiten, sondern dafür sorgen, dass sie unter Deck kommen – und zwar ein bisschen flott! Also machen Sie ihnen verdammt noch mal Beine, bevor ich es tue!«

Meine Freunde befanden sich in der dritten Gruppe und hatten das Glück, dass wenige Minuten vor ihnen drei der regulären Kabinenpassagiere eintrafen – und Captain Scoffield von jenen in Beschlag genommen wurde.

»Übernehmen Sie, Mister Faber!«, befahl er barsch. »Unterziehen Sie die Chinks einer sorgfältigen Prüfung! Und zählen Sie dreimal durch. Mit den Zahlen gehen die Agenten nämlich genauso betrügerisch um wie mit allen anderen Sachen auch!«

Weder Liang Sen noch Chia Fen verrieten durch Gesten, Blicke oder gar Worte, dass wir uns kannten. Sie verbargen ihre Gefühle und Gedanken hinter jener scheinbar teilnahmslosen Miene, für die Asiaten bekannt sind. Kein Muskel rührte sich in ihrem Gesicht. Eine wahre Kunst, in der es die Chinesen zu unvergleichlicher Meisterschaft gebracht haben. Nur die Japaner, so sagt man, sind ihnen darin ebenbürtig.

Pao dagegen zeigte für einen kurzen Moment ein fröhliches, erleichtertes Lächeln, als er mich dort an Deck stehen sah. Dann aber nahm auch sein Gesicht die ausdruckslose Maske scheinbar stoischen Gleichmuts an und er verschwand mit der Last auf den Schultern in der Menge der anderen.

Wie dankbar war ich, dass unser Captain sich mit den Passagieren unter Deck begab. So konnte ich auf die erniedrigende Inspektion, wie Captain Scoffield sie vorgenommen und von mir verlangt hatte, verzichten. Zu dieser Gruppe gehörten neben Chia Fen noch drei weitere Frauen und ein sehr junges Mädchen.

Ich zählte die Reihen durch und fühlte mich schrecklich, als mein Blick von einem ausdruckslosen Gesicht zum anderen ging und ich daran dachte, was diesen Menschen, die ihre Heimat zumeist aus bitterer Not verlassen hatten, in den kommenden Wochen im Zwischendeck bevorstand.

In der dritten Reihe standen meine Freunde. Ich blieb kurz stehen und murmelte leise auf Englisch, während ich mich an meinem Gürtel zu schaffen machte, als hätte sich der gelockert: »Es werden schwere Wochen für euch sein, aber ich werde alles tun, was in meiner Macht steht. Sucht euch gleich vorn bei den Frachtluken einen Platz.«

Die Gesichter vor mir blieben ausdruckslos und ich ging weiter. Sherwood sah mich verwundert an, als ich ihm befahl diese Gruppe zur vorderen Frachtluke zu bringen.

»Aber wir sollen doch erst die hinteren Reihen füllen«, wandte er ein.

»Hier sind Frauen dabei – und die bekommen einen Platz an der Luke. Dort haben sie mehr Bewegungsfreiheit und auch bessere Luft! Und jetzt folgen Sie bitte meiner Anweisung, Mister Sherwood!«, wies ich ihn scharf zurecht.

Ihm schoss das Blut ins Gesicht. »Aye, aye, Sir!«

Das war alles, was ich für meine Freunde tun konnte, um ihnen die Überfahrt im »Pferch« des Zwischendecks zu erleichtern – und es war deprimierend wenig.

Captain Scoffield erschien kurz darauf wieder an Deck. Fast wäre mir ein Stoßseufzer der Erleichterung über die Lippen gekommen, als ich merkte, dass er nichts Eiligeres zu tun hatte als sich wieder persönlich um die Inspektion der nächsten Gruppen zu kümmern. Er wusste, dass ich nur diese eine Fahrt mit ihm machen würde, weil ich mit Osborne nach Melbourne wollte, und er traute mir zu Recht nicht den Zynismus und die Gefühllosigkeit zu, die er für dieses Geschäft offenbar für nötig erachtete. Nun, ich überließ ihm das Abschreiten der Reihen teilnahmslos dreinblickender Männer und Frauen nur zu bereitwillig.

Auf dem Achterdeck traf ich Osborne. Er kam mit einem unbeschwerten Lächeln auf mich zu, als wären wir letzte Nacht nicht in bitterem Streit auseinander gegangen. »Ich weiß, ich habe mich gestern Abend auf der Veranda des *Victoria* nicht gerade von meiner einnehmendsten Seite gezeigt. Das tut mir wirklich Leid, mein Bester. Ich hatte wohl zu sehr dem guten Brandy zugesprochen«, entschuldigte er sich, um mit gedämpfter Stimme fortzufahren: »Aber was die Sache angeht, die dich so empört hat – das war einfach nicht anders zu machen, Felix.«

»Das bezweifle ich«, antwortete ich knapp.

»Du musst mir zugute halten, dass mir wirklich nicht viel Zeit zur Verfügung stand, um dich an Bord zu bekommen«, flüsterte er. »Deshalb musste ich leider zu dieser etwas rauen Methode greifen.«

»Hätte ich geahnt, was Sie zu tun gedachten, hätte es unsere Abmachung nie gegeben.«

»Wie leicht sich doch so etwas sagen lässt, wenn man selbst seine Schäfchen im Trocknen hat«, stichelte Osborne, um dann aber wieder geschickt Öl auf die aufgewühlten Wellen zu gießen, indem er sagte: »Damit du dir nicht so schäbig vorkommst, habe ich inzwischen dafür gesorgt, dass dieser amerikanische Seemann seine Anklage wegen versuchten Taschendiebstahls zurückzieht. Und Mister Young wird morgen den Brief eines unbekannten Gönners erhalten, in dem einige Pfundnoten stecken werden. Das Geld wird mehr als ausreichen, um die Arztrechnung begleichen und für die Zeit der Genesung Kost und Logis in einer anständigen Seemannsunterkunft bezahlen zu können.« Er hob mir beide Hände entgegen und lächelte mich an, als erwartete er für seine »Großzügigkeit« gelobt zu werden. »Du siehst, meine Seele ist doch nicht ganz der schwarze Abgrund, für den du sie hältst.«

»Sie ist immer noch schwärzer und abgründiger, als mir lieb ist«, knurrte ich.

»Nun ja, vielleicht führt meine Partnerschaft mit einem so aufrechten Menschenfreund wie dir ja dazu, dass vielleicht doch noch ein Funken Licht in den dunklen Schlund meiner abgründigen Seele fällt und mir den richtigen Weg weist«, spottete er und zwinkerte mir zu, als wäre das Ganze bloß ein harmloser Scherz, den ich in die falsche Kehle bekommen hatte.

In diesem Moment rief Captain Scoffield nach mir. Eine Kutsche, gefolgt von einem mit Gepäck hoch beladenen Fuhrwerk, hatte einen Schwung weiterer Passagiere gebracht, derer ich mich nun anzunehmen hatte. Mir war es sehr recht.

Die Einschiffung der Kabinenpassagiere und der Kulis sowie die Übernahme von Proviant und Frischwasser nahmen mich den größten Teil des Tages in Anspruch und ließen mir wenig Zeit eigenen Gedanken nachzuhängen.

Den dienstfreien Abend verbrachte ich in meiner Kajüte

damit, Pater Johann-Baptist einen langen Abschiedsbrief zu schreiben, in dem ich ihm einen Überblick über meine Erlebnisse der letzten Tage gab und meine aufrichtige Hoffnung ausdrückte ihn bald wieder zu sehen. Einen zweiten, längst fälligen Brief schrieb ich an Cornelius Witteboom, der noch immer das Kommando auf der prächtigen *Galatea* führte und auf der Kap-Hoorn-Route segelte.

Ich übergab den Brief an Pater Johann-Baptist im Missionshaus seinem Koch und brachte das Schreiben an Witteboom ins Kontor des Schiffsagenten Mister Radcliff, der die Post am nächsten Tag aufgeben würde. An Bord der *Lagoda* zurückgekehrt, machte ich einen letzten nächtlichen Rundgang, redete noch eine Weile mit Finton, der bis Mitternacht Wachdienst hatte, und begab mich dann zu Bett. Uns stand eine kurze Nacht bevor, denn Captain Scoffield wollte schon beim ersten Licht des neuen Tages auslaufen. Ich ahnte jedoch nicht, wie kurz die Nacht wirklich sein würde!

*

Wer zur See fährt, entwickelt schnell einen siebten Sinn für Bewegungen und Geräusche, die nicht zum gewöhnlichen Zustand seines Schiffes gehören. Deshalb war ich auch sofort wach, als jemand mitten in der Nacht an meine Kabinentür klopfte.

»Ja?«, rief ich und fuhr in meiner Koje auf.

»Ich bin es, Osborne!«, kam es gedämpft von jenseits der Tür. Die Schiffsglocke an Deck schlug fünf Glasen. Das bedeutete, dass es halb drei und damit tiefste Nacht war! »Ich muss dringend mit dir sprechen, Felix!«

Mit einem unterdrückten Fluch sprang ich aus der Koje und entriegelte die Tür. »Was, zum Teufel, kann es zu dieser Nachtstunde denn Dringendes zu reden geben?«, stieß ich ungehalten hervor.

Osborne blieb in der Tür stehen. »Ich brauche dringend deine Hilfe, Felix!«, flüsterte er geheimnisvoll. »Und beeil dich bitte. Es ist von größter Wichtigkeit, dass wir keine Zeit vergeuden. Also zieh dich schnell an.«

»Nun mal ganz langsam!«, erwiderte ich verwirrt. »Wofür brauchen Sie . . .?«

Osborne gab mir keine Gelegenheit meine Frage zu beenden. »Es eilt wirklich! Ich warte oben an Deck auf dich, Felix«, fiel er mir ins Wort und hastete schon davon.

»Ganz wie Euer Gnaden wünschen!«, murmelte ich verdrossen, griff jedoch zu meinen Sachen und kleidete mich schnell an. Als ich den Niedergang erreichte, blieb ich kurz stehen. Zum ersten Mal vernahm ich diesen merkwürdigen Strom von Lauten, der aus dem Zwischendeck der Chinesen drang und sich aus Schnarchen, Seufzen, Wimmern, Gemurmel, leisem Gebet und anderen Geräuschen zusammensetzte. Dieser vielstimmige nächtliche Chor, der die *Lagoda* noch viele Wochen begleiten sollte, klang wie ein um Erlösung flehendes Klagelied aus einer fernen Unterwelt. Und dabei trennte doch nur ein wenige Zoll dickes Schott diese düstere Welt vom Rest des Schiffes.

Eine Gänsehaut überlief mich und schnell stieg ich den Niedergang hoch. Warme Tropenluft wehte über das Deck und trieb die wenigen Wolkenfelder, die sich am Nachthimmel gebildet hatten, gemächlich vor sich her. Die Männer von der Deckswache standen vorne auf der Back und redeten leise miteinander.

Osborne wartete an der Gangwaypforte auf mich. Er winkte mir ungeduldig zu, und bevor ich bei ihm war und fragen konnte, wobei ich ihm denn helfen sollte, eilte er auch schon die Gangway hinunter.

Ich fluchte. »Verdammt noch mal, was soll das, Osborne?«, rief ich ihm nach, folgte ihm jedoch auf dem Fuße.

Unten auf der Pier stand ein unbeladenes Fuhrwerk mit zwei kräftigen Braunen im Geschirr. Osborne kletterte auf den verwaisten Kutschbock, griff zu den Zügeln, klemmte sie sich zwischen die Zähne und löste mit seiner gesunden Hand die Bremse.

»Was hat das zu bedeuten, Osborne? Wo wollen Sie zu dieser nachtschlafenden Zeit bloß hin?«, fragte ich.

»Das erkläre ich dir gleich. Jetzt steig erst einmal auf, damit wir losfahren können.«

»Nun mal ganz langsam! Ich will endlich wissen . . .«

»Jetzt komm schon, Felix! Wir haben keine Zeit zu verlieren! Also heb dir deine Fragen noch etwas auf!«, herrschte er mich an. »Oder hast du schon vergessen, dass wir eine Abmachung getroffen haben und du mir dein Wort gegeben hast? Mein Gott, ich brauche wirklich deine Hilfe! Oder meinst du, ich hätte dich bloß so zum Spaß aus dem Schlaf geholt? Aber wenn du kneifen willst . . .«

»Schon gut!« Mit grimmiger Miene stieg ich zu ihm auf den Kutschbock.

Osborne schnalzte mit der Zunge und die beiden Braunen setzten sich folgsam in Bewegung. »Kannst du mit so einem Fuhrwerk umgehen?«, fragte er, während er die Pferde in einen flotten Trab fallen ließ.

Ich nickte. »Ja, leidlich. Aber warum fragen Sie?«

»Weil ich dich als Kutscher brauche, Felix. Du sollst gleich dieses Fuhrwerk übernehmen.«

»Und weshalb?«

»Weil einer meiner Männer unverhofft ausgefallen ist.«

»Das erklärt noch gar nichts, Osborne«, erwiderte ich, während wir die Queen's Road erreichten. »Wozu brauchen Sie mich mitten in der Nacht als Kutscher eines Fuhrwerkes?«

»Um meine Fracht abzuholen und sie zur *Lagoda* zu bringen, bevor sie in See sticht.«

»Und woraus besteht diese Fracht, die nachts um halb drei abgeholt werden muss?«, fragte ich argwöhnisch.

»Aus Kisten!«, beschied er mich knapp.

»Und was ist in diesen Kisten?«

»Führ dich nicht wie ein verdammter Zollinspektor auf!«, entgegnete er gereizt und brachte das Gespann zum Stehen. »Als du in Not warst, habe ich dir ohne großes Brimborium aus dem Dreck geholfen. Nun habe ich dich um deine Hilfe gebeten – und nicht um eine Kostprobe deiner Inquisitionskunst! Du sollst für mich dieses Fuhrwerk lenken, das ist alles. Wenn du das nicht kannst oder willst, springst du besser jetzt sofort vom Bock und kehrst zum Schiff zurück! Also entscheide dich!«

Stumm blieb ich neben ihm sitzen.

»Gut!«, knurrte er und fuhr wieder an.

Wir schwiegen für den Rest der Fahrt. Wenige Minuten später bogen wir von der Queen's Road ab, tauchten in eine dunkle Gasse ein und fuhren dann auf einen großen Bambusschuppen zu, der sich am Ende der Gasse hinter einem freien Platz erhob und selbst bei Nacht einen sehr heruntergekommenen Eindruck machte.

Eine Gestalt löste sich aus dem finsteren Schatten des Vordachs. Wäre nicht das helle Gesicht gewesen, hätte ich diese Gestalt wohl gar nicht bemerkt, denn sie verschwamm mit ihrer gänzlich schwarzen Kleidung fast vollkommen im Meer der Dunkelheit.

Der Mann stieß das Tor auf und Osborne lenkte das Gespann in den Schuppen. Im spärlichen Licht einer Petroleumlampe, die mit niedrigster Flamme brannte, machte ich mehrere große Kistenstapel sowie vier weitere Fuhrwerke und drei Männer aus, die ausnahmslos Kulikleidung aus billigem schwarzem Stoff trugen. Jedoch nicht einer von ihnen war ein Chinese.

Osborne wickelte die Zügel um die Bremsstange, sprang vom Bock und zog einen Beutel unter dem Sitz hervor, den er mir zuwarf. »Da sind eine Hose und eine Jacke drin. Sie sind weit genug, dass du sie locker über deine Kleidung anziehen kannst! Und mach schnell! Wir müssen nämlich gleich los!«, befahl er mir, und ohne eine Antwort von mir abzuwarten, ging er zu einem der Männer hinüber, die bei der Kiste mit der Petroleumlampe standen.

Mein ungutes Gefühl verstärkte sich. Dennoch tat ich, wozu er mich aufgefordert hatte, wenn auch überaus widerwillig. Hose und Jacke aus schwarzem, zerschlissenem Kattun glitten umstandslos über meine Seemannskleidung. Hinter dieser nächtlichen Aktion steckte bedeutend mehr als nur eine gewöhnliche Frachtübernahme, die zufällig auf eine späte Nachtstunde gefallen war, so viel war sicher! Alles deutete darauf hin, dass Osborne etwas vorhatte, das besondere Sicherheitsvorkehrungen nötig machte – und das bedeutete, dass es gefährlich werden konnte.

Mein Verdacht bestätigte sich Augenblicke später, als er in derselben schwarzen Kleidung, die ich und die drei anderen Männer trugen, sowie mit einem typischen Chinesenhut aus geflochtenem Bast zu mir zurückkehrte. Ein künstlicher Zopf war an ihm befestigt.

»Setz ihn auf. Wir werden alle so ein Ding tragen.«

»Warum sollen wir denn wie chinesische Kulis aussehen, wenn es doch nur darum geht, eine gewöhnliche Fracht abzuholen?«, fragte ich sarkastisch.

»Weil diese Maskerade unter Umständen dazu beitragen kann, unser Leben beträchtlich zu verlängern, mein Bester«, antwortete Osborne nicht weniger bissig, griff in seine Jackentasche – und drückte mir einen sechsschüssigen Revolver in die andere Hand. »Du wirst ihn sicher nicht brauchen, aber im unwahrscheinlichen Fall, dass doch etwas schief geht, hast du mit diesem Ding die besseren Argumente in der Hand, falls dich jemand aufzuhalten versucht.«

Bestürzt blickte ich auf die Waffe in meiner Hand. »Um Gottes willen, was haben Sie vor, Osborne? Ich denke überhaupt nicht daran, mich von Ihnen zum Komplizen machen zu lassen, wenn Sie ein krummes Ding vorhaben! Das haben wir nicht ausgemacht!«

Er starrte mich mit stechenden Augen an. »Ich hole nur, was mir zusteht, Felix. Wenn dir der Mut fehlt, scher dich gefälligst zum Teufel!«, zischte er, wandte sich abrupt um und rief den anderen drei Männern zu: »Es geht los, Leute! Machen Sie das Tor auf, Burton!«

Das Tor auf der gegenüberliegenden Schuppenwand glitt auf und Osborne fuhr mit dem ersten Fuhrwerk hinaus. Der Zopf an seinem Hut tanzte über seinen Rücken, als er das

Gespann hinter dem Tor scharf nach links in eine Gasse lenkte. Ein zweites Fuhrwerk folgte. Dann rief der Mann, der rechts von mir auf dem Kutschbock seines Wagens saß und etwa in meinem Alter war, mir ungeduldig zu: »Was ist, Mann? Brauchst du 'ne besondere Einladung? Nun fahr schon los, verdammt noch mal! Du blockierst uns den Weg!«

»So etwas hat mir zu meinem Glück gerade noch gefehlt!«, murmelte ich wütend vor mich hin, nahm die Zügel auf und folgte den ersten beiden Fuhrwerken. »Das hast du ja ganz raffiniert eingefädelt, Osborne!« Mit der freien Hand griff ich nach dem Basthut, stülpte ihn mir auf den Kopf und zerrte das Band unter das Kinn. Jede Wette wäre ich eingegangen, dass Osborne niemals einen vierten Mann gehabt, sondern mich von Anfang an als Helfer in seinen Plan einbezogen hatte.

Die Fahrt dauerte keine fünf Minuten und führte uns in das Hafenviertel, wo die Lagerhallen der Großhändler standen, die mit *Jardine Matheson* und *Dent* gemeinsame Sache machten. Die Faktoreien dieser alles beherrschenden Taipane befanden sich jedoch an einem anderen Ort. So hatte *Jardine Matheson* sein Hauptquartier und seine Lagerschuppen weiter oberhalb am East Point.

Wir passierten mehrere Bambus- und Wellblechschuppen, bogen dann um eine Ecke – und hielten nun auf ein lang gestrecktes Gebäude aus solidem Backstein zu. Auf der Mauer prangte in großen, weißen Lettern der Schriftzug *Farnworth & Sons*. Mir dämmerte augenblicklich, was es mit dieser nächtlichen Aktion auf sich hatte.

Osborne überfiel das Opiumlager von Julius Farnworth!

Die Erkenntnis traf mich wie ein Schock, doch ich hatte

nicht die Zeit mir zu überlegen, was ich bloß tun sollte. Denn Osborne hatte die Wachen bestochen und das auf Rollen laufende Tor glitt schon nach innen auf, als ich als dritter Wagen in der Reihe der Fuhrwerke auf das Gebäude zufuhr. Ehe ich wusste, wie mir geschah, hatte das dunkle Lagerhaus mich und mein Fuhrwerk auch schon verschluckt. Nun war es zu spät, um noch etwas daran ändern zu können. Denn die Wagen, die hinter mir kamen, versperrten mir den Weg. Das Tor schloss sich und schwere Balken wurden von innen in die eisernen Halterungen gelegt.

Das Lagerhaus, das ebenso schwach beleuchtet war wie die Bambushalle, in der ich mich vor wenigen Minuten umgezogen hatte, besaß eine hohe Decke und eine zweite Etage, die jedoch nur über eine Hälfte des Gebäudes ging. Zwischenwände und Regale unterteilten auf der linken Seite die Grundfläche in mehrere verschieden große Abteilungen, die alle andere Waren enthielten. Gewürze, Stoffe und Porzellan lagerten dort. Die Opiumkisten befanden sich auf der freien rechten Seite, wo sie in schmalen rechteckigen Blöcken zu jeweils dreißig Kisten aufgestapelt waren.

»An die Arbeit, Männer!«, rief Osbornes Komplize, der auf den Namen Burton hörte und ein hoch gewachsener, gut aussehender Mann in den Fünfzigern mit einem breiten Backenbart war.

»Ja, fangt an. Ich kann euch mit einem Arm ja leider keine große Hilfe sein. Aber ich zahle indessen schon mal die Wachen aus«, sagte Osborne und verschwand mit den beiden Männern, die uns eingelassen hatten, auf der linken Seite zwischen den tiefen Regalreihen.

Soll ich jetzt behaupten, ich hätte in stummem Protest die

Arme vor der Brust verschränkt und beim Aufladen der Kisten, die jeweils fünfzig Pfund bestes Opium aus der indischen Provinz Patna enthielten, nicht mit Hand angelegt? Nein, das wäre eine krasse Lüge, mit der ich die Gewissenhaftigkeit und Aufrichtigkeit verraten würde, zu der ich mich von der ersten Stunde dieser Niederschrift an selbst verpflichtet habe – um meines Seelenfriedens willen, aber auch, weil ich es Liang Sen und anderen schuldig bin.

Ich wuchtete eine Kiste nach der anderen auf mein Fuhrwerk. Es konnte mir gar nicht schnell genug gehen. Mir rann der Schweiß nur so über Gesicht, Brust und Rücken. Mich trieb die beklemmende Angst, wir könnten jeden Augenblick entdeckt werden und dann gezwungen sein unsere Waffen zu gebrauchen und dem schändlichen Überfall auf das Lagerhaus von Julius Farnworth noch viel schlimmere Verbrechen folgen zu lassen. Ich wollte nichts wie weg von diesem düsteren Ort.

Zwischendurch bemerkte ich, dass es auf einmal stark nach Petroleum roch, achtete dann aber nicht weiter darauf. Ich war viel zu sehr damit beschäftigt, mein Fuhrwerk so schnell wie möglich zu beladen. Jeden anderen Gedanken blockte ich ab.

»Vierzig Kisten auf jedes Fuhrwerk!«, lautete Burtons Anweisung und in weniger als einer halben Stunde hatten wir alle fünf Fuhrwerke beladen. Nun wurden alte, stockfleckige Segeltuchplanen über die Ladung geworfen und festgezurrt.

»Zweihundert Kisten verladen. Wir können los!«, rief Burton.

»Einen Augenblick noch«, antwortete Osborne, der nun wieder bei seinem Fuhrwerk stand. »Wir wollen diesen Ort doch nicht ohne Abschiedsgeschenk für unseren ehrenwerten Freund Julius Farnworth verlassen.«

Mir sträubten sich die Nackenhaare, als ich beobachtete,

wie er sich nun ein kleines Fass unter den linken Arm klemmte und eine lange Zickzacklinie aus Schießpulver zu den Regalen legte, wo viele Dutzend Ballen chinesischer Stoffe lagerten. Und nun wurde mir bewusst, dass aus dieser Richtung der penetrante Petroleumgestank kam. Osborne hatte die Stoffballen mit Petroleum übergossen!

Jetzt kehrte er an den Anfang der Schießpulverspur zurück, drückte einen Kerzenstummel in das explosive Gemisch und verteilte den Rest aus der Tonne so um die Kerze, dass das Schießpulver bis fast an den oberen Rand der Kerze reichte.

Wohl nicht nur ich hielt unwillkürlich den Atem an, als Osborne nun ein Streichholz anriss, sich ganz langsam zu dem kleinen Berg Schießpulver mit dem Kerzenstummel in seiner Mitte hinunterbeugte und den Docht in Brand setzte.

»Das gibt uns gute zwanzig Minuten, bis die Kerze so weit heruntergebrannt ist, dass die Flamme das Schießpulver erreicht. Und bis das Feuer im Lagerhaus entdeckt wird, werden bestimmt noch einmal zehn bis zwanzig Minuten vergehen – und die werden wir zu nutzen wissen«, sagte Osborne und kletterte auf sein Fuhrwerk.

Dass nicht die beiden Wachen das Tor öffneten, sondern dass Burton dies tat, ließ meinen Magen sich plötzlich zusammenkrampfen. Ich glaubte zu wissen, womit Osborne die beiden Männer »bezahlt« hatte.

Burton bildete mit seinem Fuhrwerk die Nachhut. Niemand hielt uns auf oder schrie Alarm. Ohne auffällige Eile ging es nun zurück in den Schuppen oberhalb der Queen's Road.

»Raus aus den Chinesensachen und umpacken, Männer!«, kommandierte Osborne, kaum dass alle fünf Wagen das Tor passiert hatten und die erste Lampe entzündet war.

Ich sprang vom Kutschbock und lief zu ihm. »Was ist aus den beiden Wachen geworden, Osborne?«, fragte ich leise.

Er zerrte seinen Hut vom Kopf und warf ihn achtlos auf den Boden. Und da bemerkte ich die Blutflecken am unteren Teil seiner Jacke. Es sah so aus, als hätte er sein Messer daran abgewischt. »Sie haben bekommen, was sie verdient haben!«, lautete seine kaltschnäuzige Antwort.

»Sie haben sie ermordet!«

Er zuckte ungerührt die Achseln. »Und wennschon? Jemand, der seinen Herrn verrät, wie dieses Pack es getan hat, hat keinen Anspruch darauf, seinen Judaslohn zu genießen. Sie haben das Geld noch zählen dürfen, mehr aber auch nicht. Verräter haben immer den Tod verdient!«, erklärte er voller Verachtung und riss sich die Sachen vom Leib.

Mir wurde übel, als ich mir vorstellte, was hinter den hohen Regalen geschehen war, während ich mit den anderen Männern beim Tor die Fuhrwerke beladen hatte. Angewidert sah ich ihn an. »Was sind Sie doch für ein Unmensch! . . . Sie sind ein Ekel . . . ein Unmensch . . . ein Bluthund . . . ein widerwärtiger Verbrecher!«

»Jeder ist nun mal die Beute eines anderen, Felix«, antwortete Osborne, unbeeindruckt von meinen Worten. »Der Mensch ist dem Menschen ein Wolf. Wir sind alle Raubtiere, die einander an die Kehle springen, wenn sich uns die Chance dazu bietet. Und dumme Schafe überleben nur im Schutz der Herde – aber auch bloß dann, wenn sie von tyrannischen und kampfesfreudigen Böcken beherrscht und beschützt werden. So lauten nun mal die Spielregeln des Lebens.«

»Nein, das sind einzig und allein . . .«

Osborne schnitt mir grob das Wort ab. »Deine akademische

Diskussion kannst du später haben, Felix. Jetzt sieh erst mal zu, dass du aus den lächerlichen Klamotten kommst und den anderen beim Umpacken hilfst. Denn wenn man uns mit den Kisten erwischt, die das Brandzeichen von Julius Farnworth tragen, knüpft der Henker Ihrer Majestät auch für dich einen Strick!« Und mit dieser kaltblütigen Drohung ließ er mich stehen.

Voller Abscheu und mit Tränen ohnmächtiger Wut in den Augen entledigte ich mich meiner chinesischen Überkleidung, ergriff eines der Stemmeisen und half die Kisten von Julius Farnworth aufzubrechen, die verschnürten Opiumpakete in die schon bereitstehenden leeren Kisten umzupacken, sie zuzunageln und auf die Fuhrwerke zu laden.

Die Männer arbeiteten mit fieberhafter Eile. Osborne sammelte alle schwarzen Hosen und Jacken sowie die Hüte mit den falschen Zöpfen ein und verstaute sie in einem alten Jutesack. Dann ging er unruhig auf und ab, zog immer wieder seine Taschenuhr hervor, ließ den Deckel aufspringen und schaute, wie viel Zeit uns noch blieb.

Als im Hafenviertel die Feuerglocke mit wilder Kraft angeschlagen wurde und mit ihrem durchdringenden Klang die Menschen an Land und auf den Schiffen aus dem Schlaf holte, da wartete nur noch ein knappes Dutzend Opiumpakete darauf, umgepackt zu werden. Diese Arbeit war schnell getan.

Osborne tauschte einen Handschlag mit Burton und den beiden jüngeren Männern. »Es war mir ein Vergnügen, mit Ihnen und Ihren Söhnen ein solches Unternehmen auszuführen, Burton. Ich wünsche Ihnen goldene Geschäfte in Amerika!«

»Ja, und Ihnen in Australien!«, erwiderte Burton mit breitem

Grinsen und schwang sich auf den Kutschbock seines hoch beladenen Fuhrwerks. »Zum Teufel mit Farnworth!«

»Ach, ich bin nicht nachtragend«, sagte Osborne spöttisch. »Die Rechnung ist beglichen und er hat erheblich mehr verloren, als er damals gewonnen hat. Sein Lagerhaus wird bis auf die Grundmauern niederbrennen – und wird für *Farnworth & Sons* ein gewaltiger Schlag sein.«

»Sagte ich es doch: Zum Teufel mit Farnworth!«

Osborne lachte.

Die Lichter wurden gelöscht und das Tor geöffnet. Osborne gab das Zeichen zum Aufbruch. »Zur *Lagoda!*«, sagte er zu mir und fuhr als Erster aus dem Schuppen. Ich folgte ihm mit klopfendem Herzen.

Der Himmel über Victoria war hell vom Widerschein des lodernden Feuers, das mittlerweile schon das gesamte Dach des Lagerhauses erfasst hatte. Und in den Straßen herrschte schlagartig ein hektischer Verkehr. Nicht nur die schwerfälligen Pumpenwagen der Feuerbrigade ratterten mit schrillem Geklingel durch die Straßen, sondern auch jede Menge Kutschen, Einspänner und Fuhrwerke. Wer immer in der Nähe des brennenden Lagerhauses ein Kontor, einen Laden oder Lagerschuppen besaß, eilte nun in das Viertel, um beim Löschen des Feuers zu helfen und notfalls möglichst viel von seinen Gütern zu retten, falls der Brand doch noch übergreifen sollte.

Wir fielen in diesem wilden Durcheinander überhaupt nicht auf. Niemand schenkte uns Beachtung und unbehelligt gelangten wir zur Australia Pier.

Die Mannschaft der *Lagoda* sowie die Passagiere standen vollzählig an Deck und beobachteten das Feuer im Nordosten des Hafens.

Captain Scoffield stellte keine neugierigen Fragen, als Osborne ihm mitteilte, dass noch achtzig Kisten Fracht mit an Bord mussten. Er sagte auch nichts dazu, dass ich mich in Gesellschaft des Händlers befand und eines der Fuhrwerke gelenkt hatte. »Kümmern Sie sich darum, Mister Faber!«, befahl mir Scoffield und stiefelte wieder unter Deck.

Mit knirschenden Zähnen führte ich den Befehl aus. Als die beiden Fuhrwerke entladen und die achtzig Kisten mit ihren insgesamt vier Tonnen Patna-Opium im Frachtraum verstaut waren, ging ich zu Osborne, der genüsslich eine Zigarre rauchte.

»Das war es, Osborne!«, zischte ich leise, damit mich keiner von den Seeleuten und Passagieren hören konnte. »Mit Ihnen bin ich fertig. Ein für alle Mal. Sie haben mich vorsätzlich getäuscht und mich in ein Verbrechen verwickelt. Damit sehe ich mich von meinem Wort entbunden. Wir sind quitt!«

Osborne neigte den Kopf zur Seite und sah mich mit einem vergnügten Lächeln an. »Oh nein, wir sind noch längst nicht quitt, mein Bester. Und das weißt du so gut wie ich. Du hast heute Nacht doch nicht wirklich deinen Kopf für mich riskiert, denn es war alles perfekt organisiert. Du bist nichts weiter als ein Handlanger und Kutscher gewesen.«

Ich hatte Mühe nicht aus der Haut zu fahren und ihn anzuschreien. »Mit Ihnen mache ich jedenfalls keine gemeinsame Sache, Osborne! Ich will nichts mehr mit Ihnen zu tun haben!«

Er blies mir Zigarrenrauch ins Gesicht. »Wenn du dich etwas beruhigt hast, wirst du die Dinge gelassener beurteilen. Dann wirst du auch einsehen, dass die lächerliche Hilfe, die du mir bei dieser Aktion gewährt hast, dich noch lange nicht von unserer Abmachung und von deinem Ehrenwort entbindet. Und jetzt entschuldige mich bitte. Ich fühle mich rechtschaffen müde und möchte mich noch für eine Stunde aufs Ohr legen. Du solltest das auch tun.«

Mit geballten Fäusten stand ich da und sah ihm nach. Was für ein abgrundtiefer Hohn von rechtschaffener Müdigkeit zu sprechen! Und wie konnte er nach den Verbrechen, die er begangen hatte, an Schlaf auch nur *denken?*

Regelrechte Verzweiflung packte mich, weil ich in meinem Innersten fürchtete, dass Osborne wieder einmal Recht behalten und weiterhin Macht über mich ausüben konnte. Unablässig fragte ich mich, wie ich mich von meiner Schuld und damit von Osborne befreien konnte.

Wie ein gefangenes Tier ging ich an Deck auf und ab, grübelte und schaute zum Feuer hinüber, das dank der Feuerbrigade und ihrer vielen freiwilligen Helfer glücklicherweise nicht auf andere Lagerhäuser übergegriffen hatte.

Wie dankbar ich doch war, als endlich der neue Tag heraufdämmerte und all meine Konzentration davon in Anspruch genommen wurde, unter den kritischen Augen von Captain Scoffield das Ablegemanöver der *Lagoda* zu kommandieren und die Bark auf offene See zu bringen.

Die Reise nach Australien hatte begonnen.

Die Überfahrt
oder
Wie ich der Meuterei bezichtigt wurde und einem Sturm meine Freiheit verdankte

Die Fahrt stand von Anfang an unter einem bösen Stern. Schon am zweiten Tag unserer Reise entging die *Lagoda* nur um Haaresbreite einer Katastrophe. Der Monsun bescherte uns eine steife Brise, doch wegen starker Luvgierigkeit ließ sich die Bark schwer unter Kontrolle halten. Als Rudergänger durfte man nicht einen Moment in der Aufmerksamkeit nachlassen. Dauernd musste Gegenruder gegeben werden. Fiel die *Lagoda* dann rasch nach Steuerbord ab, hieß es, die Drehung geschickt aufzufangen, damit sie nicht unentwegt gierte und dabei unnötig an Fahrt verlor.

Diese Luvgierigkeit sowie die Unaufmerksamkeit des Rudergängers wären uns beinahe zum Verhängnis geworden – und ich kann nur von Glück reden, dass es nicht während meiner Wache geschah. Es traf Finton.

Der Captain, Sherwood, Osborne, die Passagiere, ich – alle waren wir an Deck. Ich sorgte mich, weil Scoffield jeden Fetzen Leinwand hatte setzen lassen, um alles aus dieser steifen Brise herauszuholen. Und ich fragte mich schon im Stillen, wann wohl das Großroyal reißen und uns davonfliegen würde, als das Schiff plötzlich aus dem Ruder lief und in den Wind zu schießen begann.

»Pack in die Speichen, Green!«, brüllte Finton alarmiert dem Rudergänger zu. »Hol sie herum!«

Aber es war schon zu spät. Die *Lagoda* drehte sich weiter. Die Rahen begannen zu schwingen und die erste schwere See schlug in die Kuhl, gefolgt von einer zweiten und dritten, die uns wie ein Hammerschlag traf.

Ein gewaltiges Krachen kam von den Masten und aus dem Innern der Bark, als Scoffield und ich fast gleichzeitig ans Rad sprangen und mit aller Kraft in die Speichen packten. Sherwood und Finton stürzten an die andere Seite des Rades. Eine gewaltige Kraft wirkte auf das Ruder ein, der ein einziger Mann nichts hätte entgegensetzen können. Sogar zu viert war unsere Chance bestenfalls 1 : 1, dass wir die drohende Katastrophe noch abwenden konnten. Ich rechnete jeden Augenblick damit, dass wir quer schlugen und uns die Masten herausgerissen würden.

Speiche um Speiche kämpften wir gegen diesen unvorstellbaren Druck an, während es über unseren Köpfen erschreckend ächzte und dröhnte. Die Rahen scheuerten an den Masten und hoben sich in ihren Hangern.

Doch dann kam der Bug der *Lagoda* ganz langsam herum. Der Druck auf das Ruder nahm nun rasch ab und schließlich lag die Bark wieder auf Kurs. Die Gefahr war gebannt.

Wie knapp wir an einer Katastrophe vorbeigesegelt waren, hatte keiner der Passagiere in diesen kurzen, aber alles entscheidenden Momenten begriffen. Doch die Mannschaft wusste es umso besser. Uns allen saß der Schock in den Gliedern.

Das blasse Gesicht von Captain Scoffield sprach Bände. Ich hörte ihn ein verstörtes »Allmächtiger Gott!« flüstern und sah, dass seine Hand zitterte, als er sich über den Bart strich. Er wusste nur zu gut, was uns erwartet hätte, wenn die *Lagoda* quer geschlagen wäre. Wie sehr ihn dieses Erlebnis erschüttert hatte, ließ sich auch daran ablesen, dass er den gleichfalls leichenblassen Rudergänger von Finton ablösen ließ, ohne ein einziges grobes Wort zu äußern. Dabei polterte dieser ungehobelte Klotz von einem Skipper doch sonst bei jeder Kleinigkeit los.

»Lassen Sie sämtliche Royals und oberen Schratsegel bergen, Mister Faber!«, befahl er mit deutlich unsicherer und belegter Stimme, drehte sich um und verschwand unter Deck.

Die Schiffsglocke schlug acht Glasen. Meine Wache hatte begonnen.

*

Osborne ließ mich die ersten Tage in Ruhe und konzentrierte sich darauf, mit seinem Charme und seiner geistreichen Art, die ihm nicht einmal sein erbittertster Gegner absprechen konnte, die anderen Passagiere für sich einzunehmen. Es gelang ihm ohne Schwierigkeiten.

Mit uns reiste ein junger Zoologe namens William Keating aus vermögendem Haus, der sich nicht nur auf die Kunst naturalistischer Malerei verstand, sondern sich auch als überaus amüsanter Unterhalter erwies – was nicht nur auf Mary und Anne, die vierzehnjährigen Zwillingstöchter von Patrick und Beth Connelly, großen Eindruck machte.

Die Connellys wie auch Nicholas und Louisa O'Laughlin, die sich in Gesellschaft ihres bald volljährigen Sohnes Liam befanden, waren erfolgreiche Farmer, die sich schon vor vielen

Jahren in der britischen Kolonie Australien niedergelassen hatten. Auch Philipp Englewood, ein verwitweter Tuchhändler aus Melbourne, der sich in erster Linie für Essen, Portwein und Kartenspiele interessierte, lebte schon viele Jahre in Australien. Und sein größter Stolz war es, dass Victoria mit seiner Hauptstadt Melbourne seit dem 1. Juli 1851 eine eigenständige britische Kronkolonie war und nun nicht mehr unter der Vormundschaft des großen, mächtigen Bruders Sydney von New South Wales stand.

»Sosehr ich Ihren Stolz auch teile, aber immerhin hat dort an der Ostküste 1788 mit der Landung der ersten Schiffe voller britischer Sträflinge die planmäßige Besiedlung des Kontinents begonnen«, sagte Patrick Connelly zur Verteidigung von Sydney und New South Wales. »Das ist und bleibt nun mal die Wiege unserer australischen Nation, mein verehrter Mister Englewood.«

»Die Wiege können die Herrschaften drüben im Osten meinetwegen gern für sich behalten, ist es doch eine Wiege, die von Zehntausenden verbannter Sträflinge zusammengezimmert worden ist«, erwiderte der Tuchhändler abfällig und fügte auf meinen fragenden Blick hin erklärend hinzu: »Nach dem Verlust unserer amerikanischen Kolonien musste ja schleunigst eine neue Wildnis her, um den Abschaum unserer überquellenden Gefängnisse in England aufzunehmen – und dieses Gesindel ist dann jahrzehntelang überwiegend in Sydney ausgeschifft worden. Meiner Meinung nach hat dieses Verbrecherpack New South Wales sehr stark geprägt. Dagegen können wir Victorianer für uns in Anspruch nehmen, dass Melbourne und der Rest unserer Kolonie von freien und rechtschaffenen Untertanen des britischen Empire besiedelt worden sind. Nicht einen einzigen Sträfling haben wir an Land gelassen! Zweimal hat man es versucht. Aber wir haben die Schiffe mit dem Pack gezwungen sich andere Häfen zum Ausschiffen der Sträflinge zu suchen. Wir haben unser Land von Anfang an frei von allem Gesocks gehalten.«

Keiner erwähnte die Aborigines, die Eingeborenen des Landes, auch nur mit einem Wort. Ich muss jedoch gestehen, dass es auch mir damals nicht in den Sinn kam, dass Australien bei der Ankunft der ersten weißen Seefahrer und Siedler ja kein menschenleeres Land, sondern schon seit vielen tausend Jahren der Lebensraum der Aborigines gewesen war. Heute schäme ich mich für meine damalige Ignoranz.

Ich kam sehr gut mit allen Passagieren aus, verbrachte aber bis auf die gemeinsamen Mahlzeiten in der Messe und gelegentliche Unterhaltungen an Deck nicht viel Zeit mit ihnen. Als Erster Offizier ruhten einfach zu viele Arbeiten und eine zu große Verantwortung auf meinen Schultern, als dass ich noch ausreichend Gelegenheit gefunden hätte, um auch nur mit einigen der Passagiere einen intensiven gesellschaftlichen Umgang zu pflegen. Außerdem war ich auch zu sehr abgelenkt durch die Sorge um meine Freunde, die zusammen mit über sechshundert weiteren Chinesen im Zwischendeck eingesperrt waren.

Als ich Captain Scoffield nach einer Woche zum ersten Mal vorsichtig darauf ansprach, wann er denn gedenke die Luken zu öffnen und den Chinesen Gelegenheit zu geben an Deck zu kommen, um sich Bewegung zu verschaffen und endlich mal wieder frische Luft einzuatmen, kanzelte er mich auf grobe Art ab. Ich solle mich tunlichst nur um die Angelegenheiten kümmern, die zu meinen dienstlichen Aufgaben gehörten. »Alles andere überlassen Sie gefälligst mir!«, schloss er seine polternde Zurechtweisung und bedeutete mir mit einer herrischen Geste, dass ich entlassen war.

Ich dachte jedoch nicht daran, mich mit dieser Antwort zufrieden zu geben und seine Kajüte zu verlassen. »Bei allem Respekt, Sir . . .«, begann ich.

»Ja, was?«, schnappte er gereizt.

»Sie können diese armen Menschen doch unmöglich auf der ganzen Fahrt nach Melbourne dort unten eingeschlossen halten!«

Er kam hinter dem Kartentisch hervor und baute sich drohend vor mir auf. »So, das kann ich unmöglich tun, Mister Faber? Wollen Sie mich vielleicht daran hindern? Verdammt noch mal, haben Sie vergessen, wer hier der Captain und wer mein erster Handlanger ist?«

»Nein, Sir, aber . . .«

»Seien Sie still, Mann! Sie haben meine Befehle auszuführen, das ist Ihre gottverdammte Pflicht! Und wenn Sie mir dumm kommen und aufsässig werden, dann lasse ich Sie schneller in Eisen legen, als Sie das Wort ›Chinks‹ buchstabieren können! Haben wir uns verstanden, Mister Faber!« Seine Stimme war mit jedem Satz lauter geworden und zum Schluss zu einem Brüllen angeschwollen.

Ich bemühte mich, nicht zu schlucken, und hielt seinem funkelnden Blick stand. Seinen Befehlen musste ich mich zwar beugen, so schwer es mir auch fiel. Aber er sollte nicht glauben mich einschüchtern zu können. »Ich habe weder jetzt noch in Zukunft die Absicht Ihren Befehlen nicht Folge zu leisten, Sir!«, erwiderte ich mit fester und lauter Stimme, denn ich ahnte, dass es im Gang Mithörer gab.

»Das will ich Ihnen auch geraten haben!«

»Aber ich halte es für meine Pflicht«, fuhr ich fort, »Sie auf die unzumutbaren Zustände hinzuweisen, die im Zwischendeck herrschen und die bei den vielen Wochen Seereise, die noch vor uns liegen, Menschen das Leben kosten können!«

»Ihr ausgeprägtes Pflichtbewusstsein rührt mich ungemein, Mister Faber«, höhnte Captain Scoffield. »Was die angeblich unzumutbaren Zustände betrifft, darf ich Sie, der Sie ja noch nie auf der *Pig trade*-Route gesegelt sind, vielleicht belehren: Diese Zustände entsprechen dem, was auf allen Kulischiffen üblich ist und was die Chinks gewohnt sind. Die Kulis wissen, worauf sie sich einlassen. Und es hat sie ja niemand gezwungen eine Zwischendeckpassage zu buchen und auf diese Weise nach Australien zu segeln. An Deck kommt mir das Gesindel jedenfalls nicht. Das gibt nur Ärger, ja vielleicht sogar Schlimmeres. Und damit ist alles gesagt, was es zu diesem Thema zu sagen gibt, Mister Faber. Ich habe Ihren Hinweis zur Kenntnis genommen. Sie können jetzt also wieder zu wichtigeren Aufgaben zurückkehren.«

Äußerlich beherrscht, im Innern jedoch von ohnmächtiger Wut erfüllt, verließ ich Scoffields Kajüte. Im Gang traf ich auf Finton, der offenbar jedes Wort mitbekommen hatte.

»Ich hätte Ihnen gleich sagen können, wie so ein Gespräch mit unserem Skipper ausgeht«, sagte er teilnahmsvoll. Seit dem Tag, an dem die *Lagoda* während seiner Wache beinahe quer geschlagen wäre, machte Scoffield ihm das Leben schwer und ließ kaum noch ein gutes Haar an ihm. »Es ist eine himmelschreiende Schande, wie er mit den Schlitzaugen umgeht. Aber das Recht ist auf seiner Seite. Er ist der Captain und die anderen Skipper behandeln ihre Kulis nicht besser.«

»Trotzdem werde ich diese Angelegenheit damit nicht auf sich beruhen lassen«, sagte ich grimmig.

»Dann riskieren Sie in Eisen gelegt zu werden und sich vor Gericht wegen Befehlsverweigerung auf See verantworten zu müssen«, erwiderte er und gestand hilflos: »Ich würde den armen Kulis ja auch gerne helfen, aber uns sind einfach die Hände gebunden, Mister Faber. Befehl ist nun mal Befehl.«

Ich schwieg, denn was sich mir dazu spontan als Antwort aufdrängte, hätte mir sehr leicht als Aufforderung zur Meuterei ausgelegt werden können – und darauf stand der Galgen.

Osborne trat aus seiner Kabine, gerade als ich den Niedergang hinaufwollte. Auch er hatte Scoffields Gebrüll mitbekommen und ahnte wohl, was zwischen dem Captain und mir vorgefallen war. »Wenn du willst, rede ich mal mit Scoffield«, bot er großzügig an. »Er hat immer ein offenes Ohr für meine Wünsche, wie du weißt. Vielleicht kann ich ihn dazu bringen, den Chinks mehr Freiheiten zu gewähren.«

»Tun Sie das!«, forderte ich ihn knapp auf und wollte an ihm vorbei.

Er blockierte den Weg. »Das werde ich gerne tun, Felix – sowie du Vernunft angenommen hast und mir unsere nächtliche Unternehmung nicht länger nachträgst. Ich möchte, dass du endlich mit dem Unsinn aufhörst und dich daran erinnerst, was wir abgemacht haben!«

»Ich will mit Ihren abscheulichen Geschäften nichts zu tun haben, Osborne. Wie oft soll ich Ihnen das noch sagen?«

»Und wie oft soll ich dich noch daran erinnern, dass du mir dein Ehrenwort gegeben hast und mir bedeutend mehr schuldest als das, was du in jener Nacht für mich getan hast!«, entgegnete er hart. »Ich habe dir das Leben gerettet, deine Freunde gefunden und dich auf die *Lagoda* gebracht!« Er machte eine kleine Pause und fuhr dann sarkastisch fort: »Ich wundere mich, dass du dich deshalb nicht im Geringsten zu einer Gegenleistung verpflichtet fühlst, Felix. Aber na ja, jeder nimmt, was er bekommen kann. Und zum Teufel damit, wenn es auf Kosten anderer geht. Skrupel ist in dieser Welt des Fressens und Gefressenwerdens etwas für Dummköpfe und Schwächlinge. Ja, warum solltest nicht auch du nach dieser Maxime handeln? Ich bin der Letzte, der dir das vorwirft.«

»Worauf wollen Sie hinaus?«

»Dass du die Wahl hast, zu deinem Wort zu stehen oder es mir gleichzutun und dich einen Teufel um Skrupel, Moral und ähnliche Erfindungen von rührseligen Schwachköpfen zu scheren«, erklärte er mit einem feinen Lächeln. »Beides ist mir recht. Im letzteren Fall muss dir jedoch klar sein, dass du dir meine Lebensauffassung zu Eigen gemacht hast und deshalb keinen Deut besser bist als ich. Und dass du dann erst recht keinen Grund hast mir die Partnerschaft aufzukündigen.«

Mein Magen krampfte sich zusammen, weil ich nicht wusste, wie ich mich aus diesem Dilemma befreien konnte. »Ich werde darüber nachdenken, wie ich diese Schuld abtragen kann, ohne dass Sie dabei gewinnen!«, antwortete ich grimmig, schob ihn unsanft zur Seite und stieg an Deck.

»Ich gewinne immer, Felix!«, rief er mir nach. »Vielleicht nicht jede Schlacht, aber mit Sicherheit jeden Krieg. Daher bist du gut beraten dich nicht zu spät auf die Seite des Siegers zu stellen, sonst könnte es nämlich eines gar nicht so fernen Tages ein bitteres Erwachen für dich geben!«

Ich knallte ihm die Niedergangsluke vor der Nase zu, voller Wut und Ratlosigkeit.

Die Monate von November bis März gelten wegen der günstigen Monsunwinde als die beste Zeit für eine angenehme Schiffsreise von Hong Kong nach Australien. Aber jede Regel kennt genügend Ausnahmen – und eine solche wurde der *Lagoda* auf dieser Passage beschert.

Wir gerieten schon zu Beginn der zweiten Woche in ungewöhnlich schlechtes Wetter und schwere See. Für die Mannschaft bedeutete das erhebliche Mehrarbeit und für die Kabinenpassagiere eine spürbare Beeinträchtigung ihres Komforts.

Für die im Zwischendeck eingezwängten Chinesen bewirkte der Wetterumschwung jedoch eine Verschärfung ihrer Situation, die auch bei ruhiger See und stetem Wind schon schwer genug zu ertragen war. Die Luken blieben nun fast den ganzen Tag geschlossen, sodass kaum noch frische Luft in das von Gestank erfüllte Zwischendeck drang. Nur morgens, wenn die Fäkalieneimer hochgezogen und in Lee geleert wurden, und zu den beiden Essenszeiten morgens und abends, wenn Holzschütten mit gekochtem Reis und Trinkwasser in den Pferch hinabgelassen wurden, blieben die Luken für kurze Zeit geöffnet.

Die schrecklichen Zustände im Zwischendeck mussten eigentlich jeden, der davon Kenntnis hatte, erschauern lassen und mit Empörung erfüllen. Doch Scoffield verstand es, seine Passagiere von den Luken mittschiffs fern zu halten, und von der Mannschaft empfand kaum einer Mitleid mit den Chinesen, denen es im dunklen Zwischendeck schlimmer erging als Vieh, das verschifft wurde.

Als ich einmal in Gegenwart von einigen Seeleuten empört erwähnte, dass es Rinder und Pferde auf einem Schiffstransport entschieden besser haben als chinesische Zwischendeckpassagiere, erwiderte der Bootsmann trocken: »Vieh ist ja auch mehr wert als dieses Pack von Zopfträgern!«

Diese Aussage erschütterte mich. Doch das Schlimmste war, dass ihr niemand der Umstehenden widersprach.

Den ersten Toten hatten wir am sechzehnten Tag unserer Reise zu beklagen, obwohl Schmerz und Klage im Zwischendeck die Welt der *fangui* nicht erreichten. Deshalb sollte ich besser davon sprechen, dass wir den ersten Todesfall unter den Chinesen zu verzeichnen hatten, beließ es Scoffield doch bei einem knappen, nichts sagenden Eintrag ins Logbuch.

Ein Junge von vierzehn Jahren war in der Nacht bei schwerer See aus einem der oberen Stockbetten gefallen und hatte sich das Genick gebrochen.

»Ein bedauerlicher Unfall«, kommentierte Scoffield den tragischen Vorfall ungerührt und dachte gar nicht daran, für die Seebestattung beizudrehen. Der Leichnam des Jungen wurde mit ein paar Ballaststeinen beschwert, in einen alten Fetzen Segeltuch gewickelt und ging ohne jede Zeremonie über Bord.

Vier Tage später beendete der erste Chinese freiwillig sein qualvolles Leben im Zwischendeck. Doch Scoffield wollte die Verzweiflung des Mannes nicht wahrhaben und warnte mich unter Androhung schwerster Bestrafung eine solche »Lüge« in Umlauf zu bringen.

»Selbstmord ist bei Chinesen nichts Ungewöhnliches«, ließ er im Kreis der Passagiere verlauten. »Das hat mit ihrem Fatalismus zu tun. Aber wer kann schon sagen, was in den

Köpfen dieser seltsamen Leute vor sich geht und wovor dieser Chinese in den Tod geflüchtet ist. Vielleicht hat er gespielt, sich bis in alle Ewigkeit verschuldet und keinen anderen Ausweg gesehen als sich das Leben zu nehmen.«

Von Pao wusste ich, dass es sich bei dem zweiten Toten um den Vater des verunglückten Jungen handelte, jedoch schwieg ich darüber bei Tisch. Ich wollte nicht riskieren, dass Scoffield mir auf die Schliche kam und mich zukünftig daran hinderte, gelegentlich mit Pao und Liang Sen ein paar Worte zu wechseln.

Da meine Freunde ihre Kojen direkt neben dem freien Raum unter der Luke hatten, fiel ihnen manchmal die Aufgabe zu morgens die stinkenden Latrineneimer an Deck zu schaffen. Für diese ekelhafte Arbeit, die keiner der Seeleute übernehmen wollte, war es jeweils zwei Männern pro Luke gestattet, an Deck zu kommen, um die Eimer hochzuziehen und in Lee zu leeren.

Pao klagte mehr als Liang Sen über die entsetzlichen Verhältnisse im Zwischendeck, versicherte mir aber wie sein Onkel, dass sie durchhalten würden. »*Qing bebe* sagt ja immer: ›Wer nichts gelitten hat, hat nichts gelernt.‹ Wenn es danach geht, lernen wir eine ganze Menge«, raunte er mir erbittert zu. »Aber mach dir keine Sorge, wir halten durch. Das Schachsteckspiel, das wir mit an Bord gebracht haben, bewahrt uns davor, zu verzweifeln und Zuflucht im Opium zu nehmen. Das verdammte Zeug macht bei uns immer mehr die Runde. Opium und Glücksspiel – das ist die Welt, in die sich die meisten flüchten.«

Ich wusste, dass Osborne und Maggot, der Schiffskoch, gemeinsame Sache machten. Denn dieser hatte mit den drei chinesischen Köchen zu tun, die den Reis und gelegentlich etwas gesalzenen Kohl für ihre Landsleute zubereiteten. Osborne benutzte die Köche als seine Verkäufer, die im Zwischendeck das Opium unter die Leute brachten und dafür Provision erhielten. Er ließ sich nicht nur mit Silber und Jade bezahlen, sondern nahm genauso gern auch Schuldscheine entgegen. Und da er den Männern über ihren jeweiligen Klanboss, den jede Gruppe schon vor dem Aufbruch aus dem heimatlichen Dorf bestimmt hatte, großzügig Kredit einräumte, nahm der Konsum dieses schrecklichen Rauschgiftes mit jeder Woche zu. Und je mehr sich die Lage unter Deck verschlechterte, desto mehr Opium wurde geraucht, um Vergessen zu finden – und desto mehr verdiente Osborne am Elend dieser Menschen!

»Wie hält sich Chia Fen?«

»Tapfer«, lautete Paos knappe Antwort. »Sie lässt sich nicht unterkriegen.«

Tags darauf beging ein zweiter Chinese Selbstmord – vor den Augen der Mannschaft und einiger Passagiere. Er gehörte zu den beiden Männern, die an Deck Latrinendienst hatten. Ohne Eile trat er ans Schanzkleid, warf den Eimer über Bord, zog sich dann an den Wanten hoch und sprang in die aufgewühlte See.

Scoffield ging auch darüber ungerührt hinweg und erklärte kaltschnäuzig, warum er keinen Versuch unternahm den Chinesen zu retten: »Der Kerl ist schon ersoffen, bevor wir auch nur vom Wind abgefallen sind und eine Halse beendet haben.«

Nach diesem erschütternden Vorfall wurde nun erstmalig Betroffenheit und unverhohlener Unmut gegenüber Scoffield laut. Doch der Captain ignorierte das oder er begegnete den kritischen Bemerkungen mit der ihm eigenen Selbstherrlichkeit.

Es verging wohl kaum eine Stunde, in der ich nicht an meine Freunde und die schrecklichen Zustände dachte, die sie Tag für Tag ertragen mussten. Nachts wachte ich immer öfter aus grässlichen Alpträumen auf, in denen ich Pao, Liang Sen und Chia Fen dem Opium verfallen oder über Bord springen sah. Und dann war mir, als hörte ich aus dem Zwischendeck einen grauenhaften Chor wimmernder, schreiender und klagender Stimmen, der bis in die letzten Ecken der *Lagoda* drang.

Kurz vor Weihnachten, als wir uns schon in der fünften Woche unserer Überfahrt befanden, waren uns endlich wieder sonnige Tage mit ruhiger See vergönnt.

Zum Weihnachtsgottesdienst, den Captain Scoffield persönlich leitete, drehte die *Lagoda* bei. Mannschaft und Passagiere fanden sich im Sonntagsstaat an Deck ein. Es wurden Lieder gesungen und Scoffield las die Weihnachtsgeschichte aus der Bibel vor. Anschließend stimmte er zwei weitere fromme Lieder an.

Mir kam der Gottesdienst unwirklich, ja fast wie Blasphemie vor. Mannschaft und Passagiere feierten an Deck andächtig die Geburt unseres Heilands, der die Bergpredigt und das unumstößliche Gebot der Nächstenliebe zur Grundlage jedes christlichen Denkens und Handelns gemacht hatte, während die Chinesen im Zwischendeck schlimmer als Vieh gehalten wurden.

Ihr wollt Christen sein?, dachte ich entrüstet, während mein Blick über die fromm verklärten Gesichter von Seeleuten und Passagieren ging. Wo bleibt der Aufschrei der Empörung über das Elend und das Unrecht? Wo bleiben denn Barmherzigkeit und Nächstenliebe, von denen ihr singt? Pharisäer seid ihr!

Und du, Felix Faber?, fragte mich da plötzlich eine innere Stimme. Was ist mit dir? Wagst du es denn, deine christliche Überzeugung auch in eine Tat umzusetzen? Oder machst du es dir bequem, indem du dir einredest ja doch nichts ausrichten zu können? Also führe dich nicht wie der Gerechte unter den Sündern auf! Jedenfalls hast du bislang nichts riskiert, um die Ernsthaftigkeit deiner christlichen Gesinnung unter Beweis zu stellen.

Irgendetwas geschah mit mir in diesem Moment, was ich mir auch heute noch nicht richtig zu erklären vermag. Denn was ich im nächsten Moment tat und sagte, beruhte auf keiner Überlegung. Ohne mir meine Worte vorher auch nur vage zurechtgelegt zu haben, verkündete ich in die Pause nach dem zweiten Lied, das den Gottesdienst eigentlich abschließen sollte: »Wir feiern heute die Ankunft unseres Erlösers Jesus Christus, der nicht nur für uns, sondern für alle Menschen am Kreuz gestorben ist und der uns aufgetragen hat unseren Nächsten zu lieben – und zwar ohne jede Ausnahme. Im Sinne dieses höchsten aller christlichen Gebote hat unser Captain den bewundernswerten Entschluss gefasst, wie er mir vorhin mitgeteilt hat, das drückende Elend der Chinesen zu lindern und sie alle zwei Tage für einige Stunden an Deck zu lassen.«

Scoffield starrte mich ungläubig an.

»Für diese großartige Geste christlicher Barmherzigkeit, die wir gerade mehrfach besungen haben, hat Captain Scoffield aber nicht nur unseren Respekt, sondern auch unsere ungeteilte Zustimmung verdient!«, fügte ich hinzu und begann zu klatschen.

Die Passagiere fielen augenblicklich in den Applaus ein, während die Mannschaft sich damit Zeit ließ und sich nicht halb so begeistert zeigte.

Scoffield stand noch immer unter Schock. Solch eine Unverfrorenheit war ihm noch nie begegnet und angesichts des stürmischen Beifalls von Seiten der Passagiere wusste er offensichtlich nicht, wie er auf meine dreiste Lüge reagieren sollte.

»Das ist ein Wort, das eines aufrechten Mannes würdig ist, Captain!«, lobte ihn William Keating, aber auch die Connelly-Familie und die O'Laughlins beglückwünschten ihn zu dem beherzten Entschluss. Nur Osborne hielt sich mit einem abwartenden, leicht spöttischen Gesichtsausdruck zurück.

Scoffield nahm die lobenden Worte mit einem mühsamen, gequälten Lächeln entgegen. Dann wandte er sich mir zu und fragte mit gefährlich ruhiger Stimme: »Hätten Sie vielleicht die Güte mir zu sagen, wann genau ich so etwas zu Ihnen gesagt haben soll, Mister Faber?«

Ich wich seinem stechenden Blick nicht aus. »Heute Morgen beim Wachwechsel, Sir.«

»Ja, als Sie mit uns über den Gottesdienst und die Lieder sprachen«, mischte sich da Finton ein, der hinter den Captain getreten war.

Ich war nicht weniger überrascht als Scoffield, der zu ihm herumfuhr und ihn fassungslos anstarrte. Dann schoss ihm die Zornesröte wie eine Springflut ins Gesicht. »Ich erwarte Sie beide in meiner Kabine – und zwar auf der Stelle!«, zischte er, übergab Sherwood das Kommando und polterte den Niedergang hinunter.

»Mein Gott, warum haben Sie das getan?«, flüsterte ich Finton zu, als wir ihm mit etwas Abstand folgten.

»Aus demselben Grund, warum Sie Ihre Haut riskiert haben!«, raunte er zurück. »Es ist eine Schande, ein regelrechtes Verbrechen, was der Alte mit den Chinks treibt. Aber allein haben Sie keine Chance Ihren Hals zu retten!«

»Das wird Sie Ihre Stellung kosten!«

Der Zweite zuckte die Achseln. »Das wäre sowieso meine letzte Fahrt auf einem Kulischiff gewesen. Ich bin nicht zur See gegangen, um Dienst auf Sklavenschiffen zu tun!«

Kaum hatten wir die Kajüte von Captain Scoffield betreten, als er auch schon über mich herfiel. »Das ist Meuterei!«, schrie er mich an. »Dafür kann ich Sie hängen lassen!«

»Das glaube ich nicht, Sir. Ich habe nur das öffentlich wiedergegeben, was ich meinte von Ihnen gehört zu haben«, erwiderte ich ohne äußere Anzeichen von Angst, obwohl es mit meiner Selbstsicherheit in Wirklichkeit nicht halb so weit her war, wie ich mir den Anschein gab. Über das, was ich in einem Anfall von Zorn und Beschämung getan hatte, war ich selbst erschrocken und in meiner Magengegend breitete sich nun ein entsetzlich flaues Gefühl aus. »Und da Sie meinen Worten nicht widersprochen haben, darf ich wohl . . .«

»Halten Sie den Mund, Faber! Noch ein einziges Lügenwort aus Ihrem Mund und ich lasse Sie auf der Stelle in Eisen legen!«, fauchte er mich mit hochrotem Gesicht an. »Und Sie auch, Mister Finton! Sie haben mich maßlos enttäuscht. Ihnen hätte ich eine solche bodenlose Unverschämtheit nicht zugetraut!«

»Drei Tote reichen, Sir!«, erwiderte Finton. »Deshalb bin ich auch bereit unter Eid zu bezeugen, dass Sie genau das gesagt haben, was Mister Faber nach dem Gottesdienst verkündet hat. Und da es sich hier eindeutig nicht um Befehlsverweigerung handelt, sondern bestenfalls um ein Missverständnis, das Sie ja hätten richtig stellen können, entbehrt Ihre Drohung mit dem Galgen wegen angeblicher Meuterei jeder Grundlage. Außerdem bin ich notfalls bereit vor Gericht auch über andere Dinge auszusagen. Etwa über die Verwendung der Vorräte, die eigentlich für die Chinesen bestimmt sind . . .«

»Schweigen Sie! Nicht ein Wort mehr!«, herrschte Scoffield ihn an und sein Blick versprühte flammenden Zorn. »In Melbourne gehen Sie beide von Bord!«

»Das entspricht ganz und gar meinen Plänen, Sir«, erwiderte Finton bissig.

»Es ist unter meiner Würde, mich mit Männern Ihres Schlages abzugeben. Ihnen fehlt jede Voraussetzung verantwortungsvoll ein Schiff zu führen. Sie sind unfähig und aufsässig! Machen Sie, dass Sie mir aus den Augen kommen!«, fauchte Scoffield uns an. »Raus, aber schleunigst!«

»Aye, aye, Captain!«, kam es wie aus einem Mund.

»Danke, Sie haben mir den Hals gerettet«, sagte ich zu Finton, als wir wieder an Deck standen. »Wer weiß, was er mit mir getan hätte, wenn Sie mir nicht zur Seite gesprungen wären.«

Finton atmete tief durch. »Sie brauchen mir nicht zu danken, Mister Faber. Ich habe es mehr um meinetwegen als um ihretwillen getan. Ich konnte es nicht länger mit meinem Gewissen vereinbaren.«

»Dann danke ich Ihnen dafür«, sagte ich. »Ich denke, Sie wissen, was uns jetzt erwartet, nicht wahr?«

Finton nickte und verzog das Gesicht. »Scoffield wird uns von nun an schikanieren, wo und wie er nur kann. Aber das ist es mir wert und ich werde ihm nicht den Gefallen tun mich von ihm provozieren zu lassen.«

Ich pflichtete ihm bei.

Die Schikanen begannen noch am selben Tag. Von Stund an hatte Scoffield an allem, was wir taten, etwas auszusetzen. Lautstark empörte er sich über unsere angebliche Unfähigkeit einen Befehl zu seiner vollen Zufriedenheit auszuführen sowie über schlampig ausgeführte Segelmanöver, wann immer wir uns auf Wache befanden. Er nahm wirklich jede Gelegenheit wahr, um uns vor Mannschaft und Passagieren abzukanzeln und herabzusetzen.

»Wofür das alles?«, wollte Osborne spöttisch wissen. »Wie kannst du nur so dumm sein für die Chinks deine Haut zu Markte zu tragen? Warum tust du so etwas, Felix?«

»Weil man Männern wie Ihnen nicht das letzte Wort überlassen darf!«, antwortete ich erregt. »Ja, man müsste Ihnen eigentlich schon gleich beim ersten Wort in die Parade fahren und Sie daran hindern, noch mehr Schaden anzurichten.«

Osborne lächelte mich mitleidig an. »Die Welt ist kein Ort der Besänftigung, sondern des Aufruhrs und des Kampfes – und zwar des Kampfes für das eigene Überleben, Felix! Und du Dummkopf riskierst deinen Hals, damit eine Bande Schlitzaugen an die frische Luft kann.« Er schüttelte verständnislos den Kopf. »Eigentlich hättest du es ja verdient, wenn dir der Captain über kurz oder lang einen Strick dreht!«

Finton und ich taten dem Captain jedoch nicht den Gefallen

uns gegen seine Schikanen aufzulehnen. Denn damit hätten wir ihm die gewünschte Handhabe geliefert, uns doch noch wegen Aufsässigkeit in Eisen legen zu lassen und vor Gericht zu bringen. Wir wussten nur zu gut, dass unsere Haut auf dem Spiel stand. Deshalb schluckten wir unseren Zorn schweigend hinunter und trösteten uns damit, dass wir in wenigen Wochen in Melbourne einlaufen und dann von seiner Tyrannei befreit sein würden.

Scoffield wagte es nicht, die Erleichterung für die Chinesen zurückzunehmen, die ich in seinem Namen nach dem Gottesdienst verkündet hatte. Sie durften nun alle zwei Tage für eine Stunde mittschiffs an Deck, jedoch immer nur zweihundert Personen auf einmal. Und wer den mit Tauen abgesperrten Bereich verlassen wollte, der handelte sich schmerzhafte Hiebe der Wachen ein.

Es war erschütternd, mit welch einem Ausdruck der Erlösung die Chinesen aus der Luke kletterten, ans Schanzkleid wankten oder sich einfach rücklings auf den Planken ausstreckten, um verzückt in die windgeblähten Segel und jenseits davon in die endlose Weite des Himmels zu blicken.

Pao, Liang Sen und Chia Fen waren von den qualvollen Wochen und der armseligen Ernährung im Zwischendeck genauso gezeichnet wie ihre Landsleute. Ich musste mir fest auf die Lippen beißen, um die Tränen zu unterdrücken, als ich sie das erste Mal alle drei an der Reling stehen sah.

Wie gerne wäre ich zu ihnen gegangen, hätte sie umarmt und mit ihnen gesprochen. Ich zwang mich jedoch es nicht zu tun. Denn ich wollte ihnen das Leben nicht noch schwerer machen, fürchtete ich doch, dass Scoffield versucht sein könnte sie ebenfalls zu schikanieren, um mich dazu zu bringen endlich meine Beherrschung zu verlieren. Diesen Triumph wollte ich ihm nicht gönnen. Deshalb erlaubte ich mir nicht einmal ein flüchtiges Lächeln, als meine Freunde zu mir herüberblickten.

Es tat weh, sie ignorieren zu müssen, und deshalb wandte ich mich schnell um und schritt nach achtern, um am Kompass zu prüfen, ob der Rudergänger die *Lagoda* auch strikt auf Kurs hielt. Neuerdings waren Finton und ich ja für alles verantwortlich, sogar für die zunehmende Kakerlakenplage.

*

Fünf Tage nach Überquerung des südlichen Wendekreises gerieten wir erneut in eine Schlechtwetterfront. Und diesmal standen die Zeichen auf Sturm.

»Das Barometer fällt!«, teilte Sherwood mir mit, als ich um vier Uhr morgens die Wache übernahm. »Es ist schon auf 748 Millimeter gesunken.«

Und es fiel rapide weiter. Währenddessen stieg eine fahle, wässrige Sonne hinter dunklen Wolkenbergen über der See auf, die immer rauer wurde und sich bald in einen weiß schäumenden Hexenkessel verwandelte.

Wir kürzten die Leinwand und spannten Rettungsleinen, an denen man sich festhalten konnte, falls schwere Brecher das Schiff überrollten und Tonnen von Salzwasser das Deck in einen reißenden Mahlstrom verwandelten.

Die Instrumente zeigten schon am frühen Morgen Windstärke neun an, also starken Sturm. Doch dabei blieb es nicht. Um kurz nach acht zeigte das Barometer 733 Millimeter an, was nach der Beaufort-Skala Windstärke zehn bedeutete. Vier

Mann standen im Ruder und längst hatte der Captain das Kommando übernommen.

Es schien wieder Nacht werden zu wollen. Um uns herum tobten Wind und Wogen, als hätten sich die Naturgewalten zu einem alles vernichtenden Aufstand erhoben. Der Sturm schleuderte gewaltige Brecher gegen das Schiff, als wollte er die *Lagoda* in Stücke schlagen. Die Bark hatte längst ihren Kurs aufgegeben und lief nur noch mit einer Besegelung von Untermarssegeln und Fock vor dem Wind.

Ein unvorstellbares Brüllen, Heulen und Kreischen erfüllte die Luft. Tosende Wassermassen brodelten über das Deck und rissen jeden mit, der sich nicht rechtzeitig an einer Rettungsleine festhielt oder sich durch einen Sprung an die Strecktaue vor dem Sog in Sicherheit brachte. Das Toben war von einer Allgewalt, die nicht nur Angst machte, sondern gleichzeitig auch tiefe Ehrfurcht einflößte.

Am Abend erreichte der Sturm seinen Höhepunkt, als die Beaufort-Skala Windstärke elf anzeigte. Die Riesen von schaumgekrönten Brechern fielen nun pechschwarz und hoch wie ein dreistöckiges Haus über die *Lagoda* her. Sie rollten über das Heck heran und begruben das Schiff unter ihrer tonnenschweren Flut, während ihr Schaum bis zur Höhe der Rah des Großsegels emporflog. Doch nach jedem schweren Schlag, den die See austeilte, erhob sich die Bark wieder aus dem schäumenden Inferno, schüttelte sich wie ein nasser Hund und ging mit erhobenem Bug den nächsten Wellenberg an, während das Wasser über die Decks schoss und durch die Lenzpforten wieder zurück ins Meer rauschte.

Osborne kam im Laufe des Sturms immer wieder an Deck. Die Gefahr, in die er sich dadurch begab, ließ ihn sichtlich kalt. Er genoss vielmehr das Wüten des Sturms und schwelgte in der Gewalt, die uns zu vernichten suchte. Fast konnte man den Eindruck haben, dass er sich den Sieg der Natur über unser Menschenwerk wünschte.

»Das ist das wahre Antlitz der Welt!«, schrie er mir einmal zu, sein eigenes Gesicht zu einer Grimasse fanatischer Begeisterung verzerrt. »Die Natur fragt nicht nach gut oder schlecht, Felix! Schau dir die wahre Fratze der Welt an! Leb oder stirb! Das ist das einzige Gesetz, das Geltung hat.«

»Fahren Sie zum Teufel, Osborne!«, brüllte ich zurück und hielt mich am Schanzkleid fest.

Er lachte schrill. »Mach nur die Augen auf, Felix! Schau es dir an! Die Welt ist umgeben vom Abgrund des ewig offenen Grabes! . . . Die Natur ist ein gierig verschlingendes, ewig wiederkäuendes Ungeheuer, das sich einen Dreck darum schert, wer gut oder böse, dumm oder raffiniert ist. Es frisst alle ohne Gnade und niemand entkommt seinem Schlund!«

Keine Stunde später passierte es.

Wie eine himmelhohe schwarze Wand jagte ein Wellenberg heran, traf die *Lagoda* an Steuerbord und begrub das Deck unter seiner gewaltigen Wasserlast.

Ich befand mich achtern auf der Backbordseite und klammerte mich geistesgegenwärtig an die Wanten, die zum Besanmast hochführten. Osborne, der sich weiter mittschiffs aufhielt, packte eine der längsseits gespannten Rettungsleinen, klemmte sie sich unter den linken Arm und hielt sich mit der gesunden Hand fest.

Im nächsten Augenblick umspülten uns auch schon die reißenden Wassermassen. Mit unglaublicher Kraft hämmerten die gischtenden Fluten gegen meine Brust, nahmen mir

Sicht und Atem, pressten mich gegen die Wanten und rissen mir dann die Beine weg. Einen Moment lang hing ich waagerecht über dem Deck und ich musste alle Kraft aufwenden, um dem Sog zu widerstehen und nicht über Bord gerissen zu werden.

Als ich schließlich wieder Halt auf den Planken fand, hörte ich einen scharfen Knall sowie einen Schrei.

Die Rettungsleine, an der Osborne sich festgehalten hatte, war gerissen und er war über Bord gespült worden, klammerte sich jedoch verzweifelt ans Ende der Leine fest.

Was sich nun abspielte, dauerte nur wenige Sekunden, kam mir jedoch um ein Vielfaches länger vor. Die Sekunden schienen sich endlos in die Länge zu ziehen.

Ich sprang an die Stelle, wo die Rettungsleine über die Reling führte, und packte sie mit beiden Händen. Das Brüllen und Heulen des Sturmes trat in den Hintergrund. Ich sah in Osbornes verzerrtes Gesicht, sah ihn um sein Leben kämpfen und dachte plötzlich voller Hass und Häme: Warum ihn retten? Soll ihn doch die See verschlingen! Er hat den Tod verdient!

Die Versuchung, ihn von der nächsten Woge fortreißen und in der tobenden See ertrinken zu lassen, wurde fast übermächtig in mir. Dann hätte ich endlich Ruhe vor ihm!

Osborne schien meine Gedanken erraten zu haben. »So tu es doch, du verdammter Feigling! . . . Lass mich nur krepieren, dann bist du auf dem richtigen Weg!«, schrie er mir zu.

Hätte er mich nicht dazu aufgefordert, ihn ertrinken zu lassen, ich hätte wohl keinen Versuch gemacht sein Leben zu retten. Doch sein verächtlicher Zuruf war wie ein Schlag ins

Gesicht – und ich bot nun all meine Kraft auf, um ihn zurück an Bord der *Lagoda zu ziehen.*

Stöhnend stürzte er Sekunden später vor meinen Füßen auf die Planken. Mit schmerzenden Armen, atemlos und nass bis auf die Haut, aber zugleich auch von einer regelrechten Euphorie erfüllt, starrte ich auf ihn hinunter.

»Ich habe Ihnen das Leben gerettet. Damit sind wir quitt, Osborne!«, stieß ich fast triumphierend hervor. »Ein für alle Mal. Ich schulde Ihnen nichts mehr.«

Benommen zog er sich an der Bordwand hoch. »Ich wusste doch, dass du nicht den Mumm hast mich ertrinken zu lassen«, krächzte er. »Du bist ein elender Feigling!«

Ich lachte nur und ließ ihn dort stehen. Osborne hatte keine Macht mehr über mich. Unsägliche Erleichterung erfüllte mich, dass ich meinem Gewissen treu geblieben und nun wirklich frei von ihm war.

Endlich frei!

Unter dem Kreuz des Südens
oder
Wie ich mit dem Chinesenlindwurm hundert Meilen durch den Busch zog

Zwölf Tage später, zu Beginn der dritten Januarwoche des Jahres 1853, liefen wir unter der brennenden Sonne des australischen Hochsommers in Hobson's Bay ein.

Der Hafen von Melbourne, an der Mündung des Yarra River gelegen, platzte aus allen Nähten und begrüßte uns mit einem Meer von Masten und Fahnen, das mich sogleich an San Francisco während der ersten wilden Jahre des kalifornischen Goldrausches erinnerte. Nun hatte dieses Fieber den sonnendurchglühten australischen Kontinent erfasst. Auch hier lagen inzwischen viele Schiffe unbemannt vor Anker, weil die Seeleute desertiert und dem Lockruf der Goldfelder gefolgt waren. Die Melbourner Tageszeitung *Argus* gab Wochen später bekannt, dass im Jahr 1852 die Ankunft von über 100 000 Glücksrittern aus aller Herren Länder in der »Königin des Südens«, wie sich die Hauptstadt von Victoria stolz nannte, gezählt worden war. Und ein Ende dieses gewaltigen Stromes, der sich in diese blutjunge britische Kolonie unter dem Kreuz des Südens ergoss, lag nicht in Sicht. Die *Lagoda* war nur eines von achtzehn Schiffen, die an diesem Tag in Melbourne eintrafen.

Jeder an Bord der Bark freute sich das Ziel der Überfahrt endlich erreicht zu haben, aber vermutlich niemand so sehr wie die Chinesen, deren achtwöchige Tortur in den stinkenden Räumen unter Deck nun ihr Ende gefunden hatte. Allerdings zeigten ihre Gesichter keine fröhlichen Züge, sondern den erschütternden Ausdruck der Erlösung von unsäglicher Qual.

Es schnürte mir Herz und Kehle zusammen, als ich sah, wie erschöpft und mitgenommen sie am Vormittag der Ausschiffung aus dem Zwischendeck kletterten – und wie tapfer sie sich trotzdem hielten, nach allem, was sie erduldet hatten. Niemand verlor die Selbstbeherrschung, indem er etwa in Tränen oder freudige Rufe ausbrach. Es war vor allem die Stille, mit der sie an Deck kamen und das fremde Land in Augenschein nahmen, die mir eine Gänsehaut über Arme und Rücken jagte.

Scoffield hatte mich und Finton mit seinen Schikanen nicht zu einer Dummheit zu provozieren vermocht, die es ihm ermöglicht hätte, mit der ganzen Gewalt des britischen Seerechtes über uns herfallen zu können. In seiner ohnmächtigen Wut strafte er mich am Tag meiner Abmusterung mit dem einzigen Mittel, das ihm noch zur Verfügung stand: Er betrog mich um meine Heuer.

»Wovon reden Sie? Sie müssen neuerdings unter Gedächtnisschwund leiden, denn sonst würden Sie sich erinnern, dass ich Sie gestern schon ausgezahlt habe«, verhöhnte er mich, als ich zu ihm auf das Achterdeck trat und meine Heuer verlangte.

»Sie wollen mich gestern ausgezahlt haben? Ich kann mich wirklich nicht erinnern, Captain«, erwiderte ich grimmig, hütete mich aber meine Stimme allzu sehr zu erheben. Dass Maggot, der kriecherische Schiffskoch, und der baumlange Bootsmann ganz in der Nähe standen, hielt ich nicht für einen

Zufall. Scoffield hoffte bis zum letzten Moment mich provozieren und mir noch etwas anhängen zu können. »Würden Sie mir bitte zeigen, wo ich den Erhalt meiner Heuer im Heuerbuch bestätigt habe?«

»Sie haben das Geld an sich genommen und dann die Unverschämtheit besessen mir die Feder an den Kopf zu werfen. Das kann auch Woodward bezeugen.«

In diesem Moment wusste ich, dass ich keine Chance hatte an mein Geld zu kommen. Meine Wut darüber hielt sich jedoch in Grenzen und ich dachte gar nicht daran, ihm den Gefallen zu tun mich zu einer Handgreiflichkeit hinreißen zu lassen. »Schau an, der Schiffskoch ist Ihr Zeuge. Da haben Sie sich ja den passenden Bundesgenossen ausgesucht. Kein Wunder, in Gesellschaft von Gesindel fühlt sich ein Charakterlump wie Sie natürlich am wohlsten.« Ich sagte das jedoch so leise, dass niemand es verstehen konnte.

Das höhnische Grinsen verschwand augenblicklich von seinem Gesicht und seine Augen verengten sich. »Was haben Sie da gesagt?«

»Was für ein außerordentliches Privileg mir doch vergönnt gewesen ist unter Ihrem Kommando Erster Offizier sein zu dürfen. Die Wochen auf der *Lagoda* haben mir unvergessliche Erfahrungen beschert, verehrter Captain!« Nun war es an mir, ihn zu verhöhnen.

Er lief puterrot an. »Machen Sie, dass Sie von meinem Schiff kommen, Faber!«, brüllte er mich an. »Sie sind der unfähigste Erste, der mir je unter die Augen gekommen ist!«

»Es hat auch sein Gutes, dass Sie mich um meine Heuer betrügen. An Ihren Händen klebt Blut, Scoffield. Und kein aufrechter Mann sollte von einem wie Ihnen auch nur einen lausigen Penny nehmen«, sagte ich voller Verachtung und ging, ohne auf sein Geschrei zu achten, das er mir hinterherschickte. Ich holte meine Sachen, verabschiedete mich von Finton, der noch am selben Tag auf einem anderen Schiff anheuern wollte, und begab mich mit einem Gefühl der Befreiung von Bord.

Osborne fing mich unten auf dem Kai ab, wo schon eine Kutsche und zwei Fuhrwerke auf ihn und seine Opiumfracht warteten. Ich hatte seit dem Sturm nicht mehr mit ihm geredet und konsequent jeden seiner Versuche vereitelt mich in ein Gespräch zu verwickeln.

»Verdammt noch mal, sprich endlich mit mir!«, forderte er mich auf, als ich ihn auch diesmal ignorierte. »Sei doch vernünftig, Felix. Lass uns Klarschiff machen und gemeinsam einen neuen Anfang finden.«

»Es wird keinen neuen Anfang geben. Niemals! Also lass mich gefälligst in Ruhe, Osborne!«, fuhr ich ihn scharf an. Längst hatte ich jeglichen Respekt ihm gegenüber verloren. »Wir sind quitt, ein für alle Mal, und damit hat es sich. Ich habe dir gesagt, dass ich nichts mehr mit dir zu tun haben will, und dabei bleibt es.«

»Du begehst einen fatalen Fehler!«, warnte er mich. »Ich habe all meine Pläne darauf abgestellt, dass du mit mir an einem Strang ziehst. Und wenn du glaubst dich meinem Einfluss jetzt entziehen zu können, nur weil du mich während des Sturmes wieder an Bord gezogen hast, was mir auch ohne deine Hilfe gelungen wäre, dann befindest du dich im Irrtum!«

»Mach dich nicht lächerlich, Osborne! Du wärst von der nächsten Welle wie ein nasser Lappen mitgerissen worden und ertrunken. Und jetzt lass mich mit deinem dummen

Geschwätz in Frieden«, sagte ich hart, winkte einen Gepäckträger mit einer leeren Handkarre heran und bedeutete ihm mein Gepäck aufzuladen. »Deine Reden widern mich allmählich genauso an wie deine dreckigen Geschäfte!«

»Du hältst dich wohl für etwas Besseres. Du willst auf der Seite der Guten stehen, ja?«, rief er mir nach, als ich ihn einfach stehen ließ. »Ich sage dir, wo die richtige Seite ist. Sie ist da, wo ich stehe, hast du gehört? Alle, die sich für die andere Seite entscheiden, sind meine Feinde. Und wer sich mich zum Feind macht, bringt sich in große Schwierigkeiten ... Felix, hast du mich gehört? ... Felix! ... Komm zurück und lass uns reden!«

Ich wandte nicht einmal den Kopf.

»Das wirst du noch bitter bereuen, das schwöre ich dir, Felix!«, schrie er mir mit einer solchen Wut nach, dass sich seine Stimme beinahe überschlug. »So billig kommst du mir nicht davon! Eines Tages wirst du zu mir zurückgekrochen kommen, das schwöre ich dir!«

Nun blieb ich doch stehen, drehte mich zu ihm um – und lachte ihn aus.

Diese verächtliche Geste hätte ich mir besser verkniffen. Es wäre klüger gewesen, wenn ich mich in dieser Situation auf die weisen Sprüche von Laotse besonnen hätte: *Nur wer sich selbst bezwingt, hat Stärke* und *Ein guter Gewinner lässt dem Verlierer das Gesicht.* Doch als mir diese Einsicht kam, war es schon längst zu spät, um meinen gravierenden Fehler wieder gutzumachen.

*

Die Chinesen von der *Lagoda* wurden in ein Lager gebracht, das sich am Südufer des Yarra River kurz unterhalb der Hafenbrücke befand. Hundertsechzig der achthundert Schlafplätze waren schon von Kulis belegt, die am Tag zuvor mit einem amerikanischen Schiff eingetroffen waren. Die Unterkünfte bestanden größtenteils aus einfachen Zelten. Aber so primitiv die Unterbringung auf dem staubigen, heißen Platz auch war, so empfanden doch alle das Lagerleben nach den unerträglichen Zuständen im Zwischendeck als reine Wohltat.

Es gab viel Platz und Bewegungsfreiheit, großzügige Kochstellen, eine erheblich bessere Verpflegung und vor allem jeden Abend ausreichend warmes Wasser, um sich vor dem Schlafengehen gründlich den Staub und Schweiß des Tages abzuwaschen. Denn kein Chinese verzichtet freiwillig auf das abendliche Waschritual, über das sich noch immer so viele angeblich zivilisierte Weiße, die sich oft tage- und wochenlang nicht waschen und dementsprechend riechen, lustig machen. Welch eine maßlose Dummheit von uns Abendländern, noch immer an dem jahrhundertealten Irrglauben festzuhalten tägliches Waschen könnte unserer Gesundheit schaden!

Die Chinesen erhielten drei Tage Zeit, um sich von den Strapazen der Überfahrt zu erholen, ihre Sachen auszubessern und sich auf den langen Marsch ins hundert Meilen entfernte Ballarat vorzubereiten. In den Lagergeschäften der chinesischen Agenten konnten sie gegen Kredit Vorräte und allerlei Gerätschaften kaufen, die auf den Goldfeldern im Inland ein Vielfaches von dem kosten sollten, was man in Melbourne dafür bezahlte – und dabei waren diese Preise hier schon in astronomische Höhen geschnellt.

Fast jeder erhöhte seine Schulden noch um einen ordentlichen Batzen, indem er Schaufel, Spitzhacke, Axt, Eimer, Waschpfanne und Blechgeschirr zu unverschämt überteuerten Preisen erstand. Manch einer kaufte sogar eine schwere Schüttelbox, *rocking cradle* genannt, mit der man unter Zuhilfenahme von Wasser und viel Muskelkraft Goldstaub und -nuggets von Sand und Steinen trennt.

In diesen Tagen kamen auch die Vertreter der *Sze Yap Society* ins Lager, um die Namen der Neuankömmlinge in peinlich genau geführte Listen einzutragen. Mitglied dieser chinesischen Selbsthilfeorganisation zu werden und sich registrieren zu lassen war ebenso ein Muss wie der Eintrittsbeitrag von fünfundzwanzig Shilling pro Kopf, der sofort entrichtet werden musste – notfalls auf Kredit. Und später, auf den Goldfeldern, war an jedem vierten Sonntag, wenn die Klanvertreter der Society durch die Camps gingen, jeweils ein Shilling Beitrag fällig, wenn man nicht seiner Rechte verlustig gehen und von der Gemeinschaft ausgeschlossen werden wollte.

Ich fand ganz in der Nähe des Lagers eine schäbige Pension, in der noch eine Kammer frei war – und für die ich in drei Tagen mehr zahlte, als mich in Rotterdam, Boston oder Hong Kong zwei Wochen Kost und Logis in einem erheblich besser geführten Haus gekostet hätten.

Dass Scoffield mich um meine verdiente Heuer betrogen hatte, schmerzte mich jetzt doch sehr. Bei den Preisen, die in Melbourne verlangt wurden, schmolz meine Barschaft nämlich wie Butter in der Mittagssonne zusammen. Natürlich kam für mich gar nichts anderes in Frage als mich meinen Freunden auf dem Fußmarsch nach Ballarat anzuschließen, aber es wäre mir auch gar nichts anderes übrig geblieben. Denn die Fahrt mit einer der Überlandkutschen, um deren Plätze sich die Leute regelrecht prügelten, hätte mich mit einem Schlag mittellos gemacht, musste man doch für ein Ticket die unglaubliche Summe von sieben Pfund Sterling bezahlen.

In Melbourne, das in diesem Jahr knapp achtzigtausend Einwohner zählte, kletterten die Preise so steil in den Himmel wie die Hoffnungen der Goldschürfer. Grundstücke am Hafen und in den zentralen Geschäftsstraßen kosteten mehr als in den besten Lagen von London und sogar kleine Ladenlokale erzielten die gigantische Jahresmiete von bis zu zweitausend Pfund. Diese Schwindel erregenden Summen ließen viele Leute glauben, in Ballarat liege das Gold nur so auf der Straße herum.

Ich verkaufte meine Seekiste und ein paar hübsche Jadefiguren, die ich in Shanghai erstanden hatte und die mir jetzt einen guten Preis brachten. Dennoch reichte mein Geld gerade so aus, um mich mit dem Allernotwendigsten für den Treck und die erste Woche in Ballarat einzudecken. Schon was ich für zwei einfache Decken, eine Zeltplane und eine nicht mal neue Petroleumlampe ausgeben musste, ließ mir die Haare zu Berge stehen.

Aber selbst das vermochte meine Hochstimmung nicht zu trüben. Ich war jung, ungebunden und freute mich auf das Abenteuer, das vor mir lag, weil ich es zusammen mit meinen Freunden erleben würde!

*

Am Tag des Aufbruchs fand ich mich schon kurz nach Sonnenaufgang mit meinem Gepäck, das gute achtzig Pfund wog und auf ein hölzernes Tragegerüst gebunden war, vor dem Tor des Chinesenlagers ein. Ich war viel zu früh, weil der Aufbruch erst am späten Vormittag erfolgen sollte.

Von Yang Loo Yong, der den Treck leitete und anderthalb Dutzend Helfer befehligte, hatte ich die Erlaubnis erhalten mich dem Zug anzuschließen und abends mein Lager bei meinen Freunden aufzuschlagen. Ein halbes Pfund hatte mich diese Erlaubnis gekostet, aber das war sie mir wert. Denn wenn die Straße nach Ballarat auch jedem gehörte und ich deshalb ungehindert an der Seite meiner Freunde hätte marschieren können, so galten für die nächtlichen Camps der Kulis doch andere Regeln.

Pao kam zu mir ans Tor. Sein Gesicht strahlte vor Freude, dass wir nun endlich zu den Goldfeldern aufbrechen würden. »Du wirst dich aber noch etwas gedulden müssen, denn wir haben es so eingerichtet, dass wir zum letzten Drittel der Kolonne gehören«, teilte er mir mit.

»Und warum das?«, fragte ich.

Pao bückte sich, hob ein wenig Sand auf und warf es in die Luft. »Deswegen!«, sagte er und deutete auf den verwehenden Staub. »Zehn Fuhrwerke, beladen mit Zelten und unserem Proviant, fahren vorneweg. Was meinst du, was das bei diesem trockenen Wetter für eine Staubwolke gibt!«

Als die Fuhrwerke wenig später aus dem Lager kamen und an mir vorbeizogen, erfuhr ich am eigenen Leib, wie umsichtig Pao und Liang Sen gehandelt hatten, hüllten mich die Wagen doch in eine dichte Staubwolke.

Mit etwas Abstand folgte ihnen der »Chinesenlindwurm«, wie die Einheimischen die lang gezogenen Kolonnen der Kulis spöttisch bezeichnen. Da jeder der Chinesen ein Bambusjoch auf der Schulter balancierte, das an beiden Enden schwer mit Proviant und Gerätschaften beladen war, schlossen sich Doppelreihen von vornherein aus. Die Kulis hätten sich mit ihren Stangen gegenseitig behindert. Deshalb zogen sie im Gänsemarsch los, einer hinter dem anderen. Und jeder achtete darauf, dass er nicht mehr als drei oder vier Fuß Abstand zu seinem Vordermann ließ. Bei fast achthundert Chinesen ergab das zusammen mit den Fuhrwerken und Reisebegleitern eine Länge von einer guten Meile. Kein Wunder, dass diese Kolonnen den Spitznamen »Chinesenlindwurm« erhalten hatten.

Da ich meine Last auf dem Rücken trug, konnte ich mich gut seitlich zwischen Pao und Liang Sen einreihen, ohne einem von beiden in die Quere zu kommen. Die drei Tage Ruhe hatten meinen Freunden sichtlich gut getan. Ihre Haut hatte wieder eine gesunde Farbe angenommen und sie machten einen gekräftigten Eindruck. Auch Chia Fen, deren von Entbehrung und stiller Qual gezeichnetes Gesicht mich bei der Ausschiffung vor dreieinhalb Tagen erschreckt hatte, sah wie verwandelt aus. Ihr Gesicht hatte die eingefallenen Züge verloren und wieder seine anmutige Glätte zurückgewonnen.

Die Last, die sie sich an ihr Bambusjoch gehängt hatte, bereitete mir jedoch Sorgen, auch wenn sie nur die Hälfte von dem ausmachte, was Pao und Liang Sen bewältigen mussten. »Hast du dir nicht zu viel aufgeladen, Chia Fen?«, fragte ich, als die Kolonne für einen Augenblick ins Stocken geriet. »Warum überlässt du mir nicht einen Teil davon? Ich kann noch was auf mein Rückengestell laden.«

»Das kommt gar nicht in Frage. Was ich mir aufgeladen habe, kann ich auch tragen«, lehnte sie stolz ab und fügte dann mit spitzer Zunge hinzu: »Dank deines mutigen Eingreifens damals bin ich genauso gut zu Fuß wie du oder Pao!«

Mir war, als hätte Chia Fen mich geohrfeigt.

»*Wer Pflichten erkennt, sie jedoch nicht erfüllt, der hat kein Herz –* so lehrt es uns Konfuzius«, sagte plötzlich Liang Sen mit tadelndem Ton. »Und du hast kein Herz, Chia Fen, wenn du vergisst, dass du Felix nichts vorzuwerfen, sondern ihm vielmehr dankbar zu sein hast. Du wärst heute nicht bei uns, wenn du nicht zwei gesunde Füße hättest.«

Chia Fen errötete und senkte den Kopf.

»Und zudem hast du wohl vergessen, dass Felix seinen Kopf für uns riskiert hat, damit wir wenigstens ab und zu einmal an Deck kommen durften!«, fügte Pao ärgerlich hinzu. »Du hast wirklich eine seltsame Art deine Dankbarkeit zu zeigen!«

Dass sie davon wussten, überraschte mich, denn ich hatte darüber kein Wort verloren. Später erzählte Pao mir, dass die chinesischen Köche, die täglich mit Maggot und anderen von der Mannschaft in Kontakt gekommen waren, die Geschichte von meinem gewagten Auftritt beim Weihnachtsgottesdienst zu ihren Landsleuten ins Zwischendeck getragen hatten.

»So habe ich es nicht gemeint«, sagte Chia Fen verlegen. »Es tut mir Leid, Felix.«

»Schon gut«, antwortete ich, innerlich jedoch sehr betroffen von ihrem Vorwurf.

Pao schüttelte verständnislos den Kopf.

Der Lindwurm vor uns setzte sich wieder in Bewegung und wir zogen weiter. Vergessen war Chia Fens Vorwurf damit jedoch nicht. Ich überlegte hin und her, ob ich mir wirklich etwas vorzuwerfen hatte oder ob ich mich über ihre spitzen

Bemerkungen ärgern sollte. Ich war mir einfach nicht sicher, ob ich damals das Richtige getan hatte.

Die erste Teilstrecke führte den Lindwurm durch die nordwestlichen Randgebiete von Melbourne. Überall blieben die Menschen auf den Straßen stehen und bedachten die Chinesen, die in einer scheinbar endlos langen Menschenschlange an ihnen vorbeimarschierten, mit neugierigen und zumeist abweisenden Blicken. Für viele waren die Kulis mit ihren breiten Basthüten und langen Zöpfen, der fast einheitlichen Kleidung aus weiten Hosen, Jacken und Stoffschuhen mit einer dicken Sohle aus weichem Holz sowie dem Bambusjoch auf der Schulter ein gar zu fremdländischer Anblick. Viele aus Europa hatten noch nie zuvor Menschen aus dem Fernen Osten zu Gesicht bekommen. Und da in den meisten Menschen alles Fremde einen stupide dumpfen Argwohn weckt und sie in ihrer Ignoranz dieses Fremde prinzipiell für minderwertiger als das Eigene und Vertraute halten, wurden entlang des Weges immer wieder abfällige Bemerkungen laut.

Ich schämte mich für diese *fangui* und war froh, dass die meisten Chinesen noch nicht einmal genug Pidjin-Englisch konnten, um diese gemeinen Zurufe zu verstehen. Aber um die Blicke der Schaulustigen zu deuten, bedurfte es keiner besonderen Fähigkeit. Gesten und Mienen verrieten deutlich genug, dass Chinesen ganz sicher nicht zu denjenigen gehörten, die in Victoria mit offenen Armen empfangen wurden. Man bediente sich gern ihres Fleißes und ihrer billigen Arbeitskraft, aber darüber hinaus wollte man nichts mit den »Schlitzaugen« zu tun haben.

Ich war bestimmt nicht der Einzige, der innerlich erleichtert aufatmete, als wir endlich die letzten Häuser von Melbourne passierten, offenes Gelände erreichten und nun der Überlandstraße nach Ballarat folgten. Allerdings hatte dieser staubige Pfad, zerfurcht von den Spurrillen zahlloser Fuhrwerke und Kutschen, die Bezeichnung »Straße« nicht recht verdient.

Eine bunte Schar von Goldsuchern, Händlern und Glücksrittern aller Art bevölkerte die Straße in beiden Richtungen. Die meisten bewältigten die Strecke zu den Goldfeldern zu Fuß und schleppten sich mit schweren Lasten ab. Es waren aber auch Kutschen, Einspänner und Reiter unterwegs sowie schwerfällige Ochsengespanne, Pferdefuhrwerke und kleine Wagen, die von Eseln und sogar von Ziegen gezogen wurden. Es hieß, dass sich an jedem Tag mindestens dreihundert Personen auf dieser Strecke bewegten – nicht mitgerechnet die gelegentlichen Kolonnen chinesischer Kulis und die *bushrangers*, wie die Räuber heißen, die sich in erschreckend großer Zahl im Busch herumtreiben und jede Gelegenheit beim Schopf packen, um Reisende zu überfallen und auszurauben.

Am ersten Tag ging es durch flaches, eintöniges Gelände. Die Sonne brannte vom Himmel und bei jedem Schritt wirbelte feiner Staub von der trockenen Erde auf, die überall das Land unter dem Kreuz des Südens in unterschiedlich starken Tönen von Rot und Braun bestimmt, zusammen mit dem gelbbraunen Stachelschweingras, den Wüstenpappeln mit ihren halb verdorrten Stämmen, den dornigen Akazienbüschen und insbesondere mit den unzähligen Arten immergrüner Eukalyptusbäume. Viele dieser Eukalypten besitzen graugrüne Stämme, von denen die Borke in tausend kleinen Streifen herabhängt, als wären sie gerade dabei, sich wie eine Schlange zu häuten.

Bis zum Einbruch der Dämmerung waren es noch mehrere

Stunden hin, als wir zur allgemeinen Überraschung in der Nähe einer kleinen Siedlung namens Essendon unsere erste Tagesetappe schon beendeten. Nicht dass ich mich darüber beklagt hätte, denn mir machte mein Gepäck, dessen Gewicht mir die Streben des primitiven Tragegestells schmerzhaft in den Rücken presste, inzwischen schwer zu schaffen. Aber viele der Kulis, die als Lastenträger eine ganz andere Ausdauer besaßen, wären gern noch ein paar Stunden marschiert.

Yang Loo Yong, ein umgänglicher Mann mittleren Alters, hielt die ersten beiden Tagesetappen jedoch mit Absicht kurz. Die Chinesen sollten Zeit haben sich an die Camproutine zu gewöhnen, zu der unter anderem das Errichten der großen Gemeinschaftszelte, das Zusammentragen von Feuerholz, die Zubereitung der Reisgerichte und das Erwärmen von abendlichem Waschwasser gehörten. Das Privileg, Koch für eine Gruppe sein zu dürfen, fiel jeden Tag auf einen anderen. Diese zehn Personen, die jeden Abend per Los ermittelt wurden, durften am nächsten Morgen ihr Gepäck auf eines der Fuhrwerke laden und ohne Last auf den Schultern neben dem Gefährt hergehen.

Yang Loo Yong wies mir zum Errichten meines Zeltes einen Platz zu, der bei den abgestellten Fuhrwerken und damit etwas abseits von den großen Gemeinschaftsunterkünften lag.

Gerade hatte ich die letzten Pflöcke in die Erde geschlagen, als Chia Fen mir einen Arm voll Feuerholz brachte. Ich war angenehm überrascht von dieser freundlichen Geste und bedankte mich.

»Ich kann noch mehr zusammentragen, wenn du damit nicht auskommst«, bot sie mir an und sie schien sogar darauf zu hoffen, dass ich sie noch mal zum Einsammeln von Reisig wegschickte – quasi zur Strafe für das, was sie am Morgen zu mir gesagt hatte.

»Das ist wirklich sehr lieb von dir, aber nicht nötig, Chia Fen«, wehrte ich ab. »Das ist mehr Holz, als ich brauche.« Ich wollte noch irgendetwas Versöhnendes sagen, wusste jedoch nicht, was. In Gegenwart des anderen Geschlechtes hatte ich mich schon immer sehr schwer getan und nun, da ich zum ersten Mal mit Chia Fen allein war und ihren Blick auf mir spürte, fiel mir erst recht nichts ein.

Sie sah mich noch einen Moment erwartungsvoll an. Als ich jedoch nichts sagte, machte sie ein enttäuschtes Gesicht, nickte und kehrte zu Pao und Liang Sen zurück, die mir später an meinem Feuer noch für eine Weile Gesellschaft leisteten.

Am nächsten Tag marschierten wir über die Ebene der Keilor Plains, die so eintönig war wie das Gelände am Tag zuvor. Nur hatten wir auf der zweiten Etappe sehr unter dem warmen Wind zu leiden, der immer wieder mächtige Staubwolken über das flache Land trieb. Der feine Sand drang überallhin, in Augen, Ohren, Mund und Nase und unter die Kleidung.

»Seid froh, dass ihr den Treck nicht im Frühling macht!«, rief uns einer der chinesischen Reisebegleiter zu, als Pao die Staubböen nach einem heftigen Hustenanfall verfluchte. »Dann würdet ihr mit eurem Gepäck nämlich knietief im Schlamm versinken!«

Am vierten Tag, als wir das Camp mit dem trefflichen Namen Diggers Rest verließen, stieg das Gelände an. Hier teilte sich der Lindwurm. Gut fünfhundert Chinesen, deren Arbeitskontrakte für die Goldfelder von Bendigo und Castlemaine am Mount Alexander im Norden ausgestellt waren, bereiteten sich auf die Überquerung der Great Divide vor, der

Großen Wasserscheide. Ihr Weg führte mitten durch den berüchtigten Black Forest, über den der bucklige Mount Macedon wacht. Hier stehen die hohen, dunklen Bäume so dicht beieinander, dass kaum Sonnenlicht durch das Laubdach dringt und auf den Boden fällt.

Aber auch uns, die wir in mehr nordwestlicher Richtung nach Ballarat weiterzogen und nur die bergigen Ausläufer des Black Forest zu durchqueren hatten, standen mehrere anstrengende Tagesetappen bevor. In den Wäldern umfingen uns kühle Schatten und tagelang begleitete uns die bange Frage, ob wir wohl an eine der Banden geraten würden, die in den dunklen Tiefen des Black Forest ihr Versteck haben und immer wieder Überfälle auf Reisende verüben. Glücklicherweise blieben wir von ihnen verschont, wohl weil ein Überfall auf uns nicht lohnend genug war. Eine aus Ballarat kommende Kutsche mit einem halben Dutzend Passagieren, die möglicherweise mit Gold gefüllte Beutel bei sich trugen, bot sicherlich einen bedeutend größeren Anreiz für einen Raubzug als Kulis, die sich mit Reissäcken, Decken und Gerätschaften abschleppten.

Die Nächte in den höher gelegenen Wäldern erwiesen sich als erstaunlich kalt und feucht, trotz des Hochsommers, und am Morgen trieben Nebelfelder zwischen den Bäumen und über den Lichtungen.

Der Weg führte nun in einem ermüdenden Wechsel auf und ab, hinunter in tiefe Täler und auf der anderen Seite die steilen Hänge in Serpentinen wieder hinauf. Nun zahlte es sich aus, dass Yang Loo Yong seiner Kolonne die Tage zuvor nicht das Letzte abverlangt hatte. Die Reserven wurden jetzt dringend benötigt, um diese kraftzehrende Wegstrecke zu bewältigen, ohne dass die Kolonne auseinander gerissen wurde und sich in unterschiedlich schnelle Gruppen auflöste. Denn die meisten der Kulis hatten sich mehr als hundertfünfzig Pfund auf die Schulter gelegt. Mit solch einem Gewicht am Bambusjoch wurde jeder Aufstieg aus einem Tal zu einer qualvollen Belastungsprobe. Und die steilen Abstiege kosteten kaum weniger Kraft und Schweiß.

»Der letzte Berg liegt hinter uns – und damit das schwerste Stück der Wegstrecke!«, verkündete Yang Loo Yong eines Abends. »Morgen geht es hinunter in die Ebene. Der Rest des Weges ist so leicht zu bewältigen wie die ersten drei Tagesstrecken!«

Ein Raunen der Erlösung ging durch das Camp.

An diesem Abend saß ich noch mit Liang Sen, Pao und Chia Fen zusammen am Lagerfeuer, lange nachdem die Flammen in sich zusammengefallen waren. Unser Gespräch flog unbeschwert von einem Thema zum anderen, sprang so leichtfüßig wie ein junges Känguru, das voller Neugier, aber ohne festes Ziel das Buschland erkundet, von der Gegenwart in die Vergangenheit, von dort in die Zukunft und wieder zurück in die Gegenwart.

Keine einzige Wolke trübte in dieser Nacht die Klarheit des Himmels. Wie meisterhaft geschliffene Diamanten funkelten die fünf Sterne, die das Kreuz des Südens bilden, zu uns herunter. Eine Sternschnuppe leuchtete auf. Sie schien aus dem silbrigen Band der Milchstraße zu fallen, vollführte mit ihrem Schweif für die Dauer eines Wimpernschlages einen hellen Lichtbogen in der kosmischen Schwärze und erlosch schon wieder vor dem Hintergrund der unfassbaren Weite des Universums, kaum dass das menschliche Auge ihr Aufblitzen registriert hatte.

Fasziniert blickte ich zum Sternenhimmel hoch.

»Der Mensch ist eben nicht das Maß aller Dinge, auch wenn so mancher sich das einbildet«, sagte Liang Sen, als hätte er meine Gedanken und Gefühle erraten.

»Was ist er dann?«, fragte ich.

»Wir Menschen sind Kinder von Himmel und Erde«, antwortete Liang Sen. »Der Himmel ist mein Vater und die Erde meine Mutter. Der Kosmos ist unsere Heimat, in der ein so winziges Wesen wie ich seinen Platz findet.«

»Dann sind wir also Himmel und Erde ebenbürtig«, folgerte Pao mit einem Anflug von Scherzhaftigkeit. Denn während ich mich stundenlang mit Liang Sen über philosophische und existenzielle Fragen unterhalten konnte, langweilten meinen Freund derlei Themen sehr schnell.

Liang Sen nahm Paos Einwurf jedoch ernst. »In einem gewissen Sinne trifft das zu, ist doch der Kosmos die Quelle unserer Existenz, nicht nur spirituell, sondern auch materiell. Wir sind aus demselben Stoff gemacht wie Tiere, Pflanzen, Steine und Staub. Der Kosmos ist uns damit Heimat und nicht Fremde. Daher sehe ich in allen Erscheinungen des Universums meinen eigenen Körper und in allem, was das Universum regiert, erkenne ich meine eigene Natur wieder.«

»Ich weiß nicht, ob ich das als erschreckend oder aber als erhebend und tröstend empfinden soll«, sagte Chia Fen versonnen.

Pao lachte. »Du machst dir wirklich seltsame Gedanken!«, sagte er kopfschüttelnd.

»Zuerst einmal sollten wir das als verpflichtend empfinden«, sagte Liang Sen. »Wenn ich begreife, dass wir alle einer einzigen Quelle entspringen, dann muss auch die Erkenntnis folgen, dass alle Menschen meine Geschwister und alle Dinge meine Gefährten sind. Selbst die Verkrüppelten und Kranken, die Unterdrückten und Verfolgten sind meine Brüder in der Not. Wahres Menschsein heißt die Dreiheit von Mensch, Himmel und Erde zu verwirklichen und als Hüter der Natur und Mitschöpfer des Kosmos zu wirken. Eine der höchsten Tugenden konfuzianischer Ethik ist daher die Liebe zum Lernen. Die alles überragende Tugend der Menschlichkeit heißt jedoch Liebe.«

»Spricht aus dir jetzt der überzeugte Konfuzianer oder der ehemalige römisch-katholische Priesteranwärter?«, neckte Pao ihn und spielte auf die Jahre an, die Liang Sen als junger Mann in Neapel im chinesischen Priesterkolleg verbracht hatte.

Liang Sen lächelte. »Ein Ostasiate mag Buddhist, Taoist, Shintoist, Muslim oder Christ sein, aber er wird nur in den seltensten Fällen aufhören ein Konfuzianer zu sein.«

»Weil die Lehren des Laotse und des Konfuzius noch um vieles älter sind?«, fragte Pao.

»Nicht das Alter ist entscheidend, sondern die Weisheit und Gültigkeit einer Lehre über alle Moden und Zeitströme hinweg«, erwiderte Liang Sen. »Und was das betrifft, haben die Lehren von Laotse und Konfuzius auch nach zweieinhalbtausend Jahren noch nichts von ihrer Bedeutung und Aktualität verloren. Außerdem schließen sie nicht das Bekenntnis zum Christentum, Islam oder Buddhismus aus. Laotse und Konfuzius waren keine Propheten und haben keine Religionen gegründet, sondern verstanden sich zugleich als Lehrer und als Lernende. Sie haben Wege gesucht und gefunden, um dem Menschen auf der Suche nach sich selbst zu helfen, ihn zur Erkenntnis seiner wahren Natur zu führen und damit soziale

Harmonie zu erreichen. Aber da die Vielfalt das Grundmuster der Natur ist, erhebt ein Konfuzianer auch nicht den Anspruch den einzig wahren Weg zum Menschsein gefunden zu haben. Es gibt viele Wege, die zum Ziel führen, solange sie nur von den Tugenden der Menschlichkeit bestimmt sind.«

»Was genau ist denn das Ziel?«, wollte ich wissen.

»Wir sind nicht das, was wir sein sollten. Aber das, was in uns allen angelegt ist, ermöglicht es uns zu erlernen, wozu wir bestimmt sind, wenn wir nur wollen«, antwortete Liang Sen. »Es ist das Paradoxon des Konfuzianismus, dass jeder Mensch potentiell ein Weiser ist, dass aber der Prozess, durch den er dieses in ihm angelegte Ziel erreicht, nie endet.«

»Na, dann begnüge ich mich doch erst einmal mit dem etwas einfacher zu erreichenden Ziel möglichst schnell viel Gold in Ballarat zu schürfen!«, scherzte Pao.

Sein Onkel nahm es mit Nachsicht und zitierte Laotse: *»Das Tao der Natur streitet nicht und siegt doch meisterlich. Ruft nicht zu sich und zieht doch an sich. Beeilt sich nicht und gestaltet doch meisterlich. Das Netz der Natur ist endlos weit. Sein Maschenwerk ist grob, doch nichts schlüpft hindurch.* Und das gilt auch für dich, Pao. Alles Gold der Welt ist letztendlich nichts als sinnloser Tand. Auch für dich wird der Tag kommen, an dem dein Blick sich klärt und du den einzig wichtigen Fragen unserer menschlichen Existenz ins Auge blicken und für dich eine Antwort finden musst.«

Pao grinste verlegen. »Jaja, ich weiß schon: *Je heftiger die Neigungen, umso größer der Aufwand. Je umfangreicher das Gehortete, umso schwerer der Verlust!«*, zitierte nun er aus dem *Tao te king.*

Liang Sen lächelte. »Ich bin ganz ohne Sorge, dass du deinen

Weg finden wirst, Pao. Die Saat ist längst gelegt, nur sind ihre Sprösslinge bei dir noch unter einer dicken Krume verborgen«, erwiderte er humorvoll.

Für einen Augenblick herrschte Schweigen an unserem Lagerfeuer. Pao stocherte in der Glut herum und ein paar Funken stoben auf.

»Wenn ich in diese unfassbare Weite und Leere des Universums schaue und über deine Worte nachdenke, *See-bok*, dann geht es mir so wie Chia Fen«, sagte ich leise in die Stille. »Dann weiß ich auch nicht, ob ich erschrecken oder mich geborgen und getröstet fühlen soll.«

Chia Fen blickte kurz zu mir herüber und gestand, als hätte ihr mein Bekenntnis Mut gemacht, noch mehr von ihren tiefsten Gefühlsregungen: »Ich glaube, es erschreckt mich mehr als alles andere. Vor allem, wenn ich daran denke, was im Tod mit uns geschieht, nämlich . . .« Sie machte eine kurze, verlegene Pause, bevor sie ihren Satz zu Ende führte. ». . . dass wir plötzlich aufhören zu sein.«

»Lebensenergie ballt sich zusammen und löst sich wieder auf, geht jedoch niemals verloren«, antwortete Liang Sen. »Was uns wie eine erschreckend große Leere vorkommt, ist in Wahrheit voller Leben. Nichtsein gibt es deshalb nicht.«

»Was werden wir dann sein?«, fragte Chia Fen.

»Dieses Rätsel vermag kein Mensch zu lösen. Aber dennoch will ich dir eine Antwort geben. Es liegt zwar in der Natur von Vergleichen, dass sie hinken und niemals nahe genug an die Wahrheit herankommen, aber ein solches Bild scheint mir dennoch mehr ausdrücken zu können als tausend gelehrte Worte, die doch immer nur hilflos um das Unvorstellbare kreisen: Der Mensch ist zur Zeit seines irdischen Lebens wie ein fester Block Eis, der bei seinem Tod schmilzt, ohne dass auch nur ein einziger Tropfen Wasser verloren geht. Welche Form diese Lebensenergie dann annimmt, das bleibt jedoch das größte Geheimnis unserer menschlichen Existenz.«

»Ich wünschte, ich könnte auch so fest daran glauben wie du«, sagte Pao.

»Mit dem Glauben verhält es sich so wie mit dem Lernen einer Fremdsprache«, erwiderte Liang Sen. »Nur wenn ich regelmäßig den Unterricht besuche und mich intensiv mit der Sprache beschäftige, öffnet sie sich mir und ich habe Freude daran.«

Kurz danach brach bei uns allen die Müdigkeit mit aller Macht durch. Einer nach dem anderen gähnte. Es war allerhöchste Zeit, sich schlafen zu legen. Pao und Liang Sen wünschten eine gute Nacht und gingen schon zu ihrem großen Gemeinschaftszelt hinüber, während Chia Fen noch einen Moment bei mir verharrte.

»Danke«, sagte sie.

»Wofür?«, fragte ich überrascht.

»Dass du nicht gelacht hast, als ich über meine Gefühle gesprochen habe. Und dass du dich nicht gescheut hast etwas Ähnliches einzugestehen. Du hast Wahrhaftigkeit und Güte gezeigt und dafür danke ich dir. Gute Nacht, Chia Wang«, sagte sie und entfernte sich schnell, um die beiden Männer noch vor dem Zelt einzuholen.

Angenehm verblüfft sah ich ihr nach. Sie hatte in ihrer Muttersprache mit mir gesprochen und dabei die besonders gewichtigen Worte *shan* für »gut« im Sinne von »Zuneigung weckend« und *xin* verwandt, das einen wahrhaftigen und sich selbst gegenüber ehrlichen Menschen bezeichnet. Nach all den Wochen der Ablehnung freute mich das sehr. Und dabei hatte sie es nicht belassen, sondern sie hatte mich auch zum ersten Mal bei meinem chinesischen Namen genannt, auf den ich so stolz bin, weil er »Hoffnung« bedeutet und mir von Liang Sen gegeben worden ist.

Ich glaube, ich schlief diese Nacht mit einem Lächeln ein.

*

Der Marsch führte uns, nachdem wir die bergigen Ausläufer der Great Divide hinter uns gelassen hatten, nun wieder durch hügeliges und spärlich besiedeltes Buschland.

Bei Baccus Marsh gelangten wir an einen kleinen Fluss, der im Gegensatz zu vielen anderen Wasserläufen im Buschland auch während der langen und heißen Sommermonate nicht austrocknet. Und obwohl der Fluss weder breit noch tief war, erwies sich das Übersetzen als schwieriger als auf den ersten Blick gedacht. Das Wasser reichte zwar nur bis an die Hüften, schäumte jedoch durch ein Flussbett, das von scharfkantigen Felsbrocken aller Größe durchsetzt ist. Zu Fuß ließ sich der Creek ohne Gefahr überqueren, sofern man Acht gab, wohin man seinen Fuß setzte. Reiter sowie Kutschen und Fuhrwerke aller Art hatten dagegen große Schwierigkeiten.

Es gibt zwar eine Stelle in der Furt, wo man das Flussbett von den gefährlichsten und hinderlichsten Felsbrocken befreit und eine fast ebene Fahrrinne für die Kutschen und Gespanne geschaffen hat. Aber an manchen Tagen, wenn sich diese schmale Stelle als Nadelöhr erweist und es einen Rückstau an Wagen gibt, finden sich immer wieder Ungeduldige, die nicht warten wollen und deshalb versuchen an einer anderen Stelle überzusetzen. Manche kommen unbeschadet ans andere Ufer, andere haben weniger Glück und erleiden Rad- oder Achsenbruch.

Patrick und Liam Finnegan, beide Anfang zwanzig, gehörten zu den Pechvögeln. Die beiden irischen Brüder, die aus der Grafschaft York stammten und seit Jahren gemeinsam zur See fuhren, hatten ihre Ersparnisse in Melbourne in einen alten Ochsen, einen noch älteren Wagen und eine bunt gemischte Ladung aus Lebensmitteln und Gerätschaften investiert.

Ihr Versuch, Zeit zu sparen und den Fluss an einer anderen Stelle zu überqueren, scheiterte kläglich. Der Ochse rutschte mitten im Fluss von einem glatten Felsen ab, brach sich ein Bein und schlug seitlich ins Wasser. Dabei riss er den Wagen mit um. Holz splitterte und die zusammengezurrte Ladung rutschte ins Wasser und wurde auseinander gerissen. Die beiden jungen Männer wussten nicht, wo sie zuerst Hand anlegen sollten. Ein gut Teil ihrer Fracht wurde von der Strömung mitgerissen.

In das Gebrüll des Ochsens der vor Schmerz und Panik schrie, von den Fluten umspült wurde und verzweifelt an seinem Geschirr zerrte, ohne sich jedoch befreien zu können, mischten sich die schrillen Zurufe der Brüder.

Ein gutes Dutzend Wagen sowie mehrere schwer beladene Männer zu Fuß warteten zu beiden Seiten der Furt darauf, übersetzen zu können. Aber niemand dachte daran, den beiden Unglücklichen zu Hilfe zu kommen. Jeder hatte es eilig. Und nicht wenigen der Wartenden stand die Schadenfreude sogar deutlich im Gesicht geschrieben.

Mir taten die beiden, die sich da im Wasser abmühten, ohne

die Situation in den Griff zu bekommen, jedoch Leid. So blieb ich stehen, löste die Riemen von meinem Tragegestell und setzte die Last ab.

»Was hast du vor?«, fragte Pao und trat aus der Reihe der Chinesen.

»Ich will den beiden helfen. Ich kann das nicht mit ansehen.«

»Warte! Ich komme mit!«, rief Pao, der für eine solche Abwechslung immer zu haben war.

Einer der Aufseher rief Pao aufgeregt zu sofort wieder in die Reihe zurückzukehren. Denn mittlerweile hatten unsere Versorgungswagen die andere Flussseite erreicht und nun war die Kolonne der Kulis an der Reihe durch das hüfttiefe Wasser der Furt zu waten.

Pao dachte jedoch nicht daran, sich zurückhalten zu lassen. »Keine Sorge, wir holen euch schon wieder ein!«, rief er über die Schulter zurück und stürzte sich mit mir in die Fluten.

Unser Beispiel machte Schule und noch drei andere Männer sprangen Augenblicke später den Finnegan-Brüdern zu Hilfe. Gemeinsam gelang es uns, den wild um sich tretenden Ochsen ans andere Ufer zu bringen und einen Teil der Ladung zu retten. So zog Pao unter anderem eine doppelläufige Schrotflinte aus dem Wasser. Aber vieles war verloren, so auch der Wagen. Zwei Räder waren gesplittert und die Vorderachse war gebrochen.

»Das kommt davon, wenn man ganz besonders clever sein will!«, schimpfte Patrick »Paddy« Finnegan, mit vierundzwanzig Jahren der ältere der beiden Brüder, auf sich selbst. »Warum haben wir bloß nicht gewartet, Yorkie? Du hättest mir das ausreden sollen. Du bist doch sonst immer so vernünftig! Warum hast du mir diesmal nicht ins Gewissen geredet?«

»Ich habe – und wie! Aber du hast dich ja mal wieder taub gestellt!«, erwiderte Liam Finnegan, der auf den Spitznamen Yorkie hörte und zwei Jahre jünger war als sein Bruder. Er verzog das jugendlich pausbäckige Gesicht und fuhr sich durch den krausen rotblonden Haarschopf, den er mit seinem Bruder gemein hatte. »Ich schätze, wir werden da drüben unter den beiden Eukalyptusbäumen eine Ochsenschlachterei eröffnen müssen, wenn wir wenigstens einen Teil unseres Geldes retten wollen, Paddy.«

»Seit wann verstehst du dich auf das Schlachten von Rindviechern?«, fragte sein Bruder.

»Wenn wir mit dem Ochsen fertig sind, wissen wir, ob ich mich darauf verstehe«, antwortete Liam »Yorkie« Finnegan trocken, holte die Flinte, die zu ihrem geretteten Gut gehörte, suchte eine Patrone und gab dem Ochsen den Gnadenschuss.

Die Finnegans bedrängten uns, doch so lange zu warten, bis sie das Tier zerlegt hatten, damit sie uns zum Dank einige saftige Stücke Ochsenfleisch mitgeben konnten. Wir lehnten jedoch dankend ab, weil es Zeit für uns wurde, unsere Last wieder aufzunehmen und den Anschluss zu suchen. Zudem hegten wir große Zweifel, dass dieser alte Ochse auch nur ein einziges saftiges Stück Fleisch hergeben würde.

»Also gut, dann tragen wir unsere Schuld irgendwann in Ballarat ab!«, versprach Paddy Finnegan fröhlich. »Wir laufen uns ja bestimmt noch mal über den Weg.«

Und so geschah es in der Tat. Dieses Wiedersehen erfolgte sogar schneller als gedacht. Und Pao sollte noch froh sein, dass er die Flinte der Finnegans aus dem Wasser gezogen hatte.

Ballarat
oder
Wie Pao beinahe gelyncht wurde und ich das harte Brot des Diggers zu schmecken bekam

Es war der zwölfte Tag unseres Marsches von Melbourne nach Ballarat. Müde und schwitzend trotteten wir in der Mittagshitze durch das ausgedörrte, wellige Buschland. Wie die Wogen einer sanften Dünung reihte sich unter einem tiefblauen Himmel eine weit gestreckte Hügelkette hinter die andere.

Nach der kurzen Mittagspause, in der wir uns mit Tee und kalten gebackenen Reiskuchen gestärkt hatten, fiel es den meisten schwer, wieder in den vertrauten Rhythmus zu fallen. Die Last drückte schwerer als zuvor und mir machten zudem noch die Blasen zu schaffen, die ich mir gelaufen hatte. Kaum einer hatte ein Auge für die neugierigen Papageien, die sich nahe unseres Weges zu Dutzenden auf Büschen niederließen und deren Federkleid in den wunderbarsten Tönen von Grün, Blau und Gelb schillerte.

»Chia Wang, hörst du das?«, stieß Pao plötzlich neben mir hervor.

Im selben Moment hatte auch ich dieses seltsame Geräusch wahrgenommen, das aus der Ferne zu uns drang. »Ja, was mag das wohl sein?«

»Das klingt nach dem Donnern eines Wasserfalls!«, rief Chia Fen aufgeregt.

»Nein, eher nach dem gedämpften Klang von tausend oder mehr Trommeln«, meinte Pao und kam damit der Wahrheit schon recht nahe. Denn was wir hörten, war das dumpfe Rattern und Klappern von vielen tausend *rocking cradles*. Der Lärm dieser hölzernen Schüttelkästen, deren oberer Siebrahmen mit Hilfe eines langen Hebels rhythmisch vor und zurück gerissen wurde, sollte uns schon bald so vertraut werden, dass wir ihn gar nicht mehr bewusst wahrnahmen.

Ein aufgeregtes Raunen ging durch die Kolonne. Dann kam von vorne der Ruf: »Ballarat! Hinter der nächsten Hügelkette liegt Ballarat!«

Das Ziel, dem die Chinesen seit vielen Monaten entgegengefiebert und für das sie so große Entbehrungen auf sich genommen hatten, war zum Greifen nahe. Uns trennten nur noch wenige Meilen von den Goldfeldern, die unser aller Leben nachhaltig verändern sollten!

Mit einem Schlag waren brennende Füße, Erschöpfung und Hitze vergessen. Der müde, teilnahmslose Ausdruck verschwand von den schweißglänzenden Gesichtern und wich freudiger Erregung. Es wurde sogar gelacht und geredet und die Kolonne beschleunigte spürbar ihr Marschtempo.

Ein letzter Anstieg und dann lag die bucklige Ebene von Ballarat vor uns. Die Goldfelder mit ihren Tausenden von Erdlöchern und Gesteinshalden erstreckten sich über ein Gelände, das sich Ballarat Flat nennt. Es wird von einem kleinen Fluss namens Yarrowee River in westlicher Richtung und mehreren kleinen Bächen durchflossen und liegt in einem weiten flachen Tal, das von quarzhaltigen Hügelketten umschlossen wird. Damals fanden sich an den Hängen des Black Hill und anderen Hügeln noch dichte Eukalyptuswälder. Doch diese sind längst abgeholzt, denn der Bedarf der Goldgräber an Holz ist so unersättlich wie der an Wasser.

Mein erster Eindruck an jenem Tag war: Zelte in einer wie von unzähligen Pockennarben verunstalteten Landschaft, wohin das Auge auch blickte. Die überwiegende Zahl der gut fünfzehntausend Bewohner der Goldgräberstadt lebte zwischen den hässlichen »Pockennarben« der Claims in Zelten. Doch hier und da sah man auch Brettergebäude sowie Hütten, die vollständig aus aufeinander getürmten Streifen von zwei Fuß langen und etwa vier Finger breiten Grasnarben bestanden. Diese primitiven Erdhäuser mit ihren vier Fuß dicken Wänden wurden *gunyah* genannt und erfreuten sich besonders bei den mittellosen Goldgräbern großer Beliebtheit. Ein Stück billiges Kalico hing vor den Fenstern und als Türersatz dienten meist zusammengenähte Schafsfelle.

Die Bretterschuppen und großen Zelte der Ladenbesitzer und Schankwirte drängten sich entlang der staubigen Straßen, die sich kreuz und quer durch die Goldfelder wanden und auf denen ein ständiges Kommen und Gehen herrschte. Ich fühlte mich an ein Riesennest aufgestörter Ameisen erinnert, als wir wenig später nach Ballarat hineinkamen und auf unserem Weg zu unserem letzten gemeinsamen Nachtlager ein Stück über die Main Road zogen. Was für ein Menschen- und Sprachgewimmel!

Wie sehr Ballarat boomte, konnte man an der Vielzahl der Schankstuben und Geschäfte ablesen, die sich hier angesiedelt hatten: Schmiede, Schreiner, Sattler, Fuhrunternehmer, Bäcker, Pfandleiher, Lotterieverkäufer, Barbiere, Opiumhändler, Fotografen, Bordellbesitzer, Schneider, Kartenleger, Tabakhändler, Notare, Wäscher, Dentisten, Juweliere, Sprachlehrer, Gemüsehändler, Hutmacher, Schuster, Porträtmaler und viele andere Geschäftsleute waren auf der Main Road und den Nebenstraßen vertreten. Ich entdeckte sogar mehrere Bestatter. Einer von ihnen warb mit einer großen Fahne, die einen schwarzen Sarg auf weißem Grund zeigte. Schankstuben aller Art fanden sich zu Dutzenden. Und mit jedem Tag kamen neue Geschäfte, Tavernen und Absteigen hinzu.

Die äußerliche Primitivität der Geschäfte täuschte. Wer wollte, konnte in den Läden, die zum Teil erlesene Waren aus aller Welt führten, im Handumdrehen ein Vermögen für Luxusgüter ausgeben. Nicht ohne Grund galt diese Straße als die »goldene Meile« von Ballarat. Das viele Gold, das in der Umgebung zu Tage gefördert wurde, lockte auch Geschäftsleute an, die ihre hochpreisigen Waren sonst nur auf den eleganten Geschäftsstraßen von London, Paris oder Rom verkauften. Nicht einmal Sydney oder Melbourne konnten mit dem Angebot mithalten. Selbst das Inventar eines bescheiden sortierten Ladens besaß im Durchschnitt den unglaublichen Wert von 3 000 Pfund Sterling, wie eine Zeitung berichtete.

Hinter diesen Geschäften breiteten sich an verschiedenen Stellen regelrechte Wohnviertel aus, wo sich die primitiven Unterkünfte zu Hunderten auf einem kleinen Areal zusammendrängten und ein wahres Labyrinth bildeten. Es gab Viertel, wo sich überwiegend Franzosen, Iren, Deutsche, Schotten, Holländer, Griechen, Amerikaner oder Schweden niedergelassen hatten, wie die Fahnen bewiesen, mit denen viele Goldgräber ihre Zelte geschmückt hatten. Ballarat war zum Treffpunkt vieler Nationen geworden.

Der Boden von Ballarat East galt zu Beginn des Jahres 1853, als wir dort eintrafen, schon als ausgebeutet und war von den weißen Diggern zugunsten anderer viel versprechender Claimgebiete aufgegeben worden. In ihrer Genügsamkeit und ihrem Bemühen, nur nicht allzu sehr aufzufallen und nicht den Zorn der *fangui* zu wecken, hatte sich hier ein Großteil der Chinesen niedergelassen. Es gab auch noch an anderen Stellen von Ballarat kleine Chinesenviertel, doch stets auf Gelände, auf das die Weißen nicht länger Anspruch erhoben, weil es ihnen wertlos erschien. Dennoch hatten die Chinesen überall in den Camps einen schweren Stand. Sie hatten so gut wie keine Rechte und waren der Willkür der Behörden noch mehr ausgesetzt als der gewöhnliche Digger, der seinen Unmut oft genug auf die ungeliebten Kulis ablud. Der Fleiß und Einfallsreichtum sowie die Genügsamkeit der Chinesen bewirkten nämlich nicht Bewunderung bei den Weißen, sondern überwiegend Neid. Dass sie einen Teil des Goldes zu ihren Familien in die Heimat schickten, nahm man ihnen genauso übel wie die Tatsache, dass sie auch da noch Gold fanden, wo weiße Digger den Boden schon längst für ertraglos erklärt und verlassen hatten.

In unmittelbarer Nähe des östlichen Chinesenviertels am Pennyweight Hill, das südwestlich der Main Road an der Eureka Street lag, ließ Yang Loo Yong zum letzten Mal die großen Gemeinschaftszelte aufbauen.

»Morgen kommen die Minenbesitzer, die für einige von euch die Kosten übernommen haben!«, teilte Yang Loo Yong den Chinesen mit. »Diejenigen von euch, die mit festen Arbeitsverträgen hierher gekommen sind, werden dann auf sie verteilt. Was ihr mit ihnen ausmacht, um eure Schulden abzutragen, ist eure Angelegenheit. Am Montag, also übermorgen, beginnt für euch die Arbeit und ich kehre mit meinen Männern nach Melbourne zurück – natürlich mit den Zelten. Das bedeutet für euch, dass ihr bis dahin für eure eigene Unterkunft gesorgt haben müsst. Wer keine Zeltplane besitzt und Kredit braucht, um Kalico oder Segeltuch zu kaufen, der meldet sich bei meinem Schreiber!«

»Ich bin bloß mal gespannt, an wen wir unsere Seelen verkauft haben«, sorgte sich Pao, um jedoch gleich wieder zu seinem unbeschwerten Optimismus zurückzufinden: »Aber so schlimm wird es schon nicht werden. Und was andere geschafft haben, schaffen wir allemal!«

Ich errichtete mein Zelt jenseits eines kleinen Grabens, der die östliche Grenze des Chinesenviertels auf der Ecke Young und Eureka Street bildete, wo noch einige andere Unterkünfte weißer Digger standen. Fünfzig Schritte weiter, an der Esmond Street, befanden sich der Mietstall von Thomas Sutherland und das *Packhorse Hotel,* eine billige Absteige aus Segeltuch, deren Schlafkammern nur durch Vorhänge voneinander abtrennt waren.

Als mein Zelt stand und mein weniges Hab und Gut verstaut war, schlug ich Pao einen Erkundungsgang durch die Goldgräberstadt vor. Chia Fen und Liang Sen zogen es dagegen vor, im Chinesenviertel zu bleiben.

»Zwei Jahre dürften wohl ausreichen, um alles zu sehen, was Ballarat zu bieten hat«, meinte Liang Sen spöttisch. Und damit begab er sich ins Freie, um sich seinen *tai chi*-Übungen zu widmen, eine Bewegungsmeditation, die große Körperbeherrschung und Konzentration verlangt.

Pao und ich teilten seine Liebe zum *tai chi*, doch unsere

Neugier war an diesem Tag stärker als der Wille uns ebenfalls der strikten Disziplin zu beugen, die Liang Sen sich täglich auferlegte. Wir brannten darauf, uns umzusehen und uns schon ein wenig mit den Örtlichkeiten dieses riesigen Zeltlagers vertraut zu machen.

Wir begaben uns zuerst einmal auf eines der Goldfelder, beobachteten die Digger bei der Arbeit und schnappten dabei gleich einige nützliche Informationen auf – unter anderem die, dass man sein Recht an seinem Claim verwirkt hatte, wenn man ihn länger als vierundzwanzig Stunden unbesetzt ließ. Dann konnte jeder Anspruch auf diese Parzelle erheben, indem nun er dort weiter nach Gold schürfte. Das nannte sich *claim jumping* und gehörte zu den beliebtesten Methoden von raffinierten Diggern, die nur darauf warteten, dass jemand seinem ergiebigen Claim einmal länger als vierundzwanzig Stunden fern blieb. Manchmal halfen Komplizen mit Gewalt nach.

Überhaupt waren nächtliche Überfälle und Plünderungen der Zelte keine Seltenheit. Denn die verhassten Polizeibeamten zeigten sich mehr daran interessiert, von den Diggern Strafgebühren wegen fehlender Schürflizenzen einzukassieren als für Sicherheit zu sorgen.

»Mir scheint, wir haben uns hier auf recht raue Sitten einzustellen«, sagte ich, als wir die Richtung zur Main Road einschlugen.

»Wer gewinnen will, muss zuerst mal die Spielregeln kennen«, erwiderte Pao mit einem unbekümmerten Schulterzucken. »Und die Spielregeln von Ballarat haben wir bestimmt im Handumdrehen gelernt!«

Minuten später erhielten wir eine Kostprobe davon, wie rau

die Sitten in dieser Goldgräberstadt waren – und in vieler Hinsicht wohl auch heute noch immer sind.

Wir hörten lautes Gejohle, als wir die Barkley Street in Richtung Main Road entlangschlenderten. Neugierig, was es mit diesem ausgelassenen Geschrei wohl auf sich haben mochte, gingen wir auf die etwa dreißig Kopf starke Menschenmenge zu, die zwischen einer Gruppe Zelte und einem Erdhaus einen Halbkreis gebildet hatte.

Als wir näher kamen, sahen wir zu unserem Entsetzen, dass zwei bärtige Digger auf einem Stapel Bretter neben einer dickbauchigen und mit Jauche gefüllten Tonne standen, einen dunkelhäutigen, halb nackten Mann an den Beinen hielten – und ihn kopfüber in die Wassertonne tauchten.

Die Digger hatten dem Mann, bei dem es sich um einen Aborigine, einen australischen Eingeborenen, handelte, die Hände auf den Rücken gebunden, damit er sich nicht gegen die brutale Behandlung zur Wehr setzen konnte.

Dieser Aborigine war nicht der erste Eingeborene, den ich in Australien zu Gesicht bekam. Schon in Melbourne waren mir mehrere Angehörige dieses einheimischen Naturvolkes begegnet, als in Lumpen gekleidete Bettler und billige Handlanger, die jeden Penny in billigen Fusel umsetzten. Sowohl die Krankheiten als auch die blutigen Massaker des weißen Mannes haben schrecklich unter diesem Volk gewütet und ganze Stämme ausgelöscht. Beraubt ihres Landes, auf dem sich die weißen Siedler mit ihrem unersättlichen Hunger nach immer mehr Grund und Boden ausgebreitet haben, und verloren in dieser neuen Welt, die für sie nur Verachtung und Verfolgung übrig hat, führen sie ein Leben in bitterem Elend und buchstäblicher Haltlosigkeit. Sie sind in ihrer eigenen

Heimat zum menschlichen Treibgut geworden, und wann immer es ihnen möglich ist, flüchteten sie in die Welt der »flüssigen Träume«, wie sie den Alkohol nennen. Zumindest trifft diese Beschreibung auf diejenigen Aborigines zu, die entwurzelt in den Camps und Siedlungen der Weißen auf das Erbärmlichste ihr Leben fristen.

»Na, noch immer Durst, du Dreckstück?«, rief einer der Männer, als sie ihr Opfer wieder aus der Tonne zogen. »Ich wette, du hast noch nicht genug!«

»Sei nicht so geizig, Mann! Gönne dem Darkie noch 'nen kräftigen Schluck!«, schrie jemand hämisch aus der Menge.

»Ja, ersäuft die Ratte!«, brüllte ein anderer. »Das Eingeborenenpack ist zu nichts anderem nütze als ersäuft und abgeknallt zu werden!«

Der Eingeborene spuckte Jauche und Erbrochenes aus, hustete und röchelte nach Atem, als würde es jeden Moment mit ihm zu Ende gehen. Todesangst stand in seinen weit aufgerissenen Augen, die wie irre in den Höhlen rollten, während er verzweifelt versuchte sich aus dem Griff der beiden Digger zu befreien.

»Du hast gehört, was die Leute wollen! Also, noch mal runter mit dem Dreckstück, Paul!«

Als sich der Aborigine mit letzter Kraft aufbäumte, um der Tonne auszuweichen, versetzte ihm der Digger namens Paul einen Tritt mit seinem Stiefel. Der Eingeborene taumelte nach hinten, und sowie der Kopf des Mannes über der Tonnenöffnung schwebte, stießen sie ihn wieder in die stinkende Brühe.

»Das ist genug!«, schrie plötzlich Pao und stürmte wie von der Tarantel gestochen auf die Digger los. »Lasst ihn los!«

»Verpiss dich, Chink!«, fuhr ihn einer der Digger an. »Oder du bist der Nächste!«

»Bindet sie doch zusammen und ersäuft das Gesindel im Doppelpack!«, schlug einer der Zuschauer vor.

Die Menge fand das unglaublich witzig, wie das laute Gelächter der Männer um mich herum verriet. Doch Pao ließ sich nicht beirren. Bevor die beiden Männer wussten, was er beabsichtigte, hatte er auch schon den Rand der Tonne gepackt und sie umgerissen – mitsamt dem Aborigine, der bis zu den Hüften darin steckte. Um ein Haar wären auch noch die beiden Digger vom Bretterstapel gestürzt. Sie ließen die Beine des Eingeborenen jedoch noch früh genug los, um nicht mitgerissen zu werden.

Der Inhalt der Tonne ergoss sich in einem dicken, braunen Schwall auf den Platz und sprengte den Halbkreis der Schaulustigen, die schnell zur Seite sprangen, um sich vor der ekelhaften Flut in Sicherheit zu bringen.

Oh Gott, jetzt verpassen sie uns die Prügel unseres Lebens!, fuhr es mir durch den Kopf, während ich an die Seite meines Freundes eilte, um ihm in dem bevorstehenden Kampf nach besten Kräften beizustehen. Denn natürlich konnte ich ihn jetzt nicht tatenlos seinem Schicksal überlassen.

Der Aborigine lag zwischen mir und Pao. Er krümmte sich im Dreck wie ein Wurm, den man in zwei Teile geschnitten hat, und rang nach Atem. Schnell zog ich mein Messer und durchtrennte die Schnur, mit der man seine Hände auf dem Rücken gefesselt hatte. »Verschwinde bloß, so schnell du kannst!«, rief ich ihm hastig zu, ohne zu wissen, ob er mich hörte – und ob er überhaupt Englisch verstand. »Lange werden wir die Meute nicht aufhalten können!«

Ich hörte einen gellenden Schrei, blickte auf – und sah zu meiner Verblüffung, dass einer der beiden Digger am Boden lag und sich wimmernd die Rippen hielt.

Pao hatte ihn mit einer kurzen Latte aus grünem Holz, mit der er sich bewaffnet hatte, blitzschnell niedergeschlagen. Und ich glaubte meinen Augen nicht trauen zu dürfen, als ich sah, mit welcher Artistik er diese Latte nun hin und her wirbelte – wie ein meisterlicher Schwertkämpfer. Er schlug dem zweiten Digger das lange Messer, das dieser gezogen hatte, aus der Hand, rammte ihm Bruchteile von Sekunden später das Ende der Latte in den Magen und riss ihm im nächsten Moment mit einem dritten blitzschnell geführten Schlag die Füße weg.

Ein wütendes Grollen kam nun von der Menge. »Los, dieses Schlitzauge kaufen wir uns!«, rief jemand wütend. »Oder wollt ihr vielleicht zulassen, dass uns ein Chinamann ungestraft in die Suppe spuckt?«

»Von wegen! Den holen wir uns!«

»Ja, und dann knüpfen wir ihn auf!«

Nun wurde die Lage brenzlig. Deshalb bückte auch ich mich schnell nach einer Latte, um mir den Pöbel vom Leib zu halten. Aber eine echte Chance hatten wir gegen diese gewaltige Übermacht von gut zwanzig Männern nicht. Sie würden uns rasch umzingelt haben – und über das, was uns dann blühte, machte ich mir keine Illusionen.

»Verdammt, wir sitzen in der Falle!«, stieß ich mit rauer Stimme hervor, als ich einen Blick über die Schulter warf und die Hand voll Männer entdeckte, die uns schon den rückwärtigen Fluchtweg abschnitt.

Pao schluckte schwer, weil er jetzt erst begriff, in welch

eine lebensgefährliche Situation er uns gebracht hatte. »Tut mir Leid. Ich hätte erst nachdenken und dann handeln sollen«, murmelte er bestürzt.

»Unsere einzige Chance ist den Kreis gleich im ersten Anlauf zu durchbrechen und dann ...«, begann ich, kam jedoch nicht dazu, meinen Satz zu beenden.

Jemand, der im Rücken der Männer stand, rief mit scharfer Stimme: »Lasst die beiden in Ruhe – oder ich jage euch eine Ladung Schrot zwischen die Rippen!«

Welch wundersame Wirkung diese Warnung zusammen mit dem metallischen Klicken von zwei Abzugshähnen, die gespannt wurden, doch hatte! Die Männer, die uns von mehreren Seiten in die Zange nehmen wollten, blieben abrupt stehen und fuhren herum.

Pao und ich glaubten unseren Augen nicht trauen zu dürfen. Der Mann, der da eine doppelläufige Schrotflinte im Anschlag hielt, war kein anderer als Liam »Yorkie« Finnegan. Und sein Bruder Paddy spielte demonstrativ mit einem Messer, dessen lange Klinge es beinahe mit einer Machete aufnehmen konnte.

»He, was soll das, Mann? Der stinkende Aborigine hat einem meiner Freunde 'ne Flasche Brandy klauen wollen!«, protestierte der Digger namens Paul, der gerade mühsam auf die Beine kam. »Und dieser Chink hat die Frechheit besessen sich in unsere Angelegenheit einzumischen!«

»Und jetzt mischen wir ein bisschen mit!«, erwiderte Yorkie entschlossen. »Denn der Chinese und sein Kumpel sind zufällig unsere Freunde. Und wer denen ans Fell will, der muss erst mal zeigen, dass er eine Ladung groben Schrot wegstecken kann.«

Flüche und Drohungen wurden unter den Männern laut, verstummten aber schnell wieder. Jeder hütete sich die Aufmerksamkeit der beiden Iren und den Lauf der Schrotflinte auf sich zu ziehen.

»Ihr habt gehört, was mein Bruder gesagt hat, Freunde«, rief Paddy. »Eure mutige Vorstellung zwanzig gegen zwei ist zu Ende. Es sei denn, jemand ist scharf darauf, zu unserer Musik noch ein Tänzchen zu wagen.«

Grollend und unter lästerlichen Verwünschungen löste sich die Menge auf und ging auseinander.

Als ich mich nach dem Eingeborenen umsah, der eben noch am Rand des Bretterstapels gekauert hatte, war von ihm nichts mehr zu erblicken. Er hatte gut daran getan, sich schnell zu verdrücken.

»Das war wirklich Rettung in letzter Sekunde!«, stieß ich erlöst hervor. »Danke, dass ihr das für uns getan habt!«

Auch Pao bedankte sich wortreich bei unseren Rettern.

Paddy wehrte unseren Dank mit einem breiten Grinsen ab. »Es war uns ein Vergnügen, uns revanchieren zu dürfen. Also macht mal nicht so viele Worte darum.«

Yorkie nickte zustimmend. »Ich bin bloß froh, dass wir diese Flinte noch nicht zum Pfandleiher gebracht haben.«

»Ja, und wir hatten Glück, dass die Bande sich von einer ungeladenen Schrotflinte einschüchtern ließ«, sagte Paddy. »Die Patrone, mit der wir dem Ochsen den Gnadenschuss verpasst haben, war nämlich unsere letzte. Die Schachtel mit der Munition ist bei unserer genialen Flussdurchquerung den Bach hinuntergegangen.«

»Was, ihr habt der Menge mit leeren Patronenkammern gedroht?«, stieß Pao ungläubig hervor.

Die Brüder grinsten uns an.

»Das war ein todsicherer Bluff«, meinte Yorkie vergnügt. »Oder hättest du an ihrer Stelle vielleicht darauf spekuliert, dass unsere Flinte nicht geladen ist?«

Ich schüttelte den Kopf.

»Wir haben nun mal eine Schwäche fürs Glücksspiel«, meinte Paddy belustigt.

»Ja, du ganz besonders«, sagte sein jüngerer Bruder. »Sonst ständen wir jetzt nicht mit leeren Taschen da.«

»Nun übertreib mal nicht so maßlos, Bruderherz. Wir haben längst nicht alles verloren. Auf jeden Fall ist noch Geld genug da, um auf das Wiedersehen und seine besonderen Umstände gemeinsam einen zur Brust zu nehmen!«, erklärte Paddy.

Die Finnegans bestanden darauf, uns einzuladen. Viel Überredungskunst brauchten sie nicht aufzuwenden. Uns saß noch immer der Schreck in den Gliedern. Ein Glas Grog oder Bier konnten wir jetzt schon vertragen. Und so begaben wir uns in das nächstbeste Schankzelt.

»Sag mal, wo hast du denn bloß gelernt wie ein Schwertkämpfer mit so einer Latte umzugehen?«, fragte ich Pao unterwegs.

»Das war *kendo.«*

»›Der Weg des Schwertes‹?«, übersetzte ich.

Pao nickte. »Ja, nur dass man für diese Kampftechnik nicht unbedingt ein Schwert braucht. Ich habe auf unserer Wanderschaft ein wenig bei einem *sifu*, einem Meister dieser Kunst gelernt, der eine Weile mit uns gezogen ist«, antwortete Pao stolz.

»Ein wenig ist gut! Ich dachte, ich sehe nicht recht. Du hast die beiden Burschen flach gelegt, bevor die auch nur ›Gute

Nacht‹ sagen konnten. Dieses *kendo* musst du mir unbedingt beibringen!«

Pao versprach es.

Im Schankzelt *Shannons's Shanty* erzählten Yorkie und Paddy lebhaft und voller Selbstironie, wie es ihnen die letzten Tage ergangen war. Mit dem Ochsenfleisch hatten sie ein ordentliches Geschäft gemacht. »Besonders bei denjenigen, die später zur Furt gekommen sind und nicht gewusst haben, wie alt der Ochse schon gewesen ist!«, warf Paddy augenzwinkernd ein.

Ein Fuhrmann hatte sich schon am nächsten Tag bereit gefunden sie mit ihrem restlichen Hab und Gut nach Ballarat zu bringen. Er hatte sie dafür jedoch nicht nur teuer bezahlen lassen, sondern sich auch als ausgezeichneter Spieler erwiesen, der ihnen im Laufe einer einzigen wilden Spielnacht fast alles abgenommen hatte, was ihnen noch geblieben war.

»Paddy konnte wieder einmal nicht aufhören«, grollte Yorkie. »Er wollte die Pechsträhne einfach nicht akzeptieren und glaubte felsenfest, dass sich beim nächsten Spiel das Blatt wenden würde. Aber das tat es nicht und deshalb haben wir fast alles verloren, was wir noch aus dem Fluss retten konnten.«

Paddy zeigte nicht die Spur von Schuldbewusstsein und Reue. »Ist doch kein Beinbruch, Yorkie«, erwiderte er unbekümmert. »Beim nächsten Mal stehen wir auf der Gewinnerseite. Hauptsache, wir sind in Ballarat. Und wenn wir erst unseren Claim abgesteckt und mit dem Goldschürfen begonnen haben, werden wir über die paar Pfund, die wir an den Kerl verloren haben, bloß noch lachen.«

»Apropos Claim«, sagte Yorkie. »Warum schließen wir uns

nicht zusammen und machen gemeinsame Sache, Felix? Zu zweit ist die Arbeit auf einem Claim verdammt schwierig. Aber zu dritt oder zu viert kommen wir schneller voran, können mehr Gold waschen und brauchen auch nicht zu fürchten, dass jemand unseren Claim besetzt. Wir können uns in allem abwechseln.«

Der Vorschlag kam überraschend, hatte jedoch viel für sich, wie ich schnell feststellte, als wir nun darüber redeten. Und deshalb nahm ich das Angebot der Finnegans schließlich auch an. Da meine chinesischen Freunde ja vorerst durch ihre Arbeitskontrakte gebunden waren, wäre ich sonst ganz auf mich allein gestellt gewesen. Zudem hatte ich bei Yorkie und Paddy ein gutes Gefühl. Es sagte mir, dass ich ihnen vertrauen konnte. Sie hatten bewiesen, dass sie Charakter besaßen. Und was Paddys Spielleidenschaft betraf, so hatte ich davon auch ein wenig in meinem Blut, sodass ich ihm diese Schwäche leicht nachsah.

Was mir die beiden jedoch ganz besonders sympathisch machte, war ihre Bereitschaft später auch meine chinesischen Freunde in unsere Partnerschaft mit aufzunehmen.

»Ihr könnt bei uns mitmachen, wann immer ihr euch von eurem Sklaventreiber freikaufen könnt!«, sagte Yorkie zu Pao. »Je größer und stärker unsere Gruppe ist, desto tiefere Schächte können wir graben. Denn wie wir gehört haben, liegen die goldhaltigsten Erdschichten mittlerweile in sechzig Fuß Tiefe. Und das ist mit drei Mann so leicht nicht zu schaffen.«

Pao strahlte.

»Dann sind wir uns also einig? Gut. Das muss natürlich gebührend gefeiert werden!«, rief Paddy und bedeutete dem

Wirt noch einmal dasselbe zu bringen, damit wir auf unsere Drei-Nationen-Partnerschaft gebührend anstoßen und beschwingt über unsere zukünftigen Reichtümer reden konnten.

Schließlich wurde es Zeit, zu Liang Sen und Chia Fen ins Camp zurückzukehren. Wir verließen das Schankzelt und ich vereinbarte mit Paddy und Yorkie einen Treffpunkt für den nächsten Morgen, wenn wir uns gemeinsam auf die Suche nach einem viel versprechenden Claim machen wollten.

Als wir uns trennten, fiel mein Blick auf das Brettergebäude auf der gegenüberliegenden Straßenseite. Das frische Holz der Bretter verriet, dass die Fassade neu war. Über dem Eingang stand in großen, rotgoldenen chinesischen Schriftzeichen *Hung Lau*, was »Rotes Haus« bedeutet. Und für diejenigen, die des Chinesischen nicht mächtig waren, stand auch noch in Englisch, obgleich in viel kleineren Lettern, *The Red House* unter den Schriftzeichen. Zwei Chinesen waren dabei, links und rechts auf die hastig zusammengezimmerte Fassade rote Feuer speiende Drachen und andere Zeichen zu malen, die für Chinesen als gutes Omen galten.

Ein Mann trat hinter dem Gerüst hervor, auf dem einer der beiden Maler stand. Die Daumen lässig hinter die Weste geklemmt, blickte er mit einem breiten, selbstsicheren Lächeln zu mir herüber.

Osborne! Das *Rote Haus* war eine Opiumhölle und Frederick Osborne ihr stolzer Besitzer. Die etwa zehn Tage, die er vor uns in Ballarat eingetroffen war, hatten ihm genügt, um mitten auf der Main Road sein erstes Unternehmen zu eröffnen.

Ich erschrak, wandte mich schnell ab und drängte Pao zur

Eile. Doch ich meinte Osbornes Blick noch spüren zu können, als wir schon längst eine Seitenstraße hinuntereilten. Wie ein Messer saß mir sein Blick im Rücken.

*

Am nächsten Morgen steckte ich mit den Finnegan-Brüdern einen Claim auf dem Goldfeld von Golden Point ab und die Arbeit begann. Nichts von den romantischen Vorstellungen, die wir uns in unserer Naivität gemacht hatten, überlebte die ersten Tage schwerster Plackerei, in denen wir noch nicht einmal genug Goldstaub wuschen, um davon unsere Lebensmittel, geschweige denn einen Schüttelkasten bezahlen zu können. Den mussten wir uns selbst mühsam zusammenzimmern.

Die magere Ausbeute dämpfte jedoch weder unseren Eifer noch unsere Zuversicht eines Tages den großen Treffer zu landen. Viele hatten schon vor uns wochen-, ja monatelang erfolglos geschürft, um plötzlich auf einen dicken Goldbrocken oder eine *lead* zu stoßen, eine goldhaltige Erdschicht. Und wie oft hatte jemand seinen scheinbar völlig unergiebigen Claim aufgegeben, um tags darauf erfahren zu müssen, dass der nächste Digger nur eine Schaufelschicht tiefer auf den großen Fund stieß, der ihn zu einem reichen Mann machte.

Wir sprachen uns gegenseitig Mut zu, indem wir uns sagten, dass wir die nötige Geduld und Ausdauer besaßen, um unser Glück zu machen. Was so vielen anderen gelungen war, würde uns auch gelingen!

Liang Sen, Pao und ganz besonders Chia Fen trafen es

besser, als wir erwartet hatten. Sie fanden in Dong Yang Long, dem Besitzer der *Canton Mining Company*, einen vergleichsweise umgänglichen Herren auf Zeit.

Dong Yang Long trug wie fast alle Chinesen, die es sich leisten konnten, europäische Kleidung mit Weste, steifem Kragen und Krawattentuch, um möglichst wenig aufzufallen. Er war ein kräftiger Mann mit rosigem Gesicht und spärlichen struppigen Barthaaren. Der klare, aufmerksame Blick seiner kleinen, murmelrunden Augen verriet, dass er sich so leicht nichts vormachen ließ.

Pao und Liang Sen gesellten sich zu den gut dreißig chinesischen Arbeitern, die für Dong Yang Longs *Canton Mining Company* nach Gold schürften. Sie beuteten jedoch nicht neue Claims aus, sondern gingen die aufgetürmten Schotterhalden durch, die die weißen Digger bei ihrer Arbeit als scheinbar goldlosen Abfall hinterlassen hatten. Diese *tailings* genannten Halden erwiesen sich bei einem zweiten gewissenhaften Auswaschen ganz und gar nicht als wertlos, sondern gaben noch so viel Gold her, dass Dong Yang Long und andere Chinesen ganz prächtig davon leben und ihren Gewinn in andere Unternehmungen investieren konnten. So besaß Dong am Poverty Hill noch einen großen General Store mit einer angeschlossenen Wäscherei, den sein Schwager Huang Sam Lee zusammen mit seiner Frau Mei für ihn führte. Chia Fen war überglücklich, als sie hörte, dass sie nicht tagein, tagaus Körbe mit Sand und Steinen zu den *rocking cradles* schleppen musste, sondern für die Arbeit im Geschäft eingeteilt war.

»Wir haben allen Grund zufrieden zu sein«, meinte Liang Sen nach der ersten Woche. »Die Tage sind zwar recht lang, aber die Arbeit lässt sich ertragen. Wir hätten es viel schlechter treffen können.«

Chia Fen pflichtete ihm bei. »Im Geschäft und in der Wäscherei gibt es zwar viel zu tun, aber das macht mir nichts. Die Huangs behandeln mich sehr anständig.«

»Dong hat uns übrigens in Aussicht gestellt, dass er uns vielleicht schon in einem halben, Dreivierteljahr die Chance gibt unser eigenes Gold zu schürfen«, berichtete Pao.

»Dafür will er aber auch statt der zuvor ausgehandelten sieben nun acht Shilling die Woche«, warf Liang Sen nüchtern ein. »Und wie du bei Chia Wang und seinen beiden Partnern sehen kannst, geben die wenigsten Claims das Gold gleich pfundweise her. Vermutlich können wir schon von Glück reden, wenn wir in zwei Jahren unsere Schulden begleichen können.«

Pao ließ sich in seiner Zuversicht jedoch nicht erschüttern. »Das ist bloß eine vorübergehende Durststrecke. Wir werden das Gold schon finden, wenn wir endlich auf eigene Faust arbeiten können – und bis dahin gibt Dong uns Kredit.«

Ein Golddigger muss ein Mann mit vielen Talenten sein, wie ich die nächsten Wochen und Monate herausfand. Er muss nicht nur mit Schaufel, Spitzhacke, Waschschüssel und Schüttelkasten umgehen können, sondern sich auch auf das Fällen und Entrinden von Bäumen verstehen. Er muss Säge, Axt und Schleifstein geschickt und ausdauernd handhaben können und er muss in der Lage sein winterfeste Hütten sowie Dämme und Winden zu bauen und Schachtwände mit Brettern zu verschalen. Zudem braucht er viel Muskelkraft, einen eisernen Magen und die Fähigkeit Hitze ebenso wie Regen und Kälte zu ertragen. Denn zur Regenzeit steht er wochenlang mit nassen Kleidern im Schlamm und im Sommer peinigen ihn brütende Hitze und Sandwolken sowie Schwärme von Fliegen und Mücken.

Nein, ein beneidenswertes Leben ist das eines Goldgräbers wahrlich nicht. Und wenn dann noch ein arroganter und korrupter Magistrat den Diggern zusetzt, kann einem das Leben schnell sauer werden. So verlangte der Magistrat von Ballarat von jedem Goldgräber nicht nur die unverschämt hohe monatliche Lizenzgebühr von anderthalb Pfund Sterling, sondern er ließ seine Konstabler auch regelrecht Jagd auf Digger machen, die sich mit ihren Zahlungen im Rückstand befanden. Schon wer seine Lizenz nicht auf Verlangen vorzeigen konnte, wurde brutal abgeführt und musste eine empfindliche Geldstrafe bezahlen.

Und doch – der Lockruf des Goldes erwies sich als stärker als alle Widrigkeiten, mit denen ein Digger zu kämpfen hat. Die täglichen Nachrichten von neuen, reichen Goldfunden, die jedes Mal wie ein Lauffeuer durch die Camps, Schankstuben und Geschäfte von Ballarat gingen, nährten immer wieder aufs Neue das Feuer der Zuversicht. Diese Meldungen waren die Droge der Digger. Denn die Jagd nach Reichtum ist eine Sucht wie jede andere, die den Menschen packt und unaufhaltsam zerstört, wenn er sich nicht früh genug aus ihren Klauen zu befreien vermag.

*

Was aus dem Aborigine geworden war, den Pao durch sein tollkühnes Eingreifen vor dem Tod durch Ertrinken bewahrt hatte, darüber hatte ich mir nach dem Zwischenfall keine

Gedanken mehr gemacht. Es gab zu vieles, was mir durch den Kopf ging. Aber unbewusst war ich wohl davon ausgegangen, dass ich den Eingeborenen nie wieder zu Gesicht bekommen würde.

Umso größer war meine Überraschung, als er gute drei Wochen später auf unserem Claim auftauchte, der gerade genug Gold abwarf, damit wir unsere Gebühren bezahlen konnten und beim Lebensmittelhändler nicht um Kredit zu betteln brauchten. Ich arbeitete zu dieser Stunde allein im Schacht, der schon zwölf Fuß in die Tiefe reichte. Paddy und Yorkie befanden sich seit dem Morgen am Black Hill, um einen neuen Baum zu fällen, zu zerteilen und die Stücke ins Lager zu schleppen, damit wir sie zu Verschalungsbrettern zersägen konnten.

Gerade hatte ich wieder einen Korb mit Erde und Gestein gefüllt und wollte die Leiter hochklettern, um oben den Flaschenzug zu bedienen, als das Seil sich spannte und der Korb hinaufgezogen wurde.

»Das wurde aber auch Zeit!«, rief ich erfreut, glaubte ich doch, dass Yorkie und Paddy zurückgekehrt waren, und fügte mit freundschaftlichem Spott hinzu: »Das hat heute ganz schön lange gedauert. Ihr habt wohl im Schatten des Baumes erst mal für ein paar Stunden gedöst, bevor ihr ihn gefällt habt!«

Auf meinen Spaten gestützt, blickte ich nach oben. Der Korb hatte den oberen Rand erreicht, der Flaschenzug verharrte – und das Gesicht des Aborigine tauchte über mir in der Öffnung auf. Er lachte zu mir herunter, nahm den Korb vom Haken – und war im nächsten Moment auch schon wieder aus meinem Blickfeld verschwunden.

So schnell wie an diesem Nachmittag war ich noch nie die Leiter hochgeklettert.

»He, was soll das?«, schrie ich den Eingeborenen an. »Was treibst du dich hier herum, Mann?«

Ich betrachtete ihn voller Argwohn. Schon wie er gekleidet war! Er trug eine löchrige, verschlissene Drillichhose, die unterhalb der Knie dermaßen zerfetzt war, dass dieser Teil wie Fransen aussah. Eine nicht weniger zerlumpte und dreckstarrende Weste aus wohl einstmals rostrotem Stoff bedeckte spärlich seine nackte Brust, die von einem merkwürdigen Muster symmetrischer Narben gezeichnet war. Sein krauses Haar besaß die Farbe hellbraunen Sandes und quoll unter dem Rand eines alten schwarzen Bowlerhutes hervor, in dem oben ein faustgroßes Loch klaffte. Sein Bart, zerzaust wie alte Putzwolle und spitz zulaufend, war jedoch so dunkel wie seine Haut.

Der barfüßige Aborigine schüttete Erde und Gestein auf den kleinen Berg, der sich rechts neben unserer selbst gezimmerten *rocking cradle* auftürmte, setzte den Korb ab und hob dann einen alten Jutesack auf, der nicht uns gehörte. Er griff hinein – und zog eine tote, mehr als armlange und gut genährte Echse mit grüngelb geschuppter Haut hervor.

»Elloi-jerra! . . . Große Echse! . . . Gutes Essen!«, erklärte er und hielt mir das tote Tier hin, während er mich anlachte und dabei ein makelloses Gebiss zeigte. »Geschenk von Marananga!« Er tippte sich vor die Brust. *»Arrainya Marananga!* . . . Ich Marananga.«

Ich dankte ihm für das gut gemeinte Geschenk, hatte jedoch größte Mühe ihm begreiflich zu machen, dass Echsenfleisch für mich alles andere als eine Delikatesse darstellte.

Er sah mich fast mitleidig an, als er die fette Echse zurück in den Sack stopfte. Doch statt nun wieder seiner Wege zu gehen, setzte er sich auf eine leere Holzkiste. »Hast du blauen Dunst?«, fragte er und zog eine primitive, offenbar selbst geschnitzte Pfeife hervor.

Da ich selbst nicht rauchte, verneinte ich.

»Und *mullaya?* . . . Deine Freunde?«

»Sie haben Tabak, aber sie sind nicht hier, wie du siehst. Und ich bezweifle, dass sie bereit sind dir etwas von ihrem Tabak zu geben«, sagte ich und hoffte ihn damit entmutigt und abgewimmelt zu haben.

Ich irrte.

»Marananga *balyarta* . . . Marananga warten – auf Freunde und blauen Dunst«, erwiderte er und grinste mich entwaffnend an.

Geduldig wartete er dreieinhalb Stunden, bis Paddy und Yorkie zum Claim zurückkehrten, und bediente indessen die Winde. Die beiden Brüder hätten ihn am liebsten sofort davongejagt. Doch irgendwie schaffte es Marananga, dass ich sie nicht nur davon abbrachte, sondern auch noch dazu überredete, ihm Tabak für zwei Pfeifenfüllungen zu schenken.

Von dem Tag an kam er immer wieder. Weder Bitten noch die Androhung von Prügel, nichts vermochte ihn fern zu halten. Auch als wir versuchten ihn wie Luft zu behandeln, erwies sich seine Geduld als stärker denn unsere. Und so gaben wir letztlich unseren Widerstand gegen ihn auf.

»Betrachten wir ihn einfach als unser Maskottchen!«, schlug Yorkie resigniert vor.

Manchmal ging er uns zur Hand, aber nie länger als eine Stunde. Oft genug setzte er sich auch nur in den Schatten des

Zeltes und sah uns bei der Arbeit zu, als stellten wir Weißen mit unserer Wühlerei nach dem gelben Metall für ihn ein unbegreifliches Rätsel dar. Und dabei verpaffte er den Tabak, den er regelmäßig von uns schnorrte.

Und so wurden die Besuche von Marananga, dessen Name in der Sprache der Aborigines »meine Hände« bedeutet, zum festen Bestandteil unseres Lebens in Ballarat.

Vorboten des Unheils
oder
Wie ich zwei Freunde verlor und in mir eine Entdeckung ganz eigener Art machte

Das Gold, das unser Claim auf dem Goldfeld von Golden Point abwarf, hätte uns unter normalen Bedingungen nicht nur ein äußerst komfortables Leben ermöglicht, sondern jedem von uns auch noch eine Rücklage von mehreren Pfund Sterling die Woche erlaubt. Aber in Ballarat herrschten nun mal keine normalen Bedingungen. Am deutlichsten ließ sich das an den astronomischen Preisen ablesen, die hier für alles verlangt und bezahlt wurden.

Im April sank unsere Ausbeute an Goldstaub auf einen neuen Tiefstand, weil wir viel Zeit damit verbrachten, uns auf den bevorstehenden Winter vorzubereiten. Eisige Kälte und Schneefall sind in den höher gelegenen Regionen von Südaustralien nämlich nicht die Ausnahme, sondern die Regel und ein zugiges Zelt über nacktem Boden bietet in diesen Monaten einen nur unzureichenden Schutz.

Während Paddy und Yorkie sich einen Pflug liehen, um die Scholle aufzubrechen und sich aus dicken Erdstreifen eine *gunyah* zu bauen, nahm ich mit meinen chinesischen Freunden die Errichtung einer primitiven Blockhütte in Angriff. Eukalyptusbäume sind wegen ihres zähen Holzes nur unter großen Mühen zu fällen, aber noch schwerer ist es, sie zu gleichmäßigen Balken und Brettern zu zersägen. Wir beschränkten uns deshalb wie die meisten anderen Digger darauf, die zahlreichen großen Löcher und Ritzen in den krummen Wänden mit Zweigen und einer dicken Schicht Lehmschlamm zu schließen. Das Dach deckten wir mit Grasnarben und mehreren Lagen Baumrinde.

Die Einrichtung im Innern blieb so primitiv wie die in unseren bisherigen Unterkünften aus Zeltplane. Wir sorgten jedoch für eine Feuerstelle mit Rauchabzug und verwendeten einen Teil des Segeltuches, um im hinteren Teil eine Ecke für Chia Fens Schlafstelle abzutrennen.

Marananga, der kam und ging, wie es ihm gefiel, tauchte in diesen Wochen regelmäßig auf unserer Baustelle unweit des Chinesenviertels am Pennyweight Hill auf. Dass wir Dutzende Bäume fällten, um uns eine massive Unterkunft zu bauen, verwunderte ihn genauso wie unser Schürfen nach Gold. Er ließ uns wissen, dass er freiwillig nicht eine Nacht in solch einer Hütte verbringen würde. Er käme sich darin eingesperrt und von der Natur abgeschnitten vor, sagte er. Sein Volk begnügte sich seit Urzeiten mit einem schnell zu errichtenden Wetterschutz aus Ästen und Zweigen oder bei durchdringender Kälte mit einer halb offenen Höhle.

»Aber frierst du denn nicht?«, fragte Chia Fen besorgt.

»Wir machen *koroit* . . . gutes Feuer«, erklärte Marananga achselzuckend. »Und wenn wir schlafen, wir legen uns in *narcoola* . . . in die warme Asche. Erde bleiben lange warm.«

Liang Sen verstand sich ganz besonders gut mit Marananga. Es war wohl eine Art Seelenverwandtschaft, die die beiden auf Anhieb verband. Fortan nutzte Liang Sen jede Gelegenheit, um ihn zu den Sitten und Gebräuchen der Aborigines zu befragen und sich ihre Religion erklären zu lassen, die auf den so genannten »Traumpfaden« beruht und das Leben der Eingeborenen vollkommen durchdringt. Sein größtes Interesse galt jedoch Maranangas Kenntnissen über die Heilkräuter des australischen Buschlandes. Wann immer es sich einrichten ließ, begab er sich mit ihm in den Busch, um sich Pflanzen, Knollen, Blätter, Baumrinden und Beeren zeigen zu lassen, denen die Aborigines Heilkraft zusprechen. Auch Pao fand daran bald großes Interesse, sodass er die beiden oft begleitete.

Liang Sen hatte inzwischen einen größeren Einfluss auf Marananga als wir anderen zusammengenommen. Eines jedoch vermochte auch er nicht zu erreichen – nämlich dass Marananga die Finger vom Alkohol ließ, der auf Aborigines aus mir unerfindlichen Gründen eine besonders verheerende Wirkung ausübt. Sosehr er sich auch bemühte ihn vom »flüssigen Geist« zu kurieren, der Erfolg blieb ihm versagt.

So manches Mal erschien Marananga betrunken auf der Baustelle oder auf dem Claim. Und wenn ihn der Durst nach einem kräftigen Schluck zu sehr quälte, schreckte er auch nicht davor zurück, uns zu bestehlen.

Paddy und Yorkie, die selbst gern und oft einen zur Brust nahmen und deshalb meist eine Flasche Branntwein oder anderen Fusel bei sich hatten, wurden immer wieder Opfer seiner Sucht. An einem überraschend sonnigen Augusttag, also mitten im südaustralischen Winter, trieb Marananga es besonders weit. Statt sich wie bisher heimlich mit zwei, drei schnellen Zügen aus der Flasche zu begnügen, leerte er sie bis auf den Grund. Wir hielten uns zur selben Zeit unten im

Claimschacht auf und hatten dort alle Hände voll zu tun, um den Einsturz der östlichen Bretterwand zu verhindern.

Als die Gefahr gut eine Stunde später endlich gebannt war und wir wieder nach oben kletterten, um uns eine verdiente Atempause zu gönnen, da fanden wir Marananga neben dem Schüttelkasten ausgestreckt am Boden liegen – im Tiefschlaf des Vollrausches.

»Dieser verdammte Hundesohn!«, brüllte Paddy, als er seine Branntweinflasche im Arm des Schlafenden entdeckte – leer bis auf den letzten Tropfen. »So eine Frechheit! Säuft der uns doch glatt die ganze Flasche aus!« Er versetzte ihm einen groben Tritt.

»Lass das!«, rief ich und zog ihn von Marananga zurück, der auf den derben Fußtritt nur mit einem irritierten Grunzen reagierte und sich dann auf die andere Seite drehte. »Davon wird es auch nicht besser.«

»Du hast gut reden, Mann!«, knurrte Paddy. »Dieser Penner beklaut uns doch schon seit langem nach Strich und Faden. Aber jetzt reicht es mir. Dieses verkommene Subjekt kommt mir nicht mehr in unsere Nähe!«

Yorkie nahm es nicht halb so tragisch wie sein Bruder und gemeinsam gelang es uns, Paddy zu beruhigen und ihn davon abzubringen, Marananga von unserem Claim zu verbannen. Von nun an hielten die Brüder ihren Schnaps jedoch in einer Kiste unter Verschluss.

Der Winter in Ballarat setzte uns sehr zu und verlangte unsere ganze Kraft. Eisige Winde, Regenschauer und gelegentlicher Schneefall machten die auch so schon anstrengende Arbeit auf den Goldfeldern zu einer unerhörten Strapaze. Der Zustrom an Goldsuchern und Glücksrittern hielt jedoch ungebrochen an. Und trotz der mageren Ausbeute, die unser Claim abwarf, klammerten wir uns an die Zuversicht bestimmt schon bald auf eine *lead*, eine mit Gold reich durchsetzte Erdschicht, zu stoßen und ließen keine Zweifel am Sinn unserer Plackerei in uns aufkommen.

Da die Tage in den Wintermonaten reichlich kurz waren, ruhte die Arbeit auf den Goldfeldern schon verhältnismäßig früh am Abend und uns blieb viel Zeit, um uns allerlei Zerstreuungen zu widmen. Ich hielt einen regen Briefkontakt mit Pater Johann-Baptist und berichtete auch Witteboom regelmäßig, was sich in Ballarat tat. Aber während der Missionar umgehend auf jeden meiner Briefe antwortete, traf von Witteboom bestenfalls alle drei Monate Nachricht ein. Außerdem hielt er seine Schreiben, so herzlich sie auch immer waren, allzu knapp. Doch das ist nun mal so seine Art, denn ein Mann vieler Worte war er noch nie.

Die langen Winterabende trugen auch dazu bei, dass Chia Fen und ich uns ein gutes Stück näher kamen. Unser gegenseitiger Respekt nahm zu und bereitete den Boden für die Zuneigung, die daraus erwuchs. Ich bewunderte, mit welch einer Klaglosigkeit sie dieses harte Leben ertrug und in allem ihren tatkräftigen Anteil leistete. Wir verbrachten viel Zeit zusammen beim Schachspiel, für das sie eine bedeutend größere Geduld besaß als Pao, und sie teilte meine Liebe für die Kalligrafie, die Liang Sen schon in Canton in mir geweckt hatte. Mit Freude gab er uns Unterricht in dieser hohen Kunst.

Dagegen gab Pao sich lieber der Schnitzerei mit dem Federmesser hin und hing seinen ausschweifenden Tagträumen nach. Immer wieder malte er sich aufs Neue das wunderbare Leben aus, das er einmal führen würde. Seine Geschichten besaßen großen Unterhaltungswert und brachten uns ob der maßlosen Übertreibungen immer wieder zum Lachen. Die Seefahrt kam darin jedoch nicht mehr vor. Die Überfahrt auf der *Lagoda* hatte ihn von seinem einstigen Jugendtraum kuriert Seemann zu werden und die sieben Meere zu befahren. Er interessierte sich mehr und mehr für die Heilkunde seines Onkels, der ihn mit großer Freude und Hingabe in seiner hohen medizinischen Kunst unterrichtete – ganz nach seiner Maxime: *Nur wenn der andere spürt, dass er dir am Herzen liegt, kannst du etwas an ihn weitergeben.* Dennoch spann Pao weiterhin mit großer Leidenschaft fabulöse Zukunftspläne.

In einer Frühlingsnacht, als erneut ein heftiger Regenschauer niederging und die herabstürzenden Fluten Ballarat endgültig in ein einziges riesiges Schlammloch verwandelten, trieb Pao es mit seinen Geschichten sogar für Liang Sens Geschmack ein wenig zu weit. Dabei besaß dieser sonst die Geduld eines Engels.

»Du solltest allmählich aufhören so innig in der Zukunft zu leben, Pao«, sagte er mit sanftem Tadel. »Denn damit verschenkst du das Kostbarste, das du in deinem Leben besitzt – und das ist die Gegenwart.«

»Ich wüsste nicht, was an der Gegenwart so kostbar sein soll«, erwiderte Pao. »Aber in ein paar Monaten wird es anders aussehen. Dann dürfen wir auf eigene Faust nach Gold schürfen und können es endlich zu etwas bringen.«

»Im Strom des Lebens gibt es allein die Gegenwart, die zählt. Deshalb sollten wir den Augenblick bewusst wahrnehmen und ihm alles Glück und alle Freude entnehmen, die er uns zu bieten vermag«, entgegnete Liang Sen ruhig und legte den feinen Pinsel aus der Hand. »Doch die wenigsten Menschen leben in der Gegenwart. Die meisten nehmen das Zukünftige vorweg, als käme es zu langsam, oder sie rufen das Vergangene zurück, um es festzuhalten, als entschwinde es zu rasch. Blaise Pascal, ein Philosoph des 17. Jahrhunderts hat es treffend auf den Punkt gebracht: *So dumm sind wir, dass wir in den Zeiten umherirren, die überhaupt nicht unser sind, und an die einzige Zeit, die uns gehört, gar nicht denken. So wahnwitzig sind wir Menschen, dass wir von Zeiten träumen, die doch nichts sind, und gedankenlos die einzig wirkliche Zeit verpassen.*«

»Ich denke schon an das, was mir im Augenblick widerfährt«, entgegnete Pao. »Und wie! Ich denke bei der Arbeit sogar ständig daran, dass jede Unze Gold, die wir aus der Erde waschen, in Dongs tiefe Taschen fließt.«

Liang Sen lächelte nachsichtig. »Ja, aber du wünschst dir dabei, die Gegenwart wäre längst Vergangenheit und die Zukunft Gegenwart!«

»Stimmt«, räumte Pao ein. »Aber doch aus gutem Grund, oder etwa nicht?«

Liang Sen nickte. »Ja, das Gegenwärtige verletzt und bedrückt uns für gewöhnlich. Deshalb wollen wir es hinter uns wissen und suchen im Zukünftigen Halt. Wir versuchen über Dinge zu verfügen, die in der Zukunft liegen, ohne dass wir Gewissheit hätten, ob wir überhaupt in diese Zeit gelangen. Jeder prüfe seine Gedanken: Er wird sie allesamt mit Vergangenem und Zukünftigem beschäftigt finden. Kaum je halten wir uns beim Gegenwärtigen auf. Vergangenes und Gegenwärtiges sind für uns nur Mittel. Einzig auf das Zukünftige geht unsere Absicht.«

»Aber man muss sich doch auch erinnern und Pläne für die Zukunft machen dürfen«, wandte Chia Fen ein. »Wer nur im

Heute lebt und nicht an morgen denkt, der verhält sich doch nicht gerade verantwortungsbewusst, oder?«

»Ein berechtigter Einwand. Dass wir uns mit dem Zukünftigen und Vergangenen beschäftigen können, ist ein höchst bemerkenswertes Phänomen unserer menschlichen Existenz, ein ganz besonderes Geschenk der Schöpfung, das uns von allen anderen Kreaturen unterscheidet. Diese Fähigkeit ist für die Gestaltung unseres Lebens selbstverständlich von größter Bedeutung. Nur machen die wenigsten davon maßvollen Gebrauch, sondern missbrauchen diese Möglichkeit – und verschenken damit einen Großteil ihres Lebens.«

»Und wie lebt man richtig?«, wollte ich wissen, denn seine Kritik empfand ich als nicht ganz unberechtigt. Ich brauchte bloß an die Jahre denken, die ich in Mainz verbracht hatte. Ich hatte in meinen Erinnerungen und noch mehr in meinen Träumen von der Zukunft gelebt. Die Gegenwart hatte ich nur widerwillig zur Kenntnis genommen und ohne auch nur einen ernsthaften Versuch zu unternehmen etwas aus der Gegenwart zu machen, das nicht einem Ziel in der Zukunft untergeordnet war.

»Der Mensch des Tao ist überall, wo er sich befindet, angekommen, ist am Ziel, nämlich bei sich selbst«, antwortete Liang Sen. »Er ist frei von Ungeduld. So wie der Kirschbaum, der im Frühling blüht und im Hochsommer Früchte hervorbringt – und darum aber nicht von Frühjahr bis zur Erntezeit darauf wartet, dass die Kirschen an seinen Ästen endlich reif werden. Er weiß, dass es geschieht, wenn die Zeit dafür gekommen ist. Deshalb lebt er im Jetzt und hat darum auch ein erfülltes Leben.«

In diesem Moment öffnete sich das Dach über Pao und ein

kräftiger Schwall schlammiges Wasser schoss auf ihn herunter, durchnässte ihn bis auf die Haut und zog Schlammschlieren über sein Gesicht. Der schwere Regen, der nun schon seit Stunden in Strömen vom Himmel stürzte, hatte einen Weg durch die Rindenstücke und Grasnarben gefunden, sich in einer Tasche angesammelt und war schließlich genau über Pao durch die Decke gebrochen.

Mit einem Schrei sprang Pao auf, blickte fassungslos an sich hinunter und wandte sich dann mit empörter Miene und hilflos ausgestreckten Armen Liang Sen zu. »Na, wunderbar! Das ist also das Jetzt, von dem du die ganze Zeit gesprochen hast, nicht wahr, *See-bok?* Ich muss schon sagen: Was für ein unglaublich erfülltes Leben!«

»Du bist eben kein blühender Kirschbaum!«, spottete Chia Fen und prustete dann los.

Der Komik dieser Situation konnte sich keiner von uns entziehen, auch Pao nicht. Wir lachten, dass uns die Tränen kamen. Und das war gut so, denn in nächster Zeit sollten wir keinen Grund mehr zum Lachen haben.

Osborne trat nämlich wieder in unser Leben.

*

Die Regenfälle setzten sich bis weit in den November hinein fort und weichten die Erde auf, sodass man stellenweise bis zu den Knien im Schlamm versank. Gruben und Schächte standen unter Wasser und mussten erst wieder trocken gelegt werden, bevor man daran denken konnte, zum Goldwaschen zurückzukehren. Es war eine arge Plackerei.

Erschöpft von Stunden harter Arbeit und in nassen Sachen,

saßen Yorkie, Paddy und ich zur Mittagsstunde um ein kleines Feuer, das uns wärmen sollte und auf dem das Teewasser kochte, als Osborne auf unserem Claim auftauchte.

Er trug einen kastanienbraunen Anzug aus bestem Wollstoff mit curryfarbener Weste. Die Hose steckte in kniehohen Stiefeln aus weichem Leder und ein Krawattentuch aus honigfarbener Seide zierte sein blütenweißes Hemd. Der Farbton seiner ledernen Handschuhe entsprach dem seiner Weste. In der Rechten hielt er einen Spazierstock mit silbernem Knauf. Lässig schritt er durch den Schlamm, als könnte ihm dieser nichts anhaben, auch wenn der Dreck noch so hoch spritzte.

Mein Magen zog sich unwillkürlich zusammen, als ich ihn erblickte. In den vergangenen Monaten hatte ich ihn auf der Main Road zwar mehrfach zu Gesicht bekommen, aber nicht ein Wort mit ihm gewechselt. Jedes Mal hatte ich nicht nur eine abweisende Miene aufgesetzt, sondern auch noch demonstrativ die Straßenseite gewechselt. Zu meiner großen Erleichterung hatte er nicht versucht wieder Kontakt mit mir aufzunehmen. Und mit jedem Monat, der verging, vertraute ich fester darauf, dass er mich fortan in Ruhe lassen würde. Aber wie sich zeigen sollte, hatte ich Osbornes Hartnäckigkeit und Bösartigkeit gefährlich unterschätzt.

»Einen schönen guten Tag, die Herren«, grüßte er spöttisch, was Paddy und Yorkie für Freundlichkeit hielten, und richtete seinen Blick dann auf mich. »Wie geht es, Felix? Bist du noch immer verliebt in diese Sklavenarbeit?«

»Verschwinde, Osborne!«, forderte ich ihn auf. »Du bist hier nicht willkommen!«

Paddy und Yorkie sahen irritiert von mir zu ihm.

Meine Grobheit prallte wirkungslos an Osbornes Selbstherrlichkeit ab. »Warum so unfreundlich, mein Bester? Man wird sich doch mal nach deinem Wohlbefinden erkundigen dürfen, oder?«

»Wie oft soll ich dir noch sagen, dass ich nichts mehr mit dir zu tun haben will, Osborne?«, fauchte ich ihn an.

»Du machst es einem wirklich schwer, Felix«, antwortete Osborne. »Kannst du mir mal sagen, was du davon hast, dich bei Wind und Wetter Tag für Tag in solch einem Dreckloch abzuplagen? Und das für ein paar Unzen Gold, die gerade mal reichen, um in Ballarat über die Runden zu kommen?«

»Was verstehst du schon von ehrlicher Arbeit!«, knurrte ich verächtlich.

»Oh, verstehen tue ich davon mehr, als du glaubst. Nur ich halte nichts davon«, gestand er freimütig. »Ehrliche Arbeit verleidet einem nämlich das Leben, weil sie viel Zeit und Kraft verzehrt und einem meist nur das Armenbrot einbringt. Ein wirklich intelligenter Mensch wird deshalb die Finger von derlei stupider Alltagsarbeit lassen und andere dazu bringen, sich für ihn abzuschuften.«

Paddy und Yorkie lachten.

»Such dir jemand anders für deine zynischen Witze!«, rief ich ärgerlich.

»Lass mich dir die Augen öffnen, Felix«, fuhr Osborne ungerührt und in bester Plauderstimmung fort. »Die wahren Helden jeglichen Fortschritts sind nämlich die Müßiggänger, die sich vor der so genannten ehrlichen Alltagsplackerei drücken. Ihnen verdanken wir die Zivilisation.«

»Sie sind mir vielleicht ein Komiker!«, sagte Yorkie amüsiert.

»Lachen Sie nicht, denn das ist mein Ernst, junger Mann!«, beteuerte Osborne. »Die Zivilisation setzte erst ein, als ein

Mensch den anderen der Versklavung unterwarf und ihn zwang für ihn zu arbeiten. In jedem Volk ist die Arbeit meist ungleich verteilt. Die Mehrzahl rackert sich ab, damit ein kleiner Teil der Bevölkerung faulenzen und ein schönes Leben haben kann.«

»Da ist was dran, Mister«, pflichtete Paddy ihm bei.

»Nun braucht aber jedes Volk, wenn es zu einer hohen Kultur auf dem Gebiet der Kunst und Wissenschaft gelangen will, möglichst viele Müßiggänger. Denn allein diese Menschen haben Zeit und Muße, um sich ausgiebig Gedanken über tausend sinnvolle wie aberwitzige Dinge zu machen. Das Ergebnis sind dann technische Erfindungen, große Entdeckungsreisen, Werke der Weltliteratur, herrliche Symphonien, Gemälde und Statuen«, fuhr Osborne genüsslich fort. »Bei den Ameisen sind es die geschlechtslosen Tiere, die alle Arbeiten willig verrichten. Die wenigen anderen, die sich nicht zu Tode arbeiten müssen, haben dagegen Flügel und sorgen allein für den Fortbestand des Ameisenstaates. So ähnlich ist es bei den Bienen: Da sind die Drohnen die Aristokratie des Bienenstocks, die von der Mühsal der Alltagsplackerei befreit sind.«

»Das reicht jetzt, Osborne. Versuch woanders dein überspanntes Gewäsch an den Mann zu bringen!«, forderte ich ihn auf. »Du hast uns schon genug Zeit gestohlen!«

»Ich weiß gar nicht, warum du so zornig bist?«, wunderte sich Yorkie. »Ist doch recht lustig, was er da über das Faulenzen von sich gibt.«

»Ja, finde ich auch«, sagte Paddy.

Osborne lächelte. »So ist es eben stets im Leben: Die meisten Menschen arbeiten um des Arbeitens willen oder weil sie sich noch nie die Zeit genommen haben darüber nachzudenken, wie sie ohne Arbeit ein viel angenehmeres Leben führen können. Ich bin jedenfalls lieber Drohne als Arbeitstier.«

»Vom Faulenzen allein werden Sie sich aber kaum solch teure Klamotten leisten können«, sagte Paddy mit einem herausfordernden Unterton.

»Mir gehören das *Hung Lau*, ein unverschämt gut florierender Opiumdiwan, und zwei weitere derartige Häuser sowie das *Xinran Que*, das Lotteriegeschäft an der Ecke Main Road und Eureka Street, das sich auch ganz prächtig macht, dank der zügellosen Spielleidenschaft der Schlitzaugen«, zählte Osborne auf. »Außerdem bin ich noch an einem guten Dutzend Schankstuben beteiligt, die auch hübsche Gewinne abwerfen. Und bei diesen Unternehmungen wird es nicht bleiben. Es kommt einfach zu viel Geld herein, das wieder angelegt werden will, um noch mehr abzuwerfen. Das ist das Kreuz, das einem der Erfolg auferlegt. Aber ich glaube, ich werde es mit Fassung tragen.«

Meine beiden irischen Partner waren sichtlich beeindruckt. Und das steigerte meine Wut nur noch mehr. »Du verdienst am Elend der Menschen, die nach dem verdammten Opium süchtig sind, und nimmst sie skrupellos aus!«, warf ich ihm hitzig vor.

Er zauberte einen Ausdruck gespielter Verblüffung auf sein Gesicht. »Sollte das vielleicht ein Vorwurf sein? Selbstverständlich verdiene ich am Elend der Menschen«, gab er zu. »Aber gilt das denn nicht auch für Waffenschmiede, Bestatter, Leichenträger und Friedhofswärter, um nur einige ehrenwerte Berufe zu nennen, die mit dem Tod ein gutes Geschäft machen? Und verdient nicht auch der Arzt am Elend kranker Menschen und der Schankwirt am Suff seiner Kunden? Ich biete Waren und Dienste an, nach denen die Menschen verlangen, mein lieber Felix. Das ist mein Geschäft und es wirft prächtige Gewinne ab – für mich, aber auch für diejenigen, die für mich arbeiten.«

»Möge dir das Geld eines Tages im Hals stecken bleiben!«, fluchte ich.

Osborne lachte nur. »Du bist ein Narr, Felix, dein Leben in solch einem Dreckloch zu verbringen und darauf zu hoffen, eines Tages den großen Goldfund zu machen. Das gelingt doch bloß einem unter tausend Diggern! Bei solch irrwitzig schlechten Gewinnchancen würdest sogar du, der du doch selbst gern am Pokertisch sitzt, kein Blatt in die Hand nehmen und einen Einsatz riskieren. Was holt ihr denn pro Tag aus eurem Claim heraus? Doch bestimmt nicht mehr als drei oder vier Pennyweight an Gold, nicht wahr?«

»Ein bisschen mehr ist es schon«, versicherte Yorkie, wollte aber genauso wenig wie ich zugeben, dass unsere tägliche Ausbeute im Schnitt nicht mehr als fünf bis sechs Pennyweight betrug. Das hieß, für jeden von uns blieben gerade mal acht bis zehn Shilling pro Tag.

»Mein Gott, was für ein atemberaubendes Vermögen! Solch einen Hungerlohn könntet ihr auch mit Betteln verdienen«, spottete Osborne. »Sogar ein einfacher Konstabler bekommt doch schon einen Tageslohn von zehn Shilling und Sixpence. Ihr macht ja nicht einmal mehr als einer dieser chinesischen Schreiberlinge, die mit sieben Shilling pro Tag entlohnt werden und dafür hübsch im Trockenen sitzen.«

»Unser Tag wird schon noch kommen!«, stieß ich grimmig hervor. »Außerdem ist Geld nicht alles. Wir haben wenigstens ein sauberes Gewissen, sind unsere eigenen Herren und brauchen keinem Rechenschaft abzulegen.«

Osborne winkte überheblich ab. »Ach was, ihr habt euch doch längst zum Sklaven eurer fixen Idee gemacht als Digger zu Reichtum zu gelangen. Aber wer wirklich schnell und leicht zu Geld kommen will, muss seinen Verstand gebrauchen – und nicht seine Muskeln. Ich zahle ja schon für jeden aufgeweckten Mann, der für mich arbeiten will, ein Pfund und mehr pro Tag.«

Yorkie riss den Mund auf. »Ein Pfund pro Tag? Ist das Ihr Ernst, Mister?«

Osborne nickte. »Stell mich auf die Probe, wenn du Interesse hast. Und euer Freund hier«, er deutete mit seinem Stock auf mich, »könnte sogar ein Vielfaches von dem verdienen, wenn er sich nur endlich darauf besinnen würde, dass sein Platz an meiner Seite ist. Aber das ist die letzte Chance, die ich dir gebe, Felix.«

»Mich köderst du nicht mehr! Geh zum Teufel, Osborne!«, antwortete ich erregt und griff zum Spaten. »Und wenn du nicht sofort von unserem Claim verschwindest, werde ich dich höchstpersönlich durch den Dreck prügeln.«

Osborne lächelte noch immer, doch in seine Augen trat nun ein kalter Ausdruck. »Die Weltgeschichte ist eine Geschichte von krassen Widersprüchen, die ausgefochten werden, bis es Sieger und Verlierer gibt. Und es ist immer der Sieger, der die Geschichte schreibt.« Er machte eine kurze Pause, um dann drohend hinzuzufügen: »Du wirst sie nicht schreiben, Felix Faber. Du hast mein Wort drauf!« Damit wandte er sich um und ging den Bretterweg zurück, den er gekommen war.

»Ich weiß gar nicht, was du gegen ihn hast?«, sagte Yorkie verwundert. »Also, ich hätte ihn an deiner Stelle nicht so grob vor den Kopf gestoßen.«

Auch Paddy zeigte Unverständnis. »Was dieser Osborne da von sich gegeben hat, klang doch ganz vernünftig.« Er kicherte. »Und das mit den Müßiggängern fand ich wirklich amüsant. Das werde ich mir merken.«

»Ich kann euch sagen, was ich gegen ihn habe und warum«, erwiderte ich aufgebracht und erzählte ihnen ein wenig von meinen schlimmen Erfahrungen mit Osborne. Aber als es Zeit wurde die Arbeit wieder aufzunehmen, hatte ich nicht den Eindruck sie von seiner Bösartigkeit überzeugt zu haben.

»Ein Pfund pro Tag, das kann sich sehen lassen!«, hörte ich Paddy mit einem Seufzen zu seinem Bruder sagen, als ich die Leiter hinunterstieg. »Ein Pfund pro Tag, ohne im Schlamm stehen und sich die Hände blutig schuften zu müssen, stell dir das mal vor!«

Yorkie ging mit einer spaßigen Bemerkung darüber hinweg und versicherte mir später, dass sich an unserer Partnerschaft nichts ändern würde. Ich jedoch hatte ein ungutes Gefühl – und es täuschte mich nicht.

*

Am nächsten Morgen erschien Yorkie ohne seinen Bruder zur Arbeit. »Paddy wollte noch etwas besorgen. Er kommt später nach«, versicherte er, blickte mir dabei jedoch nicht ins Gesicht, sondern machte sich an der Winde zu schaffen, die seit einigen Wochen den Flaschenzug ersetzte.

Ich wusste sofort, was das zu bedeuten hatte. »Er ist zu Osborne, nicht wahr?«

Yorkie verzog das Gesicht und sagte verdrossen: »Und wennschon. Paddy versteht doch gar nichts von diesen

Dingen, die man wissen muss, wenn man in solch einem Geschäft arbeiten will. Er wird ihn bestimmt nicht einstellen.«

»Und ob Osborne ihn einstellen wird!«, widersprach ich grimmig. »Schon um mir eins auszuwischen und einen Keil zwischen uns zu treiben.«

»Das wird ihm nicht gelingen!«

Ich dachte mir meinen Teil, sagte jedoch nichts.

Es geschah, wie ich befürchtet hatte. Osborne stellte Paddy ein und übertrug ihm für einen Wochenlohn von acht Pfund die Aufsicht im *Hung Lau*. Unsere Versuche, ihm diese Arbeit auszureden, hatten keinen Erfolg. Ganz im Gegenteil. Paddy lachte uns aus.

»Macht euch doch nicht in die Hosen!«, sagte er belustigt. »Das ist ein Job wie jeder andere. Er wird nur besser bezahlt als diese verfluchte Wühlerei im Dreck. Außerdem habe ich mit dem Opium nichts zu tun. Für die Verteilung der Pfeifen und den Tee sind zwei Chinesen zuständig. Ich führe nur die Aufsicht und achte darauf, dass die Burschen kein Opium für sich abzweigen und nebenbei noch Geschäfte auf eigene Rechnung machen.«

Als wir ihm jedoch weiterhin ins Gewissen redeten und ihn daran erinnerten, dass schlechter Umgang abfärben kann, wurde er zusehends gereizter. Es kam schließlich zu einem regelrechten Streit, wie er hässlicher kaum hätte sein können.

»Lass mich doch mit deinen blöden Geschichten von früher in Ruhe!«, fuhr er mich grob an. »Dass du mit Osborne nicht auskommst, ist allein deine Sache! Er ist nämlich ein verdammt umgänglicher und beeindruckender Mann. Ich jedenfalls komme blendend mit ihm aus und ich denke gar nicht daran, diesen einträglichen Job an den Nagel zu hängen, nur weil ihr euch darüber aufregt.«

»Ja, er versteht sich bestens darauf, einen zu blenden und zu umgarnen«, sagte ich sarkastisch. »Auch ich bin darauf hereingefallen.«

»Du hältst mich wohl für einen Schwachkopf, ja? Aber ich falle auf gar nichts rein, Mann! Und jetzt habe ich genug von eurem dummen Geschwätz!«, schrie er. »Ich brauche keine Amme, die mir sagt, was ich zu tun und zu lassen habe.« Damit stürmte er aus der Unterkunft und suchte das nächste Schankzelt auf.

Zwar versöhnten wir uns später wieder, aber dennoch war es von da an nicht mehr dasselbe. Unsere Freundschaft hatte einen tiefen Riss bekommen und es sollte nicht lange dauern, bis sie vollends in Scherben ging.

Wenige Tage später arbeiteten wir wieder zu dritt auf dem Claim, denn Pao stieß nun zu uns. Dong Yang Long hatte Wort gehalten und Liang Sen und Pao unter der Bedingung, dass jeder wöchentlich acht Shilling an ihn abführte, aus dem Arbeitskontrakt entlassen. Dagegen blieb Chia Fen weiterhin im Dienst seines Schwagers, was Liang Sen ganz recht war. Er hielt sie dort für besser aufgehoben als auf den Goldfeldern, die auch ihm nicht zusagten.

Liang Sen verlegte sich nun wieder völlig auf seine Heilkunst, die er in einem Zelt gleich neben unserer Blockhütte praktizierte. Er hatte vom ersten Tag an gut zu tun. Denn viele seiner Landsleute waren schon in den Monaten, in denen er für Dong Yang Long gearbeitet hatte, mit ihren Beschwerden zu ihm gekommen. Er hatte sich schnell einen guten Ruf als fähiger Heilkundiger verschafft.

»Ich glaube, ich komme mit meinen Heilkräutern, Salben und Tinkturen zu mehr Goldstaub als ihr«, scherzte er.

»Vorausgesetzt, du lässt dich von deinen Patienten diesmal auch wirklich bezahlen«, wandte Pao skeptisch ein. »Du weißt ja, dass du nicht nur jede Woche die acht Shilling für Dong aufbringen musst, sondern auch noch die monatliche Lizenzgebühr für deinen grandiosen Zeltladen und den Garten, den du anlegen willst, zu zahlen hast.«

Liang Sen seufzte. »Wie könnte ich, Pao? Die Konstabler sorgen schon dafür, dass man das nicht vergisst.«

»Zum Teufel mit den Konstablern!«, sagte ich.

Niemand war auf den Goldfeldern von Victoria mehr verhasst als die Polizeibeamten des Magistrates. Schon der Anblick der Konstabler, die in dunkelblaue Uniformen mit weißen Streifen an den Hosen gekleidet waren, weckte in den Diggern unbändigen Zorn und Hass. Jede Woche machten die Polizisten regelrecht Jagd auf Goldgräber, die ihre monatliche Lizenzgebühr von dreißig Shilling nicht bezahlt hatten – oder aber ihren Berechtigungsschein nicht bei sich trugen, was ebenfalls unter Strafe stand. Wer keine Lizenz vorweisen konnte, wurde auf der Stelle verhaftet und vor den Kadi geschleppt.

Dabei gingen die Konstabler äußerst brutal vor. Wer sich wehrte oder gar nur zu protestieren wagte, handelte sich Schläge mit dem Gewehrkolben ein. Häufig ketteten die verhassten Konstabler ihre Opfer auch an Bäume und Pfähle, um sie dort stundenlang dem Regen oder der brütenden Sonne auszusetzen, bevor sie genug Digger ohne Lizenz erwischt hatten, um sie dann in einer Kolonne ins so genannte Camp des Magistrates abzuführen.

Viele Digger weigerten sich aus Prinzip jeden Monat dreißig Shilling zu bezahlen. Besonders unter Iren und Amerikanern war der Widerstand gegen diese Zwangsabgabe groß. Aber viele Digger konnten sich die Lizenz gar nicht leisten, auch wenn sie gewollt hätten, weil ihr Claim einfach nicht genug abwarf. Denn auf einen Claim, der seinen Besitzern zu Reichtum verhalf, kamen unzählige andere, die kaum genug zum Überleben einbrachten. Aber den vom Gouverneur in Melbourne eingesetzten Magistrat kümmerte die Notlage dieser Männer nicht. Sie sahen nur die gewaltige Menge Gold, die insgesamt in Ballarat zu Tage gefördert wurde, und wollten sich von diesem Kuchen eine möglichst dicke Scheibe abschneiden.

Gegenüber der drängenden Forderung der Digger nach einem Mitspracherecht für gewählte Vertreter aus ihren Reihen stellten sich der Magistrat und der Gouverneur jedoch taub. *No taxation without representation – Ohne parlamentarische Vertretung keine Besteuerung!* Diese Parole, mit der im letzten Jahrhundert in den amerikanischen Kolonien der Unabhängigkeitskrieg der Kolonisten gegen die britische Krone begann, hörte man immer öfter und immer lauter. Was den Hass auf die Beamten noch mehr schürte, war die Korruption, die in ihren Reihen blühte. Viele zahlungskräftige Geschäftsleute ließen es sich einiges kosten, um mit dem Magistrat und seinen Bediensteten auf gutem Fuß zu stehen. Wer etwa ein Hotel oder eine Schankstube eröffnen wollte, musste erst einmal üppige Bestechungsgelder zahlen, wenn er keine Schwierigkeiten bei der Erteilung der notwendigen Lizenz bekommen wollte. Kurzum: Die Unzufriedenheit unter den Diggern wuchs mit jedem Monat.

Unzufrieden waren auch wir, Yorkie, Pao und ich. Wir hatten unseren Schacht mittlerweile auf über sechzig Fuß Tiefe gebracht, ohne jedoch auf eine wirklich stark goldhaltige Erdschicht gestoßen zu sein.

Im Dezember beschlossen wir deshalb, den Claim aufzugeben und einen neuen auf dem riesigen Goldfeld abzustecken, das sich *One Eye Gully* oder auch *Canadian Lead* nennt. Und hier schien uns das Glück endlich hold zu sein, wuschen wir doch schon aus der ersten Tonne Gestein ein gutes Dutzend kleine Goldnuggets sowie zwei Unzen Goldstaub. Leider hielt auch dieser Claim nicht das, was die Ausbeute der ersten Tage versprach.

In derselben Zeit verfiel Paddy dem Opium. Eines Sonntagmorgens, nachdem ich mit Yorkie die Messe in der katholischen Bretterkirche am Chapel Hill besucht hatte, fanden wir ihn im Rausch vor.

In den folgenden Wochen machte ich zusammen mit Yorkie noch mehrmals den Versuch Paddy aus den Klauen des Opiums zu befreien und ihn dazu zu bringen, die Anstellung bei Osborne aufzugeben. Denn ich hegte nicht den geringsten Zweifel, dass Osborne ihn zum Opiumrauchen zumindest ermutigt, wenn nicht gar zielstrebig verführt hatte.

Doch alles gute Zureden half nichts. Das Gift dieser heimtückischen Droge hatte schon Willen und Verstand gelähmt und von seinem Körper Besitz ergriffen, der mit jedem Tag mehr nach dem Rausch gierte.

Wie jeder Süchtige, so wies auch Paddy den Verdacht, von der Droge abhängig zu sein, empört von sich. »Was für einen Quatsch ihr da redet! Ich bin nicht süchtig! Ich kann jederzeit aufhören!«, behauptete er. »Mensch, Yorkie, wie oft haben wir einen über den Durst getrunken, ohne an der Flasche hängen zu bleiben! Ein paar Züge aus der Opiumpfeife sind besser als jeder Schluck aus der Pulle. Du solltest es auch mal versuchen. Es ist phantastisch!«

»Ja, phantastisch mörderisch! Du wirst immer mehr Opium wollen und schließlich daran verrecken!«, prophezeite ich ihm. »Sieh dir doch bloß die abgemagerten Gestalten in den Opiumhöllen an. Sie verlieren irgendwann ihre Arbeit, essen kaum noch und geben jeden Penny für das Gift aus, das sie langsam, aber unaufhaltsam umbringt!«

Paddy sah mich geringschätzig an. »Mir jagst du mit deinen Ammenmärchen keine Angst ein, Felix. Ich bin kein Schwächling wie viele von diesen blöden Schlitzaugen. Ich habe alles bestens unter Kontrolle!«

Wie gut er die Sucht unter Kontrolle hatte, zeigte sich im Februar, keine acht Wochen nach dieser Auseinandersetzung.

Eines Morgens kam Yorkie humpelnd zur Arbeit. Marananga, der wieder einmal Tabak geschnorrt und es sich auf einer alten Kiste gemütlich gemacht hatte, erblickte ihn zuerst. »*Alidgea guy pichi!* . . . Komm schnell!«, rief er aufgeregt. »*Pichi malla!* . . . Komm schnell raus!«

»Konstabler?«, rief ich alarmiert zurück und kletterte eiligst die Leiter hoch.

»*Arcoona quear!* . . . Nichts Gutes!«

Ich erschrak, als ich in die Richtung blickte, in die Marananga deutete, und Yorkie herantaumeln sah. Seine linke Gesichtshälfte zeigte blutunterlaufene Flecken und war derart geschwollen, dass von seinem Auge nur noch ein Schlitz zu sehen war. Blut, das aus seiner aufgeplatzten Unterlippe rann, lief über Kinn und Hals und verschmierte sein Hemd, das eingerissen war.

»Um Gottes willen, was ist passiert?«, stieß ich erschrocken hervor. »Hat dich jemand überfallen?«

Yorkie sank auf einen Erdhaufen. »Ich hatte eine ... heftige Meinungsverschiedenheit mit meinem Bruder«, sagte er undeutlich. »Er hat gewonnen, wie du siehst.«

»Und weshalb habt ihr euch gleich so geprügelt?«, fragte ich bestürzt.

»Er hat mich bestohlen.« Yorkie berührte vorsichtig seine aufgeplatzte Lippe und zuckte vor Schmerz zusammen. »Nur er hat gewusst, wo ich meinen Goldbeutel versteckt hatte. Ich habe es ihm auf den Kopf zugesagt und da ist er sofort auf mich losgegangen. Nicht einmal abgestritten hat er es. Er hat sogleich mit der Faust zugeschlagen, ohne Vorwarnung. Und als ich am Boden lag, hat er gelacht und mich noch einmal getreten.« Tränen sammelten sich in seinen Augen. »Ich erkenne ihn nicht mehr wieder, Felix. Ich glaube, ich habe meinen Bruder endgültig an das verfluchte Opium verloren.«

Ich schwieg, denn ich fühlte mich schuldig.

Am Abend, als Pao und Liang Sen sich vor die Stadt zur chinesischen Gartenkolonie begaben, um auf seiner Parzelle die Heilkräuter zu wässern und von Unkraut zu befreien, hockte ich niedergeschlagen vor unserer Hütte auf einem Baumstumpf und brütete vor mich hin.

Nach einer Weile kam Chia Fen und leistete mir Gesellschaft. »Du darfst dir keine Vorwürfe machen, Chia Wang«, sagte sie nach einem Augenblick des Schweigens. »Dich trifft an dem Zerwürfnis der beiden Brüder keine Schuld.«

»Wirklich nicht? Bist du dir da so sicher?«, fragte ich zweifelnd. »Ohne mich hätte er Osborne doch nie kennen gelernt, geschweige denn bei ihm eine Anstellung bekommen. Und wenn ich es auch nicht beweisen kann, so weiß ich doch, dass Osborne ihn kaltblütig in die Sucht getrieben hat, um mir seine Macht zu zeigen und mich zu treffen!«

»Egal, was Osborne gemacht hat, zu einer solchen Sache gehören immer zwei – nämlich einer, der verführt, und einer, der sich verführen lässt«, erwiderte sie. »Und Paddy Finnegan ist kein unbedarfter kleiner Junge, sondern ein gestandener Mann, der seit jeher tut, was ihm gefällt. Du kannst nicht die Verantwortung für sein Handeln auf dein Gewissen laden.«

»Das sagt sich so leicht«, murmelte ich bedrückt.

»Ich weiß«, gestand sie.

Mehrere Minuten verstrichen, ohne dass einer von uns etwas sagte. »Ich wünschte, Pao und Liang Sen wären nie auf die Idee gekommen sich als Kuli zu verdingen und hier auf den australischen Goldfeldern ihr Glück zu suchen«, brach ich schließlich das Schweigen.

»Dann wären wir wohl kaum nach Hong Kong gekommen und wir wären uns dann vielleicht nie wieder begegnet«, erinnerte sie mich. »Wünschst du dir das auch, Chia Wang?«

Ihre Frage überraschte mich so sehr, dass ich den Kopf wandte und sie ansah. Tausendmal hatte ich in ihr Gesicht geschaut. Doch diesmal war es anders. Ich hatte das verwirrende Gefühl in dem scheinbar nur zu Bekannten etwas ganz Neues und Aufregendes zu entdecken – in ihr wie in mir.

Was für ein anmutiges Gesicht!, schoss es mir durch den Kopf. Und der warme, zärtliche Ausdruck ihrer jadegrünen Augen ging mir wie ein Stromstoß durch und durch. Heiß schoss mir das Blut ins Gesicht, ohne dass ich etwas dagegen tun konnte – und ohne zu begreifen, was mit mir geschah. »Nein«, murmelte ich verlegen und blickte schnell weg, verstört von meinen Reaktionen auf eine so harmlose Frage.

»Ich auch nicht«, sagte sie leise.

Wir saßen noch eine Weile schweigend nebeneinander und noch nie zuvor war ich mir ihrer Nähe und ihrer Weiblichkeit so bewusst gewesen wie in diesen Minuten. Dann erhob sie sich und kehrte in die Hütte zurück. Und ich saß da und fragte mich, warum mein Herz so heftig schlug, als wollte es zerspringen.

*

Paddy kehrte nicht mehr zu seinem Bruder in die gemeinsame Unterkunft zurück. Osborne stellte ihm eine Kammer im *Hung Lau* zur Verfügung. Zu einer Versöhnung zwischen den Brüdern kam es nicht mehr, obwohl Yorkie sich in den folgenden Monaten mehrfach darum bemühte.

Wenige Tage nach dem Zerwürfnis der Finnegan-Brüder erlebten Yorkie, Pao und ich unsere erste Kontrolle durch die verhassten Konstabler. Sie kamen zu dritt: Lieutenant Duncan Reed mit den beiden grobschlächtigen Sergeanten George Baker und William Tucker.

»Los, her mit den Schürflizenzen!«, brüllte Lieutenant Reed, ein breitschultriger Mann mit einem Stiernacken. »Oder gehört ihr auch zu diesem Gesindel, das die Krone um ihr Recht betrügen will?«

»Wir haben alle eine ordnungsgemäße Lizenz, Sir«, versicherte Pao respektvoll und zog seine Bescheinigung aus der Tasche.

»Halt dein Maul, verdammtes Schlitzauge! Du redest nur, wenn du was gefragt wirst!«, herrschte George Baker ihn an, riss ihm das Papier aus der Hand und versetzte ihm einen Schlag vor die Brust, sodass Pao rücklings in den Dreck stürzte. Der Sergeant blickte nur flüchtig auf die Lizenz, knüllte sie in seiner Faust zusammen und warf sie in die Grube.

Auch William Tucker machte eine beleidigende Bemerkung. Er nannte Pao und seinesgleichen chinesische Ratten. »Warum unsere Regierung diese elende Plage freiwillig ins Land lässt, werde ich nie begreifen.«

»Ich verbitte mir diese Art, mit der Ihre Männer unseren Partner behandeln!«, protestierte ich wütend und holte nun meine Lizenz hervor.

Lieutenant Reed musterte mich verächtlich von oben bis unten. »Wer so tief gesunken ist, dass er sich einen stinkenden Chink zum Partner nehmen muss, der reißt das Maul besser nicht zu weit auf!«, warnte er mich.

Ich beherrschte meinen Zorn. Niemand konnte sich Ärger mit den Konstablern erlauben. »Unsere Lizenzen sind pünktlich bezahlt und in Ordnung.«

»Das werden wir ja sehen!«, sagte Lieutenant Reed, deutete auf Yorkie und forderte ihn herrisch auf: »Komm schon und zeig deinen Lappen her, Bursche!«

»Lumpengesindel in Uniform!«, murmelte Yorkie, trat vor und hielt ihm seine Lizenz hin.

Der Lieutenant kniff argwöhnisch die Augen zusammen. Zwar hatte er Yorkies Gemurmel nicht verstehen können, aber er wusste, dass es wohl kaum etwas Schmeichelhaftes gewesen war.

»Was hast du da gerade gesagt, du irischer Kartoffelfresser?«, zischte er und riss ihm die Lizenz aus der Hand.

»Dass so aufrechte Männer Ihres Schlages dem glorreichen britischen Empire wirklich alle Ehre machen, Sir!«, antwortete Yorkie mit beißendem Spott.

Lieutenant Reed lächelte, als hätte Yorkie ihm damit einen Gefallen getan. »Bring dem Bauernlümmel ein bisschen Respekt bei, Tucker!«, sagte er.

William Tucker schien auf diesen Befehl nur gewartet zu haben, denn augenblicklich rammte er Yorkie seinen Gewehrkolben in den Magen – und richtete den Lauf sofort auf mich, als ich unwillkürlich auf ihn zutrat. »Nur zu!«, forderte er mich mit einem kalten Glitzern in den Augen auf.

Yorkie brach mit einem röchelnden Laut zusammen.

»Dieser irische Unruhestifter hat sich unserer Kontrolle widersetzt. Dafür hätten wir ihn auch verhaften können. Das nächste Mal werden wir nicht so nachsichtig sein«, sagte Lieutenant Reed genüsslich und zog dann mit seinen Männern weiter.

Dieses ungerechte und brutale Vorgehen erfüllte uns mit Wut und Hass auf die Konstabler, deren Macht über die Digger kaum Grenzen kannte. Aber noch kam keiner von uns auf die Idee, dass sich diese Schikane ganz gezielt gegen uns gerichtet hatte. Erst als sich die Kontrollen häuften und Yorkie jedes Mal von den Konstablern auf irgendeine Weise in die Mangel genommen wurde, begriffen wir, dass dies kein Zufall, sondern Methode war.

»Sie haben es immer nur auf mich abgesehen«, sagte Yorkie missmutig, nachdem die Konstabler an einem regnerischen Herbsttag seine brandneue Lizenz für abgelaufen erklärt, vor seinen Augen in kleine Fetzen zerrissen und in den Schlamm geworfen hatten. Er musste nun eine neue erstehen, um nicht bei der nächsten Kontrolle, die kaum lange auf sich warten lassen würde, verhaftet zu werden.

Ja, sie hatten es in der Tat allein auf Yorkie abgesehen. Und ich wusste auch, wer hinter dieser nicht abreißenden Kette von Schikanen steckte: Osborne!

Wir beschwerten uns beim Gold Commissioner und bei der *Diggers Association*, jedoch ohne jeden Erfolg. Während die Verwaltungsbeamten unsere Beschwerden als haltlose Klagen notorischer Unruhestifter abtaten oder aber zu korrupt waren, um der Angelegenheit nachzugehen, fehlte der Interessenvereinigung der Digger der nötige Einfluss, um etwas zu unseren Gunsten bewirken zu können. Sie standen ja selbst mit dem Magistrat auf Kriegsfuß. So blieb es bei Protesten, die nicht einmal richtig zur Kenntnis genommen wurden.

Marananga, der mehrmals die Brutalität der Konstabler am eigenen Leib zu spüren bekommen hatte, ließ sich immer seltener bei uns auf dem Claim blicken. »*Arcoona quear* ... Nicht gut für Marananga. Die Streifenhosen hassen Darkies.« Er zog es vor, mit Liang Sen Ausflüge in den Busch zu unternehmen und gelegentlich abends vor unserer Blockhütte aufzutauchen, um Tabak und manchmal auch eine Mahlzeit zu schnorren.

Im August, als es mit unserer Gemütslage schon allein wegen der mageren Ausbeute nicht gerade zum Besten stand, erreichten die Schikanen gegen Yorkie ihren Höhepunkt.

Wieder einmal suchte uns Lieutenant Reed mit seinen Sergeanten Baker und Tucker heim. Pao und ich mussten uns wie üblich Beleidigungen anhören, während wir unsere Schürflizenzen vorzeigten.

Als Yorkie an der Reihe war, stieß Tucker einen hämischen Triumphschrei aus. »Das sieht dem irischen Krawallmacher ähnlich! Hier, sehen Sie sich das mal an, Lieutenant!«

Lieutenant Reed besah sich Yorkies Lizenz. »Das ist eine Fälschung!«, behauptete er.

»Fälschung? Dummes Zeug!«, stieß Yorkie entrüstet hervor. »Mit der Lizenz hat alles seine Richtigkeit. Der Gold Commissioner hat sie letzte Woche ausgestellt und ich habe wie jeder andere meine dreißig Shilling . . .«

»Red nicht, Mann! Das ist eine Fälschung und der Gold Commissioner braucht sicherlich nur einen Blick, um zu bestätigen, dass da jemand seine Unterschrift gefälscht hat!«, schnitt Lieutenant Reed ihm schroff das Wort ab. Dann befahl er seinem Sergeanten: »Führt ihn ab!«

»Das ist ja lächerlich!« Yorkie schäumte vor Wut, setzte sich jedoch nicht zur Wehr. Er vertraute wie wir darauf, dass sich die Anschuldigung als völlig aus der Luft gegriffen herausstellen und der Gold Commissioner die Unterschrift auf dem Papier als echt bestätigen würde.

Es kam jedoch ganz anders. Die Lizenz, die Lieutenant Reed wenig später dem Commissioner zur Prüfung vorlegte, war nicht die, die Yorkie den Konstablern ausgehändigt hatte. Der Lieutenant präsentierte eine primitive Fälschung, die der Commissioner auch als solche erkannte.

Yorkie wurde verhaftet und kam erst nach zwei Wochen gegen Zahlung einer Strafe von fünfzehn Pfund Sterling wieder frei. Es verging keine ganze Woche, als er eines Nachts auf dem Heimweg von einer heftigen Zechtour erneut verhaftet und vor den Richter geführt wurde. Angeblich hatte er im Schutz der Nacht auf einem fremden Claim gegraben.

Vor dem Schnellgericht traten sogar zwei Zeugen auf, die, ohne mit der Wimper zu zucken, einen Eid darauf schworen, den Angeklagten beim Graben auf dem fremden Claim beobachtet zu haben. Der Richter wertete Yorkies Volltrunkenheit, die noch am Morgen nach der Verhaftung offensichtlich war, als mildernden Umstand und verurteilte ihn zu »nur« vier Wochen Gefängnis.

Am Tag seiner Entlassung teilte Yorkie mir verbittert mit, dass er von nun an nichts mehr mit mir zu tun haben wolle. Auch er hatte längst begriffen, wieso er das Ziel der Schikanen geworden war und welches Ziel sie hatten.

»Ich habe genug, Felix. Ich kann es mir nicht länger erlauben, mit dir befreundet zu sein. Erst hat Osborne sich Paddy geschnappt und dessen Leben ruiniert, jetzt versucht er es mit mir. Und das nur, weil er sich damit an dir rächen will«, sagte er grimmig. »Tut mir Leid, aber das ist mir deine Freundschaft nicht wert. Ich bin es leid, den Prügelknaben zu spielen. Der Scheißkerl hat einfach zu viel Geld und Einfluss, als dass wir gegen ihn und seine korrupten Handlanger in Uniform auch nur eine Chance hätten. Ich will nichts mehr mit dir und deinen Freunden zu tun haben. Wenn mich jemand nach dir fragt, so werde ich fortan leugnen dich jemals gekannt zu haben. Und ich werde heute noch zu Osborne gehen und ihm dasselbe sagen, damit er mir seine Bluthunde nicht mehr auf den Hals schickt.«

Blass und von heftigen Schuldgefühlen geplagt, stand ich da und wusste auf seine Worte nichts zu erwidern. Hätte ich ihm vielleicht sagen sollen, dass Tyrannen wie Osborne nur deshalb Sieger blieben, weil Männer wie er zu leicht vor dem Bösen kapitulierten und lieber wegsahen als unbeirrt Widerstand zu leisten? Nein, so einfach konnte ich es mir nicht machen. Ich hatte dazu auch kein Recht. Yorkie hatte schon genug unter meiner unseligen Beziehung zu Osborne zu leiden gehabt. Weitere Opfer durfte ich nicht von ihm verlangen, zumal ich selbst bisher von Schikanen verschont geblieben war. Aber Osborne wusste nur zu gut, dass er mich empfindlich treffen konnte, indem er andere vor meinen Augen leiden ließ, ohne dass ich etwas dagegen tun konnte.

So gab ich Yorkie nur durch ein Nicken zu verstehen, dass ich begriff, warum er so handelte – ja, handeln musste.

Und doch fühlte auch er sich elend dabei, wie sein ausweichender Blick und seine belegte Stimme verrieten, als er zum Schluss noch sagte: »Tut mir Leid, dass es so sein muss, aber ich habe keine Lust den Preis für eure Feindschaft zu zahlen. Macht das unter euch aus. Und wenn wir uns noch einmal irgendwo treffen sollten, dann tu mir bitte einen Gefallen – sprich mich nicht an!« Damit wandte er sich um und ging.

Nach Paddy hatte ich nun auch Yorkie als Freund verloren. Osborne hatte wieder einmal gewonnen. Aber nicht einen Moment glaubte ich daran, dass er sich mit diesem kleinen Triumph begnügen würde. Im Gegenteil, jetzt, wo er Blut geleckt hatte, würde er nichts unversucht lassen, um mich noch tiefer zu treffen.

Ich bekam es nun ernsthaft mit der Angst zu tun, mit der Angst um Pao, Liang Sen – und insbesondere um Chia Fen. Zu Recht, wie sich schon bald herausstellen sollte.

Die Lunte brennt
oder
Wie ich ins Gefängnis kam, ein unerwartetes Wiedersehen erlebte und meiner letzten Hoffnung auf Frieden mit Osborne beraubt wurde

In jenen Tagen traf Sir Charles Hotham, der neue Gouverneur von Victoria, mit seiner Frau in Melbourne ein. Nur wenige Wochen nach seinem Amtsantritt begab sich der Gouverneur mit Lady Hotham auf eine Inspektionsreise durch die Kolonie, die ihn Ende August auch nach Ballarat führte, das mittlerweile auf über 30 000 Bewohner angewachsen war.

»Mit dem neuen Gouverneur wird sich gewiss bald vieles ändern und zum Besseren wenden!«, hieß es hoffnungsvoll unter den Diggern. »Er wird mit den Missständen aufräumen!«

Auch mich erfüllte plötzlich neue Zuversicht, dass die Korruption und Willkür des Magistrates von Ballarat nun bald einer gerechten Verwaltung weichen und Osborne an Einfluss auf die bestechlichen Konstabler verlieren würde.

Deshalb gehörte auch ich zu den Tausenden von Diggern, die dem Gouverneur und seiner Frau bei ihrem Eintreffen am 26. August einen begeisterten Empfang bereiteten. Sir Charles verbrachte drei volle Tage in Ballarat, besichtigte die Goldfelder und ließ sich eingehend über die Probleme und Nöte der Digger unterrichten.

Und die Nöte waren wirklich groß, denn das Leben auf den Goldfeldern wurde immer gefährlicher, was man auch an der dramatisch gestiegenen Zahl der tödlichen Unfälle ablesen konnte. Die Vorkommen an Oberflächengold waren längst erschöpft, sodass nun immer tiefere Schächte gegraben werden mussten, um an die goldhaltigen Erdschichten zu gelangen – und das bedeutete zunehmende Lebensgefahr durch Abstürze, einbrechende Wände und vergiftete Luft. Manche Claimschächte reichten mittlerweile schon über hundertfünfzig Fuß in die Tiefe, um dort in Stollen überzugehen. Die Goldschürferei war allmählich zu regelrechter Bergwerksarbeit ausgeartet, nur waren die wenigsten dafür gerüstet, was die notwendigen Kenntnisse und die finanziellen Mittel betraf.

Wie groß doch die Hoffnungen waren, die wir mit dem Besuch des Gouverneurs verbanden! Eine geradezu jauchzende Stimmung begleitete ihn, wohin Sir Charles sich auch immer begab. Die Digger strömten zusammen, wenn er sich zeigte, begleiteten seine Rundgänge mit Hochrufen auf Ihre Majestät und zogen sogar einmal wie in einer Prozession, die sich über die unglaubliche Länge von anderthalb Meilen erstreckte, hinter ihm her.

Wir erwarteten große Veränderungen von ihm – und die erhielten wir auch, doch sie erwiesen sich als das genaue Gegenteil von dem, was wir erwartet hatten. Denn statt die erdrückenden Gebühren zu senken und die schändliche wöchentliche »Lizenzjagd« der Konstabler auf den Goldfeldern einzustellen, erteilte Sir Charles am 13. September die Anordnung nun *zweimal* die Woche Jagd auf Digger zu machen, die keine gültige Lizenz vorweisen konnten.

Die Nachricht von der Verschärfung der verhassten Kontrollen ging wie ein Lauffeuer durch Ballarat. Fassungslosigkeit und maßlose Enttäuschung verwandelten sich jedoch schnell in Empörung und wilden Zorn, der mit jedem Tag explosiver wurde.

Ein Hagel aus Steinen und Erdklumpen ging auf die Soldaten nieder, die nun gemeinsam mit den Konstablern zweimal die Woche auf den Goldfeldern zur Lizenzjagd auftauchten. In den folgenden Wochen kam es immer wieder zu gewaltsamen Auseinandersetzungen zwischen Diggern und Uniformierten. Noch handelten die Digger spontan und unorganisiert, aber das sollte nicht mehr lange so bleiben. Mit der ohnmächtigen Wut wuchs bei vielen auch die Einsicht, dass man gegen die tyrannische Obrigkeit nur etwas ausrichten konnte, wenn man sich zusammenschloss.

Sosehr auch mich die Verdoppelung der schikanösen Kontrollen empörte, die Tatsache, dass die Verwaltung von Ballarat nicht ausgetauscht wurde, wie ich es erhofft hatte, traf mich viel tiefer. Die korrupten Konstabler und Beamten des Magistrates blieben weiterhin auf ihren Posten – und damit blieb auch Osbornes Einfluss ungebrochen.

Ende September ließ er uns seine Macht wieder spüren.

Als Chia Fen an jenem Nachmittag unerwartet bei uns auf dem Goldfeld von One Eye Gully erschien, ahnte ich schon nichts Gutes. Huang Sam Lee und seine Frau Mei behandelten sie gut, ließen sie aber niemals so früh gehen. Es musste also etwas Außergewöhnliches vorgefallen sein. Darauf deutete auch die blinde Hast, mit der Chia Fen durch den Schlamm rannte, ohne auf die großen Pfützen zu achten. Das Dreckwasser spritzte unter ihren Füßen weg und bis zu ihren Hüften hoch, doch sie schien es nicht zu bemerken.

»Um Gottes willen, was ist passiert?«, rief ich.

»Sie haben ... Liang Sen ... verhaftet!«, stieß sie hervor, völlig außer Atem.

Ungläubig sah ich sie an. »Liang Sen ist verhaftet? Das kann doch nicht wahr sein!«

»Doch, die Konstabler ... haben ihn abgeführt! ... Vor einer halben Stunde ... Hsi Sun Loo war dabei. Er wollte gerade Salbe abholen und da sind die Konstabler gekommen. Er hat mich sofort benachrichtigt ... Liang Sen soll an Marananga und andere ... illegal Branntwein verkauft haben!«

»Das ist doch lächerlich!«, entfuhr es mir, jedoch wusste ich im selben Augenblick, dass es sich bei dieser Anklage nicht um einen Irrtum handelte. Osborne!, schoss es mir durch den Kopf. Diese Infamie kann sich nur Osborne ausgedacht haben!

»Was sollen wir jetzt bloß tun? Wo ist überhaupt Pao?«

»Der ist beim Schmied.«

Chia Fen sah mich mit Tränen in den Augen an. In ihrem Blick lagen Ratlosigkeit, Verstörung und Angst und sie presste die Hände vor den Mund, als müsste sie mit aller Macht ein verzweifeltes Schluchzen zurückhalten.

Ich weiß nicht, was plötzlich über mich kam. Aber es erschien mir in diesem Moment als das Natürlichste der Welt sie in meine Arme zu ziehen, sie festzuhalten und zu trösten. »Was immer auch nötig ist, um Liang Sens Unschuld zu beweisen, wir werden es tun«, versicherte ich und strich über ihr seidiges Haar.

»Osborne steckt dahinter, nicht wahr?«, murmelte sie, während sie sich an meine Brust schmiegte.

»Ich fürchte ja«, sagte ich und verspürte auf einmal den verrückten Wunsch sie nie mehr loszulassen. Der Duft und die Wärme ihres Körpers betörten mich und ich begriff von einer Sekunde auf die andere, was ich schon lange in mir getragen und gewusst hatte, ohne es mir jedoch offen einzugestehen: Ich hatte mein Herz an Chia Fen verloren. Ich liebte und ich begehrte sie.

Einen Moment lang standen wir in stiller Umarmung. Sie hatte einen Arm auf meinen Rücken gelegt, als wollte auch sie mich nie wieder freigeben. Dann aber spürte ich, wie sie tief Atem holte und sich vorsichtig aus meiner Umarmung löste. Mit geröteten Wangen blickte sie mich an und ich las in ihren Augen dieselben Gefühle, die ich für sie empfand.

»Musste es gerade jetzt geschehen?«, flüsterte sie gequält.

Ich wollte sie küssen, strich ihr jedoch nur über die Wange. »Ich glaube nicht, dass man sich den Moment aussuchen kann, in dem man begreift, wie sehr man einen anderen Menschen liebt«, antwortete ich.

Sie lächelte, schloss kurz die Augen, als wollte sie diesen Moment tief in ihrem Innersten für ewige Zeiten bewahrt wissen, und sagte dann mit belegter Stimme: »Später wird genug Zeit sein an uns zu denken, Chia Wang. Jetzt aber braucht uns Liang Sen.«

Die Gerichtsverhandlung fand schon am nächsten Morgen statt und dauerte gerade mal eine halbe Stunde. Sie war ein empörendes Beispiel dafür, mit welcher Verachtung selbst hochrangige Beamte wie etwa Richter und Magistrat die Rechte der Chinesen in Australien mit Füßen traten.

Die Verhaftung hatte Lieutenant Reed mit seinen Spießgesellen vorgenommen. Er sagte aus, zwei Dutzend Flaschen Branntwein im Zelt von Liang Sen gefunden zu haben. Und dann bezeugten zwei abgerissene Gestalten schon mehrfach billigen Branntwein bei Liang Sen gekauft zu haben. Außerdem wollten sie gesehen haben, wie dieser auch Marananga mit Fusel versorgt hatte.

Die Zeugen, die Pao und ich dem Gericht präsentieren wollten, wurden vom Richter nicht zugelassen, als er hörte, dass es sich bei ihnen ausschließlich um Chinesen handelte.

»Die Aussage eines heidnischen Chinesen hat vor Gericht keinen Wert!«, beschied er mich und erklärte unsere Zeugen für nicht glaubwürdig genug, um zur Sache gehört zu werden. »Damit ist die Beweisaufnahme beendet und ich verurteile den Angeklagten wegen nachgewiesenen illegalen Rumausschankes zu einer Strafe in Höhe von fünfzig Pfund Sterling! Die Verhandlung ist beendet!« Der Hammer des Richters knallte auf das Holz.

Ich hatte mich bisher nur unter größter Willensanstrengung dazu zwingen können, nicht die Beherrschung zu verlieren. Diese Beleidigung brachte in mir jedoch das Fass zum Überlaufen. Ich explodierte.

»Das ist eine bodenlose Unverschämtheit! Willkür ist das!«, brach es empört aus mir heraus. »In China herrschte schon eine Hochkultur, als unsere Vorfahren noch in Höhlen hausten! Ich bin sicher, dass Sie nicht einmal den Schimmer einer Ahnung von der Kultur der Chinesen haben! Das Wort eines Chinesen hat dasselbe Gewicht wie das eines Weißen. Wenn einer lügt, dann sind das die gekauften Zeugen und die korrupten Banditen, die sich Polizeibeamte nennen!«

Der Richter ließ schon bei meinen ersten Worten seinen Hammer mehrmals auf die Holzplatte niedersausen und verwarnte mich scharf.

Ich war allerdings nicht mehr zu bremsen. Zu viel hatte sich in mir angestaut. Nicht einmal Pao und Chia Fen, die bei meinem ersten Ausbruch noch um eine Spur bleicher geworden waren, vermochten mich zurückzuhalten. »Das hier soll ein ordentliches Gericht sein? Dass ich nicht lache! Eine Farce ist das, ein abgekartetes Spiel!«, schrie ich unbeherrscht und überschüttete das Gericht sowie Lieutenant Reed und seine Komplizen mit einer Flut von Schmähungen.

Das brachte mir drei Wochen Gefängnis wegen schwerwiegender Missachtung des Gerichtes sowie Beleidigung eines Offiziers ein. Ich konnte Pao gerade noch zurufen: »Nimm unsere Ersparnisse und löse Liang Sen damit aus!«, als ich auch schon von Gerichtsdienern abgeführt und ins Gefängnis gebracht wurde.

*

Drei Wochen sind eine lange Zeit, wenn man sie allein in einer schäbigen Zelle verbringen muss. Die Zelle lag in einem zugigen Bretterschuppen, der im umzäunten Camp des Magistrates als Gefängnis diente und von Rotröcken, den Soldaten der Garnison, bewacht wurde. Die einzige Gesellschaft, mit der ich mich beschäftigen konnte, waren die Heerscharen von Ungeziefer, die meine Zelle bevölkerten.

Mein Hass auf Osborne, aber auch auf die Obrigkeit wuchs in diesen langen und einsamen Tagen und Nächten meiner Einkerkerung. Wie ein eiterndes Geschwür fraß er sich in meine Seele. Und vermutlich hätte meine Verbitterung noch schlimmere Ausmaße angenommen, wenn meine Gedanken an Chia Fen mich nicht immer wieder aus dem alles verschlingenden Mahlstrom der Bitterkeit und Rachsucht herausgerissen hätten. Das Wissen um unsere Liebe bewahrte mich vor dem Absturz in die Abgründe meiner eigenen Seele.

Während ich meine Gefängnisstrafe absaß, kam es in Ballarat zu zwei schwerwiegenden Vorfällen. Sie wirkten auf das feindselige Verhältnis zwischen den Diggern und dem Magistrat wie Öl, das man in ein Feuer gießt.

Es begann in der Nacht des 7. Oktober mit dem Tod des Diggers James Scobie. Er und ein schottischer Landsmann namens Martin feierten ihr Wiedersehen. Auf ihrem nächtlichen Streifzug durch die Tavernen von Ballarat gelangten sie um ein Uhr zum *Eureka Hotel* auf der Melbourne Street.

Das Hotel gehörte dem Exsträfling James Francis Bentley, der es nicht nur zu einem erheblichen Vermögen gebracht hatte, sondern sich auch in den Kreisen des Magistrates und der Garnisonsoffiziere allergrößter Beliebtheit erfreute. Das Hotel, das er in Ballarat errichtete, kostete die unglaubliche Summe von 20 000 Pfund Sterling und entsprach als Gebäude in etwa dem, was eine imposante Kathedrale in einer Stadt mit vielen kleinen bescheidenen Kirchen darstellt.

Nur ging es im *Eureka Hotel* bedeutend weniger fromm zu. Betrunkene wurden in diesem Etablissement derart oft betrogen oder ausgeraubt und dann verprügelt und auf die Straße geschmissen, dass manche es mittlerweile schon »Das Schlachthaus« nannten. Beschwerden führten jedoch nie zu Untersuchungen, was keinen verwunderte, wurden Bar und Restaurant des Hotels doch bevorzugt von der Polizei und anderen Amtsträgern besucht. Es wurde sogar gemunkelt, dass der Polizeichef geheimer Teilhaber an dem florierenden Unternehmen war.

Das *Eureka Hotel* besaß die seltene Erlaubnis, regelmäßig bis nachts um ein Uhr Alkohol auszuschenken. Das wusste auch Scobie, als er mit seinem Landsmann in jener Nacht um diese Uhrzeit gegen die Tür klopfte, die er unerwartet verschlossen fand. Aber er sah Licht im Innern und wollte unbedingt noch einen letzten Drink mit seinem Freund heben, den er Jahre nicht gesehen hatte.

In seiner Trunkenheit hämmerte Scobie nicht nur sehr laut und unbeherrscht gegen die Eingangstür, sondern zerbrach dabei unbeabsichtigt auch ein Fenster, als er dagegentaumelte. James Bentley, der zusammen mit seiner Frau gerade den ehemaligen Polizeichef von Castlemaine bewirtete, stürmte daraufhin wütend aus dem Haus, gefolgt von dem einstigen Polizeichef namens Farrell. Und während der Hotelbesitzer Martin bewusstlos schlug, tötete Farrell den betrunkenen James Scobie mit einem Spatenhieb auf den Kopf.

Gleich am Morgen desselben Tages befand eine amtliche Untersuchung in auffälliger Eile und in krasser Missachtung aller Zeugenaussagen und Indizien, die auf Bentley und Farrell als Täter hinwiesen, dass Scobie von einer unbekannten Person getötet worden sei. Als das Ergebnis der Untersuchung verkündet wurde, kam es unter den Diggern im provisorischen Gerichtssaal zu tumultartigen Szenen. Denn auch der Einfältigste konnte sehen, wie sehr das Recht gebeugt worden war, um Bentley und Farrell vor gerechter Strafe zu bewahren.

Nur drei Tage später wurde Gregorius, der behinderte

armenische Diener des katholischen Priesters Father Patrick Smyth, auf der Straße von Konstabler James Lord angehalten und barsch aufgefordert seine Lizenz vorzuweisen. Gregorius konnte dieser Aufforderung nicht nachkommen, weil er keine Lizenz besaß und als Diener eines Geistlichen auch keine benötigte. Daraufhin prügelte der Konstabler auf ihn ein und verhaftete ihn. Als Father Smyth sich über diese brutale Behandlung beschwerte und darauf hinwies, dass Bedienstete von Geistlichen von der Lizenzpflicht befreit waren, musste er sich übelste Beleidigungen von James Lord anhören. Als Lords Vorgesetzter später dem Priester Recht gab, da bezichtigte Lord den behinderten Diener Gregorius im Nachhinein ihn angegriffen zu haben. Auch in diesem Fall wurden die Aussagen von Zeugen des Vorfalls dreist ignoriert und Gregorius wurde zu einer Strafe von fünf Pfund Sterling verurteilt.

Die Empörung und Wut der Digger über so viel amtliche Willkür kannte nun keine Grenzen mehr: Die Männer begannen offen von Aufstand zu reden.

Wenige Tage vor meiner Entlassung aus dem Gefängnis, wir schrieben den 17. Oktober, fand die erste von mehreren Massenversammlungen statt, zu denen sich die Digger einfanden, um gegen die unhaltbaren Zustände in Ballarat zu protestieren. Mehr als 10 000 Leute versammelten sich in der Nähe des *Eureka Hotel* auf einem freien Feld.

Nach der Versammlung zog ein Großteil der Menge, angeführt von Scobies Verwandten und Landsleuten, vor das Hotel. Die zum Schutz abkommandierten Polizisten und Soldaten wussten offensichtlich nicht, was sie in dieser angespannten Situation tun sollten. Ihre Unentschlossenheit ermutigte die Digger. Die ersten Steine flogen und ließen Fensterscheiben zersplittern. Angesichts der großen Menschenmenge wagten die Rotröcke und das »Satanische Bataillon der Schwarzen Garde«, wie die schwarz uniformierte Polizeitruppe auch voller Abscheu genannt wurde, noch immer nicht einzuschreiten.

Nun ließen die Digger alle Hemmungen fahren. Die große Glaslampe über dem Eingang ging unter einem Steinhagel zu Bruch. Jemand aus der Menge rief, indem er offizielle Verlautbarungen imitierte: »Hiermit erkläre ich das Hotel zum Eigentum der Digger von Ballarat!« Dieser Ruf wirkte wie das Trompetensignal, das in einer Schlacht zum Angriff ruft. Die Männer brachen in ein lautes, wildes Gebrüll aus. Es war der Schrei nach Vergeltung, der aus ihren Kehlen brach. Und im nächsten Moment stürmte die Menge das Hotel. James Bentley rettete sich durch die Hintertür und flüchtete auf dem Rücken eines Pferdes, das ein Subinspektor ihm geistesgegenwärtig überlassen hatte. Andernfalls wäre er gelyncht worden.

Die Digger rissen das *Eureka Hotel* im wahrsten Sinne des Wortes mit ihren nackten Händen auseinander, plünderten die Alkoholvorräte in der Bar und beendeten das Werk ihrer Zerstörung schließlich mit der Brandfackel. Das Hotel ging in Flammen auf, die von dem einst stolzen Gebäude nichts weiter als ein paar verkohlte Balken übrig ließen.

Der Magistrat hatte die Kontrolle über die Digger von Ballarat verloren, auch wenn er sich dessen selbst noch nicht bewusst war – oder sich der Einsicht bewusst verschloss, weil nicht sein konnte, was nicht sein durfte. Es steht für mich jedoch außer Zweifel, dass von diesem Tag an die Lunte, die wenige Wochen später das Pulverfass zur Explosion bringen sollte, lichterloh brannte.

*

Am Tag meiner Entlassung wartete Pao vor dem Camp des Magistrates auf mich. »Wie gut dich wieder zu sehen!«, rief er und musterte mich besorgt. »Du bist ja ganz schön schmal im Gesicht geworden. Hast du dich vielleicht auch noch mit dem Gefängniskoch angelegt?«

»Nein, aber verdient hätte er es bei dem Fraß, den er uns vorgesetzt hat. Ich glaube, wir haben das bekommen, was seine Mastschweine nicht angerührt haben«, antwortete ich.

»Na, Chia Fen wird dich schon wieder aufpäppeln«, sagte Pao zuversichtlich und sah mich mit einem hintersinnigen Lächeln an, als er hinzufügte: »Bei ihr bist du in den allerbesten Händen, Chia Wang. Du hast uns allen sehr gefehlt. Aber sie hat dich am sehnsüchtigsten vermisst. Kannst du dir darauf vielleicht einen Reim machen?«

Ich errötete unter seinem Blick. »Ich glaube, wir stehen uns näher, als wir bislang gedacht haben, Pao«, antwortete ich vorsichtig. Von Jugend an hatte ich gelernt, dass man seine innersten Gefühle weder in Worte fasst noch in anderer Form zeigt, besonders wenn es sich um Gefühle der Zärtlichkeit, Zuneigung und Liebe handelt. »Frag mich nicht, wann es mich erwischt hat. Ich weiß nur, dass mir mein Junggesellenleben, dessen Freiheit mir bisher so viel bedeutet hat, auf einmal schrecklich öde und leer vorkommt.«

Pao lachte und sagte mit der ihm eigenen nüchternen Direktheit: »Sie wird dir eine gute Ehefrau sein! Ich freue mich, dass du derjenige bist, der sie zur Frau nimmt. Dann brauche ich mich nämlich nicht zu opfern, um sie davor zu bewahren, wegen ihrer allzu gesunden Füße eine alte Jungfer zu werden.« Er zwinkerte mir zu.

Ich verpasste ihm eine Kopfnuss. »Das will ich nicht gehört haben, Pao. Für eine Frau wie Chia Fen braucht man sich nicht zu opfern!«

»Jetzt glaube ich dir wirklich, dass es dich erwischt hat!«

Ich wechselte das Thema und fragte nach Liang Sen. »Habt ihr ihn freibekommen?«

Pao nickte, doch sein Gesicht verdüsterte sich. »Ja, aber es hat nicht nur unsere gesamten Ersparnisse gekostet, sondern ich habe auch noch unsere Hütte verkaufen müssen, um die fünfzig Pfund zusammenzukriegen. Wir wohnen jetzt wieder in Zelten wie zu Beginn.«

Ich zuckte die Achseln. »Wir werden uns eine neue Hütte bauen. Und zum Glück ist der Winter vorbei.«

»Wir stehen wieder da, wo wir vor über anderthalb Jahren angefangen haben«, sagte Pao mit einem schweren Seufzen.

»Nicht ganz«, widersprach ich. »Ihr habt einen Großteil eurer Schulden von der Überfahrt beglichen. In weniger als einem halben Jahr seid ihr frei von jeglichen Auflagen und Abgaben an Dong Yang Ling.«

Das munterte Pao ein wenig auf und er berichtete mir von der Massenversammlung und wie das *Eureka Hotel* hinterher von der aufgebrachten Menge gestürmt, völlig verwüstet und dann in Brand gesetzt worden war.

Die Zeichen standen zweifellos auf Sturm in Ballarat.

*

Wir begaben uns zu unserem Claim, wo Liang Sen mich in seine Arme schloss, mir dann aber das hochheilige Versprechen abnahm mich nie wieder vor Konstablern oder Richtern dazu hinreißen zu lassen, sie zu beschimpfen und ihnen dadurch eine willkommene Handhabe zur Bestrafung zu geben.

»Sich dem Unrecht und der Tyrannei mit aller Kraft zu erwehren ist nicht nur richtig, sondern sogar die Pflicht eines jeden aufrechten Menschen«, sagte er auf meinen Einwand, dass dem Unrecht doch Widerstand entgegengesetzt werden müsse. »Aber kein verantwortlicher Feldherr führt seine Truppen in die Schlacht, ohne sich vorher eingehend über die Stärken und Schwächen des Gegners informiert und sich eine Chance zu siegen ausgerechnet zu haben. Sun Tsu, der legendäre General, Philosoph und Verfasser des großartigen Werkes *Die Kunst des Krieges* schrieb schon vor zweieinhalbtausend Jahren: *Nur wenn du den Feind und dich gut kennst, kannst du siegen. Aber erst, wenn du auch den Himmel und die Erde kennst und dein Handeln danach ausrichtest, wird dein Sieg vollkommen sein. Denn das wahre Ziel eines jeden Krieges ist der Frieden.* Das darfst du nie vergessen!«

»Der private Krieg, den Osborne gegen uns führt, hat mit Sicherheit keinen Frieden zum Ziel«, widersprach ich. »Er will, dass ich zu Kreuze krieche, sonst vernichtet er mich und alles, was mir lieb und teuer ist. Ich wünschte, ich hätte ihn damals im Sturm krepieren lassen!«

»Hüte dich vor solchen Gedanken, sie vergiften sonst deine Seele«, warnte Liang Sen. »Der Mensch verrät sich selbst, wenn er dem Bösen erliegt.«

»Dann sag mir, wie wir uns seiner erwehren sollen!«, forderte ich ihn auf. »Ich jedenfalls weiß mir keinen Rat.«

»Bedrängnis bewirkt Geduld, Geduld aber Bewährung, Bewährung Hoffnung. Die Hoffnung aber lässt nicht zu Grunde gehen«, zitierte er. »Und diese Hoffnung darf keiner von uns aufgeben.«

Ich zog die Augenbrauen hoch. »Das klingt weder nach Laotse noch nach Konfuzius, sondern mehr nach der Bibel.«

Er nickte. »So hat es Paulus an die Römer zur Zeit ihrer Bedrängnis geschrieben. Warum wird im Glauben das Leiden so hoch bewertet? Weil es kaum Leid ohne Liebe gibt. Nur dort, wo ich liebe, bin ich verletzlich und leide mit. Also spielt beim Leiden immer die Liebe eine große Rolle.«

»Ich leide kaum unter meiner Liebe zu Osborne!«, erwiderte ich grimmig.

»Nein, aber du leidest, weil du Pao, mich und Chia Fen liebst, denn das macht dich verletzlich«, sagte Liang Sen sanft und lächelte mich an. »Und diese Liebe wird sich als stärker erweisen als alles, was Osborne uns in seiner Bösartigkeit antun kann.«

Als ich Chia Fen am Abend wieder gegenüberstand, ihr feines Lächeln sah, das ich wie eine zärtliche Berührung empfand, und in ihren Augen die Liebe las, zweifelte auch ich nicht daran, dass unsere Liebe stärker als alles andere sein würde.

*

Schon am nächsten Tag begannen Pao und ich mit dem Bau der neuen Hütte. Gelegentlich rang Marananga sich dazu durch, uns für eine Weile zur Hand zu gehen. Meist jedoch vertraute er gelassen darauf, dass wir das, was wir uns vorgenommen hatten, aus eigener Kraft schaffen würden. Liang Sen hielt sich in dieser Zeit auf unserem Claim auf, um ihn vor einem *claim jumper* zu schützen. Zwar hatte sich der große Fund immer noch nicht eingestellt, aber unser Claim warf doch immerhin so viel Gold ab, dass wir nicht nur unser Auskommen hatten, sondern jede Woche auch noch etwas sparen konnten.

Eine knappe Woche später standen die Wände unseres neuen Blockhauses. Diese Unterkunft war um einiges primitiver errichtet als die erste Hütte und konnte es mit dieser auch nicht an Stabilität und Geräumigkeit aufnehmen. Aber zu mehr reichte es nun mal nicht. Wir mussten so schnell wie möglich auf unseren Claim zurück.

Ich hämmerte eines Nachmittags eine Querstrebe der Dachkonstruktion an den Längsbalken, als jemand von unten spöttisch fragte: »Bin ich hier richtig beim Goldgräber und Glücksritter Felix Faber?«

Fast hätte ich das Gleichgewicht verloren und wäre vom Dach gestürzt, weil ich mich allzu jäh umwandte, als ich die vertraute Stimme hörte. Ich vermochte mich jedoch noch rechtzeitig festzuhalten und einen Sturz zu vermeiden. »Mein Gott, Sie sind es wirklich! Pater Johann-Baptist!«, stieß ich hervor und sprang hinunter. Meine Fassungslosigkeit, ihn hier in Ballarat vor mir zu sehen, war mindestens so groß wie meine Freude.

Auch Pao freute sich den Missionar wieder zu sehen, den er vor vielen Jahren zusammen mit Osborne auf der Flussdschunke von Hsi Sheng Mo kennen gelernt hatte.

»Was hat Sie bloß zu uns nach Australien verschlagen?«, fragte ich, nachdem wir uns herzlich begrüßt und umarmt hatten.

»Das solltest du doch am besten wissen, Felix. Hast du denn nicht oft genug in deinen Briefen geschrieben, dass du dir wünschst, ich wäre hier und könnte Osborne dazu bewegen, dich und deine Freunde endlich in Ruhe zu lassen?«, fragte der Missionar zurück.

»Oh!« Ich machte eine schuldbewusste Miene. »Natürlich habe ich mir das gewünscht. Aber ich hätte doch nie für möglich gehalten, dass Sie sich meinetwegen auf solch eine lange Reise begeben. Es tut mir Leid, dass ich den Eindruck erweckt habe, Sie müssten unbedingt kommen.«

»Ach was!«, wehrte der Missionar lachend ab. »Jeder Mensch greift gern nach Ausreden, wenn er etwas tun möchte, was mehr Vergnügen als Pflicht ist. Ich mache da keine Ausnahme. Letztes Jahr ist ein überaus fähiger Priester zu mir gestoßen, der sich nun hauptsächlich um die Zentrale in Hong Kong kümmert. Ganz unabhängig von deinen Problemen mit Osborne haben deine ausführlichen Briefe von Anfang an den Wunsch in mir geweckt auch einmal nach Australien zu reisen und zu sehen, ob meine Missionsgesellschaft ihre Arbeit vielleicht auf diesen Kontinent ausdehnen soll.« Er zwinkerte mir zu. »Manchmal glaube ich, dass ich nur deshalb Missionar geworden bin, weil meine Abenteuerlust mindestens genauso stark ist wie mein Verlangen das Evangelium zu verkündigen.«

Was auch immer der ausschlaggebende Grund für sein Kommen gewesen sein mochte, ich war überglücklich ihn wieder zu sehen und natürlich hegte ich nun die Hoffnung, dass er seinen Einfluss auf Osborne geltend machen würde, damit er uns endlich in Ruhe ließ.

Voller Stolz stellte ich den Pater am Abend Chia Fen und Liang Sen vor und es erfüllte mich mit großer Freude, als ich sah, dass sich der Missionar mit beiden auf Anhieb wunderbar verstand.

Wir unterhielten uns bis tief in die Nacht über Osborne, die zunehmenden Spannungen zwischen Diggern und Obrigkeit und über philosophische Themen. Während Pao, Chia Fen und mir schon die Augen zufielen, schienen Liang Sen und Pater Johann-Baptist keine Müdigkeit zu spüren und kein Ende finden zu können. Angeregt debattierten sie über Fragen chinesischer und abendländischer Religionsgeschichte. Wie zwei bestens aufeinander eingespielte Jongleure warfen sie sich die Bälle zu. Kein Zweifel – hier hatten sich zwei verwandte Seelen gefunden.

Der Missionar hatte in einem Hotel auf der Main Road Quartier genommen und ich begleitete ihn in dieser Nacht zurück zu seiner Unterkunft, weil ich fürchtete, er könnte in der Dunkelheit Schwierigkeiten haben seinen Weg durch das Labyrinth aus Zelten und Hütten zurück zum Hotel zu finden.

Voller Bewunderung sprach er über Liang Sens Belesenheit und Weisheit. »Das sind zwei sehr verschiedene Gaben, die nur ganz selten in harmonischer Verbindung bei einem Menschen zu finden sind«, sagte er. »Ich verstehe jetzt, weshalb du damals bei ihm und Pao in Canton geblieben bist, Felix. Menschen wie Liang Sen sind ein kostbares Geschenk für jeden, der das Glück hat Zeit mit ihnen zu verbringen.«

»Ich wüsste da noch einen, der bestens in diese Kategorie passt«, erwiderte ich.

Er schmunzelte über das Kompliment, ging jedoch nicht darauf ein, sondern sagte verschmitzt: »Ein Geschenk von ganz anderer Art, aber ebenso kostbar, ist das, was du und Chia Fen offensichtlich füreinander empfindet.«

Ich war froh, dass die Dunkelheit mein verlegenes Erröten vor ihm verbarg. »Ist das wirklich so offensichtlich?«

»Liebe ist eine Macht, die sich nicht verbergen lässt und die weit über die beiden Personen hinausreicht, die in Liebe verbunden sind«, antwortete er und fügte nach einem kurzen Zögern hinzu: »Ich nehme an, du bist dir im Klaren darüber, dass euch kein leichter Weg bevorsteht.«

Ich nickte und dachte an die vielen weißen, meist irischen Frauen, die in Ballarat Chinesen geheiratet hatten. Diese Mischehen hatten es schwer in dieser Welt, in der nicht nur jede Rasse, sondern auch noch jede Konfession die andere als minderwertig betrachtet. »Ja, das wissen wir, aber wir sind sicher, dass wir damit fertig werden – weil es keine andere Alternative für uns gibt«, versicherte ich ehrlich, denn ich wusste nicht zu sagen, wie wir die Zukunft meistern wollten. Das Leben, das vor uns lag, hatte manchmal, wenn ich in schlaflosen Nächten ins Grübeln geriet, erschreckend viel Ähnlichkeit mit einer lebenslangen Expedition in ein noch unerforschtes Land, von dem nur bekannt ist, dass es für jeden Eindringling tausend unbekannte Gefahren und Stürme bereithält.

Als ich mich vor dem Hotel auf der Main Road von Pater Johann-Baptist verabschiedete und ihm eine gute Nacht wünschte, sagte er: »Ja, dir auch, Felix. Und was Osborne betrifft, so werde ich ihn gleich morgen früh aufsuchen und ihm ordentlich ins Gewissen reden.«

»Ich fürchte, dass Osborne so etwas wie ein Gewissen gar nicht besitzt.«

»Ich werde jedenfalls tun, was in meiner Macht steht, Felix!«, versprach er.

Chia Fen wartete vor der Hütte auf mich, als ich zu unserem Lager am Pennyweight Hill zurückkehrte. »Wird er etwas wegen Osborne unternehmen?«, fragte sie leise.

»Ja, schon gleich morgen.«

»Und was ist, wenn er keinen Erfolg hat?«

»Dann müssen wir sehen, wie wir mit Osborne fertig werden. Aber hab keine Sorge, Chia Fen, wir lassen uns von ihm nicht unterkriegen! Er ist kein übermächtiger Dämon, dem wir nicht gewachsen wären. Er ist nichts weiter als ein mieser Verbrecher, dem gewiss bald das Handwerk gelegt wird«, beruhigte ich sie und fuhr mit veränderter Stimme fort: »Es gibt Dinge, die viel wichtiger und drängender sind, spürst du das nicht auch, Chia Fen?«

Erwartungsvoll sah sie mich an. »Ja, Chia Wang«, flüsterte sie und legte eine Hand auf meine Wange.

Ich zog sie in meine Arme und zum ersten Mal fanden sich unsere Lippen zu einem Kuss, in dem sich für eine Weile alles andere, was uns Sorgen bereitete, auflöste.

*

Zwischen Hoffnung und dunkler Vorahnung hin und her gerissen, wartete ich am nächsten Tag darauf, mit welcher Nachricht Pater Johann-Baptist wohl von seinem Besuch bei Osborne zu uns kommen würde.

Angespannt und voller Ungeduld, blickte ich immer wieder

in die Richtung, aus der er kommen musste. Als der Missionar endlich zwischen den Zelten auftauchte, las ich ihm schon von seinem Gesicht ab, dass seinem Versuch, Osborne zum Einlenken zu bringen, kein Erfolg beschieden gewesen war.

»Was soll ich sagen?« Der Missionar hob in einer hilflosen Geste die Arme hoch.

Ich wischte mir den Schweiß von der Stirn, ließ den Hammer fallen und kletterte vom Dach. »Ihre Miene sagt alles. Ich hätte es mir denken können. Kommen Sie, setzen wir uns in den Schatten. Man merkt, dass der Sommer vor der Tür steht.«

»Ich hole uns kalten Tee«, sagte Pao und kam Augenblicke später mit der Blechkanne und drei Bechern zurück.

Wir hockten uns in den Schatten der Blockhütte. Einen Augenblick herrschte niedergeschlagenes Schweigen. Dann schüttelte Pater Johann-Baptist den Kopf und berichtete von seinem Zusammentreffen mit Osborne. Das Wiedersehen war anfangs recht herzlich verlaufen, doch sowie das Thema auf mich gekommen war, hatte Osborne jegliche Freundlichkeit verloren.

»Ich muss gestehen, dass Osborne mir bestürzend fremd geworden ist. Und ich weiß nicht, was in ihn gefahren ist«, sagte er. »Osborne ist immer ein großer Egoist und Zyniker gewesen, doch jetzt hat er jegliches Verständnis und Mitgefühl verloren. Er hat nicht einmal abgestritten, dass er vor keinem noch so gemeinen Vorgehen zurückgeschreckt ist, um dich in die Knie zu zwingen. Mit einem kalten Lachen hat er zugegeben, dass er sich geschworen hat dich bis zur Kapitulation zu verfolgen. Er will, dass du vor ihm auf den Knien rutschst und dich vorbehaltlos in seine Hände gibst.«

Ich lachte kurz und bitter auf. »Das ist mir schon seit langem klar.«

»Ich habe ihn gefragt, warum ihm denn so viel daran liegt, zumal es ihm geschäftlich doch offenbar blendend geht und er deiner Handlangerdienste gar nicht bedarf«, fuhr der Missionar fort.

Pao beugte sich vor. »Und was hat er geantwortet?«

Der Pater zögerte kurz. »Er sagte darauf: ›Weil ich ihm beweisen will, dass in uns allen die elementare Gier brennt sich am Leben zu halten – um jeden Preis. Und dass Moral, Ethik und Religion nichts als brüchiger Firnis sind.‹ Das waren seine Worte und die kalte Bösartigkeit, die ich dabei gespürt habe, hat mich zutiefst erschüttert«, gestand er.

»Warum hat das Böse eine solche Macht?«, fragte ich. »Warum schützt Gott uns nicht davor?«

Der Missionar wich meiner Frage nicht aus. »Auf vieles wird der Mensch in seinem irdischen Leben keine Antwort finden. Die Frage nach dem Bösen in der Welt gehört sicher dazu«, räumte er freimütig ein. »Aber lass mich versuchen die Ahnung einer Antwort zu finden, Felix. Gott hat uns die Freiheit geschenkt. Doch die Freiheit ist nur eine Chance, wir haben die Wahl uns für das Gute oder für das Böse zu entscheiden. Und unsere Erkenntnisfähigkeit ist der Freiheit leider überhaupt nicht gewachsen. Es ist wie mit der Finsternis, Felix: Das Böse ist wie die Abwesenheit des Lichtes in der Dunkelheit.«

»Dann muss es in Osbornes Seele wirklich stockfinster sein«, meinte Pao. »Ich verstehe solche Menschen einfach nicht. Was bringt sie bloß dazu, so voller Bösartigkeit und Zynismus gegenüber dem Leben anderer zu sein?«

»Zynismus ist eine Art Selbstschutz«, antwortete der Missionar. »Der Zyniker hat im Grunde genommen Angst. Er ist irgendwann in seinem Leben einmal bitterlich gescheitert und hat nicht die Kraft gefunden noch einmal neu zu beginnen. Er tritt deshalb zurück und wird zum kalten Beobachter seiner Welt, die ihn so grausam enttäuscht und verletzt hat. Statt wieder neu anzufangen, macht er nun jedes Gefühl und jeden Lebenstraum lächerlich. In seiner unersättlichen Lebensgier, zu der die Angst ihn treibt, braucht er immer neue Menschen, deren Lebenskraft er aufsaugen kann. Eigentlich will er sie für sich gewinnen und so sein wie sie, aber aus Angst zu versagen vernichtet er sie.«

»Das klingt, als müssten Leute wie Osborne uns Leid tun«, sagte ich.

Pater Johann-Baptist nickte. »Das sollten sie auch. Denn im Grunde genommen befinden sich diese Menschen mitten im Leben schon auf dem Weg zum Tode, vor dem ihnen graut, und zwar schon lange, bevor ihre Lebensuhr abgelaufen ist. Ihre Welt ist ein einziges düsteres Labyrinth von Gefahren und Fallen. Sie sehen überall nur Feinde. Sie sagen sich: ›Glaube keinem! Jeder lügt. Jeder bedroht dich. Rechne immer mit dem Schlimmsten! Hilf dir selbst, sonst hilft dir keiner. Kümmere dich nur um deine eigenen Angelegenheiten. Sei schneller, cleverer und rücksichtsloser als die anderen. Zeig bloß keine Gefühle und geh immer auf Distanz. Sorge für dein Überleben, egal, was du dafür tun musst. Habe keine Skrupel etwas Schlimmes zu tun, denn wenn du es nicht tust, tut es ein anderer.‹ Das ist ihr armseliges Credo.«

Er machte eine kurze Pause und fuhr dann fort: »Wer dagegen auf dem Weg zum Leben ist, der spricht anders zu sich selbst, nämlich so: ›Das Leben ist täglich voller Wunder. Die Zukunft ist ganz und gar offen. Es kann noch so viel geschehen, das ich noch nicht kenne und nicht einmal zu träumen wage, auch viel Rettendes und Helfendes, wenn ich es am wenigsten erwarte. Ich blicke daher dem nächsten Tag voll Freude und Hoffnung entgegen. Ich errichte keine abweisende Mauer um mich herum, sondern lebe wie auf offenem Feld, wo der Wind aus allen Richtungen zu mir kommt und mein Horizont weit ist. Ich verbarrikadiere mich nicht und lege meiner Freiheit keine Ketten an, sondern breite sie aus wie eine Decke, die zum Platznehmen einlädt.‹ Und solch ein Leben ist das Leben, zu dem wir bestimmt sind.«

»So ein Leben möchte ich gern führen«, sagte ich niedergedrückt. »Aber was tut man, wenn Menschen wie Osborne sich einem in den Weg stellen und einen gnadenlos mit der Macht ihrer gewissenlosen Bösartigkeit verfolgen?«

Der Missionar sah mich lange schweigend an. Schließlich antwortete er: »Nicht aufgeben – und niemals vergessen, dass man dem Teufel auf halbem Weg zu Gott begegnet.«

Die Eureka Stockade
oder
Wie ich mich aus ohnmächtiger Verzweiflung zum Mord entschloss und unter die Aufständischen geriet

Die »Menschenjagd« der Konstabler ging in den folgenden Wochen trotz der wachsenden Spannungen und der Massenproteste weiter.

Der neue Gouverneur ignorierte die Petitionen der Bürger von Ballarat, die eine gerechte Besteuerung und vor allem Mitspracherechte in allen entscheidenden Belangen forderten. Er vertraute darauf, durch noch mehr Härte und kompromisslose Durchsetzung der Gesetze die immer lauter aufbegehrenden Goldschürfer von Ballarat in die Knie zwingen zu können.

Die Empörung der Digger über den Freispruch von James Bentley und Thomas Farrell hatte indessen in den Zeitungen der Kolonie starken Widerhall gefunden. Der öffentliche Druck hatte zu einem neuen Prozess gegen diese Männer geführt, bei dem Bentley und Farrell zu drei Jahren Gefängnis bei schwerster Zwangsarbeit in einer Straßenbaukolonne verurteilt wurden.

Die Verurteilung der Mörder von Scobie vermochte die Kleinhändler und Goldschürfer jedoch nicht zu besänftigen. Denn zur selben Zeit statuierte man an drei Männern, die beim Brand des *Eureka Hotel* verhaftet worden waren, ein Exempel, indem man sie als angebliche Anstifter anklagte und zu Gefängnisstrafen zwischen sechs und drei Monaten verurteilte. Die Jury hatte einstimmig für Milde plädiert und darauf verwiesen, dass die Inkompetenz der Obrigkeit von Ballarat diesen Vorfall heraufbeschworen hatte.

Im November gründeten die Digger bei einer Massenzusammenkunft auf dem Bakery Hill, zu der über 10 000 Menschen erschienen, die *Ballarat Reform League.* Deren Eingaben an den Gouverneur widerfuhr jedoch dasselbe Schicksal wie all den anderen Petitionen, die vorher schon in Melbourne übergeben worden waren: Sie wurden bestenfalls zur Kenntnis genommen, setzten jedoch keine Reformen in Gang.

Die Situation in Ballarat spitzte sich mehr und mehr zu und die Stimmen, die einem Aufstand mit Waffengewalt das Wort redeten, nahmen zu und wurden lauter.

Auch in mir brannte die Wut auf die Obrigkeit mit jeder Woche stärker, denn auch Pao und ich bekamen in dieser Zeit immer wieder die Brutalität und Willkür der Konstabler zu spüren. Die Schikanen, die wir alle paar Tage ohnmächtig über uns ergehen lassen mussten, zehrten an meinen Nerven und meiner Selbstachtung. Pao dagegen schien das alles gelassener zu nehmen.

»Wie kannst du bloß so ruhig bleiben, Pao?«, wunderte ich mich, nachdem zwei Konstabler ihn mit unflätigen Bemerkungen beleidigt und auf seine Lizenz gespuckt hatten.

»Weil ich als Chinese unter Weißen schon etwas Übung in Selbstverleugnung habe«, antwortete er bitter und wischte den Speichel vom Papier. »Was glaubst du denn, was die mit mir machen würden, wenn ich aufbegehren würde? Nein, ein

Chink wie ich darf sich nichts anmerken lassen, muss alles schlucken und ein Meister im *bai hoi* sein.«

Bai hoi ist eine chinesische Lebenskunst und bedeutet oberflächlich übersetzt »sich unsichtbar machen«. In seinem tieferen Sinngehalt bezeichnet es aber die Kunst jeden Konflikt zu vermeiden und keine Angriffsfläche zu bieten.

Ich schämte mich einmal mehr für die Weißen, die Chinesen »Chinks« nannten und sie wie minderwertige Menschen behandelten. »Nimm nicht auch noch selbst dieses hässliche Wort in den Mund, Pao«, bat ich.

Er spürte wohl, was in mir vorging, denn sein Gesicht hellte sich wieder auf. Mit einem Lächeln versetzte er mir einen freundschaftlichen Stoß vor die Brust. »Zieh dir doch nicht immer den Schuh an, der gar nicht für dich bestimmt ist, Chia Wang! Und sei ganz ohne Sorge: In meiner Heimat gibt es genug Menschen, die in ihrer Dummheit und Selbstgerechtigkeit denen hier in nichts nachstehen!«, versicherte er. »Und jetzt lass uns wieder an die Arbeit gehen. Ich glaube, diese Woche haben wir die beste Ausbeute seit vielen Monaten!«

Dass wir endlich auf eine ergiebige Erdschicht gestoßen waren, stärkte natürlich unsere Zuversicht und unser Selbstvertrauen in diesen letzten Wochen, die wir in Ballarat verbrachten. Auch die Gesellschaft von Pater Johann-Baptist, der uns abends oft besuchte und mit dem wir lange und innige Gespräche führten, ließ uns auf andere Gedanken kommen.

Doch dann, in der letzten Woche im November, geschah etwas, das mich aus der Bahn warf und mir auf erschreckende Weise vor Augen führte, wie schnell man doch vom schmalen Grat des Guten abkommen und dem Bösen anheim fallen kann.

Es begann an einem Sonntagmorgen, als ich mit Pater Johann-Baptist aus der Kirche am Chapel Hill kam. In ein Gespräch über die Predigt von Father Smyth vertieft, gingen wir über den Vorplatz, als plötzlich eine Kutsche unseren Weg abschnitt und vor uns zum Halten kam.

Das Fenster im Türschlag wurde heruntergeschoben und Osborne beugte sich zu uns hinaus.

»Welch reizender Zufall, dass wir uns wieder einmal treffen!«, grüßte er leutselig und setzte spöttisch hinzu: »Ich hoffe, die heilige Messe hat euch richtig fromm gestimmt, auf dass ihr in eurer christlichen Großmut auch ein Gebet für mich gesprochen habt?«

»Wozu sollte das nützen?«, fragte ich bissig zurück. »Dich können auch zehntausend Gebete nicht vor dem Feuer der Hölle bewahren!«

»Das klingt aber gar nicht nach christlicher Barmherzigkeit und Gnade, mein Bester?«, höhnte Osborne. »Wer weiß, vielleicht reuen mich meine Taten ja eines Tages und dann wird mich diese Reue von all meiner Schuld erlösen, wenn ich die Predigten unserer verehrten Seelenfänger richtig verstanden habe.«

»Die Reue darf nicht berechnend sein, sondern muss aus tiefster Seele kommen«, antwortete der Missionar ruhig. »Und in der Tat habe ich für Sie gebetet.«

Osborne klatschte scheinbar höchst erfreut in die Hände. »Ich wusste doch, dass Sie mich nicht enttäuschen würden, Pater. Und wissen Sie, was? Ihr Gebet ist erhört worden.«

»So?«, fragte Pater Johann-Baptist höflich.

Osborne nickte. »Ja, Sie haben doch sicherlich den guten Mann im Himmel darum gebeten, dass er ein kleines Wunder an mir vollbringt, auf dass ich die Rechnung, die ich noch mit Felix offen habe . . .«

»Wir sind quitt, Osborne. Schon lange!«, unterbrach ich ihn grimmig. »Es gibt keine unbeglichenen Rechnungen mehr zwischen uns!«

». . . vergesse und ihn endlich seiner Wege ziehen lasse, nicht wahr?«, fuhr Osborne unbeirrt fort.

Der Missionar lächelte nachsichtig. »Ein wahrhaft gläubiger Mensch betet nicht zu Gott, indem er ihm eine Wunschliste präsentiert, als würde er zum Krämer einkaufen gehen.«

Osborne zuckte die Achseln. »Na, Sie werden schon wissen, wie man es richtig macht, Pater. Auf jeden Fall hat es geklappt. In ein paar Tagen sind Sie mich nämlich los. Ich werde Ballarat verlassen.«

Meine Überraschung hätte nicht größer sein können. Ein unsägliches Gefühl der Erleichterung erfasste mich und ich hatte Mühe mir das nicht anmerken zu lassen. »Das glaube ich erst, wenn ich es sehe«, sagte ich argwöhnisch.

Osborne bedachte mich mit einem höhnischen Lächeln. »Wie sollte man dem anderen nicht misstrauen, wenn es schon so schwierig ist, sich selbst zu vertrauen, nicht wahr?«, stichelte er. »Aber es ist wirklich so. Ich überlasse meine hiesigen Unternehmen in den Händen meiner fähigen Mitarbeiter und begebe mich nach Bendigo, um mir auch dort eine saftige Scheibe von dem Kuchen abzuschneiden, der da verteilt wird.«

Ich verkniff mir eine sarkastische Bemerkung, denn ich hatte das ungute Gefühl, dass dies noch nicht alles sein konnte. Osborne hielt doch nicht extra an, um uns seine Kapitulation mitzuteilen. Das sah ihm gar nicht ähnlich. Ich sagte mir, dass ich noch lange keinen Grund hatte mich zu freuen, weil Osbornes Weggang bestimmt einen Haken hatte.

Ich täuschte mich nicht. Es gab einen Haken und dieser bohrte sich mir Augenblicke später tief und schmerzhaft in Herz und Seele, als er im Plauderton fortfuhr: »Ach, ich werde übrigens in Begleitung einer recht attraktiven jungen Chinesin nach Bendigo übersiedeln. Ich glaube, du kennst sie, Felix. Ihr Name ist Chang Chia Fen.«

Diese Ankündigung war so ungeheuerlich, dass ich sie im ersten Moment gar nicht glauben konnte. Wie vor den Kopf geschlagen stierte ich Osborne an. Ich begriff – und begriff doch wieder nicht.

»Huang Sam Lee hält große Stücke auf diese Chia Fen. Sie soll sehr tüchtig und schnell von Begriff sein. Er gibt sie gar nicht gern her. Aber was soll er schon machen? Immerhin habe ich sie Dong Yang Long rechtmäßig abgekauft. Der wollte sie erst gar nicht hergeben, aber am Schluss konnte ich ihn doch davon überzeugen, dass es so besser für ihn ist«, sagte Osborne genüsslich und mit einem hinterhältigen Lächeln. »Ich bin sicher, dass Chia Fen mir eine große Hilfe sein wird. Meine Kunden in Bendigo werden sich die Opiumpfeife und den Tee von einer so hübschen jungen Frau bestimmt noch lieber servieren lassen als von einem unansehnlichen Mann.«

Mir war, als wiche von einer Sekunde auf die andere alle Kraft aus meinem Körper. Mir wurde regelrecht schlecht bei dem Gedanken, dass es Osborne wirklich gelingen könnte, Chia Fen in seine Gewalt zu bekommen.

»Um Gottes willen, das können Sie dem Mädchen und Felix nicht antun! Das geht zu weit!«, beschwor ihn Pater Johann-

Baptist. »Versündigen Sie sich nicht, Osborne. Sie können unmöglich . . .«

»Ersparen Sie mir Ihr frommes Geschwätz und kommen Sie mir nicht mit Ihrer schwachsinnigen Moral, Pater!«, schnitt Osborne ihm grob das Wort ab. »Ich tue, was mir beliebt. Und ich habe den Arbeitskontrakt von Chia Fen aufgekauft. Damit gehört sie mir und hat für mich zu arbeiten, so wie ich es ihr befehle!«

»Du dreckiges, gewissenloses Schwein!«, stieß ich voller Hass hervor. Ich wollte den Schlag aufreißen, ihn aus der Kutsche zerren und mich auf ihn stürzen.

Aber der Missionar hielt mich zurück. »Lass das, Felix! Komm zur Besinnung!«, herrschte er mich an, als ich mich wild hin und her warf, um mich aus seinem Griff zu befreien. »Damit erreichst du nichts! Es gibt andere Mittel und Wege, um seinem schändlichen Tun einen Riegel vorzuschieben.«

»Macht euch keine falschen Hoffnungen. Ich habe das Recht auf meiner Seite«, widersprach Osborne und zupfte mit aufreizender Gelassenheit an seinem seidenen Krawattentuch. An mich gewandt fuhr er fort: »Aber eine Chance hast du dennoch Chia Fen davor zu bewahren, mit mir nach Bendigo gehen und in meinem Opiumhaus arbeiten zu müssen, Felix: Du musst nur endlich eingestehen, dass du mir nicht gewachsen bist, und dich darauf besinnen, was du mir schuldest. Wenn du das *Hung Lau* für ein Jahr für mich leitest, natürlich gegen einen anständigen Lohn, dann schenke ich dir den Arbeitskontrakt von Chia Fen. Ich gebe dir drei Tage Bedenkzeit.«

»Die brauche ich nicht! Niemals krieche ich vor einem Lumpen wie dir zu Kreuze!«, schrie ich ihn an.

Osborne lächelte siegesgewiss. »Wir werden ja sehen, Felix«, sagte er, befahl dem Kutscher die Fahrt fortzusetzen und rief uns im Anfahren mit beißendem Spott zu: »Es war mir ein Vergnügen, wieder einmal so angeregt mit euch geplaudert zu haben. Noch einen schönen Tag, meine werten Freunde!«

*

Auf dem schnellsten Weg begaben wir uns zu Liang Sen, Pao und Chia Fen, um ihnen diese ungeheuerliche Nachricht zu überbringen und zu beraten, was wir tun konnten.

Chia Fen wurde blass, als sie hörte, dass Osborne ihren Arbeitskontrakt gekauft hatte und dass sie mit ihm nach Bendigo gehen sollte. Pao war wie ich außer sich vor Empörung und Wut. Allein Liang Sen bewahrte trotz aller Bestürzung die Ruhe.

»Noch ist es nicht so weit. Lasst uns erst alle Möglichkeiten ausschöpfen, um Osbornes Vorhaben zu vereiteln«, sagte er nüchtern und dämpfte damit meine und Paos Erregung. »Können wir auf Ihre Unterstützung zählen, Pater?«

»Selbstverständlich!«, versicherte der Missionar. »Nur fürchte ich, dass mein Einfluss zu unbedeutend ist, um Ihnen wirklich von Nutzen zu sein.«

Zuerst suchten wir Dong Yang Long auf, der uns erst nicht empfangen wollte. Als wir ihm jedoch durch seinen Diener ausrichten ließen, dass wir uns nicht von der Stelle rühren würden, bis er mit uns gesprochen hatte, besann er sich eines anderen und trat aus dem ansehnlichen Bretterhaus, das er mit seiner Familie bewohnte.

Er wirkte sichtlich verlegen, ja sogar schuldbewusst, als Liang Sen ihn höflich, aber energisch zur Rede stellte. Dennoch dauerte das Gespräch keine fünf Minuten. »Es tut mir Leid, dass es so gekommen ist, aber es blieb mir keine andere Wahl. Ich musste verkaufen.«

»Hat Mister Osborne Sie durch Drohungen dazu gebracht, den Kontrakt zu verkaufen?«, fragte ich. »Wenn ja, können wir ihn dafür vor Gericht bringen!«

Der nach europäischer Mode gekleidete Minenbesitzer sah mich mitleidig an. »Für wie einfältig halten Sie mich? Ich weiß, was ich als Chinese von einem Gericht in diesem Land zu erwarten habe! Nein, machen Sie das unter sich aus, Mister. Ich jedenfalls habe nicht die Absicht mich mit einem Mann wie Frederick Osborne anzulegen – weder vor Gericht noch anderswo. Es tut mir Leid, aber an der Sache ist nichts mehr zu ändern.« Damit drehte er sich um und verschwand im Haus.

Am nächsten Morgen begaben Liang Sen, der Missionar und ich uns zum Magistrat, um gegen den Verkauf des Arbeitskontraktes an Osborne eine Klage einzureichen. Dem Charme und dem guten Zureden von Pater Johann-Baptist war es zu verdanken, dass wir noch am selben Tag vom Commissioner gehört wurden, der auch richterliche Befugnisse besaß.

Auch Osborne erschien zu dieser Anhörung, die nicht viel länger dauerte als das Gespräch mit Dong Yang Long.

»Der Kaufvertrag ist rechtsgültig und damit habe ich Anspruch darauf, dass diese Chinesin die Arbeit verrichtet, zu der ich sie einteile, und zwar an dem Ort, wo die Arbeit anfällt«, erklärte Osborne selbstbewusst. »Dass dieser

Kuli . . .«, er begleitete seine geringschätzigen Worte mit einer Handbewegung in die Richtung von Liang Sen, ». . . es wagt, dagegen zu protestieren, ist eine ungeheuere Dreistigkeit. Aber dass diese Chinks unsere Sitten und Gesetze missachten, ist ja leider nichts Neues.«

Der Commissioner reagierte auf diese pauschale Beleidigung nicht einmal mit einer Verwarnung. Offenbar teilte er Osbornes verächtliche Haltung gegenüber den Chinesen. Und damit stand das Ergebnis dieser richterlichen Anhörung eigentlich schon fest.

»Bestreiten Sie die Dauer des Arbeitskontraktes oder die Gültigkeit des Abtretungsvertrages, den Dong Yang Long mit Mister Osborne geschlossen hat?«, fragte der Commissioner an Liang Sen gewandt.

»Nein, aber . . .«, antwortete Liang Sen.

»Mein Gott, was suchen Sie dann hier?«, fuhr ihn der Commissioner an. »Ich habe mit meiner Zeit Besseres zu tun als mir das Gejammer von Kulis anzuhören, denen es plötzlich nicht mehr passt, dass sie einmal einen Vertrag unterschrieben haben!«

»Nicht!«, flüsterte der Missionar mir zu, denn er spürte, dass ich kurz vor einem Wutausbruch stand. »Damit machst du es bloß noch schlimmer!«

Ich fand es unerhört, mit welcher Verachtung der Commissioner von Liang Sen und dessen Landsleuten sprach, riss mich jedoch zusammen.

»Sir, ich stehe zu den Verpflichtungen, die ich eingegangen bin. Und das gilt auch für meine Tochter Chia Fen«, erklärte Liang Sen mit bewundernswerter Ruhe und Würde. »Aber ich bitte zu bedenken, dass es sich bei der Arbeit, zu der Mister

Osborne sie einsetzen will, um eine Tätigkeit in einem Opiumhaus handelt. Das ist für eine junge Frau kein geeigneter Arbeitsplatz.«

»Dummes Zeug!«, rief Osborne abfällig. »Wir reden hier doch nicht von vornehmen Prinzen und Prinzessinnen, sondern von einfachem Landvolk, von Kulis, die in ihrer Heimat nichts zu fressen haben und zu jedem Opfer bereit sind, um hierhin ins Gelobte Land zu kommen. Und jedermann weiß, dass die Chinesen ihre Opiumpfeife lieben. Also warum soll diese Chia Fen nicht ihren Landsleuten Tee und Opiumpfeifen bringen? Glaubt so ein chinesisches Kulimädchen vielleicht etwas Besseres als eine Weiße zu sein?« Osborne gab sich rechtschaffen empört.

Der Commissioner nickte zustimmend. »Es ist in der Tat nicht einzusehen, warum dieses Kulimädchen nicht die Arbeit in einem überwiegend von Chinesen besuchten Opiumhaus verrichten soll. Wenn Chinesen unbedingt diesem abscheulichen Brauch frönen wollen, dann sollen sie es am besten unter ihresgleichen tun – und sich auch von ihresgleichen bedienen lassen«, erklärte er.

»Nicht alle Chinesen sind dem Opium verfallen, Sir! Wie ja auch nicht alle Engländer mit diesem schändlichen Rauschgift Handel treiben!«, wandte der Missionar nun ein. »Liang Sen ist ein ehrenwerter Mann und . . .«

»Er ist ein Kuli, nichts weiter!«, unterbrach ihn Osborne.

». . . und er ist bereit und fähig seine Tochter auszulösen«, fuhr der Missionar unbeirrt fort. »Für die knapp vier Monate, über die der Kontrakt noch läuft, bietet er Mister Osborne zehn Pfund Sterling. Das ist fast das Doppelte von dem, was ihn der Kontrakt gekostet hat.«

»Das kommt überhaupt nicht in Frage!«, rief Osborne. »Kulis verpflichten sich für zwei Jahre. Und nur wenn es im Interesse des Kontrakthalters ist, kann ein Kuli sich vorher freikaufen. So jedenfalls steht es in den Verträgen, die Dong Yang Long mit den Agenten schließt. Ich habe diesen Kontrakt aufgekauft und besitze damit auch alle Rechte. Und es ist nicht in meinem Interesse, mich auszahlen zu lassen! Was interessieren mich lächerliche zehn Pfund? Außerdem lasse ich mir doch nicht von einem hergelaufenen Kuli sagen, was ich zu tun und zu lassen habe!«

Auch diese Beleidigung ließ der Commissioner ihm ohne ein Wort der Zurechtweisung durchgehen. Sein Gesicht zeigte nicht einmal einen Ausdruck des Missfallens. »Das ist Ihr gutes Recht, Mister Osborne!«, pflichtete er ihm bei. »Wann wollen Sie das Kulimädchen nach Bendigo bringen?«

»In einer guten Woche.«

»Nun, dem steht nichts im Wege. Recht und Gesetz sind auf Ihrer Seite. Diese Chia Fen ist Ihnen bis zum Ablauf des Kontraktes jede Arbeit schuldig, die Sie ihr zuweisen«, sagte der Commissioner und fügte in unsere Richtung mit grimmiger Miene hinzu: »Damit ist die Sache erledigt!«

Osborne lächelte triumphierend.

Ich kochte vor ohnmächtigem Zorn und Hass, während Pater Johann-Baptist mich mit sanfter Gewalt fortzog. Für mich war die Angelegenheit noch längst nicht erledigt. Ich würde verhindern, dass Osborne Chia Fen nach Bendigo verschleppte und sie in den Sumpf seiner Opiumhölle zog. Osborne sollte nicht triumphieren, das schwor ich mir. Ich würde ihn aufhalten, auch wenn ich dabei zum Äußersten gehen musste.

»Wir müssen versuchen das Beste aus der Sache zu machen«, sagte Liang Sen später bedrückt. »So bitter es auch ist, aber da Osborne das Recht auf seiner Seite hat, können wir ihn nicht daran hindern, Chia Fen nach Bendigo mitzunehmen.«

»Ich werde die Monate schon überstehen«, versicherte Chia Fen und bemühte sich tapfer ihre Tränen zurückzuhalten. »Er kann mir ja nichts anhaben.« Sie versuchte sich selbst Mut zu machen.

Oh doch!, dachte ich verzweifelt, Osborne kann dir mehr anhaben, als wir uns vorzustellen wagen! Er wird immer neue Mittel und Wege finden, um mich und euch zu quälen – und er wird dabei vor nichts zurückschrecken, vor keiner noch so entsetzlichen Schandtat!

Ich sprach meine Befürchtung jedoch nicht aus, sondern nickte Chia Fen beruhigend zu, als sie meinen Blick suchte, und sagte wider besseres Wissen: »Wir stehen das zusammen durch. Notfalls muss ich doch zu Kreuze kriechen und tun, was er von mir verlangt.«

Liang Sen schüttelte heftig den Kopf. »Ausgeschlossen! Wir werden die vier Monate durchstehen und dann möglichst viele Meilen zwischen uns und Osborne bringen. Es gibt auch noch anderswo Goldfelder, nicht nur in Ballarat und Bendigo. Wir dürfen jetzt nur nicht die Nerven verlieren.«

Pao nickte. »Wir gehen einfach alle mit nach Bendigo, damit wir dort sind, wo Chia Fen ist.«

»Euren Claim gerade jetzt aufzugeben, wo er ordentlich etwas abwirft, macht wenig Sinn, Pao. Ich halte es deshalb für ratsamer, wenn erst einmal nur ich mit nach Bendigo gehe«, widersprach Liang Sen sanft.

Mit dem Vorschlag war ich genauso wenig einverstanden wie Pao und wir zerbrachen uns noch Stunden den Kopf darüber, wie wir vorgehen sollten, um Chia Fen am besten schützen zu können.

Meine Beteiligung an der Diskussion war bald nur noch vorgetäuscht. Denn im Stillen war ich längst zu dem Ergebnis gekommen, dass Osborne uns auch nach den vier Monaten nicht in Ruhe lassen, sondern sich dann eine andere Teufelei ausdenken würde, um mich und meine Freunde zu quälen. Und deshalb sah ich nur noch einen Weg, um uns endlich von seiner bösartigen Verfolgung zu befreien: Osborne musste sterben!

*

Ich besaß noch immer den Revolver, den Osborne mir in Hong Kong in der Nacht des Überfalls auf das Lagerhaus von Julius Farnworth zugesteckt hatte. Nun würde ihn eine Kugel aus dieser Waffe töten. Welch eine Ironie des Schicksals, sagte ich mir.

Als Pao am Abend Wasser holen ging und Liang Sen sich kurz in sein Zelt begab, wo er tagsüber seine Patienten behandelte, nutzte ich die günstige Gelegenheit, um die Waffe hervorzuholen und unter mein Hemd zu stecken. Chia Fen bemerkte nichts davon, weil sie mir gerade den Rücken zukehrte und mit den Vorbereitungen für das Abendessen beschäftigt war. Ich ging schnell vor die Blockhütte und versteckte den Revolver hinter einem Stapel Feuerholz.

Wir hatten alle keinen großen Appetit an diesem Abend und die Stimmung bei Tisch war allgemein gedrückt, sodass mein lustloses Herumstochern im Essen und meine Wortkargheit kein Misstrauen erweckten.

»Seid mir nicht böse, aber ich muss an die Luft und ein paar Stunden mit mir und meinen Gedanken allein sein!«, sagte ich schließlich, als meine innere Anspannung zu groß wurde und ich es nicht länger in der Hütte ertrug. Abrupt stand ich vom Tisch auf und stürzte hinaus ins Freie. Schnell holte ich die Waffe hinter dem Feuerholz empor und hastete in Richtung Main Road davon.

Ob es nur an meiner inneren Erregung lag oder ob die Temperaturen in jener Sommernacht wirklich noch so hoch waren, ich empfand die Nachtluft jedenfalls als heiß und stickig und das Atmen bereitete mir Schwierigkeiten.

Im *Hung Lau* herrschte um diese Zeit Hochbetrieb, wie ich noch von Yorkie wusste. Jetzt dort hineinzuspazieren und die Waffe auf Osborne zu richten wäre reiner Selbstmord gewesen. Für meinen Anschlag musste ich warten, bis es in der Opiumhöhle ruhig geworden war. Ziellos und voller Unruhe wanderte ich durch Ballarat. Bei jedem Schritt spürte ich das Gewicht der Waffe, die unter meinem weiten Hemd hinter dem Hosenbund steckte. Trommel und Lauf drückten sich in mein Fleisch.

Drei Schankzelte suchte ich in jener Nacht auf, um mir die quälend lange Wartezeit zu vertreiben – und um mir Mut anzutrinken. Denn je später die Nachtstunde wurde, desto mehr wuchs meine innere Anspannung. Noch nie in meinem Leben hatte ich auf einen Menschen geschossen – und nun wollte ich einen kaltblütigen Mord begehen.

Gegen elf Uhr begab ich mich auf die Rückseite des *Hung Lau* und lauschte auf die Geräusche, die aus dem Innern drangen. Vielleicht fünf oder zehn Minuten später hörte ich Osbornes unwillige Stimme.

»Verdammt noch mal, schmeiß ihn endlich raus, Paddy! Ist mir doch egal, ob er noch benebelt ist! Wegen einem einzigen Chink halte ich doch nicht den Laden offen!«

Paddys Antwort verstand ich nicht, dafür aber umso deutlicher, was Osborne erwiderte: »Meinetwegen, aber du steckst dir die Pfeife erst an, wenn du den Schweinezopf vor die Tür gesetzt hast. Und vergiss nicht abzuschließen! Hast du mich verstanden?«

Ich hörte Schritte, die sich entfernten, und öffnete die Hintertür einen Spalt. Der schwere Duft von Opium legte sich mir augenblicklich auf die Brust. Vor mir lag ein kurzer, dunkler Gang, der von der Opiumhöhle mit ihren kleinen Abteilen voller Liegestellen durch schwere Vorhänge abgetrennt war. Durch einen Spalt im Vorhang beobachtete ich, wie Paddy einen abgemagerten Chinesen durch den breiten Mittelgang zur Tür schleppte, ihn grob hinausstieß und hastig die Brettertür hinter ihm verriegelte. Er löschte alle Lampen, deren Dochte billiges Walöl verbrannten, bis auf eine. Mit einer Opiumpfeife in der Hand und einen lauten Seufzer ausstoßend, sank er wenig später auf eine der primitiven Liegestellen, die mit Bastmatten ausgelegt und am Kopfende ein wenig erhöht waren. Zu jedem Liegeplatz gehörte ein niedriges Beistelltischchen, auf dem das Tablett mit dem Tee abgestellt wurde.

Mit pochendem Herzen ließ ich einige Minuten vergehen, bis ich sicher sein konnte, dass Paddy seine Lungen mehrmals mit Opiumrauch gefüllt hatte und in den schnell einsetzenden Rausch dieses Giftes versunken war.

Obwohl ich noch nie einen Fuß in das *Hung Lau* gesetzt hatte, kannte ich mich hier dank Yorkies ausführlicher Berichte bestens aus. Deshalb wandte ich mich nach links, weil sich dort Osbornes Privaträume befanden. Ich passierte einen weiteren schweren Vorhang – und sah drei Schritte vor mir Licht, das unter einer Tür hervordrang. Dahinter lag Osbornes Wohn- und Arbeitszimmer, wie ich wusste.

Jetzt galt es, mein Vorhaben in die Tat umzusetzen. Ich zog den Revolver unter meinem Hemd hervor, spannte den Hahn und ging auf die Tür zu. Wie der Kolben einer Dampfmaschine unter hohem Druck, so hämmerte mein Herz gegen meine Brust, als ich mit der linken Hand den Knauf drehte, die Tür öffnete und mich im nächsten Augenblick Osborne gegenübersah.

Bekleidet mit einem bequemen Hausmantel, saß er vor einem Sekretär und machte Eintragungen in ein dickes, ledergebundenes Rechnungsbuch.

»Zum Teufel noch mal, wer hat dir erlaubt, einfach so . . .!«, begann Osborne verärgert, weil er wohl meinte, Paddy sei in den Raum getreten. Er brach jedoch sofort ab, als er mich in der Tür stehen sah. »Oh, du bist es!«

Schnell schloss ich die Tür hinter mir.

Osborne legte die Feder aus der Hand. »Das nenne ich wirklich unerwarteten Besuch, Felix. Was führt dich zu dieser späten Stunde zu mir?«, fragte er ohne das geringste Anzeichen von Angst und kreuzte die Arme in scheinbarer Gelassenheit vor der Brust. »Ich sehe, du hast meinen Revolver aufbewahrt. Bist du vielleicht gekommen, um mir meine Waffe zurückzugeben? Dann schlage ich vor, dass du den Revolver jetzt sicherst und ihn mir am Lauf herüberreichst. Sonst könnte es nämlich passieren, dass sich ein Schuss löst.«

»Diesmal hast du es zu weit getrieben, Osborne!«, stieß ich mit gepresster Stimme hervor. »Du hättest mich und meine Freunde besser in Ruhe gelassen. Jetzt wirst du dafür mit deinem Leben bezahlen!«

Er tat erstaunt. »Nun sag bloß, du hast vor mich zu erschießen, Felix Faber?«

»Ja, und das hast du mehr als verdient!«, stieß ich hervor, während sich ein Kloß in meinem Hals festsetzte und mein Herz immer wilder schlug.

»Ausgezeichnet, Felix!«, lobte er mich. »Endlich hast du die Spielregeln des Lebens begriffen. Lange genug hat es ja gedauert. Aber ich wusste die ganze Zeit, dass du mich nicht enttäuschen wirst.«

Mir war, als wäre in meinem Körper urplötzlich ein heftiges Fieber ausgebrochen. Ich schien innerlich zu brennen und in meinen Ohren rauschte es, als schieße ein Wildbach von einem Ohr zum andern. »Was redest du da?«, krächzte ich und leckte über meine trockenen Lippen.

»Ich sage nur, was ich dir schon immer gesagt habe und was du jetzt endlich eingesehen hast: dass die Welt ein Fressen und Gefressenwerden ist. Frieden ist nur eine sentimentale Unmöglichkeit, mit der Schwächlinge und jämmerliche Angsthasen ihr Denken umnebeln«, antwortete Osborne mit einem feinen, diabolischen Lächeln. »Bring mich nur um, Felix. Folge meinen Fußspuren! Deine Tat wird noch im Tod meiner Auffassung Recht geben, dass die Welt ein Abgrund des ewig offenen Grabes und die Natur ein gierig verschlingendes und ewig wiederkäuendes Ungeheuer ist!«

Ich starrte ihn an.

»Du siehst, am Schluss habe ich doch noch über dein Geschwätz von Liebe und Menschlichkeit und all dieses lächerliche christliche Gerede triumphiert«, fuhr er höhnisch fort. »Das war doch nur dünne Fassade. Jetzt zeigst du dein wahres Gesicht, Felix, indem du dich zum Richter über Leben und Tod machst und einen Dreck auf Gesetze, Zehn Gebote und Moral gibst. Junge, endlich hast du erkannt, dass nur eines im Leben zählt: Überleben um jeden Preis – und zur Hölle mit den andern! Du bist auf dem richtigen Weg. Wir können uns die Hände reichen, denn nun sind wir eines Sinnes, wie ich es mir schon seit langem gewünscht habe.«

Leg ihn um!, forderte mich eine innere Stimme hasserfüllt auf. Schieß ihn nieder. Hör nicht hin, was er sagt! Er will dich bloß verunsichern. Er hat den Tod verdient, das weißt du doch!

Doch ich konnte nicht abdrücken.

»Was ist los?«, fragte Osborne. »Warum zögerst du? Gönnst du mir nicht, dass ich am Schluss doch noch Recht bekomme? Folge deiner wahren Natur, Felix. Töte mich! Ich versichere dir, dass nach dem ersten Mord alles leichter wird. Am Anfang muss man sich erst mal überwinden, um auf den Geschmack zu kommen. Später wirst du, ohne mit der Wimper zu zucken, über Leichen gehen, wenn es in deinem Interesse ist.«

Schieß!, schrie es in mir. Bring ihn endlich zum Schweigen! Ein für alle Mal! Ein Schuss – und du bist frei von ihm. Für immer! Drück endlich ab und bring es hinter dich!

Aber da war noch eine andere Stimme, ebenso eindringlich

wie die erste: Tu es nicht! Wenn du ihn kaltblütig ermordest, bist du wirklich um keinen Deut besser als er. Dann wird er tatsächlich noch im Tod über dich und alles, woran du geglaubt hast, triumphieren. Dann war alles in deinem Leben nichts weiter als eine billige Selbsttäuschung! Lass dich nicht verführen so zu werden wie er! Kapituliere nicht vor dem Bösen!

Der Schweiß brach mir aus und meine Hand mit dem Revolver zitterte.

Osborne stand nun auf und kam langsam auf mich zu. »Worauf wartest du? Drück endlich ab, Felix!«, forderte er mich auf. »Zeig endlich, was in dir steckt. Oder bekommst du es auf einmal mit der Angst zu tun?«

Ich schüttelte heftig den Kopf, als könnte ich damit die fiebrige Benommenheit und die schrille Stimme loswerden, die in mir nach Rache, nach Osbornes Blut schrie.

»Oh nein, du wirst nicht triumphieren, Osborne!«, rief ich und sicherte den Revolver. »Ich weiß nicht, was in mich gefahren ist, dass ich geglaubt habe so kaltblütig morden zu können wie du. Aber ich bin nicht wie du! Und ich werde mich auch nicht von dir provozieren lassen!«

»Schieß schon!«, schrie er und streckte die Hand nach der Waffe aus.

Meine ungeheure Anspannung entlud sich, indem ich ihm den Revolver quer über das Gesicht schlug. Er taumelte zurück und ging zu Boden, während Blut aus einer Platzwunde über dem rechten Wangenknochen sickerte.

Erschrocken starrte ich auf ihn hinunter.

»Feigling!«, zischte Osborne. »Elender Schwächling! Du schaffst wirklich nichts als halbe Sachen!«

Ich riss die Tür auf und stürzte aus dem Zimmer – verfolgt von Osbornes höhnischem Gelächter.

Fluchtartig verließ ich das Haus und rannte in die Nacht hinaus. Ein plötzlicher Schwächeanfall zwang mich am Ende einer Gasse stehen zu bleiben und mich auf einen Baumstumpf zu setzen.

Mir war so übel, dass ich meinte mich jeden Augenblick übergeben zu müssen.

Was hatte ich bloß für eine bodenlose Dummheit begangen mir einzureden, ich könnte mich von Osborne befreien, indem ich ihn kaltblütig erschoss!

Beschämung und Wut erfüllten mich. Ohnmächtige Wut auf die entsetzlichen Ungerechtigkeiten dieser Welt, aber auch auf meine Unfähigkeit mich meiner Skrupel zu erwehren und meinen mörderischen Vorsatz in die Tat umzusetzen.

Was sollte nun bloß werden? Indem ich bewiesen hatte, dass ich zu einer skrupellosen Bluttat nicht fähig war und somit Osborne nicht mit seinen eigenen Mitteln schlagen konnte, hatte ich alles nur noch schlimmer gemacht. Er konnte sich seiner jetzt noch viel sicherer sein.

In ratlosem Zorn hämmerte ich mit dem Griff des Revolvers gegen den Baumstumpf. »Ich Idiot! Ich einfallsloser Trottel! Konnte mir denn nichts Besseres einfallen als mich so zum Narren zu machen?«

»Felix? . . . Bist du es?«

Ich fuhr zusammen und blickte auf. Im Licht des Mondes sah ich, dass Yorkie mich angesprochen hatte. Er trug seine Schrotflinte unter dem Arm.

Yorkie lachte. »Du bist es wirklich!« Dann runzelte er die Stirn. »Sag mal, was ist denn mit dir los? Ich habe gehört, wie du mit dir selbst geredet hast. Scheinst ja ganz schön in Rage zu sein. Und was hast du mit dem Revolver vor?«

»Was geht dich das an?«, knurrte ich unfreundlich. »Und hast du vergessen, dass du mir verboten hast dich jemals wieder anzusprechen?«

Er winkte ab. »Vergiss es, Felix. Das ist doch längst Schnee von gestern. Jetzt gibt es Wichtigeres zu bedenken, Mann. Wir müssen zusammenhalten.«

»Zusammenhalten gegen wen?«

»Gegen das korrupte Pack vom Magistrat natürlich und notfalls auch gegen die verdammten Rotröcke, die der Gouverneur als Verstärkung nach Ballarat geschickt hat. Diese Tyrannei dürfen wir nicht länger tatenlos hinnehmen. Wir sind keine Sklaven, die auf Peitschenknall zu gehorchen haben, wenn der Master befiehlt. Wir sind freie Bürger, die hart arbeiten und nichts geschenkt bekommen, und deshalb müssen wir uns wehren und für unsere Rechte kämpfen. Der Korruption und Willkür muss endlich ein Ende bereitet werden!«, ereiferte sich Yorkie und überschüttete mich mit einem leidenschaftlichen Redeschwall. Für jeden aufrechten Mann sei jetzt die Zeit gekommen, um aktiv Widerstand zu leisten.

»Felix, du hast Mut und eine Waffe! Deshalb musst du bei uns mitmachen!«, schloss er seine erregte Rede und appellierte an meinen Gerechtigkeitssinn. »Wir müssen der Willkür ein Ende bereiten! Wir zählen jetzt schon mindestens 5 000 Mann und mit jedem Tag scharen sich mehr Männer um uns, die entschlossen sind sich nicht länger herumstoßen zu lassen. Wir haben morgen wieder ein großes Treffen auf dem Bakery Hill. Halb Ballarat wird zusammenkommen. Wir rechnen mit über 15 000 Leuten. Ich sage dir, wir werden den Magistrat in die Knie zwingen und das korrupte Gesindel hinwegfegen! Wir werden Geschichte schreiben!«

Und da geschah etwas Merkwürdiges mit mir. Die ohnmächtige Wut, die sich über viele Monate hinweg in mir angestaut hatte, ohne sich entladen zu können, fand plötzlich ein klares und greifbares Ziel, gegen das sie sich richten konnte. Yorkie bot mir einen Gegner, den zu bekämpfen ein Gebot der Gerechtigkeit war. Denn lag die Schuld an Osbornes Terror gegen mich und meine Freunde nicht ursächlich beim Magistrat, der das Recht mit Füßen trat und Selbstbereicherung und Willkür auf seine Fahnen geschrieben hatte? Ohne die tatkräftige Unterstützung der bestechlichen Konstabler und ohne die geistige Komplizenschaft von Männern wie dem Commissioner, die sich wie absolutistische Herrscher gebärdeten, hätte Osborne uns nur halb so schlimm zusetzen können. War erst ihre Allmacht gebrochen, würden wir mit Osborne schon fertig werden! Ja, beim Magistrat, durch und durch verdorben wie eine faule Frucht, lag die Wurzel allen Übels, das uns in Ballarat widerfahren war, und deshalb musste auch dort die Axt angesetzt werden!

»Was ist, Felix?«, fragte Yorkie und legte seinen Arm um meine Schulter, als hätte es nie einen Streit zwischen uns gegeben. »Wirst du den Schwanz einkneifen oder mit uns für Gerechtigkeit und Freiheit kämpfen?«

»Ich bin dabei, Yorkie!«, erklärte ich mit grimmiger Entschlossenheit. »Wir werden das Gesindel zum Teufel jagen!«

Und so kam ich unter die Aufständischen.

*

Innerhalb von wenigen Tagen geriet die Situation in Ballarat außer Kontrolle.

Eine Abteilung des 40. Regimentes, das in schweren Transportwagen zur Verstärkung der örtlichen Garnison entsandt worden war und bei einbrechender Dunkelheit in Ballarat eintraf, wurde beim Eureka-Goldfeld von mehreren tausend Diggern aufgehalten. Ein Steinhagel ging auf die Soldaten nieder. Mehrere Wagen wurden umgestürzt, zertrümmert und in Brand gesetzt, während aus Gewehren, Pistolen und Revolvern Schüsse in die Luft gefeuert wurden. Unglücklicherweise traf eine Kugel als Querschläger einen Trommlerjungen und verletzte ihn am Oberschenkel.

Auch ich gehörte zu dieser aufgebrachten Menge und es erscheint mir heute noch wie ein Wunder, dass es nicht schon an jenem Tag zu einem blutigen Massaker zwischen Soldaten und Diggern kam.

Irgendjemand war auf die Idee gekommen eine *stockade* zu errichten, die sich gut verteidigen ließ, und hinter den Barrikaden das Hauptquartier der Aufständischen aufzuschlagen. Der Vorschlag war mit großer Begeisterung aufgenommen worden. Die Rebellen hatten indessen auch schon ihre eigene Fahne, und zwar das Southern Cross: die fünf Sterne, die über Australien das Kreuz des Südens bilden, auf blauem Hintergrund. Diese Fahne wurde triumphierend vorweg getragen, als Tausende von Diggern zum Eureka-Goldfeld zogen und dort aus gespaltenen Baumstämmen, Brettern und anderen hastig zusammengetragenen Materialien eine primitive Stockade errichteten. Hinter den provisorischen Barrikaden wurden große Zelte aufgeschlagen, Lagerfeuer entzündet und Vorräte aufgestapelt. Und die gewählten Anführer bemühten sich, ein wenig militärische Ordnung in die bunt zusammengewürfelte Truppe zu bekommen.

Innerhalb dieser primitiven Befestigungsanlage herrschte eine Atmosphäre aus Volksfeststimmung und kriegerischer Erregung, von der etwas Ansteckendes ausging. Ich war wie Yorkie und Tausende andere von dieser eigenartigen Stimmung fasziniert. Es war wie ein Fieber, das uns gepackt hatte, und ich war entschlossen mit diesen Männern für Freiheit und Gerechtigkeit zu kämpfen. Niemand sprach von Tod und blutigem Gemetzel. Bei der Flut leidenschaftlicher Reden und gegenseitiger Mutbezeugungen mochte niemand an die bitteren Konsequenzen eines Zusammenstoßes mit den Rotröcken denken. Man hätte den Eindruck gewinnen können, als wäre der Sieg über die Tyrannei schon errungen.

Obwohl bewaffnete Posten den Zugang der Verschanzung bewachten und immer wieder neue Geheimparolen zum Passieren ausgegeben wurden, herrschte im Lager ein einziges Kommen und Gehen. Bis auf einen harten Kern von vielleicht dreihundert, vierhundert Mann, die ununterbrochen hinter den Barrikaden ausharrten, pendelten die Digger fröhlich zwischen der Stockade und den Goldfeldern, Tavernen und Unterkünften hin und her.

Liang Sen und Pater Johann-Baptist hielten meinen Entschluss, mich den Aufständischen anzuschließen, für mehr als töricht. Wie mit Engelszungen redeten sie auf mich ein von dem gefährlichen Vorhaben abzulassen. Sie hielten den Aufstand von vornherein für eine verlorene Sache. Davon wollte ich jedoch nichts hören. Auch Chia Fen vermochte nichts auszurichten. Wie berauscht von meinem Rachedurst und meinem Hass auf die korrupte Obrigkeit, verschloss ich mich ihren Argumenten. Zumal ich bei Pao Zustimmung und moralische Unterstützung fand.

»Ich wünschte, ich könnte mit euch kämpfen!«, gestand er mir, als er mich am späten Vormittag des 2. Dezember auf dem Weg zurück zur Eureka-Stockade begleitete. »Aber Chinesen sind bei euch ja nicht willkommen.«

»Auch das wird sich ändern!«, versprach ich großspurig.

Er schlug mir auf die Schulter und schüttelte den Kopf. »Das glaube ich nicht, Chia Wang. Auch für die Aufständischen bleibt ein Chinamann ein *pigtail*, ein Schweineschwanz ohne Rechte. Aber das ist nicht deine Schuld . . . Sieh du nur zu, dass du mit heiler Haut aus dieser Rebellion herauskommst, sonst muss ich doch noch den Ehemann für Chia Fen abgeben – und das ist etwas, was ich dir nicht verzeihen würde, *chiu yan!*«

Ich lachte, denn *chiu yan* bedeutet so viel wie »strahlender, unbezwingbarer Held«, und boxte ihn freundschaftlich in die Seite. »Das könnte dir so passen, Pao! Aber keine Sorge, in ein paar Tagen ist alles vorbei!«

Noch am Nachmittag desselben Tages traf der Amerikaner James McGill mit seiner 200 Mann starken Truppe berittener Digger, die sich *Independent Californian Rangers* nannte, im Lager ein. Wenig später jagten sie schon wieder davon. Gerüchte wollten nämlich von einer weiteren starken Abteilung Soldaten wissen, die sich angeblich auf dem Weg von Melbourne nach Ballarat befand. McGill wollte diese Einheit mit seinen Männern abfangen. Yorkie ritt mit ihnen. Er gehörte zu dem Dutzend Freiwilliger, die eines der reiterlosen Pferde ergattern konnten, welche die *Independent Californian Rangers* mitgeführt hatten.

Ich wollte es mir erst nicht eingestehen, aber als Yorkie mit den Amerikanern davonritt, machte sich in mir ein Gefühl der Verlassenheit bemerkbar, hatte ich doch sonst keinen Freund unter den Diggern in der Verschanzung. Ich unterdrückte jedoch die leisen Zweifel, die in mir aufstiegen. Auch wollte ich nicht wahrhaben, dass die anfängliche Begeisterung der Massen sichtlich zu schwinden begann. Hatten sich in den ersten Tagen noch mindestens 2 000 Digger in der Stockade eingefunden, so war die Zahl mittlerweile auf vielleicht gerade noch 500 zusammengeschrumpft.

Wie schon an den Abenden zuvor, so leerte sich das Lager auch an diesem 2. Dezember mit Einbruch der Dunkelheit beträchtlich. Die Männer kehrten in ihre Unterkünfte außerhalb der Stockade zurück oder begaben sich in die Spelunken und Freudenhäuser und jeder nüchterne Beobachter konnte voraussehen, dass viele von ihnen nicht zurückkehren würden.

»Vinegar Hill – Essighügel!«, wurde als Parole für die Nacht ausgegeben. Eine Parole, die viele als schlechtes Omen betrachteten.

Weniger als 200 Digger blieben hinter den Barrikaden zurück – und ich mit ihnen. Lagerfeuer loderten auf und der Rum floss reichlich, während die Stimmen immer lauter wurden. Auch ich genehmigte mir mehrmals einen kräftigen Schluck, als die Flaschen kreisten. Der starke Alkohol spülte jegliche Furcht und alle Zweifel an der Richtigkeit meines Tuns hinweg.

Erst gegen Morgen fielen die Feuer in sich zusammen und das Lager sank bis auf die Wachen in den Schlaf. Ich streckte mich auf meiner Decke aus und war sofort eingeschlafen.

*

Eine Hand rüttelte mich kräftig an der Schulter und ich erwachte aus einem Alptraum. Erschrocken richtete ich mich auf und blickte mich verstört um. »Was ist? ... Kommen sie?«, stieß ich mit keuchendem Atem hervor und griff nach meinem Revolver. »Bist du es, Yorkie?«

»Nein, noch sind sie nicht da. Aber es ist gut möglich, dass die Soldaten im Morgengrauen angreifen«, sagte die schattenhafte Gestalt vor mir.

»Pater!«

»Bruder!«, korrigierte er mich mit einem leisen Auflachen in der Stimme. »Aber das wirst du wohl nie lernen.«

»Mein Gott, haben Sie mich erschreckt!« Ich ließ den Revolver sinken und fuhr mir über die Augen. Dabei merkte ich, wie verschwitzt mein Gesicht war. Die Nacht hatte sich nur wenig abgekühlt. Die Erde gab noch immer die Hitze ab, die sie den Tag über unter der sengenden Sommersonne gespeichert hatte. »Wie sind Sie denn ins Lager gekommen?«

»Die Wachen zu passieren ist ein Kinderspiel. Parolen erfährt man doch in jeder Schankstube. Aber ich habe noch nicht mal ›Vinegar Hill‹ flüstern müssen, um Einlass zu erhalten. Bei den vielen Iren, die hier versammelt sind, wirken Priestersoutane und Ordenshabit nämlich besser als jeder Passierschein oder Parolenspruch.«

»Wie spät haben wir es?« Die Schwärze der Nacht schien mir einem diffusen Dunkel gewichen zu sein, das mich an schwarze Kalligrafietusche erinnerte, die jemand zu einem schmutzigen Grau verwässert hat.

»Es war zwanzig vor vier, als ich meinem Ordensgelübde

entsprechend die Vigil gebetet und anschließend beschlossen habe dich aufzusuchen, um dich endlich zur Vernunft zu bringen«, antwortete der Missionar. »Mittlerweile wird es wohl kurz nach vier sein.«

»Dann ist die Morgendämmerung ja nicht mehr weit«, entfuhr es mir mit unverhohlener Erleichterung. Die Wirkung des Alkohols war verflogen und die primitiven Barrikaden wirkten jetzt beklemmend auf mich.

»Felix, ich möchte, dass du diese Verschanzung mit mir verlässt! Du musst doch mittlerweile selbst erkannt haben, dass ihr hier auf verlorenem Posten steht, wenn es zum Angriff kommt!«, beschwor mich der Missionar. »Und er wird kommen, verlass dich drauf.«

»Möglich, aber ich kann jetzt nicht davonlaufen«, erwiderte ich verunsichert. »Das wäre Feigheit. Jemand muss doch für Recht und Gerechtigkeit einstehen und kämpfen!«

»Ja, aber mit Sinn und Verstand!«, sagte der Missionar. »Wer mit blinder Nibelungentreue an einer Sache festhält, die schon längst verloren ist und zu einem sinnlosen Blutbad führen wird, der beweist damit weder Tapferkeit noch Gerechtigkeitssinn, sondern Dummheit.«

»Wieso ist es Dummheit . . .«, begehrte ich auf, kam jedoch nicht dazu, meinen Satz zu beenden.

»Um Himmels willen, schau dich doch um, Felix!«, unterbrach er mich leise, aber mit eindringlichem Tonfall. »Wie wollt ihr mit den paar Mann gegen eine Truppe gut ausgebildeter Soldaten bestehen, die zudem noch Kanonen und eine Kavallerie ins Feld schicken können? Die Soldaten vom 12. und 40. Regiment werden die Verschanzung im Handumdrehen zu Kleinholz schießen und euch überrennen. Kannst du mir mal sagen, wem damit geholfen ist, wenn du umkommst?«

»So leicht werden wir es ihnen nicht machen . . .«, entgegnete ich, aber ohne großen Nachdruck.

»Du willst also auf die Soldaten schießen und möglichst viele von ihnen mit in den Tod nehmen, ja?«, fragte er herausfordernd. »Hast du schon mal darüber nachgedacht, was es bedeutet, einen Menschen zu töten? Kannst du es wirklich mit deinem Gewissen vereinbaren, dass du an einem Blutbad teilnimmst und Menschen umbringst, die du nie gesehen hast und die dir nichts getan haben?«

»Immerhin werden sie versuchen mich zu töten!«

»Ja, weil man ihnen den Befehl dazu gibt und sie vor ein Standgericht kommen, wenn sie dem Befehl nicht Folge leisten. Was meinst du, wie viele von ihnen Angst haben und am liebsten davonlaufen würden? Kein Wunder, dass man Soldaten vor jedem Angriff stets eine kräftige Sonderration Rum zu trinken gibt. Das soll sie enthemmen. Aber du befindest dich nicht in der Zwangslage der Soldaten, die zum Teil gegen ihren Willen zum Dienst gepresst werden, wie du sehr wohl weißt. Du bist frei und brauchst keinen Befehlen zu gehorchen. Du kannst entscheiden – und jeder, der wirklich Mut und Verantwortungsbewusstsein besitzt, entscheidet sich immer gegen Krieg und Blutvergießen.«

»Das heißt dann aber, dass Tyrannen und Verbrecher, die vor nichts zurückschrecken, immer den Sieg davontragen!«, wandte ich ein.

»Nein, Gewalt kann sehr wohl notwendig und legitim sein – aber nur dann, wenn wirklich alle friedlichen Möglichkeiten, der Gerechtigkeit und Freiheit zum Sieg zu verhelfen, restlos ausgeschöpft sind«, widersprach er. »Dies ist hier nicht der Fall. Wegen eines korrupten Magistrates eine Rebellion vom Zaun zu brechen, die unzähligen Menschen das Leben kosten kann, ist ein ungerechtfertigter Gewaltausbruch.«

Ich schwieg.

»Wir Menschen sind unserer Natur nach recht schwach«, fuhr er fort. »Ebendeshalb gefällt vielen die Gewalt. Das Böse und die Gewalt sind verführerischer als das Gute und der Frieden. Dieser Hang zur Barbarei ist ein Teil der Natur, die uns geformt hat. In der Natur gibt es keine Nachsicht und keine Liebe, sondern in ihr regiert der Tod. Aber diese Natur ist nur ein Teil der Schöpfung, Felix. Wir haben die Möglichkeit uns gegen die Barbarei und das Böse zu entscheiden, auch wenn dies meist der dornenreichere Weg ist. Es liegt ganz bei uns – und diese Freiheit der Entscheidung ist das, was uns Menschen von allen anderen Kreaturen grundlegend unterscheidet.«

Stumm sah ich ihn an.

Pater Johann-Baptist wusste meine Wortlosigkeit und meinen Blick trotz der Dunkelheit zu deuten. Er gab einen Stoßseufzer der Erleichterung von sich. »Hör auf deinen Verstand und lass uns gehen, Felix«, sagte er dann, erhob sich und streckte mir die Hand hin.

Ein kurzes Zögern – dann ergriff ich sie, stand auf und verließ mit ihm das Lager. Niemand versuchte uns zurückzuhalten. Im Osten brach sich das erste Morgenlicht Bahn und hellte den fernen Horizont auf. Die dunklen Fluten der Nacht wichen langsam zurück. Der neue Tag war nicht mehr fern. Und plötzlich ergriff mich ein Gefühl großer Erleichterung und Dankbarkeit, dass der Missionar mich aus der Stockade herausgeholt und mir eine goldene Brücke gebaut hatte, wie ich mich von den Aufständischen trennen konnte, ohne mein Gesicht zu verlieren.

Dass er mir damit wohl auch das Leben gerettet hatte, ahnte ich zu diesem Zeitpunkt noch nicht. Denn während wir auf dem Weg zum Chinesenviertel die ersten Zelte passierten, formierten sich im Norden zwischen den Rinderweiden am *Cattle Yard Hill* und dem *Free Trade Hotel* die Truppen zum Angriff auf die Eureka-Stockade.

*

Um ein Haar hätte uns Pao über den Haufen gerannt, als wir um die Ecke von Thomas Sutherlands Mietstall kamen. Wir waren alle über das unerwartete Zusammentreffen zu dieser frühen Morgenstunde erschrocken.

»Mein Gott, was tust du hier?«, rief ich verwundert.

»Ich war auf dem Weg zu dir!«, stieß er atemlos hervor. »Welch ein Glück, dass Sie bei ihm sind, Pater. Nur Sie können jetzt noch helfen!«

Ich erschrak. »Um Gottes willen, was ist passiert?«

»Osborne hat uns vor fünf Minuten aus dem Schlaf geholt. Er will offenbar ganz früh am Morgen nach Bendigo aufbrechen und hat verlangt, dass Chia Fen auf der Stelle mit ihm kommt«, berichtete Pao hastig. »Liang Sen und ich haben dagegen protestiert. Darauf ist es zu einem heftigen Wortwechsel gekommen. Auf jeden Fall hat Osborne plötzlich einen Revolver gezogen und Liang Sen, der ihm die Tür verstellte, mit dem Griffstück einen schweren Schlag auf den Kopf versetzt. Liang Sen ist bewusstlos und mit einer stark blutenden Kopfwunde zu Boden gegangen. Osborne hat dann Chia Fen aus der Hütte gezerrt. Ich konnte ihn nicht aufhalten. Er hat gedroht mich über den Haufen zu schießen und ich bin sicher, dass das keine leere Drohung gewesen ist.«

»Jetzt reicht es!«, sagte der Missionar. »Damit hat er den Bogen endgültig überspannt. Für diese brutale Körperverletzung werden wir ihn zur Rechenschaft ziehen – und wenn ich dafür den Gouverneur persönlich aufsuchen muss. Wir werden ihm das Handwerk legen. Aber zuerst müssen wir uns um Liang Sen kümmern.«

»Nein, wir müssen zu Osborne und irgendwie versuchen Chia Fen zurückzuholen!«, widersprach Pao aufgeregt. »Wer weiß, wann er aufbricht und wie viele Leute ihn dann noch begleiten. Wenn er erst mit ihr in der Kutsche sitzt und auf dem Weg nach Bendigo ist, kommen wir so schnell nicht mehr an ihn heran! Es muss jetzt etwas geschehen. Um Liang Sen kümmert sich schon Marananga. Er hat die Nacht hinter der Hütte geschlafen.«

Ich pflichtete ihm bei. »Dann nichts wie los!«, drängte ich.

Wir liefen so schnell wir konnten durch die Gassen, die zur Main Road führten. Meine Hoffnung, Osborne noch auf dem Weg zum *Hung Lau* einzuholen und ihm Chia Fen entreißen zu können, erfüllte sich nicht. Ich erhaschte jedoch noch einen Blick auf Osborne, als er Chia Fen grob durch die Vordertür ins Haus stieß.

Chia Fen versuchte sich aus seinem Griff zu winden, und das schenkte mir kostbare Sekunden. Ich hatte die Tür schon erreicht, bevor Osborne Zeit fand sie von innen zu verriegeln und riss sie auf. Notfalls hätte ich das Schloss aber auch mit einem Revolverschuss zertrümmert.

Osborne stieß Chia Fen mit einem kraftvollen Stoß von sich, sodass sie zwischen die Reihen der Liegeplätze stolperte, und fuhr zu mir herum. Gleichzeitig zog er seinen Revolver.

»Das *Hung Lau* ist noch nicht geöffnet!«, rief er sarkastisch, während Pao und der Missionar zur Tür hereingestürmt kamen und abrupt neben mir stehen blieben. »Wenn ihr euch eine gute Pfeife Opium gönnen wollt, müsst ihr später noch mal wiederkommen. Also verschwindet!«

»Du glaubst wohl, du kannst dir alles erlauben, ja? Aber diesmal kommst du nicht so billig davon, das schwöre ich dir!«, schrie ich ihn an und richtete nun meine Waffe auf ihn. »Gib Chia Fen heraus!«

»Mach dich nicht lächerlich!«, antwortete Osborne. »Du bist doch viel zu feige, um mich zu erschießen! Deshalb wirst du es im Leben auch zu nichts bringen, Felix. Du bist ein Jammerlappen, der sich von idiotischen Skrupeln gängeln lässt wie ein dummes Kind von einer zickigen Gouvernante. Aber mir soll es recht sein. Leute wie du und unser frommer Pater eignen sich prächtig als dumm-dösige Hammelherde, die von klarsichtigen Leuten meines Schlages zur Schlachtbank geführt wird!«

Der Missionar drückte meinen Arm mit dem Revolver nach unten und drängte sich an mir vorbei.

»Nehmen Sie endlich Vernunft an, Osborne!«, rief er. »Sie haben sich in ernste Schwierigkeiten gebracht, indem Sie Liang Sen in seinem eigenen Haus brutal niedergeschlagen und Chia Fen gewaltsam hierhin verschleppt haben. Das wird Ihnen noch nicht einmal dieser korrupte Magistrat durchgehen lassen.«

»Wollen Sie mir eine Wette anbieten? Nur zu! Es ist mir

immer eine ganz besondere Freude, gutgläubige Trottel wie Sie um einen Batzen Geld zu erleichtern«, höhnte Osborne.

»Ihre Bemühungen, alles in den Schmutz zu ziehen, was anderen teuer ist, verfangen bei mir ebenso wenig wie Ihre Versuche mich durch Beleidigungen aus der Ruhe zu bringen. Das müssten Sie eigentlich längst wissen. Also seien Sie vernünftig und lassen Sie uns diesem unwürdigen Spiel ein Ende bereiten, Osborne!«, beschwor ihn der Missionar. »Lassen Sie Chia Fen gehen und es wird keine Anklage gegen Sie geben.«

Der Opiumhändler lachte geringschätzig auf. »Sie sind wirklich ein noch größerer Einfaltspinsel, als ich gedacht habe. Offenbar haben Sie immer noch nicht begriffen, dass ich die Spielregeln bestimme. Und jetzt scheren Sie sich zum Teufel, Mann!«

Mir war, als hörte ich Trompetenstöße und den wilden Wirbel von Trommeln. Ich hatte mich nicht getäuscht. Augenblicke später zerrissen mehrere Schüsse, die sogleich von Gewehrsalven beantwortet wurden, die trügerische Stille des frühen Morgens. Die Soldaten hatten die Eureka-Stockade angegriffen. Und innerhalb von wenigen Sekunden entbrannte ein heftiges Feuergefecht zwischen den Diggern hinter den primitiven Barrikaden und den vorrückenden Soldaten. Das Krachen von Hunderten von Gewehren, Schrotflinten, Revolvern und Pistolen vermischte sich zu einer anschwellenden grellen Kakophonie des Todes, die Ballarat jäh aus dem Schlaf holte.

Der Ausbruch des blutigen Kampfes um die Stockade zog unsere Aufmerksamkeit für einen Augenblick auf sich. Ein, zwei Sekunden lang vergaßen wir unseren eigenen Konflikt.

Auch Osborne wandte unwillkürlich den Kopf in die Richtung, aus welcher der wilde Gefechtslärm zu uns drang.

Chia Fen, die zwei Schritte hinter Osborne auf einer der Liegestellen gekauert hatte, nutzte diesen kurzen Moment der Unaufmerksamkeit. Sie sprang auf und rannte links an ihm vorbei.

Osborne stieß einen Fluch aus und versuchte noch sie mit seinem Holzarm zu erwischen und zu Fall zu bringen. Doch Chia Fen wich dem herumschwingenden Arm aus und hatte uns im nächsten Moment erreicht. Pao packte ihren Arm und zog sie hinter den Missionar.

»Geht! Beeilt euch!«, raunte Pater Johann-Baptist mir hastig zu. »Ich gebe euch Rückendeckung und halte Osborne hier so lange fest wie möglich!«

Ich zögerte. »Nein, wir gehen zusammen.«

»Aus dem Weg, Pfaffe!«, schrie Osborne ihn an und aus seinen Augen sprühte lodernde Wut. »Das Chinamädchen bleibt hier. Ich warne euch, ich lege euch um! . . .«

»Nun geht schon!«, rief der Missionar. Und zu Osborne sagte er: »An mir kommen Sie nicht vorbei. Diesmal haben Sie sich verschätzt. Sie müssen mich schon kaltblütig erschießen, wenn Sie mich aus dem Weg haben wollen – und dann werden Sie dafür hängen!«

Wie oft habe ich mir in den letzten Wochen den Kopf darüber zerbrochen, was Osborne in jener Morgendämmerung bloß dazu bewegt hatte, Chia Fen mit Gewalt aus unserer Hütte zu holen und zu so früher Stunde nach Bendigo aufzubrechen. Was war bloß in ihm vorgegangen? Hatte er an diesem Morgen womöglich von einem seiner Handlanger beim Magistrat einen Hinweis bekommen, dass die Soldaten ausgerückt waren und der Angriff auf die Verschanzung der aufständischen Digger unmittelbar bevorstand? Und hatte er vielleicht eine Niederlage der Regierungstruppen für möglich gehalten und befürchtet bei einem Sieg der Digger in Ballarat nicht mehr sicher zu sein? Diese und andere Fragen beschäftigen mich noch heute, ohne dass ich eine wirklich schlüssige Antwort darauf wüsste.

Osbornes Beweggründe werden mir wohl für immer ein Rätsel bleiben. Außer Zweifel steht für mich jedoch, dass er aus irgendeinem unerfindlichen Grund die Nerven verloren hatte. Anders kann ich mir das nicht erklären, was nun geschah.

»Du verdammter Narr!«, zischte Osborne, hob den Revolver – und drückte zu unser aller Entsetzen ab.

Die Kugel traf den Missionar mitten in die Brust. Er taumelte mit einem Aufschrei gegen Chia Fen und stürzte zu Boden. Pao fing ihn noch im letzten Moment auf.

Der scharfe Detonationsknall hallte noch in meinen Ohren nach, als ich wie in einem Reflex meine Waffe hochriss, auf Osborne anlegte und auf ihn feuerte.

Ich leugne nicht, dass ich schoss, um ihn zu töten. Osborne hatte jedoch Glück. Ob nun bewusst oder unbewusst, er hatte auf jeden Fall gerade in dem Moment seinen linken Arm vor die Brust gehoben, als ich meinen Schuss abgab.

Mein Geschoss traf seine Prothese und riss sie auseinander, als wäre sie von einem gewaltigen Axthieb getroffen worden. Da die Kugel damit kein weiches Ziel gefunden hatte, nahm der Holzarm die gesamte Wucht des Einschlages auf. Wie ein Schlag mit dem Vorschlaghammer traf die Prothese auf seine Brust und warf ihn zu Boden. Dabei schlug sein rechter Arm hart gegen einen der Stützbalken. Der Revolver wurde ihm aus der Hand geprellt, flog über mehrere Liegeplätze hinweg, polterte zu Boden und rutschte irgendwo unter eine der Pritschen.

Osborne blieb stöhnend und mit der Bewusstlosigkeit ringend im Mittelgang liegen.

Indessen hatten Pao und Chia Fen den Missionar von der Tür weg und ins Licht der einen Lampe gezogen, die über einer Art Theke hing.

»Um Gottes willen, wir müssen sofort einen Arzt holen!«, rief ich entsetzt, als ich das Blut sah, das das Hemd des Missionars tränkte.

Pao sah mich an und schüttelte stumm den Kopf, als wollte er sagen: Auch der beste Arzt kann ihm nicht mehr helfen. Er stirbt.

Pater Johann-Baptist blickte mit flackerndem Blick zu mir auf, als ich mich an seine Seite kniete. ». . . nicht hassen, Felix . . . Osborne hat . . . mehr Angst . . . als wir alle je haben können . . . sein Leben ist . . . entsetzlich leer und einsam . . . und der Gedanke an den Tod . . . bereitet ihm Höllenqualen«, stieß er mühsam hervor. »Und er weiß es . . . will es nur nicht zugeben . . . Mitleid . . . Mitleid mit Osborne . . . kein Hass . . . Wer nicht verzeihen kann, schadet . . . sich selbst am meisten.«

Mir war, als schnürte mir jemand die Kehle zu. Es konnte nicht sein, dass Pater Johann-Baptist vor mir auf den schmutzigen Brettern einer Opiumhöhle lag und vor meinen Augen starb! »Sie dürfen nicht sprechen, Pater! Sie müssen Ihre Kräfte sparen und nicht aufgeben. Wir holen sofort einen Arzt und Sie kommen wieder auf die Beine!«, versicherte ich wider besseres Wissen, denn ich wollte einfach nicht wahrhaben, dass sein Tod nicht mehr abzuwenden war.

Der Missionar schüttelte kaum merklich den Kopf. »Keine Illusionen, Felix . . . Nur die Wahrheit wird uns befreien . . . Dies ist meine . . . Stunde . . . Es war ein schönes Leben und . . . ich bin bereit«, kam es stockend und immer kraftloser über seine Lippen. Und dann wurden die Satzfetzen immer zusammenhangloser, es waren, wie ich merkte, Bruchstücke von Gebeten. »Lass uns satt trinken . . . am Quell des Lebens, solange wir . . . als Glaubende unsern Weg gehen . . . Gegrüßet seist du, Maria . . .« Er hustete, spuckte Blut und rang nach Atem. Noch einmal hoben sich seine Lider. »Herr, bleibe bei uns . . . denn es will Abend werden . . . In deine Hände, Herr . . .« Seine Augen wurden plötzlich groß und weit – und blickten im nächsten Moment leblos an mir vorbei ins Nichts.

Pater Johann-Baptist Wetzlaff war tot.

All dies dauerte nur wenige Sekunden, die mir jedoch wie Minuten erschienen. Noch immer kam vom Eureka-Hügel heftiger Gefechtslärm.

Gerade wollte ich dem Missionar die Augen schließen, als die Tür aufgestoßen wurde – und ein stattlicher, hoch gewachsener Mann mit noch vollem, grauem Haar in den Raum gestürzt kam. Es war James Burlington, der Kolonialwarenhändler und Gründer des ersten örtlichen Temperenzlervereins, der sich für das Verbot von Alkoholausschank und -genuss einsetzte. Was in Ballarat so aussichtsreich war wie der Kampf gegen den allgegenwärtigen Staub und die Schwärme von Fliegen und Mücken.

»Ich habe hier im Haus zwei Schüsse gehört und dachte . . .!«, begann er sichtlich besorgt und brach dann erschrocken ab, als sein Blick die Szene erfasste.

»Dem Himmel sei Dank! Rufen Sie die Polizei, Mister Burlington! Dieser Bursche da, Felix Faber ist sein Name, hat den Missionar erschossen!«, hörte ich Osbornes schrille Stimme in meinem Rücken. »Dieser verfluchte Chinesenfreund hat erst den frommen Mann kaltblütig über den Haufen geschossen und dann auf mich gefeuert! Dass ich noch lebe, verdanke ich allein Gottes Fügung und meiner Prothese!«

»Glauben Sie ihm kein Wort! Das sind nichts als Lügen!«, widersprach ich heftig und sprang auf. »Er hat den Missionar erschossen und jetzt will er es mir in die Schuhe schieben! Aber meine Freunde können bezeugen, wie es wirklich gewesen ist!«

»Er hat ja noch den Revolver in der Hand!«, schrie Osborne und brachte sich mühsam in eine sitzende Stellung. »Und was von den Aussagen chinesischen Gesindels zu halten ist, wissen Sie ja selbst. Holen Sie die Polizei! Schnell!«

James Burlington starrte auf den Revolver in meiner Hand und wich zur Tür zurück. »Ja, das wird wohl nicht zu vermeiden sein«, sagte er vage.

»Halt!«, befahl ich. »Es tut mir Leid, aber ich kann Sie leider nicht gehen lassen, Mister Burlington. Ich werde Ihnen nichts tun, wenn Sie so vernünftig sind meinen Worten Folge zu leisten. Bitte kommen Sie von der Tür weg!«

»Da sehen Sie es!«, rief Osborne triumphierend. »Er kennt keine Skrupel!«

Osborne war wieder einmal schneller gewesen und hatte raffiniert das Gift seiner Lügen verspritzt. Die Wahrheit hatte keine Chance, denn alles sprach gegen mich. Dem Kolonialwarenhändler war deutlich anzusehen, dass er meinen Beteuerungen keinen Glauben schenkte. Wie sollte er auch an meine Unschuld glauben, wo ich doch den Revolver in der Hand hielt? Ließ ich ihn gehen, hatten wir wenige Minuten später die Polizei auf dem Hals, die uns verhaften und ebenso wenig glauben würde wie Burlington. Und ob die Wahrheit vor Gericht über Osbornes Lügen obsiegen würde, erschien mir äußerst zweifelhaft. Nein, ich durfte Burlington jetzt nicht gehen lassen, wenn ich dem Strick entrinnen und verhindern wollte, dass Pao und Chia Fen wegen angeblicher Mittäterschaft zu einer langjährigen Gefängnisstrafe verurteilt wurden.

Burlington schluckte heftig und hob abwehrend die Arme. »Machen Sie doch keine Dummheiten, Mister Faber! Ich habe Ihnen nichts getan!«

»Ich habe auch nicht vor Ihnen etwas anzutun, Mister Burlington!«, wiederholte ich noch einmal. »Ich kann Sie nur nicht gehen lassen, weil Sie leider Osbornes Lügen glauben und uns deshalb der Polizei ausliefern würden. Das wäre unser Verhängnis und Osborne käme wieder einmal davon. Pao, verriegele die Tür!«

Pao begriff, wie es um uns stand, und folgte meinem Befehl ohne Zögern. Dann trug ich Chia Fen auf, einen der Vorhänge hinter der Theke herunterzureißen und in lange Streifen zu zerteilen. »Wir brauchen sie, um Osborne und Mister Burlington zu knebeln und zu fesseln. Und nehmt euch zuerst Osborne vor!«

»Du wirst der gerechten Strafe für deine schändlichen Taten nicht entgehen!«, gellte Osborne. »Aber nicht nur der Allmächtige wird dich strafen, sondern du wirst auch unserer Gerichtsbarkeit nicht entkommen. Hängen wirst du und keine Fürbitten werden dich vor dem ewigen Fegefeuer bewahren!«

»Stopf ihm endlich das Maul!«, rief ich Pao erregt zu, was dieser auch sogleich tat.

»Sie begehen einen gravierenden Fehler, Mister Faber!«, warnte mich der Kolonialwarenhändler gefasst, aber doch leichenblass im Gesicht. »Stellen Sie sich, dann wird sich vor Gericht schon zeigen, wer die Wahrheit gesprochen hat.«

Ich lachte bitter auf. »Ich wünschte, es wäre so einfach, Mister Burlington. Wie soll ich ein Gericht von meiner Unschuld überzeugen, wenn nicht einmal Sie mir Glauben schenken?«, hielt ich ihm vor.

Darauf wusste er nichts zu antworten.

»Ich bedaure, aber ich muss auch Sie fesseln, knebeln und zusammen mit Osborne in eine Kammer sperren«, sagte ich zu ihm. »Doch Sie werden kaum länger als ein paar Stunden diesen Zustand ertragen müssen. Spätestens wenn Osbornes Angestellte zur Arbeit ins *Hung Lau* kommen, wird man Sie finden und befreien.«

»Wie beruhigend«, murmelte er, ließ sich aber widerstandslos Handfessel und Knebel anlegen. Ich achtete darauf, dass sein Knebel ihn nicht würgte und er ausreichend Luft bekam. Dann führten wir ihn und Osborne in eine kleine, fensterlose Kammer, wo wir sie auf zwei Stühle setzten und ihnen zusätzlich noch die Füße an die Stuhlbeine fesselten.

Osborne sah mich mit einem vom Knebel verzerrten Grinsen an. Und der funkelnde Blick seiner Augen traf mich wie ein stummer Triumphschrei. Ich wusste, was er in diesem Moment dachte: Du hast verloren, Felix! Ich habe das Spiel gewonnen. Du bist mir nicht gewachsen, weil du dich zum

Sklaven deiner lächerlichen Skrupel gemacht hast! Ich werde immer die Oberhand über Leute wie dich behalten!

Schnell schlug ich die Brettertür zu, suchte Osbornes Revolver und steckte ihn ein. Bevor wir uns durch die Hintertür aus der Opiumhöhle schlichen, entriegelte ich noch die Vordertür.

Seit Osborne den tödlichen Schuss auf Pater Johann-Baptist abgegeben hatte, waren etwa fünfzehn Minuten vergangen. Der Gefechtslärm auf dem Eureka-Hügel war verstummt. Es fielen nur noch vereinzelte Schüsse. Dann senkte sich eine fast unwirkliche Stille über Ballarat. Die Stockade war eingenommen, die Schlacht geschlagen. Im Kugelhagel oder von Bajonetten durchbohrt hatten mindestens vierundzwanzig Digger den Tod gefunden, wie ich später erfuhr, und viele hatten Verletzungen davongetragen. Die Soldaten hatten zwölf Tote und mehrere Dutzend Verletzte zu beklagen. Und während beißender Pulverdampf wie Nebel über dem Schlachtfeld trieb, flammte der östliche Himmel im Morgenrot der aufsteigenden Sonne auf.

»Was tun wir jetzt bloß?«, fragte Chia Fen, und obwohl sie sich große Mühe gab ihre Angst zu verbergen, hörte ich sie aus ihrer Stimme heraus.

»Uns bleibt nur eins«, antwortete ich. »Flucht.«

Durch die Wildnis
oder
Wie wir unser Heil im australischen Busch suchten und für unser Überleben einen hohen Preis bezahlten

Die breiten Straßen meidend, schlichen wir zum Pennyweight Hill zurück. Es fielen noch mehrere Schüsse, die jedoch nicht von der Eureka-Verschanzung, sondern aus größerer Entfernung kamen. Einige Kavalleristen hatten die Verfolgung flüchtender Digger aufgenommen und feuerten auf sie.

Die Nachricht von der Eroberung der Eureka-Stockade, die keine zwanzig Minuten gedauert hatte, raste wie ein Lauffeuer durch Ballarat. Aufgeregt und zumeist voller Empörung, riefen sich die Menschen auf den Straßen, Gassen und Plätzen zu, was Augenzeugen zu berichten wussten.

»Die Rotröcke haben die Stockade eingenommen!«

»Mit ihren Bajonetten abgestochen wie die Schweine haben sie die Männer! Und sogar auf die Verwundeten haben sie noch mit Gewehrkolben eingeschlagen!«

»Wie Vieh treiben sie die Gefangenen jetzt zusammen! Sie führen sie in das befestigte Camp des Magistrates.«

Diese und andere Gesprächsfetzen schnappten wir auf, während wir durch Ballarat hasteten. Keiner von uns sprach.

Der Ernst der Situation, in der wir uns befanden, machte uns stumm, während sich die Gedanken hinter unserer Stirn jagten.

Der Weg erschien mir schrecklich lang. Endlich erreichten wir den Platz, wo zwischen Chinesenviertel und Sutherlands Mietstall mehrere Hütten und Erdhäuser standen. Wir rannten auf unsere Blockhütte zu. Nicht nur ich fürchtete Liang Sen tot in seinem Blut liegen zu sehen.

Welch große Erleichterung überkam uns daher, als wir Augenblicke später sahen, dass Liang Sen lebte und bis auf eine lange Platzwunde über der Stirn keine ernsten Verletzungen davongetragen hatte. Mit blutgetränktem Kopfverband saß er auf seiner Pritsche und schlürfte aus einer Tonschale kalten Tee, während Marananga ihm gegenüber am Boden hockte, mit verklärter Miene an seiner Pfeife zog und sich in Rauchwolken hüllte.

»Der Missionar ist tot!«, platzte Pao heraus.

»Osborne hat ihn kaltblütig erschossen, als der Pater sich schützend vor mich stellte«, fügte Chia Fen hinzu und kämpfte mit den Tränen.

Liang Sen ließ die Teeschale sinken und schloss kurz die Augen, während seine Lippen etwas Unverständliches murmelten. Dann jedoch straffte sich seine Gestalt. »Erzählt!«, forderte er uns auf.

Chia Fen und Pao überließen mir das Wort und hastig berichtete ich, was sich im *Hung Lau* zugetragen hatte. »Mit Osborne und Burlington gegen mich habe ich vor Gericht keine Chance dem Strick zu entkommen. Mir bleibt daher nur die Flucht«, sagte ich zum Schluss.

»Das gilt auch für mich und Chia Fen«, warf Pao bitter ein.

»Wenn sie uns zu fassen kriegen, werden sie uns wegen Beihilfe zu vielen Jahren Zwangsarbeit verurteilen.«

»Wir werden die Landstraßen meiden, weil uns Patrouillen dort im Handumdrehen aufgreifen würden, und versuchen uns durch den Busch zu schlagen«, sagte ich. »Wir dürfen keine Zeit verlieren. Wer weiß, wann Osborne und Burlington freikommen und man unsere Verfolgung aufnimmt.«

»Sowie wir irgendwo in Sicherheit sind, werden wir dir eine Nachricht zukommen lassen, *qing bebe*«, versprach Pao.

Liang Sen schüttelte den Kopf. »Wir bleiben zusammen!«, erklärte er mit fester Stimme. »Und Marananga wird uns führen!«

Der Aborigine hob den Kopf. *»Windarra?«,* fragte er gleichmütig, als überraschte ihn diese Aufforderung nicht im Geringsten. »Wohin?«

Darüber hatte ich mir schon Gedanken gemacht. »Westlich von hier erstreckt sich für Hunderte von Meilen unbesiedeltes Buschland. Erst weiter im Süden gibt es wieder Niederlassungen.«

»Dinjerra balook yambut . . . im Westen viel trockenes Buschland«, bestätigte der Aborigine.

»Kannst du uns auf diesem Weg bis hinunter an die Küste nach Warrambool oder Port Fairy führen?«, fragte ich.

Marananga nickte.

»Gut, dann ist das beschlossene Sache!«, sagte Liang Sen energisch und stand auf. »Lasst uns also die allernotwendigsten Sachen zusammenpacken und zusehen, dass wir so schnell wie möglich hinaus in den Busch kommen!«

Uns stand ein anstrengender Marsch durch die sonnendurchglühte Wildnis bevor. Deshalb musste unser Gepäck so leicht wie möglich sein, wenn wir eine Chance haben wollten. Wir ließen alles zurück, was nicht wirklich lebenswichtig war. Einzig von meinen Tagebüchern vermochte ich mich nicht zu trennen. Ich schlug die fünf kleinen Bücher, die, um Papier zu sparen, von Jugend an mit äußerst kleiner Handschrift beschrieben waren, in ein Wachstuch, schnürte sie zusammen und hängte sie mir an den Gürtel. Als Proviant, den wir in chinesischen Bastkörben verstauten, nahmen wir nur mehrere Beutel mit Reis und Trockenfrüchten mit sowie fünf Wasserschläuche.

Um nicht als Gruppe Aufmerksamkeit zu erregen und von möglichen Patrouillen angehalten zu werden, machten wir uns getrennt auf den Weg. Als Treffpunkt vereinbarten wir ein längst abgeholztes Gelände hinter dem Black Hill. Dort wollte Marananga, der sich zuerst davonmachte, auf uns warten.

Ich zog von Pao eine alte, ausgewaschene Chinesenjacke aus blauem Kaliko über und verbarg mein Gesicht unter einem spitzkegeligen Kulihut mit breiter, ausgefranster Krempe. Niemand beachtete mich, als ich in dieser unscheinbaren Aufmachung die Straßen von Ballarat, in denen es von Soldaten und Konstablern nur so wimmelte, hinter mir ließ, einen Bogen um die Old Gravel Pits machte, durch den fast ausgetrockneten Yarrowee River watete und schließlich auf den Black Hill zustrebte.

Auch Liang Sen, Pao und Chia Fen kamen unbehindert aus Ballarat heraus. Nur Marananga ließ sich Zeit. Wir warteten fast eine Stunde auf ihn. Fast hatten wir die Hoffnung schon aufgegeben, als er plötzlich wie aus dem Nichts auftauchte. Er trug einen *woomera*, einen langen Holzspeer, zu dem eine

Speerschleuder gehörte, und eine *coolomon*, eine runde, aus einem Stück Holz angefertigte Schüssel, die die Aborigines für vielerlei Tätigkeiten verwenden. An seiner linken Hüfte baumelte ein armlanger, unansehnlicher Beutel aus grauem Kängurufell.

Und er roch nach Alkohol.

»Konntest du nicht mal ausnahmsweise die Finger vom Fusel lassen und nüchtern bleiben?«, fragte Pao gereizt. Das lange Warten und die Ungewissheit hatten sehr an seinen Nerven gezehrt.

Marananga grinste ihn unbekümmert an. »*Nagugari* . . . gehen auf Reise . . . Ist letzter flüssiger Traum für lange Zeit.«

»Was meinst du, wie lange werden wir bis zur Küste brauchen?«, wollte ich wissen.

»Einen halben Mond . . .«

»Zwei Wochen?«, stöhnte Pao.

Marananga zuckte die Achseln. »Vielleicht weniger . . . vielleicht mehr . . . Nur der Busch weiß Antwort«, sagte er und rülpste vernehmlich.

»Wo ist dein Proviant?«, fragte Chia Fen.

Marananga sah sie erst verständnislos an. Dann lachte er und deutete auf das karge, sonnenverbrannte Land, das sich vor uns bis an den Horizont erstreckte und mit seiner dürren Vegetation auf uns wie ausgestorben wirkte. »Überall viel *mai kooka* . . . viel gutes Essen!«, erklärte er vergnügt und forderte uns dann auf: »*War i an!* . . . Ihr mir folgen!«

Unser Marsch durch die Wildnis begann.

*

Als die Mittagssonne hoch am wolkenlosen Himmel stand und mit unbarmherziger Kraft auf uns herabbrannte, stieg wohl in jedem von uns zum ersten Mal die dunkle Ahnung auf, dass wir uns mit der Flucht durch das Buschland mitten im Sommer auf ein Unternehmen eingelassen hatten, das unsere Kräfte vielleicht überstieg.

Doch noch wagte niemand seine Gedanken und seine Befürchtungen laut auszusprechen – und jeder war wohl Stunden später froh sich beherrscht zu haben. Denn ein Zufall, den wir zu jener Zeit noch für einen glücklichen hielten, sorgte dafür, dass unsere Hoffnung neuen Auftrieb bekam.

Wir hatten uns in den spärlichen Schatten von drei jungen Eukalyptusbäumen gerettet, als die sengende Sonne ihren höchsten Punkt erreicht hatte. Dort wollten wir uns eine lange Rast gönnen und auf ein Nachlassen der Sonnenglut warten, bevor wir unseren anstrengenden Marsch fortsetzten.

Liang Sen besaß als Einziger von uns die erstaunliche Fähigkeit die hitzeflirrende Luft und die penetrant um uns sirrenden Fliegen zu ignorieren und sich kraft seines Willens in den Schlaf zu versetzen. Pao, Chia Fen und ich dagegen hatten Mühe einen Zustand des Dösens zu erreichen.

Marananga zeigte überhaupt keine Anzeichen von Erschöpfung, vielmehr war er mit jeder Stunde leichtfüßiger geworden. Es war, als hätte die Sonne den Alkohol aus seinem Körper gebrannt und ihn daran erinnert, dass dies seine Heimat, sein natürlicher Lebensraum war. Kurz vor Mittag hatte er sich von seinem löchrigen Hut und der zerfetzten Weste befreit und beides achtlos zwischen zwei Mulgasträucher geworfen. Und von seiner Hose blieb am ersten Tag nur noch eine Art Ledenschurz übrig.

Die Schatten der Bäume begannen sich schon wieder mehrere Fuß gen Osten zu strecken, als Marananga uns aufschreckte. *»Inger godill! . . . Yarraman!«*, rief er leise, aber mit scharfer Stimme. »Pferde!«

Alarmiert sprangen wir auf. Auch Liang Sen war schlagartig wach.

»Wo?«, stieß ich hervor.

»Alin jarra! . . . Norden!« Marananga deutete auf eine Hügelkette, die einige Meilen nördlich von uns lag.

»Rotröcke?«, fragte Chia Fen erschrocken.

Marananga schüttelte den Kopf.

Angestrengt spähte ich in die Richtung, in die unser eingeborener Führer deutete. Doch sosehr ich mich auch anstrengte, ich konnte beim besten Willen keine Pferde ausmachen. Ich sah nichts als sonnenverbranntes, ausgestorbenes Buschland: ockerfarbene Erde, aus der hier und da ein paar einsame Bäume, Sträucher und strohige Grasbüschel wuchsen.

»Ich sehe keine Pferde«, sagte ich.

»Ich auch nicht«, gestand Liang Sen.

Auch Pao und Chia Fen vermochten keine Tiere bei den Hügeln zu entdecken.

»Entweder du hast die Augen eines Adlers – oder du bildest dir die Pferde nur ein«, sagte ich.

Marananga warf mir ein nachsichtiges Lächeln zu. »Pferde!«, versicherte er und hob zwei Finger, um ihre Anzahl anzuzeigen. »Keine Rotröcke . . . Nur ein Reiter! . . . *Ouraka!* . . . Ihr hier auf mich warten!« Und schon lief er los.

Unsere Blicke folgten ihm voller Anspannung. Die Hügel lagen jedoch weiter von uns entfernt, als wir gedacht hatten. Erst als die Gestalt des Eingeborenen immer kleiner wurde und sich im Busch schließlich aufzulösen schien, wurde uns bewusst, wie sehr wir uns verschätzt hatten.

»Ich werde verrückt!«, entfuhr es mir beeindruckt, als Marananga kurz darauf zwischen den Hügeln wieder auftauchte und tatsächlich zwei Pferde hinter sich herführte.

»Ein Geschenk des Himmels!«, freute sich Pao. »Jetzt wird alles vieles leichter. Mit den Pferden kommen wir bestimmt doppelt so schnell voran, denn nun können sich zwei von uns immer abwechselnd im Sattel ausruhen!«

Wir hatten auf einmal alle strahlende Gesichter, rechneten wir uns doch mit den Pferden bedeutend bessere Chancen aus etwaigen Verfolgern zu entrinnen und im unwegsamen Buschland schneller voranzukommen.

Unsere überschwängliche Freude erhielt jedoch schnell einen Dämpfer, als Marananga mit den Tieren näher kam und wir sahen, dass eines der Pferde auf der linken Hinterhand lahmte – und dass im Sattel des anderen Tieres eine zusammengesunkene Gestalt saß.

»*Ill loong* . . . Reiter tot!«, ließ Marananga uns wissen, als er sich in Rufweite befand.

Der Tote war ein bärtiger Mann in den Vierzigern. Es handelte sich allem Anschein nach um einen Digger, der beim Angriff der Soldaten auf die Eureka-Stockade sein Heil in der Flucht gesucht hatte, aber noch von zwei Kugeln getroffen worden war.

Beide Geschosse hatten ihn von hinten getroffen. Die erste Kugel war in seine linke Hüfte gedrungen, die zweite eine

Handbreite höher in den Rücken. Offensichtlich war er verblutet.

Auch auf dem Sattel des anderen Pferdes, auf dessen linker Hinterhand eine tiefe Wunde von einem Streifschuss klaffte, entdeckten wir deutliche Blutspuren. Waffen fanden wir jedoch keine. Dabei hätten wir ein Gewehr und Munition gut gebrauchen können.

»Ob er wohl einen Begleiter gehabt hat, den die Rotröcke aus dem Sattel geschossen haben, bevor die beiden im Busch untertauchen konnten?«, rätselte Pao.

»Sieht ganz danach aus«, sagte ich.

Wir suchten eine sandige Mulde, um wenigstens ein flaches Grab für den Toten auszuheben. Mit unseren Messern hackten wir den Boden auf, während Marananga den Sand mit seiner Holzschüssel zur Seite schaufelte. Der Schweiß lief uns in Strömen über das Gesicht. Wir taten, was wir konnten. Aber letztlich bedeckte gerade mal eine drei Finger hohe Erdschicht den Leichnam des Diggers. Damit nicht Dingos ihn wieder ausgraben konnten, trugen wir schwere Steine zusammen, mit denen wir das Grab bedeckten. Liang Sen sprach ein Gebet, dann wurde es höchste Zeit, unseren Marsch fortzusetzen.

Wir befreiten das lahmende Pferde von Sattel- und Zaumzeug, behielten die Satteldecke und die Wasserflasche und überließen das Tier seinem Schicksal. Erschießen wollten wir es nicht. Dafür waren die zehn Revolverpatronen, über die wir verfügten, zu kostbar. Und niemand wollte es übernehmen, das Pferd abzustechen und verbluten zu lassen.

»Vielleicht findet es ja nach Ballarat zurück«, tröstete sich Chia Fen.

Marananga führte uns weiter nach Westen. Das gesunde Pferd, ein grauer Wallach, erleichterte unseren Marsch, weil er fortan unser Gepäck trug und weil sich immer einer von uns im Sattel ausruhen konnte.

Auf unser Vorankommen hatte das Tier jedoch wenig Einfluss, weil in einer Marschkolonne nun mal immer der Schwächste das Tempo bestimmt. Und erstaunlicherweise war es weder die zierliche Chia Fen noch Liang Sen, der sich im Laufe der nächsten Tage als der schwächste Marschierer herausstellte, sondern mein Blutsbruder Pao. Er hatte schon am ersten Tag unter Blasen zu leiden, bestand aber darauf, nicht länger als jeder andere im Sattel zu verbringen. Auch uns anderen setzte das Marschieren in der brütenden Sommerhitze kaum weniger zu. Das bisschen, das wir vielleicht ausdauernder sein mochten, machte keinen allzu großen Unterschied.

Die erste Nacht campierten wir am Fuß einer Hügelkette in einer Senke, die zum Teil von Wasser speichernden Mallesträuchern umstanden war.

Marananga entzündete mit Reibhölzern, die er mit zundertrockenem Gras und kleinen Stöckchen umgab, im Handumdrehen ein Feuer. Er hielt uns auch davon ab, schon jetzt unsere Wasservorräte anzugreifen. Mit seiner Holzschüssel grub er ein Loch, bis er in etwa zwei Fuß Tiefe auf Grundwasser stieß, das den etwa tellergroßen Boden des Loches zu füllen begann.

»Und wie soll man das Wasser trinken, Marananga?«, fragte Chia Fen. »Ohne Rüssel können wir es wohl kaum aus dem Loch saugen.«

»Trinken mit *gnullum* . . . mit Rohr«, antwortete Marananga und zog ein langes, reetähnliches Rohr aus seinem Beutel aus Kängurufell.

Es war eine mühselige und zeitraubende Art, seinen Durst zu löschen. Denn ungeschickt, wie wir in diesen Dingen waren, bekamen wir immer wieder Sand in den Mund. Außerdem musste man zwischen den einzelnen Schlucken warten, bis wieder genug Wasser nachgesickert war.

»Je früher wir uns daran gewöhnen, desto besser«, meinte Liang Sen. »Denn das wird bestimmt nicht das letzte Mal sein, dass wir Wasser aus solch einem Erdloch trinken müssen.«

Auch das Pferd bekam Wasser aus diesem Loch. Geduldig füllte Marananga Röhrchen auf Röhrchen mit Wasser und ließ es in seine Holzschale rinnen. Aber es war längst nicht genug, um den Durst des großen Tieres zu stillen. Wir mussten aus einem unserer Wasserschläuche noch gut eine Schale voll opfern, um das Pferd nicht allzu sehr leiden zu lassen.

In dieser ersten Nacht wachte ich schon wieder auf, kaum dass ich eine Stunde geschlafen hatte. Meine Gedanken ließen mir keine Ruhe. Mit offenen Augen lag ich auf dem Rücken, starrte zu den fernen Sternen hoch und zermarterte mir das Gehirn, was ich wohl falsch gemacht hatte, warum alles so gekommen war und was uns wohl noch erwartete.

Meine innere Unruhe war so stark, dass ich einfach nicht mehr liegen bleiben konnte. Vorsichtig erhob ich mich von meinem Lager, schlich aus der Senke und ging auf die Hügel zu.

Ich war keine zwanzig Schritte weit gekommen, als eine Stimme hinter mir raunte: »Warte auf mich!«

Überrascht blieb ich stehen und drehte mich um. Chia Fen war mir gefolgt. »Kannst du nicht schlafen?«, fragte sie.

Ich schüttelte den Kopf.

»Ich auch nicht«, sagte sie und ergriff meine Hand.

Schweigend stiegen wir Hand in Hand auf den Hügel und setzten uns auf die Kuppe. Die weite, wellige Ebene des Buschlandes wirkte im silbrigen Licht des Mondes und der Sterne wie ein sanft wogendes Meer. Doch statt der rauschenden Brandung umgaben uns die fremdartigen Geräusche der Tiere, die im Busch zur Nachtzeit auf Jagd sind.

Chia Fen lehnte sich an mich und eine ganze Weile saßen wir in einträchtigem Schweigen da, während wir unseren Gedanken nachhingen.

»Woran denkst du?«, fragte ich schließlich.

»Was wohl aus uns werden wird, Chia Wang«, antwortete sie ruhig, aber versonnen.

»Wir werden es schaffen«, versicherte ich und machte mir damit auch selbst Mut. »Marananga kennt sich in der Wildnis aus. Hier ist er zu Hause.«

»Das meinte ich nicht.«

»Sondern?«

»Wo werden wir einmal zu Hause sein, Chia Wang?«

Ihre Frage verblüffte mich und ich wusste erst nichts zu antworten. »Darüber habe ich mir noch keine Gedanken gemacht«, gestand ich.

»In Australien werden wir auf Dauer nicht bleiben können und wohl auch nicht wollen. Hier mag man keine Chinesen und ein Weißer, der ein Schlitzauge zur Frau hat, wird verachtet und von seinesgleichen geschnitten«, sagte sie ganz nüchtern. »Und in Canton wird es uns ähnlich ergehen. Dass du keiner von den verhassten Engländern bist, macht keinen großen Unterschied. Du bist ein *fangui* und das reicht schon, um dich mit den Engländern über einen Kamm zu scheren. Und mich werden meine Landsleute wie eine Hure behandeln, weil ich mich mit einem *fangui* eingelassen habe.«

»Ja, leicht wird es nicht werden, Chai Fen«, räumte ich widerstrebend ein. »Die Welt ist wohl noch nicht reif für uns.«

Sie zögerte kurz, dann sagte sie: »Noch ist es nicht zu spät . . .«

»Für was?«

»Dass du es dir noch einmal gut überlegst . . . und dich vielleicht eines anderen besinnst«, flüsterte sie, als hätte sie Mühe die Worte auszusprechen.

»Ich habe es mir gut überlegt«, erwiderte ich. »Und ich denke nicht daran, mich eines anderen zu besinnen. Ich will dich – und niemanden sonst.«

»Bist du dir dessen auch ganz sicher, Chia Wang?«, fragte sie mit leiser Eindringlichkeit und sah mich an.

Ich nahm ihr Gesicht in meine Hände und küsste sie. »Ja, ganz sicher«, flüsterte ich zurück. »Ich liebe dich, Chia Fen, und wir werden ein Zuhause finden, das verspreche ich dir.«

Sie legte ihre Arme um mich und schmiegte sich an mich, als unsere Lippen sich erneut zu einem langen Kuss fanden. Wieder einmal entfachte er in uns das Verlangen nach inniger Zärtlichkeit und völliger Hingabe und in dieser Nacht wollte keiner von uns diesem Verlangen Zügel anlegen. Zu ungewiss war die Zukunft. Wir verlangten jetzt und hier danach, miteinander eins zu werden. Und so geschah es denn, dass wir in dieser ersten Nacht unserer Flucht als Mann und Frau in Liebe zueinander fanden.

*

Fünf heiße Tage lang marschierten wir auf westlicher Route durch den Busch, sodass wir in den Abendstunden mit blinzelnden Augen direkt auf den sinkenden Glutball zugingen.

»Warum gehen wir nicht nach Südwesten?«, wollte ich schon am zweiten Tag wissen.

Marananga sah mich fast erschrocken an und schüttelte heftig den Kopf. *»Murtoa!* . . . Land der großen Echsen! . . . *Gunmarl!* . . . Land verboten!«, wehrte er ab und war nicht dazu zu bringen, seine Route zu ändern.

»Er kennt nicht die Traumpfade, die durch dieses Gelände führen«, erklärte Liang Sen, der sich intensiver mit der Kultur und dem Weltbild der Eingeborenen beschäftigt hatte. »Sie gehören einem anderen Stamm. Und diese Traumpfade, die von vielen heiligen Stellen und Tabuzonen gesäumt werden, entsprechen unseren Wege- oder Seekarten. Ohne diese Traumpfade ist ein Aborigine verloren und weiß sich nicht zurechtzufinden.«

Traumzeit – dieser Glaube an eine mythische Schöpfungszeit, in der übernatürliche Wesen über die Erde wanderten und ihr Form und Leben gaben, bestimmt das Weltbild der Aborigines. Die Eingeborenen Australiens glauben, dass alle Menschen direkte Abkömmlinge dieser von merkwürdigen Sagen umwobenen Mythengestalten sind. Jedes Ding im Stammesrevier eines Aborigines birgt die Seele eines dieser mythischen Vorväter – jeder Felsen, jede Wasserstelle und jeder Baum. Das Land lebt für sie, und zwar im wahrsten Sinne des Wortes, jeder Hügel und jede Felsgruppe, ja jeder Fleck der Natur ist erfüllt von der Existenz der Schöpfer aus der Urzeit, mit denen die Eingeborenen durch Träume und komplizierte Traumpfade verbunden sind.

»Deshalb wagt sich kein Aborigine in ein Gebiet, dessen Traumpfade er nicht kennt«, erklärte Liang Sen. »Denn er hätte zu viel Angst irgendein Tabu zu verletzen und die Urwesen zu erzürnen. Darum hielten die Eingeborenen anfangs auch die Weißen für ihre wiedergekehrten Ahnen, denn wer sonst hätte ungestraft so unbekümmert herumlaufen und das komplizierte Netz der Traumpfade ignorieren können?«

Ob es uns nun passte oder nicht, wir mussten uns damit abfinden, dass Marananga unsere Route nicht nach unseren Erfordernissen wählte, sondern so, wie es seine Traumpfade erlaubten. Was blieb uns auch anderes übrig? Ohne ihn als Führer wären wir im Busch genauso rettungslos verloren gewesen wie er auf See in einem kleinen Segelboot. Erst am sechsten Tag schlug Marananga endlich eine südsüdwestliche Richtung ein. Irgendwo dort, an der Küste und wohl gute zweihundertfünfzig Meilen entfernt, musste Port Fairy liegen.

Je tiefer wir in die unermessliche Weite der australischen Wildnis eindrangen, desto unverhüllter zeigte die Natur ihr unbarmherziges Gesicht. Die ausgedörrte Erde, zu rotem Staub zerfallen, brannte unter unseren Füßen, die immer schwerer wurden. Die sengende Hitze des Glutballs, der sein Feuer Tag für Tag aus der blauen Esse eines unendlich weiten, wolkenlosen Himmels gen Erde schickte, zermürbte uns. Und das karge, verbrannte Buschland, das sich mit seinen verwitterten Hügelketten und dem Graugrün seiner spärlichen Vegetation immer wieder aufs Neue ohne jedes Anzeichen menschlichen Lebens von Horizont zu Horizont erstreckte, erschien uns als eine bedrohliche Leere ohne Anfang und Ende. Was wir zunächst noch als strenge Schönheit mit teilweise bizarren Geländeformen sowie einer fremdartigen

Fauna und Flora bewundert hatten, verwandelte sich für uns in einen staubigen und hitzeflirrenden Feind, der uns wie eine Spinne immer tiefer in die Falle lockte, bis unsere Kräfte erschöpft wären und es kein Entkommen mehr für uns gäbe.

Ohne Marananga wären wir schon nach anderthalb Wochen verhungert und verdurstet. Er allein kannte die Geheimnisse der Wildnis und ohne ihn hätten wir nicht gewusst, wo man nach Wasser graben musste, als der letzte Tropfen aus unseren Schläuchen und Wasserflaschen geflossen war.

Meine Versuche, mit Revolverschüssen ein Känguru zu erlegen, scheiterten kläglich. Die schnellen Tiere taten mir nicht den Gefallen mich nahe genug an sie heranzulassen. Von den zehn Kugeln, die ich auf sie abfeuerte, hinterließ noch nicht mal ein Geschoss eine Streifwunde. Wütend schleuderte ich die nutzlosen Waffen den davonspringenden Tieren nach.

Marananga hatte mehr Erfolg. Mit der Speerschleuder, mit der er seine Lanze fast hundert Schritte weit werfen konnte, erlegte er eines der grauen Kängurus. Aber er brachte auch Echsen und Beuteltiere an. Und später überwanden wir sogar unseren Ekel vor Insekten, Käfern und Raupen, die uns zusammen mit Blättern, Samen und Knollen vor dem Verhungern bewahrten.

In der zweiten Woche, als der graue Wallach schon sehr an Entkräftung litt, geschah das Unglück. Ein heißer Westwind wirbelte *willy willies* auf und jagte diese Windhosen aus rotem Sand durch den Busch.

Als uns zur Mittagsstunde wieder eine dieser Staubwolken umwirbelte und uns Sand in die Augen und unter die Kleidung trieb, da scheute der Wallach und galoppierte dann plötzlich los. Doch schon nach drei Pferdelängen geriet er mit seinem rechten Vorderfuß in ein Erdloch. Der Knochen brach wie ein trockener Zweig und der Wallach, abrupt aus dem Galopp gerissen, stürzte auf seine rechte Flanke.

Liang Sen, der zu dieser Stunde im Sattel saß, fand keine Zeit mehr sich zu retten. Das Tier riss ihn mit zu Boden, der mit Gesteinsbrocken übersät war, und begrub ihn halb unter sich. Wir hörten ihn kurz aufschreien. Dann lag er still und reglos unter dem vor Schmerz wiehernden Tier.

Mir blieb vor Entsetzen fast das Herz stehen. Oh mein Gott, bitte lass ihn nicht tot sein! Ich schickte im Geiste ein Stoßgebet zum Himmel. Lass ihn leben!

Liang Sen lebte. Er hatte beim Aufprall auf die Steine jedoch das Bewusstsein verloren. Und als wir ihn unter dem Leib des Pferdes hervorgezogen hatten, verriet sein verdrehtes rechtes Bein, dass er sich mehrere Brüche zugezogen hatte – und dass er mit diesen Verletzungen keinen Schritt mehr machen konnte.

»Ich glaube, er hat sich auch die rechte Hüfte gebrochen«, sagte Pao mit tonloser Stimme, nachdem er Liang Sen vorsichtig betastet hatte, und biss sich auf die Lippen.

Chia Fen und ich sahen uns bestürzt an. Wir wussten, was das zu bedeuten hatte, wollten es jedoch nicht wahrhaben – und schon gar nicht darüber reden.

»Wir müssen die Brüche richten, am besten solange er noch bewusstlos ist, und dann eine Trage bauen!«, erklärte ich und hatte Mühe meiner Stimme einen festen Klang zu geben.

Pao nickte heftig. »Ja, wir werden ihn nach Port Fairy tragen! Und er wird durchkommen!«

Marananga tötete das Pferd und half dann Pao das zweimal

gebrochene Bein zu richten. Als Liang Sen aus der Bewusstlosigkeit erwachte, klagte er nicht über die starken Schmerzen, die er zweifellos hatte, sondern er kam schon nach wenigen Minuten mit erschreckender Nüchternheit zum Kern der Sache.

»Für mich ist nicht nur das Ende des Marsches gekommen«, erklärte er. »Ihr müsst mich hier zurücklassen.«

Pao, Chia Fen und ich widersprachen wie aus einem Mund.

»Ihr habt gar keine andere Wahl, wenn ihr nicht auch den Tod findet wollt!«, beharrte Liang Sen und appellierte an unsere Vernunft. »Es nützt keinem etwas, wenn ihr euch mit mir abschleppt und dabei eure letzten Kraftreserven vergeudet. Denn Vergeudung wird es sein, weil ihr nicht euch und mich retten könnt. Mit mir als Last kommt ihr viel zu langsam voran, um Port Fairy zu erreichen, bevor euch die Kräfte ausgehen. Pao, du quälst dich doch jetzt schon mit deinen blutigen Fußsohlen und bist an der Grenze dessen, was du ertragen kannst. Wie willst du da auch noch mich durch den Busch schleppen?«

»Wir schaffen es, irgendwie!«, antwortete Pao mit beinahe wütendem Trotz.

Chia Fen nickte. »Wir geben dich nicht auf, *qing bebe!«*

Liang Sen schüttelte den Kopf. »Ihr seid töricht, wenn ihr die Augen vor der Wahrheit verschließt. Habe ich denn als Erzieher so versagt, dass ihr auf einmal euren Verstand nicht mehr gebrauchen könnt und die Augen vor den Tatsachen verschließt? Mein Tod ist gewiss, meine Lieben. Und daran ist nichts Schlimmes. Ich habe mein Leben gelebt. Doch dem Unausweichlichen trotzen zu wollen und dadurch das eigene Leben wegzuwerfen, das wäre mehr als nur schlimm, es wäre unverzeihliche Dummheit und schändliche Versündigung. Und ich denke, ich habe euch mehr Achtung vor dem Leben beigebracht!«

Seine Ermahnungen fielen bei uns auf taube Ohren. Die Vorstellung Liang Sen zurückzulassen und ihn einsam und allein eines langsamen Todes zwischen zwei dornigen Sträuchern sterben zu lassen, war uns unerträglich.

Mit Maranangas Hilfe, der weder für Liang Sen noch für uns Partei ergriff, fertigten wir eine primitive Trage aus Ästen, Lederriemen und einer Pferdedecke. Am nächsten Tag setzten wir unseren Marsch fort – mit Liang Sen auf dem Tragegestell.

Fast eine Woche lang quälten wir uns und den weisen Mann, den wir zu sehr liebten, um ihn von uns gehen zu lassen. Dabei wurde uns mit jedem Tag klarer, wie recht Liang Sen hatte. Die Tagesetappen wurden immer kürzer, weil wir uns immer öfter ausruhen mussten. Wir wussten, wir würden es nie schaffen und ebenfalls sterben, wenn wir darauf beharrten, ihn bis zum bitteren Ende mit uns zu nehmen. Uns fehlten die Ausdauer und die ungeheure Genügsamkeit, die einem Aborigine das Überleben in einer derart menschenfeindlichen Natur gestatteten.

Aber durften wir Liang Sen deshalb einfach aufgeben, um unsere Haut zu retten? Der Zwiespalt unseres Gewissens hielt uns in einer lebensbedrohenden Ohnmacht gefangen.

Liang Sen sah das Unheil, in das wir steuerten, mit einem klaren Blick, den kein Schmerz trüben konnte. Und da er uns trotz aller Entkräftung und Hoffnungslosigkeit nicht dazu bewegen konnte, ihn zurückzulassen, wie er es von uns verlangte, nahm er uns die Entscheidung aus der Hand.

»Lass uns über den Tod reden«, sagte er in jener Nacht zu mir, als er uns nacheinander zu sich rief, um mit jedem allein zu sprechen.

»Fang nicht wieder davon an«, bat ich müde.

»Gut, wie du willst«, lenkte er scheinbar ein. »Dann lass mich dir eine Geschichte erzählen, von der ich möchte, dass du sie niemals vergisst. Sie wird dir gefallen, weil es um ein Schiff und das Meer geht.«

»Seit wann kennst du Seemannsgeschichten?«, fragte ich verwundert.

»Hör zu, Chia Wang«, sagte er sanft. »Ich stand einst als junger Mann auf einer Hafenmauer und sah einem Schiff nach, das den Namen *Destiny* trug. Ein geliebter Mensch, von dem ich mich nicht hatte trennen wollen und doch hatte verabschieden müssen, befand sich an Bord dieses stolzen Schiffes. Es war ein wunderbarer Morgen. Auf dem Schiff entfalteten sich die weißen Segel, in die der Wind griff. Ja, die *Destiny* bot einen prächtigen Anblick. Sie war ein Bild der Stärke und der Schönheit, wie sie mit rauschender Bugwelle durch die See schnitt. Nur entfernte sie sich allzu rasch. Voller Trauer sah ich ihr nach, wie sie immer kleiner und kleiner wurde, bis sie nur noch wie eine winzige weiße Wolke am Horizont zu sehen war, wo Himmel und See ineinander übergehen. Und unwillkürlich entfuhr mir die schmerzliche Bemerkung: ›Da! Jetzt ist sie weg!‹

In dem Moment sagte ein fremder Mann, der neben mir ebenfalls dem Schiff nachgeschaut hatte: ›Nein, sie ist nicht weg. Sie ist nur aus unserer Sicht entschwunden. Die *Destiny* ist noch immer so groß und stolz und hoch an Mast und Rah, wie sie war, als sie aus unserem Hafen auslief. Und sie vermag noch immer ihre große Last an Mensch und Fracht an jenes ferne Ziel zu tragen, das ihr Bestimmungsort ist. Klein wird das Schiff nur in unseren Augen, doch die *Destiny* selbst verliert nichts von ihrer Größe. Und in dem Moment, wo wir sagen: ›Seht, sie ist verschwunden‹, in demselben Augenblick rufen andere Stimmen jenseits unseres Horizontes: ›Seht, da kommt sie.‹« Liang Sen machte eine kurze Pause. »Und das, mein Sohn, ist Sterben.«

Sosehr ich mich auch bemühte, es gelang mir nicht, die Tränen zurückzuhalten. Denn instinktiv spürte ich, dass dies ein Abschied war.

Er nahm meine Hand. »Ein weiser Schriftsteller hat einmal geschrieben: *Es gibt ein Land der Lebenden und ein Land der Toten und die Brücke zwischen ihnen ist die Liebe – das einzig Bleibende, der einzige Sinn.* Bleib immer auf dieser Brücke, Chia Wang.«

Liang Sen zog mich zu sich herunter, umarmte mich ein letztes Mal und bat mich dann, erst Pao und dann Chia Fen zu ihm zu schicken.

Am nächsten Morgen war Liang Sen tot. Halb aufgerichtet und mit friedlich entspanntem Gesicht lehnte er gegen einen der ockerfarbenen Felsen, in deren Schutz wir unser Nachtlager aufgeschlagen hatten. Keiner von uns hegte auch nur den geringsten Zweifel daran, dass er seinen Tod bewusst herbeigeführt hatte, kraft seiner meditativen Stärke.

Und damit rettete dieser außergewöhnliche Mann, der mir näher stand als mein leiblicher Vater und für immer in mir sein wird, uns das Leben. Denn hätten wir Liang Sen weiter mit uns geschleppt, wir wären ganz sicher im Busch umgekommen. Auch Maranunga hätte uns nicht davor bewahren können. So aber erreichten wir dreizehn Tage später, vollkommen am Ende unserer Kräfte und von einem merkwürdigen Buschfieber fast um unsere Sinne gebracht, die Siedlung Mortlake am Mount Shadwell.

*

Damit schließt sich der Kreis meiner Lebensbeichte, die ich so gewissenhaft und ausführlich niedergeschrieben habe, wie es mir möglich war.

Dass Osborne weder Mühen noch Kosten gescheut hatte, um die Fahndung nach mir auch auf die abgelegenen Siedlungen am Rand des Buschlandes auszudehnen und Reiter loszuschicken, die überall Steckbriefe von mir verteilten, überraschte mich nicht. Was mich jedoch verwunderte, war, dass Osborne Pao und Chia Fen nicht als meine Komplizen hatte suchen lassen. Sie wurden auf dem Steckbrief nicht einmal erwähnt. Wer weiß, was ihn dazu bewogen hat, sie von seiner kaltblütigen Rachsucht zu verschonen. Vielleicht liegt der Grund in seiner abgrundtiefen Verachtung für die Chinesen. Was auch immer der Grund dafür sein mag, ich danke dem Himmel, dass mein treuer Blutsbruder und meine geliebte Chia Fen nicht im Kerker einsitzen.

Dass ich verhaftet worden war, kam mir überhaupt erst viele Tage später richtig zu Bewusstsein, als das Fieber von mir gewichen und ich wieder einigermaßen zu Kräften gekommen war.

Wie ich eingangs, im ersten Teil meiner Niederschrift, schon erwähnte, hegte ich in den ersten Wochen meiner Gefangenschaft heftige Zweifel an den Fähigkeiten meines äußerst bemühten, aber doch auch sehr jungen und unerfahrenen Verteidigers Cecil Lansbury. Wie sollte ein junger Mann, Sohn eines wohlhabenden Schafzüchters aus Mortlake und erst seit wenigen Monaten als Anwalt zugelassen, mich vor Osbornes bösartiger Raffinesse und damit vor dem drohenden Strick retten können! Unmöglich, dachte ich damals. Heute jedoch zögere ich nicht, es als eine glückliche Wendung des Schicksals zu sehen, dass Cecil Lansbury zu jener Zeit zufällig auf der Farm seiner Eltern weilte und sich anbot mich zu verteidigen, als er von meiner Verhaftung erfuhr. Er hat nicht nur Yorkie in Bendigo gefunden, sondern auch das unglaubliche Kunststück fertig gebracht Dong Yang Long als Zeugen von Osbornes Machenschaften zu gewinnen. Auch wenn die Richter der Kolonie der Aussage eines chinesischen Minenbesitzers beschämenderweise nicht dasselbe Gewicht beimessen wie der eines weißen Geschäftsmannes, so wird Dong Yang Longs Bericht, wie Osborne ihn zum Verkauf von Chia Fens Arbeitskontrakt gezwungen hat, doch stark an der Glaubwürdigkeit des Opiumhändlers rütteln. Wie auch Yorkies Aussagen belegen werden, mit welcher Bösartigkeit und Skrupellosigkeit Osborne mich verfolgt hat. Zu wissen, dass diese beiden Männer vor Gericht zu meinen Gunsten aussagen werden, gibt Anlass zu verhaltener Hoffnung. Hoffnung ist immer das Letzte, was bleibt.

Ich bin froh die vielen Wochen seit meiner Verhaftung in Mortlake dazu genutzt zu haben, Rechenschaft über mein Leben abzulegen. Die Niederschrift hat mir geholfen sowohl zu einer inneren Ruhe als auch zu einigen wichtigen Erkenntnissen zu gelangen. Es ist nur zu wahr, was Pater Johann-Baptist einst zu mir gesagt hat – nämlich dass man dem Teufel auf halbem Weg zu Gott begegnet. Und oft steckt dieser Teufel in uns selbst. Der Mensch ist weder Gottes Marionette noch Spielball einer gleichgültigen Natur. Er ist das, wozu er sich entschieden hat. Das großartige Geschenk der Freiheit, das uns gegeben ist, hat jedoch seinen Preis. Denn in der Freiheit liegt immer nur eine Chance für unsere Selbsterfahrung, nie die Garantie des Gelingens. Das Böse ist und bleibt das Risiko unserer Freiheit.

Alles Unglück beginnt mit dem Wegsehen und dem Schweigen, das ist es, was ich gelernt habe und als die Summe meiner Erkenntnisse bezeichnen möchte. Denn wer untätig zusieht, wie ein anderer misshandelt oder verfolgt wird, und über sein Wissen schweigt, macht sich mitschuldig. Es ist unsere Gleichgültigkeit, die dem Bösen erst freie Bahn schafft und uns zu seinem Komplizen macht, selbst dann, wenn wir uns nicht persönlich die Hände schmutzig machen – oder uns das zumindest einreden.

Alles, was notwendig ist, damit das Böse triumphieren kann, sind genug rechtschaffene Menschen, die wegsehen und schweigen.

Aber nicht mit Bitterkeit möchte ich meine Lebensbeichte abschließen, sondern mit dem Bewusstsein, dass unser Leben gelingen kann und wir auch zum Segen für andere werden, wenn wir uns nur immer wieder auf Güte ohne Berechnung, Mut ohne Fanatismus, Intelligenz ohne Überheblichkeit und Hoffnung ohne Verblendung besinnen.

Alles Weitere liegt in Gottes Hand.

Melbourne, Victoria
3. Mai 1855

Ich bin frei!

Heute Morgen drohte mir noch der Galgen und jetzt, keine zwölf Stunden später, sitze ich als freier Mann mit Chia Fen und Pao in diesem Melbourner Gasthof und kann mein Glück noch immer nicht fassen. Das Gericht hat die Mordanklage fallen gelassen. Der Alptraum ist vorbei. Osbornes verbrecherische Intrige ist gescheitert. Und das verdanke ich weder eigener Anstrengung noch den juristischen Fähigkeiten meines Anwalts, sondern der Charakterstärke eines Mannes, von dem ich Hilfe am allerwenigsten erwartet hätte.

James Burlington hat mich vor dem Schafott gerettet!

Wie überrascht war ich gestern, als man mir Besuch meldete und ich wenig später den Kolonialwarenhändler im Besucherraum hinter dem Trenngitter sitzen sah.

James Burlington gab mir keine Gelegenheit mich noch einmal bei ihm zu entschuldigen, denn er kam sofort zur Sache. »Ich bin gekommen, um Ihnen mitzuteilen, dass ich morgen vor Gericht Ihre Unschuld am Tod von Pater Johann-Baptist Wetzlaff bezeugen werde«, erklärte er mit gedämpfter Stimme.

Verständnislos sah ich ihn an. »Ich bin in der Tat unschuldig, Mister Burlington. Aber wie wollen Sie das bezeugen?«, fragte ich verstört.

»Mister Osborne hat einen großen Fehler begangen, als ich am Ort der Tat erschien und er mehrfach den Allmächtigen als Zeugen Ihres Verbrechens anrief«, antwortete er recht förmlich. »Er wusste, dass mir mein christlicher Glaube teuer ist. Darüber hinaus hat er mich wohl für einen Tölpel gehalten, der leicht zu blenden ist. Das hätte er besser nicht getan. Denn sein gottloses Leben und seine Verachtung für jede Art der Religion ist mir in den anderthalb Jahren, die wir zwangsläufig Nachbarn gewesen sind, ohne jedoch je ein Wort miteinander gewechselt zu haben, nicht verborgen geblieben. Dass er an jenem Morgen, als der Missionar im *Hung Lau* den Tod fand, nachdrücklich Gott im Munde führte, verriet mir, dass er log. Deshalb habe ich mich auch geweigert ihn zur Polizei zu begleiten und seine Aussage zu bestätigen.«

»Ja, aber . . .«, begann ich, kam jedoch nicht dazu, meinen Einwand auszusprechen.

Burlington brachte mich mit einer knappen Handbewegung zum Schweigen. »Ich wusste, dass er log«, fuhr er fort. »Aber deshalb wusste ich noch lange nicht, was sich in den Minuten vor meinem Eintreffen wirklich ereignet hatte. Bis mich dann Mister Patrick Finnegan aufsuchte.«

»Paddy?«, stieß ich ungläubig hervor.

Der Kaufmann nickte knapp. »Er suchte mich eine Woche nach dem Tod des Missionars auf. Sein Gewissen lasse ihm keine Ruhe, erklärte er, und deshalb müsse er mit mir reden. Und dann berichtete er mir, was er am Morgen des 3. Dezember in der Opiumhöhle beobachtet hatte.«

»Beobachtet?«, echote ich fassungslos.

»Ja, Mister Finnegan hat ganz hinten im Dunkel einer

Ecke gelegen und heimlich eine Opiumpfeife rauchen wollen, als Osborne mit dem Chinesenmädchen hereintrat und Augenblicke später Sie mit diesem Pao dazukamen«, sagte Burlington. »Auf jeden Fall hat dieser Mann alles gehört und gesehen – und von ihm weiß ich, dass Osborne den Pater ermordet hat.«

»Ja, aber warum wollen Sie etwas aussagen, was Sie nur vom Hörensagen wissen und was das Gericht deshalb nicht anerkennt?«, fragte ich. »Paddy muss als Augenzeuge auftreten!«

»Der Mann ist tot«, teilte er mir mit. »Man hat ihn zwei Tage später unten am Fluss gefunden. Ertrunken und mit einigen schweren Verletzungen am Kopf, die er sich aber auch beim Sturz zugezogen haben kann. Fragen Sie mich nicht, ob er im Opiumrausch in den Fluss gestürzt und dabei ertrunken ist oder ob er das Opfer eines Verbrechens wurde, denn ich kann Ihnen darauf keine Antwort geben.«

Osborne!, dachte ich unwillkürlich. Vielleicht hat Osborne etwas geahnt oder Paddy ist so dumm gewesen ihn mit seinem Wissen erpressen zu wollen.

»Ich gestehe, dass ich wochenlang nicht wusste, was ich mit meinem Wissen anfangen sollte«, räumte James Burlington offen ein. »Als ich jedoch in der Zeitung las, dass Sie bald wegen Mordes vor Gericht stehen würden, war mir klar, dass ich etwas unternehmen musste. Mein Gewissen verbietet es mir, untätig zuzusehen, wie man einen Unschuldigen henkt.«

Ich konnte mein Glück kaum fassen. »Und Sie werden morgen vor Gericht wirklich meine Aussagen bestätigen, nämlich dass Osborne den Pater erschossen hat?«, vergewisserte ich mich.

»Nein, das werde ich nicht.«

Verblüfft starrte ich ihn an. »Aber gerade haben Sie doch gesagt, dass Sie mich vor dem Strick bewahren wollen!«

»Es ist ein großer Unterschied, ob ich jemanden davor bewahre, unschuldig gehenkt zu werden, weil ich *weiß*, dass er unschuldig ist – oder ob ich jemanden dem Strick überantworte, weil ich *annehme*, dass er schuldig ist«, erklärte er.

»Aber das eine ergibt sich doch aus dem andern«, wandte ich ein.

»Das mag sein, aber ich bin kein Augenzeuge des Mordes gewesen, Mister Faber. Ich weiß mit Gewissheit nur, dass Sie den Pater nicht ermordet haben. Deshalb bin ich auch bereit vor Gericht zu lügen und zu behaupten, dass ich vor dem Dahinscheiden noch mit dem Missionar gesprochen und von ihm gehört habe, dass nicht Sie, sondern dass Osborne auf ihn geschossen hat«, antwortete James Burlington. »Diese Lüge macht mir schon genug zu schaffen, aber wenn das der einzige Weg ist, einen Unschuldigen zu retten, dann wird sie mir der Herr vergeben. Denn das Recht steht leider der Gerechtigkeit nur allzu oft im Wege oder betrügt sie gar.«

Ich lachte freudlos auf. »Ein wahres Wort!«

»Ich bin jedoch nicht bereit einen Meineid darauf zu schwören, dass ich gesehen habe, wie Osborne den Pater ermordet hat, und ihn damit an den Galgen zu liefern«, fuhr der Kaufmann fort. »Sie mögen den kleinen Unterschied für unwesentlich halten, aber ich kann das mit meinem Gewissen nicht vereinbaren.«

»Ich verstehe.«

»Gut. Dann wissen Sie jetzt, was ich morgen vor Gericht sagen werde.« James Burlington erhob sich. »Übrigens habe ich dafür gesorgt, dass Osborne morgen früh auf dem Weg zum Gericht ein Schreiben ausgehändigt wird, in dem ich ihm mitteile, welche Art von Aussage ich zu Ihren Gunsten machen werde.«

»Dann wird er erst gar nicht vor Gericht erscheinen!«

James Burlington nickte. »Ja, das hoffe ich auch. Denn dann wird man die Klage sofort fallen lassen und Sie auf freien Fuß setzen. Und ich werde nicht Mittelpunkt eines Prozesses sein, in dem ich möglicherweise eine Lüge an die andere reihen muss«, erklärte er, nahm seinen Hut und ging.

Heute Morgen nun geschah genau das, was der Kaufmann beabsichtigt hatte: Osborne erschien erst gar nicht als Zeuge der Anklage vor Gericht, Burlington machte seine Aussage, die mich zusammen mit Osbornes verdächtiger Abwesenheit von jedem Verdacht befreite, und ich wurde vom Gericht sofort auf freien Fuß gesetzt, während Osborne nun per Haftbefehl gesucht wird.

Dies ist das glückliche Ende meiner australischen Odyssee. Chia Fen, die mein Kind unter dem Herzen trägt, und Pao warten unten im Schankraum auf mich, um mit mir den wahrlich wundersamen Ausgang eines schrecklichen Alptraumes zu feiern.

Was gäbe ich darum, könnten doch auch Liang Sen und Pater Johann-Baptist noch unter uns sein. Sie haben mir mehr geschenkt, als ich je für möglich gehalten hätte. Liang Sen und der Missionar haben mich zu mir selbst geführt und mein Herz und meine Seele für all das geöffnet, was sich kein Mensch erarbeiten, erkaufen oder mit Gewalt erkämpfen kann: Glaube, Hoffnung und Liebe.

2° 36' N, 170° 10' E
An Bord der »Cornelius Witteboom«
Kiribati Island, South Pacific
27. September 1862

Seit Stunden lese ich in meinem alten Manuskript, auf das ich heute Morgen zufällig stieß. Und dabei wollte ich den ruhigen Tag hier in der Lagune von Karibati Island dazu nutzen, um ein wenig Ordnung in einige meiner privaten Stauräume zu bringen. Und dann diese Entdeckung!

Zuerst wusste ich gar nicht mehr, was dieses dicke, in Wachstuch gewickelte und fest verschnürte Paket überhaupt enthielt. Und dann fand ich darin diese eng beschriebenen Blätter, denen ich im Angesicht des mir drohenden Galgens in der Zelle von Mortlake und später dann im Gefängnis von Melbourne mit schonungsloser Offenheit meine Lebensgeschichte anvertraut hatte. Ich brauchte nur wenige Seiten zu lesen, um wieder von den turbulenten Ereignissen jener Jahre eingeholt und in ihren Bann geschlagen zu werden.

Sind seit jenen Monaten wirklich schon mehr als sieben Jahre vergangen? Mit diesen Aufzeichnungen in der Hand fällt es mir einerseits schwer, das zu glauben. Andererseits kommt mir die Zeit, in der ich so verzweifelt mit Osborne gerungen habe, wie aus einem fernen, ja gänzlich anderen Leben vor. So als wäre der Felix Faber jener Jahre nicht wirklich mit mir identisch.

Siebeneinhalb Jahre sind in der Tat eine lange Zeit, wenn jeder Tag eine neue Herausforderung ans Überleben darstellt. Im Rückblick jedoch scheinen sie mir wie im Flug vergangen zu sein. Das merkt man ganz besonders dann, wenn man eigene Kinder hat und sie heranwachsen sieht. Erscheint es mir nicht wie gestern, dass unser Sohn im Frühling 1855 in einem Zelt in Bendigo zur Welt kam? Und liegt es wirklich schon wieder fast vier Jahre zurück, dass unsere Tochter das Licht der Welt an Bord dieses stolzen Schoners erblickte, als wir von Samoa nach Hong Kong segelten, um nach einer langen Handelsreise unser Wiedersehen mit Pao zu feiern?

Zeit – was für ein großes Geheimnis! Und doch nur eines von so vielen, die unsere irdische Existenz begleiten, ohne dass wir sie meist richtig zu würdigen wissen.

Bevor ich diese Blätter wieder gut einpacke und verschnüre, bis dass unsere Kinder vielleicht eines Tages auf das Manuskript stoßen und in ganz neuer Weise in der Geschichte ihrer Eltern auf Entdeckungsreise gehen, sollte ich der Vollständigkeit halber noch das hinzufügen, was Chia Fen, Pao und mir in den vergangenen siebeneinhalb Jahren an wichtigen Begebenheiten widerfahren ist.

Ich wünschte, ich könnte hier festhalten, dass die Gerechtigkeit zum Schluss doch noch über Osborne obsiegte und er seine gerechte Strafe erhalten hat. Aber dem ist nicht so. Wir haben von ihm nie wieder etwas gehört noch gesehen oder gelesen. Meines Wissens ist er nie verhaftet und angeklagt worden. Seine Spur verliert sich irgendwo in Australien, obwohl ich nicht glaube, dass er dort geblieben ist. Ich vermute eher, dass er nach Indien zurückgekehrt ist. Aber auch darin kann ich mich irren, denn Osborne war immer ein Meister der Täuschung. So bitter es ist, aber im Gegensatz zu vielen Geschichten, die der Phantasie der Schriftsteller entspringen und in denen sich am Ende immer alles in Harmonie auflöst und die Bösewichte ihre gerechte Strafe erhalten, nehmen die wahren Geschichten im Leben häufig kein so gutes Ende. Viele Verbrechen bleiben nun mal leider ungesühnt – zumindest hier auf Erden.

Nach meiner Freilassung lebten wir – Chia Fen, Pao und ich – noch über zwei Jahre auf den australischen Goldfeldern. Es waren harte Jahre, in denen der erhoffte große Goldfund ausblieb. Wir sparten das wenige, das unser Claim über das Lebensnotwendige hinaus abwarf, und lebten quasi von der Hoffnung. Heute kommt es mir vor, als ob wir uns damals in einer Art von geistiger Schwebe befanden und auf irgendein Zeichen warteten. Denn wir, vor allem Chia Fen und ich, wussten nicht, wo wir unser Zuhause suchen sollten.

Die Welt, aus der wir kamen, wollte uns als Ehepaar so wenig akzeptieren wie die Welt, die uns gerufen hatte und in die wir gekommen waren, um unser Glück zu machen. Wir beide hatten verloren, was wir einst als Heimat bezeichnet hatten.

Von zu Hause aufzubrechen und in die Welt hinauszuziehen kann eine wunderbare Erfahrung und ein Weg sein sich selbst und seine Bestimmung zu finden. Es kann einen jedoch auch zum menschlichen Treibgut zwischen den Welten machen und einem die einstige Heimat entfremden. Damals habe ich zum ersten Mal begriffen, dass Menschen, die viel auf Reisen sind und rastlos von einem Ort zum anderen ziehen, häufig nicht das Reisen lieben, sondern in Wirklichkeit auf der Flucht vor sich selber sind, sodass sie nirgendwo Wurzeln schlagen können.

Dieses Schicksal blieb uns erspart.

Im Winter 1857 erhielt ich in Bendigo über die amerikanische Gesandtschaft in Melbourne ein Schreiben von einer Anwaltskanzlei in Boston. Darin teilte mir der Testamentsvollstrecker von Cornelius Witteboom in steifen juristischen Formulierungen mit, dass mein großherziger Förderer bei einem Sturm vor der Küste von Chile von einer herabstürzenden Spiere erschlagen worden sei und dass er mir sein gesamtes Vermögen hinterlassen habe.

Einen Teil des Geldes gab ich meinem Blutsbruder Pao, den es nun nach China zurückzog, damit er sich in seiner Heimat den Studien der Kräuterheilkunde widmen und sich eine eigene Existenz aufbauen konnte. Mittlerweile ist er in Hong Kong Besitzer des florierenden *Bai Cao Yuan*, was übersetzt »Haus der 100 Kräuter« heißt. Seit drei Jahren ist auch Pao verheiratet, und zwar mit Shi Mei, einer ebenso reizenden wie geschäftstüchtigen Chinesin, die aus Macao stammt, zu einem Viertel portugiesisches Blut in den Adern hat und wie Chia Fen keine gebundenen, verkrüppelten Füße hat! Pao und Shi Mei sind inzwischen stolze Eltern eines kraftstrotzenden Jungen namens Wang und ein zweites Kind ist unterwegs.

Der Teil, der mir von Wittebooms Erbe blieb, reichte noch gut aus, um einen soliden 450-Tonnen-Schoner zu kaufen, den ich in großer Dankbarkeit für alles, was dieser großherzige Mann für mich getan hat, in *Cornelius Witteboom* umgetauft habe. Seit jenem Tag ist sowohl dieser Schoner als auch die Welt des Südchinesischen Meeres und der Südsee unser Zuhause.

Ja, wir sind wahrlich reich gesegnet und haben unser Glück gefunden. Und ich weiß, dass dies alles nicht eigenes Verdienst, sondern ein Geschenk ist.

Der Vertreter einer einsamen Handelsstation auf Samoa, der das Scheitern seiner großartigen Lebensträume durch immer mehr Gin und Sarkasmus zu vergessen versucht, sagte einmal zu mir: »Leben ist das, was einem zustößt, während man vergeblich auf die Erfüllung seiner Hoffnungen und Träume wartet.«

Ich habe eine andere Antwort, für jeden, der mich fragt, was denn meiner Meinung nach das Leben sei. Ich würde sagen: Das Leben ist ein letztlich unbeschreibliches Wunder, jeden Tag aufs Neue!

Nachwort
oder
Was es zur Chronik des Felix Faber und dem Kulihandel noch zu sagen gibt

Auf unserer letzten großen Recherchenreise, die meine Frau und mich zuerst nach Südchina und dann für sechs Monate nach Australien geführt hat, bin ich in Archiven und in Gesprächen mit Einheimischen auf viele faszinierende Geschichten gestoßen, die nur darauf warten, erzählt zu werden. Nach 25 000 Kilometern, die wir mit einem kleinen Camper auf der Fahrt einmal rund um Australien sowie einmal mitten durch das Herz des roten Kontinents hinter uns gebracht haben, füllte die Ausbeute unserer Recherchen 25 Kisten mit achthundert Sachbüchern und Tausenden von Fotokopien. Nach der Qual der Wahl, welchen Roman ich zuerst schreiben sollte, entschied ich mich schließlich für diese Geschichte, die vom ersten britisch-chinesischen Opiumkrieg, dem australischen Goldrausch und dem chinesischen Kulihandel erzählt.

Von der Versklavung von rund 14 Millionen Schwarzafrikanern und ihrer Verschiffung in die Karibik und nach USA ist schon in Hunderten von Romanen und Sachbüchern sowie etlichen Spielfilmen erzählt worden. Über das oftmals bedeutend grausamere Schicksal der chinesischen Kulis, die Mitte des letzten Jahrhunderts ihre Heimat zu Hunderttausenden aus Not verlassen und sich nach Übersee als Kulis verdingen mussten, ist dagegen im deutschen Sprachraum wenig geschrieben worden.

Die chinesischen Kulis, die in meinem Roman im Zwischendeck der *Lagoda* nach Australien reisen, haben eine noch vergleichsweise gute Überfahrt gehabt. Nicht von ungefähr wurde das Geschäft mit den Kulis *pig trade*, also »Schweinehandel« genannt. Die Bedingungen an Bord der Kulischiffe waren noch grässlicher als die an Bord von Sklavenschiffen, brachte doch jeder Afrikaner, der lebend in den Zielhäfen eintraf, eine hübsche Summe Geldes ein. Ein Kuli dagegen hatte seine Passage im Voraus zu bezahlen – und brachte den Schiffseignern und Kapitänen weiter keinen Profit. Im Gegenteil: Je mehr Kulis auf der Überfahrt starben, desto geringer waren die Kosten für ihre Verpflegung und desto mehr konnten die Kapitäne in ihre eigene Tasche stecken. Beispielsweise verübten auf einer Reise von 332 chinesischen Zwischendeckpassagieren allein 128(!) Selbstmord, weil sie die Qualen nicht länger ertrugen. Und von der menschlichen Fracht der *Onyx*, die nach vielen Todesfällen auf See mit 190 Überlebenden in Melbourne eintraf, waren 70 an Skorbut erkrankt. Weitere 41 starben bald darauf an verschiedenen anderen Krankheiten. Und diese hohen Todesraten waren eher die Regel als die Ausnahme. Dass nicht noch mehr auf der Überfahrt starben, war der Tatsache zu verdanken, dass die Mehrzahl der Chinesen jung und kräftig war und viele Schiffe die Passage in wenigen Wochen bewältigten. Aber es gab auch Überfahrten, die bis zu sieben Monaten dauerten und einen entsprechend hohen Tribut unter den eingepferchten Kulis forderten.

Der Zustrom von immer mehr Chinesen verursachte bei den

weißen Siedlern von Victoria, die selbst aus vielen Nationen kamen, einen solchen Widerstand, dass die Regierung im Juni 1855 die enorme Kopfsteuer von zehn Pfund Sterling für jeden Chinesen einführte, der in Victoria an Land ging. Das konnten die wenigsten bezahlen. Dennoch reduzierte diese Kopfsteuer den Strom der Chinesen nicht im Mindesten. Die Schiffe gingen nur nicht mehr in Victoria vor Anker, sondern schifften die Chinesen in Adelaide oder Robe in Südaustralien aus. Dort erwartete die Chinesen, die mit Zelten, Vorräten und Gerätschaften schwer beladen waren, dann ein wochenlanger Marsch zu den Goldfeldern in Victoria. Von Adelaide betrug die Entfernung gute 800 Kilometer, wobei diese Marschkolonnen im besten Fall 30 Kilometer pro Tag zurücklegten, mussten sie doch entlang des Weges eigene Trinkwasserbrunnen graben, um in dem kargen Buschland nicht zu verdursten.

In den Goldgräberstädten und Siedlungen stand ihnen ein schweres Leben bevor, verachtet und geschnitten von den Weißen und immer in Gefahr, zum Sündenbock gestempelt und Ziel gewalttätiger Ausschreitungen zu werden. Die verächtliche Erklärung des Richters in meinem Roman, wonach die Aussage eines Chinesen vor Gericht keine Bedeutung habe, weil ein »Chinamann« nicht glaubhaft sei, ist nicht meine Erfindung, sondern beruht auf einem tatsächlichen Fall, der exemplarisch für die Art und Weise steht, mit der Chinesen allgemein von der Obrigkeit behandelt wurden – und zwar bis in unser Jahrhundert hinein. Zu den Diskriminierungen gehörte es, dass nach 1896 alle in Australien von Chinesen hergestellten Möbel und andere Waren den Stempel *Chinese Labour,* »Chinesenarbeit« tragen mussten, um so ihren Verkauf zu erschweren. Ein weiteres Beispiel dieser gezielten Schikanen, denen Chinesen in Australien ausgesetzt waren: Ein einziger chinesischer Handwerker galt schon als Fabrik mit den entsprechenden Steuern und Auflagen, während eine von Weißen geführte Firma erst mit vier Arbeitern als Fabrik eingestuft wurde.

Der deutlich ausgesprochene Rassismus der weißen Australier, der sich vornehmlich gegen Chinesen und andere Asiaten richtete, führte im Jahre 1901 zu einer Einwanderungsbeschränkung für alle Asiaten und der von der Regierung ohne jede Scham verkündeten *White Australia Policy*. Diese setzte sich das erklärte Ziel Australien »weiß« zu halten und anderen Rassen den Zugang zu verwehren. Nicht einmal die Familien der schon lange im Lande weilenden asiatischen Männer, die sich in Jahren harter Arbeit eine Existenz aufgebaut und zum Aufschwung des Landes beigetragen hatten, durften zur Familienzusammenführung einreisen. Erst nach dem Zweiten Weltkrieg wurde es chinesischen Einwanderern erlaubt, die australische Staatsbürgerschaft anzunehmen und ihre Familien nachkommen zu lassen.

Bei der Eroberung der Eureka-Stockade im Morgengrauen des 3. Dezember 1854 wurden über 100 Digger als Gefangene ins befestigte Camp des Magistrates abgeführt. Jedoch nur 13 von ihnen wurden als Anführer in Melbourne wegen Landesverrat vor Gericht gestellt. Die Bürger und die Zeitungen von Victoria reagierten auf das brutale Vorgehen des Gouverneurs und der Obrigkeit von Ballarat mit offener Empörung. Tausende demonstrierten in Melbourne und in anderen Orten. Bei den Prozessen, die bis Ende März 1855 andauerten, wurden alle Angeklagten von der Jury freigesprochen. Die Missstände auf den Goldfeldern wurden beseitigt und die

Digger erhielten bald auch das allgemeine Wahlrecht (das »natürlich« nur für Männer galt).

Diese lokale Revolte von Ballarat begründete in Australien die Legende von dem Nationengemisch von Goldgräbern, die unter der Flagge mit den fünf Sternen des *Southern Cross* gegen die Unterdrückung durch das britische Empire gekämpft haben. Die Digger sind zum Symbol geworden und immer wieder wird die Eureka-Revolte als Geburtsstunde der modernen australischen Demokratie genannt. »Die wahre Bedeutung dieses Ereignisses liegt jedoch darin, dass es sich nie wiederholte«, schrieb der Historiker Professor Geoffrey C. Bolton. »Verglichen mit anderen, alten oder neuen Staaten ist die australische Geschichte erfreulich ereignislos verlaufen. Der Staat wurde mit Schweiß, nicht mit Blut errichtet.«

Zum Abschluss möchte ich noch einmal auf den Opiumhandel zu sprechen kommen, mit dem europäische Händler mit Unterstützung ihrer jeweiligen Regierungen letztendlich mehr als 40 Millionen Chinesen in die zerstörerische Opiumsucht trieben. Und weil mir dieser Aspekt in unserer modernen Zeit von besonderer Bedeutung scheint, möchte ich auch hierzu noch einige Hinweise geben, die ich in ähnlicher Form schon in meinem Nachwort zum ersten Teil der Faber-Chronik formuliert habe: Die so genannten harten Fakten des Opiumhandels und der sich in China ausbreitenden Sucht gehören längst zum gesicherten Wissensstand der Historiker. Was jedoch Historikern und Soziologen gleichermaßen Kopfzerbrechen bereitet, sind die schwer zu beantwortenden Fragen: »Wie konnte sich der Opiumkonsum in wenigen Jahrzehnten derart dramatisch in China ausbreiten? Wie konnten Zigmillionen Menschen bloß so schnell dieser zerstörerischen Sucht verfallen?«

Sinologen und Philosophen führen die erstaunliche Anfälligkeit der Chinesen des 18. und 19. Jahrhunderts zu einem guten Teil auf die Tatsache zurück, dass die Menschen in jener Zeit in einer Periode religiöser und spiritueller Verarmung, ja Leere lebten und deshalb in den Rausch flüchteten. (Ein Phänomen übrigens, das in der heutigen, von Konsumrausch und Ich-Bezogenheit geprägten westlichen Welt wohl mit seinen ganz eigenen Suchtformen wiederkehrt.) Konfuzianismus, Taoismus und Buddhismus waren vieler religiöser Komponenten beraubt und auch der starre Ahnenkult gab den Menschen keinen Halt mehr.

»Die Kettung eines ganzen Volkes an den düsteren Zauber des Rauschgiftes muss, so planmäßig er von außen vorangetrieben sein mag, auch aus dem Blickfeld der geistigen Situation des China der damaligen Zeit betrachtet werden«, schreibt Professor Bauer, Philosoph und Sinologe, in *China und die Hoffnung auf Glück*. »Es scheint, als hätte die Mehrzahl der Opiumraucher in den Halluzinationen des Rausches einen Ausgleich, einen Ersatz für die Flüge der Phantasie ins Paradies gesucht, die ihr vom nüchternen Konfuzianismus (. . .) abgeschnitten worden waren (. . .). Der Versuch, das Paradies auf dem Weg über den Körper zu erreichen, nachdem ein kühler Zeitgeist den Weg über den Geist verschüttet hatte, wurde in großem Stil tatsächlich zum ersten Mal in China unternommen.«

Eine Feststellung, die uns in unserer extrem technik- und fortschrittsgläubigen Welt mit unserem nicht minder kühlen Zeitgeist, den wir durch einen extremen Körper- und Konsumkult auszugleichen versuchen, nachdenklich stimmen sollte.

Liebe Leserinnen, liebe Leser,

es gibt ein arabisches Sprichwort, das lautet: »Ein Buch ist wie ein Garten, den man in der Tasche trägt.« Ich hoffe, dass euch (Ihnen) der Roman, der in den Gärten meiner Phantasie entsprungen ist, gefallen hat.

Seit vielen Jahren schreibe ich nun für mein Publikum und die Arbeit, die Beruf und Berufung zugleich ist, bereitet mir viel Freude. Doch warum tauschen wir zur Abwechslung nicht mal die Rollen? Ich würde mich nämlich über ein paar Zeilen freuen, denn es interessiert mich sehr, was die Leserinnen und Leser von meinem Buch halten.

Also: Wer Lust hat, möge mir seinen Eindruck von meinem Roman schreiben. Und wer möchte, dass ich ihm eine signierte Autogrammkarte zusende – sie enthält auf der Rückseite meinen Lebenslauf sowie Angaben zu weiteren Romanen von mir –, der soll bitte nicht vergessen das Rückporto für einen Brief in Form einer Briefmarke beizulegen (nur die Briefmarke, keinen Rückumschlag!). Wichtig: Namen und Adresse in DRUCKBUCHSTABEN angeben! Gelegentlich kann ich auf Zuschriften nicht antworten, weil die Adresse fehlt oder die Schrift beim besten Willen nicht zu entziffern ist – was übrigens auch bei Erwachsenen vorkommt! Und schickt mir bitte keine eigenen schriftstellerischen Arbeiten zu, die ich beurteilen soll. Leider habe ich dafür keine Zeit, denn sonst käme ich gar nicht mehr zum Schreiben.

Da ich viel durch die Welt reise und Informationen für neue Romane sammle, kann es Wochen, manchmal sogar Monate dauern, bis ich die Post erhalte – und dann vergehen meist noch einmal Wochen, bis ich Zeit finde zu antworten. Ich bitte daher um Geduld, doch meine Antwort mit der Autogrammkarte kommt ganz bestimmt.

Meine Adresse:

Rainer M. Schröder
Postfach 1505
51679 Wipperfürth

Wer jedoch dringend biografische Daten etwa für ein Referat braucht, wende sich bitte direkt an den Verlag (Arena Verlag, Rottendorfer Straße 16, 97074 Würzburg) oder aber er lädt sich meine ausführliche Biografie, die Umschlagbilder und Inhaltsangaben von meinen Büchern sowie Presseberichte, Rezensionen und Zitate von meiner Homepage auf seinen Computer herunter.

Meine Homepage ist im Internet unter folgender Adresse zu finden: **http: //www.rainermschroeder.com**

(Ihr) / euer

Quellennachweis

Information Sheet No. 1: *The Diggings*, Gold Museum, Ballarat, Victoria 1995

Information Sheet No. 4: *Technological Innovations In Ballarat*, Gold Museum, Ballarat, Victoria 1995

Information Sheet No. 5: *Eureka – Australia's Own Rebellion*, Gold Museum, Ballarat, Victoria 1995

Information Sheet No. 6: *The Chinese In Ballarat*, Gold Museum, Ballarat, Victoria 1995

Information Sheet No. 7: *Chinese In Ballarat/Teacher's Notes*, Gold Museum, Ballarat, Victoria 1995

Information Sheet No. 8: *Fashion Of The Fifties*, Gold Museum, Ballarat, Victoria 1995

Information Sheet No. 9: *Early Building Adaptions/Methodes*, Gold Museum, Ballarat, Victoria 1995

Informationsschrift *Das Goldene Drachenmuseum in Bendigo*, The Golden Dragon Museum, Bendigo, Victoria 1993

John Bach: *A Maritime History Of Australia*, Thomas Nelson Publishing, Melbourne 1976

Wolfgang Bauer: *China und die Hoffnung auf Glück*, dtv Wissenschaftliche Reihe 1974

John Blofeld: *Der Taoismus oder Die Suche nach Unsterblichkeit*, Diederichs Verlag 1995

Xiaochun Chen: *Mission und Kolonialpolitik*, Verlag Dr. Kovac 1992

Christ in der Gegenwart, Ausgabe 17, 20, 22, 34, 35, 39, 40, Jahrgang 49, Herder Verlag 1997

Christian History Issue 52: *Hudson Tayler & Missions to China*, Boone, IA. 1996

Anthony Christie: *Chinese Mythology*, Barnes & Noble 1983

Manning Clark: *The Earth Abideth Forever – A History Of Australia*, Band IV, Melbourne University Press 1992

Thomas Cleary (Hrsg.): *Also sprach Laotse – Die Fortführung des Tao Te King*, O. W. Barth Verlag 1995

A. Barbara Cooper: *The Chinese in Ballarat – A Research Report And Display Proposal*, Monah University 1991

Lloyd E. Eastman: *Family, Fields and Ancestors – Constancy and Change in China's Social and Economic History, 1550–1949*, Oxford University Press 1988

Ian MacFarlane: *Eureka – From The Official Records*, Public Record Office Of Victoria, Melbourne, Victoria, 1995

Jeannette L. Faurot: *Gateway to the Chinese Classics – A Practical Guide to Literary Chinese*, China Books 1995

Theo Fischer: *Wu wie – Die Lebenskunst des Tao*, Rowohlt Verlag 1995

Fischer Weltgeschichte: *Das Chinesische Kaiserreich*, Fischer Verlag 1976

Jean Gittins: *The Diggers from China – The Story of the Chinese on the Goldfields*, Quartet Books 1981

Barbara Glowczewski: *Träumer der Wüste – Leben mit den Ureinwohnern Australiens*, ProMedia Verlag 1991

Ken Hom: *A Taste of China*, Simon and Schuster 1980

Joe Hyams: *Zen In The Martial Arts*, Bantam Books 1982

Informationen zur politischen Bildung: *China, Teil 1: Geschichtlicher Überblick*, Folge 96, Bundeszentrale für politische Bildung, Nov.–Dez. 1961

John Keay: *The Honourable Company – A History of the English East India Company*, Macmillan Publishing Company 1991:

Magnificat – Mit dem Gebet der Kirche durch den Tag, Ausgabe von Juni, Juli und August 1997 sowie Januar 1998, Butzon & Bercker Verlag 1997 u. 1998

Eric Newby: *Hölle vor dem Mast – Windjammer ohne Romantik*, Delius Klasing Verlag 1986

W. H. Newnham: *Melbourne – The Biography Of A City*, F. W. Cheshire 1956

A. W. Reed: *Aboriginal Words of Australia*, Reed Publishing, N. S. W. 1994

A. W. Reed: *Aboriginal Place Names*, Reed Publishing, N. S. W. 1993

A. W. Reed: *Aboriginal Myths – Tales of the Dreamtime*, Reed Publishing, N. S. W. 1994

Gerhard Rieman (Hrsg.): *Lao-tzu: Tao-te-king*, Knaur Verlag 1994

Günther Sachse: *Das Floß der armen Leute*, C. Bertelsmann Verlag 1983

Rüdiger Safranski: *Das Böse oder Das Drama der Freiheit*, Hanser Verlag 1997

Gesine Schwan: *Narr und Priester – Ein philosophisches Lesebuch*, Suhrkamp Verlag 1995

Matthias Seefelder: *Opium – Eine Kulturgeschichte*, dtv 1990

Arvind Sharman (Hrsg.): *Innenansichten der großen Religionen*, Fischer Verlag 1997

Raymond Smullyan: *Das Tao ist die Stille*, Fischer Verlag 1997

Hildegard Sochatzy: *Hausgedachtes*, Eigenverlag Haag-Moosham 1997

Jonathan D. Spence: *God's Chinese Son – The Taiping Heavenly Kingdom of Hong Xiuquan*, Norton & Company 1996

Jörg Splett: *Denken vor Gott – Philosophie als Wahrheits-Liebe*, Josef Knecht Verlag 1996

Sun Tzu: *The Art Of War*, Delacorte Press 1983

Miguel de Unamuno: *Plädoyer des Müßiggangs*, Essay 31, Literaturverlag Droschl 1996

Arthur Waley: *The Opium War Through Chinese Eyes*, Stanford University Press 1958

Jörg Weigand (Hrsg.): *Konfuzius – Sinnsprüche und Spruchweisheiten*, Heyne Verlag 1983

Frank Welsh: *A Borrowed Place – The History of Hong Kong*, Kodansha International 1996

Richard Wilhelm (Übersetzer): *Li Gi – Das Buch der Riten, Sitten und Bräuche*, Diederichs Verlag 1994

Jörg Zink: *Der große Gott und die kleinen Dinge*, Kreuz Verlag 1996

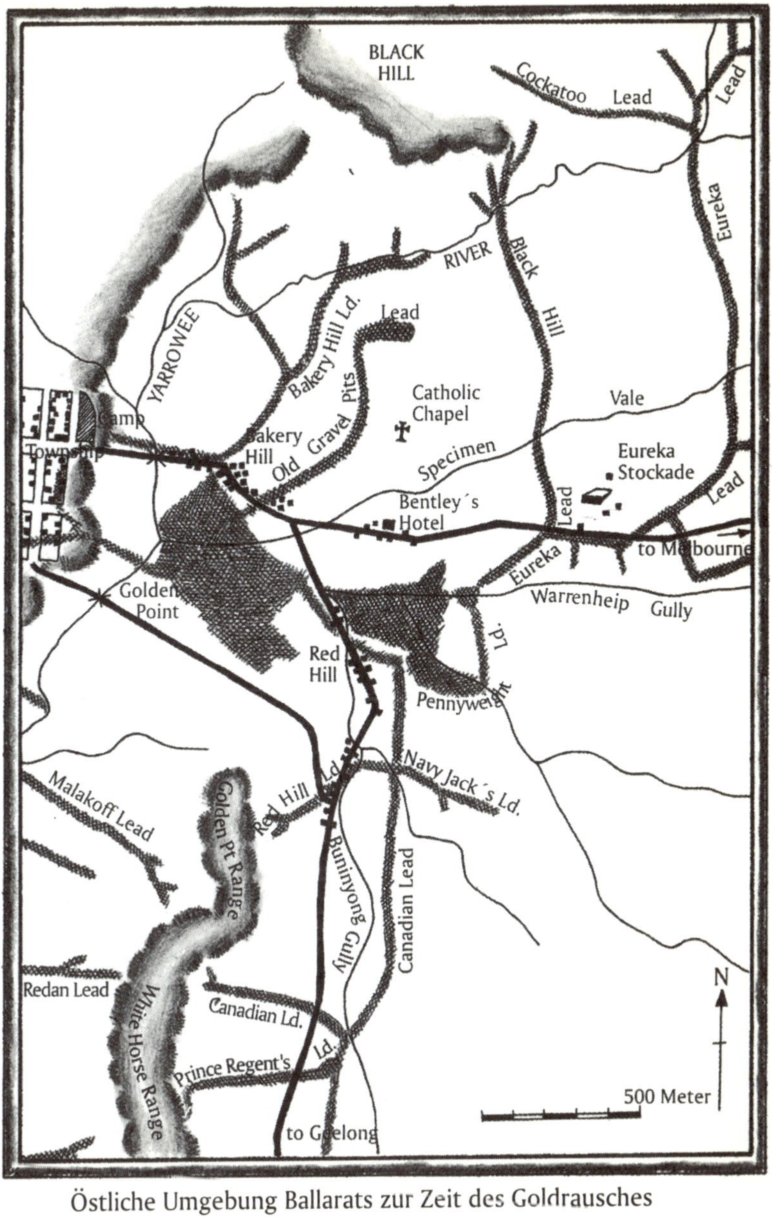

Östliche Umgebung Ballarats zur Zeit des Goldrausches

FELIX FABER - STATI

1 - Köln
2 - Mainz
3 - Rotterdam
4 - Lissabon
5 - Madeira
6 - Bristol

7 - Kapstadt
8 - Madagaskar
9 - Calcutta
10 - Batavia
11 - Canton
12 - Shanghai

NEN SEINES LEBENS

13 - Hong Kong
14 - Manila
15 - San Francisco
16 - Boston
17 - New York
18 - Hawaii
19 - Samoa-Inseln
20 - Melbourne
21 - Ballarat
22 - Mortlake

Kolonie Victoria zur Zeit des Goldrausches

Nanking
Provinz
HUNAN
FUKIEN
Amoy
Whampoa
Hong Kong
Lantau
Südchinesische See

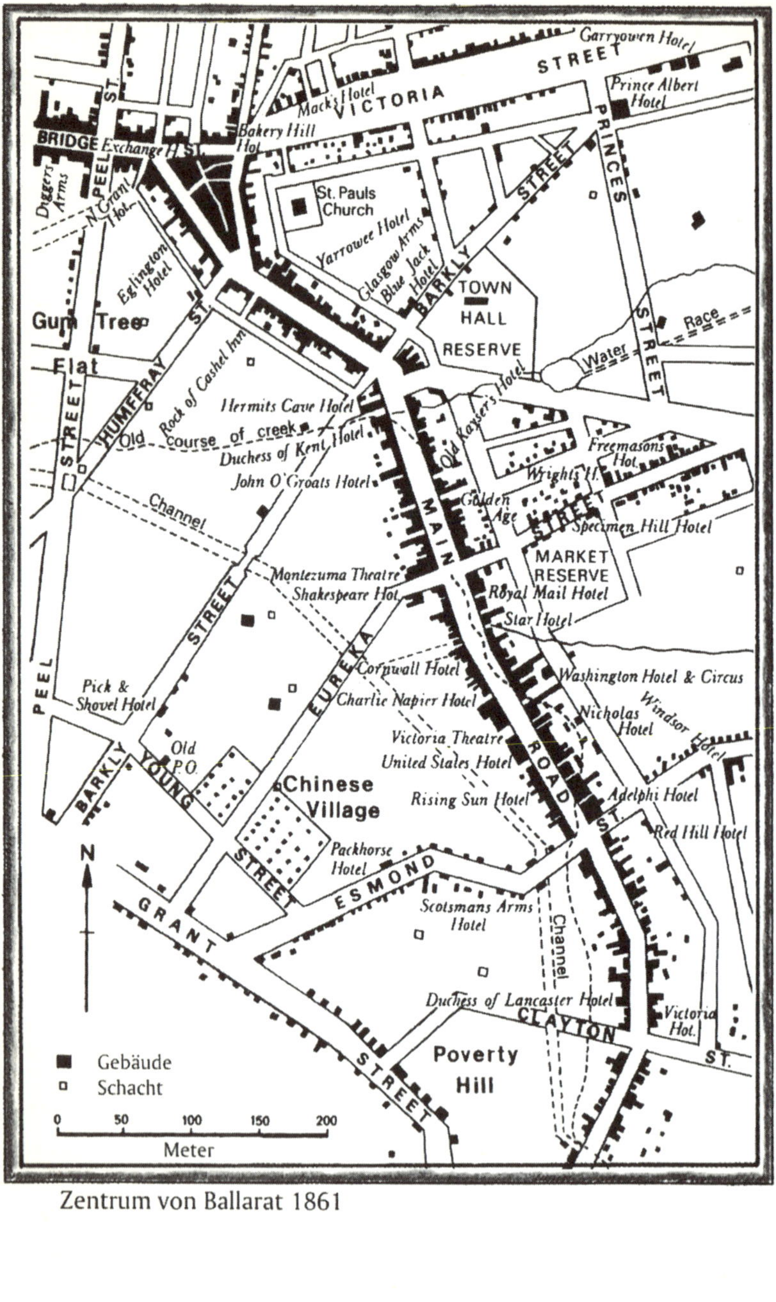

Zentrum von Ballarat 1861

RAINER M. SCHRÖDER

Die wundersame Weltreise des Jonathan Blum

»Hinter dem Horizont die Freiheit! Mit dem Auswandererschiff Liberty nach Amerika«. Das lässt sich der jüdische Jonathan Blum nicht zweimal sagen. Doch zu jenem Zeitpunkt – man schreibt das Jahr 1858 – ahnt Jonathan nicht, dass seine Suche nach der Freiheit viele Jahre dauern und ihn in einer unglaublichen Reise voller Abenteuer und Gefahren um die ganze Welt führen wird.

Das Geheimnis der weißen Mönche

Der junge Jakob Tillmann hat den todkranken Bruder Anselm ins Kloster Himmerod gebracht. Nicht in seinen kühnsten Träumen hätte er sich ausgemalt in welche Gefahr er sich damit begibt: Denn einige sehr ehrgeizige Kirchenmänner wollen wissen, was ihm der sterbende Bruder Anselm anvertraut hat – doch Jakob ist völlig ahnungslos. Die Folter droht und Jakob begreift, dass er es mit machthungrigen Männern zu tun hat, die vor nichts zurückschrecken…

432/488 Seiten. Gebunden.
Für Jugendliche und Erwachsene.

Arena